Pensionskassen

Pensionskassen

Grundlagen und Praxis

Herausgegeben von der aba
Arbeitsgemeinschaft
für betriebliche Altersversorgung e. V., Berlin

Verfasst von
Ralf Fath,
Marco Herrmann,
Kristof Linke,
Joachim Schwind, RA
Stefan Wolf

C.F. Müller

Bibliografische Information der Deutschen Nationalbibliothek

Die Deutsche Nationalbibliothek verzeichnet diese Publikation in der Deutschen Nationalbibliografie; detaillierte bibliografische Daten sind im Internet über <http://dnb.d-nb.de> abrufbar.

Sonderdruck aus:
aba – Arbeitsgemeinschaft für betriebliche Altersversorgung e.V. (Hrsg.)
Handbuch der betrieblichen Altersversorgung – H-BetrAV, Teil I
Grundlagen und Praxis

E-Mail: kundenservice@cfmueller.de
Telefon: +49 89 2183 7923
Telefax: +49 89 2183 7620

ISBN 978-3-8114-5877-2

www.cfmueller.de

Satz: Reemers Publishing Services GmbH, Krefeld
Druck: Books on Demand, Norderstedt

Printed in Germany

Pensionskassen

von Ralf Fath/Marco Herrmann/Kristof Linke/
RA Joachim Schwind/Stefan Wolf

Inhaltsübersicht

Pensionskassen

Pensionskassen

Pensionskassen

A. Allgemeines
(Herrmann/Schwind)

I. Begriff der Pensionskasse
(Schwind)

1 Wenn heute von Pensionskassen gesprochen wird, so wird regelmäßig die Einrichtung gemeint, die als einer der fünf Durchführungswege in der betrieblichen Altersversorgung zur Verfügung steht. Eine Legaldefinition der Pensionskasse ist in dem § 232 Abs. 1 VAG (Versicherungsaufsichtsgesetz) enthalten. Der Begriff der Pensionskasse wird durch die §§ 233, 234 VAG weiter konkretisiert. Danach sind zwei Arten von Pensionskassen zu unterscheiden – zum einen die traditionellen betrieblichen Pensionskassen, die quasi als Selbsthilfeeinrichtungen von Arbeitgeber und Arbeitnehmer zur Durchführung der betrieblichen Altersversorgung in der Rechtsform des Versicherungsvereins auf Gegenseitigkeit (VVaG) gegründet worden sind, und zum anderen die nach 2002 von den Versicherungsunternehmen neu in der Rechtsform der Aktiengesellschaft gegründeten Pensionskassen, die in ihrer gesamten Ausrichtung wie Lebensversicherungen aufgestellt sind (im Einzelnen s. Rdnrn. 53 ff.).

2 Gemäß § 232 VAG ist die Pensionskasse ein rechtlich selbstständiges Lebensversicherungsunternehmen, das dem Arbeitnehmer oder seinen Hinterbliebenen auf seine Leistungen einen eigenen Rechtsanspruch gewährt.

3 Die Pensionskasse ist **rechtsfähig**, sie ist also abgrenzbar gegenüber nicht rechtsfähigen Vermögensmassen und gegenüber Direktzusagen durch den Arbeitgeber (zu den Direktzusagen vgl. *Rolfs/de Groot*, H-BetrAV, Teil I 30.).

4 Die Pensionskasse gewährt auf ihre Leistungen einen **Rechtsanspruch**, sie bleibt also abgrenzbar gegenüber pauschaldotierten Unterstützungskassen, bei denen der Rechtsanspruch gerade ausgeschlossen ist (vgl. *Böhm/Schu*, H-BetrAV, Teil I 60.).

5 Voraussetzung für den Geschäftsbetrieb der Pensionskasse ist gemäß § 8 Abs. 1 VAG ihre Zulassung durch die Bundesanstalt für Finanzdienstleistungsaufsicht (BaFin).

6 Im Rahmen dieses Handbuchs sollen nur die von der Legaldefinition des Versicherungsaufsichtsgesetzes erfassten Pensionskassen behandelt werden. Der Beitrag beschränkt sich somit auf die Pensionskasse i. S. d. VAG als einen der fünf Durchführungswege in der betrieblichen Altersversorgung.

II. Wesen der Pensionskassen
(Schwind)

7 Die Pensionskasse ist ein **rechtlich selbstständiges Lebensversicherungsunternehmen**, dessen sich der Arbeitgeber zur Erfüllung seiner Versorgungszusage bedient. Diese arbeitsrechtliche Versorgungszusage seinen Arbeit-

14

nehmern gegenüber wird dadurch erfüllt, dass die Arbeitnehmer einen versicherungsrechtlichen, eigenständigen Rechtsanspruch auf Leistungen gegen die Pensionskasse haben. Die Versorgungszusage des Arbeitgebers ist also in den versicherungsrechtlichen Anspruch gegen die Pensionskasse gekleidet. In der Pensionskasse treffen sich somit also verschiedene Rechtsbeziehungen der drei Rechtssubjekte Arbeitgeber, Arbeitnehmer und Pensionskasse, die teils unmittelbar Gegenstand eigener Regelungen der Pensionskasse sind, vielfach aber auch außerhalb der Pensionskasse geregelt werden müssen. So wird die arbeitsrechtliche Versorgungszusage im Arbeitsvertrag oder auf Grund von Betriebsvereinbarungen bestimmt (Valutaverhältnis), das Deckungsverhältnis, also die Beitragsverpflichtung des Arbeitgebers, entweder in der Satzung oder auch auf Grund eigenständiger Verträge zwischen Arbeitgeber und Pensionskasse geregelt und das Leistungsverhältnis, also die Rechtsansprüche der Arbeitnehmer gegen die Pensionskasse, sind dann Gegenstand der Versicherungsbedingungen. Alle diese Rechtsbeziehungen können nicht isoliert betrachtet, sondern müssen in ihrem Zusammenhang begriffen werden. **Pensionskassen sind damit eingebettet in ein arbeitsrechtliches Umfeld, das ihrer versicherungsrechtlichen Ausgestaltung nicht ohne Weiteres zu entnehmen ist.** Umgekehrt wird auch die arbeitsrechtliche Versorgungszusage des Arbeitgebers durch die versicherungsrechtliche Ausgestaltung wesentlich bestimmt. Die **arbeitsrechtliche Einbettung eines selbstständigen Lebensversicherungsunternehmens** macht also das **Wesen der Pensionskasse** aus.

Pensionskasse   8

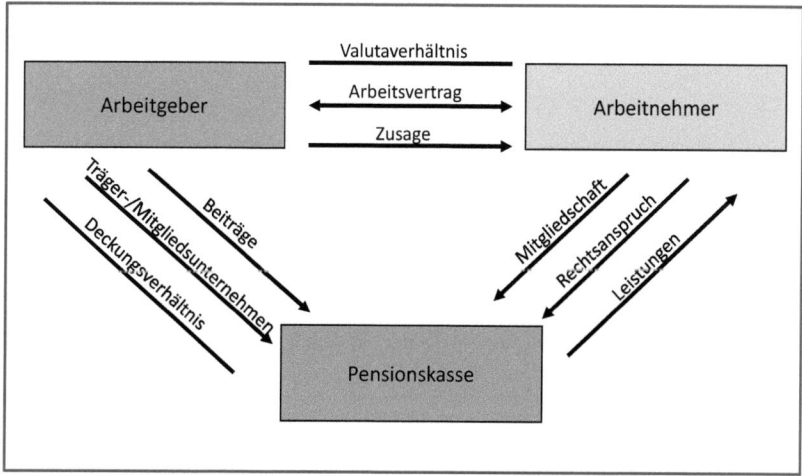

9 In der Praxis wird das Zusammenwirken arbeitsrechtlicher Verpflichtung und versicherungsrechtlicher Ausgestaltung nicht immer gebührend gewürdigt. Der Arbeitgeber, der schon auf Grund seiner Finanzierungsverpflichtung die Pensionskasse als „sein" Instrument der betrieblichen Altersversorgung ansieht, muss aber in seiner Entscheidungsfindung die versicherungsrechtliche Ausgestaltung der Pensionskasse beachten, wie z. B. auch die Aufsichtsbehörde die arbeitsrechtlichen Bedürfnisse und Verpflichtungen des Arbeitgebers in ihrer Aufsichtspraxis berücksichtigen sollte.

III. Die Bedeutung der Pensionskassen in der betrieblichen Altersversorgung
(Schwind)

10 Im Prozess der Neuordnung der Alterssicherungssysteme in Deutschland kommt der betrieblichen Altersversorgung eine stetig wachsende Bedeutung zu, wenn es darum geht, dass die Arbeitnehmer auch künftig (noch) über eine angemessene Einkommenssicherung im Alter verfügen können, denn in den kollektiv organisierten betrieblichen Versorgungssystemen lassen sich Vorsorge, Risikoausgleich und Kapitalanlage vergleichsweise am effizientesten durchführen.

11 Die Deckungsmittel in der betrieblichen Altersversorgung betrugen zum Jahresende 2014 insgesamt rund 557,0 Mrd. Euro.

12 **Deckungsmittel der betrieblichen Altersversorgung**
– 2014 in Mrd. Euro –

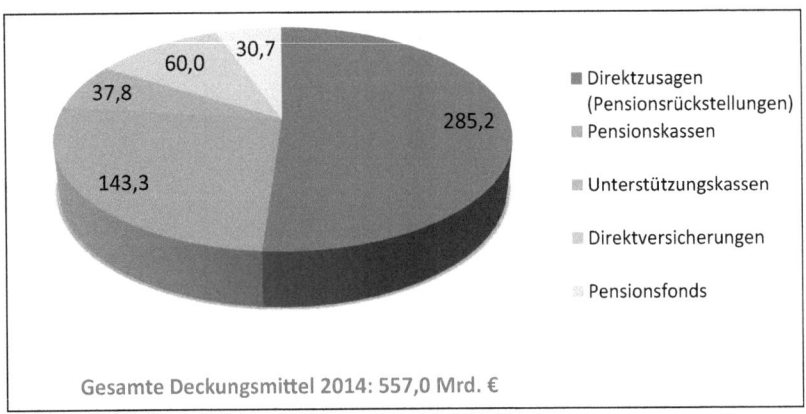

Gesamte Deckungsmittel 2014: 557,0 Mrd. €

- Direktzusagen (Pensionsrückstellungen)
- Pensionskassen
- Unterstützungskassen
- Direktversicherungen
- Pensionsfonds

J. Schwind/Eigene Recherchen basierend auf Veröffentlichungen von BaFin/GDV/PSVaG
Quelle: BetrAV 2016 S. 350.

Mit Deckungsmitteln von rd. 143,3 Mrd. Euro sind die Pensionskassen der bedeutendste externe Durchführungsweg der betrieblichen Altersversorgung. Rd. 7,3 Mio. Anwärter sowie rd. 1,2 Mio. Rentner (Stand: 31.12.2014) haben Anwartschaften auf Leistungen der betrieblichen Altersversorgung gegenüber Pensionskassen erworben oder beziehen bereits Leistungen von einer Pensionskasse.

Derzeit sind 141 Pensionskassen (Stand 31.12.2014) in Deutschland von der 13 Versicherungsaufsicht zum Geschäftsbetrieb zugelassen. Von den 141 Unternehmen sind 121 in der Rechtsform des VVaG und 20 in der Rechtsform der Aktiengesellschaft tätig. Von den 121 Versicherungsvereinen haben sich 100 Pensionskassen auf Antrag gemäß § 233 VAG regulieren lassen, 10 Pensionskassen sind von Gesetzes wegen reguliert. 11 Pensionskassen sind dereguliert.

Rangliste der 10 größten Pensionskassen: Bilanzsumme in Tsd. Euro 14

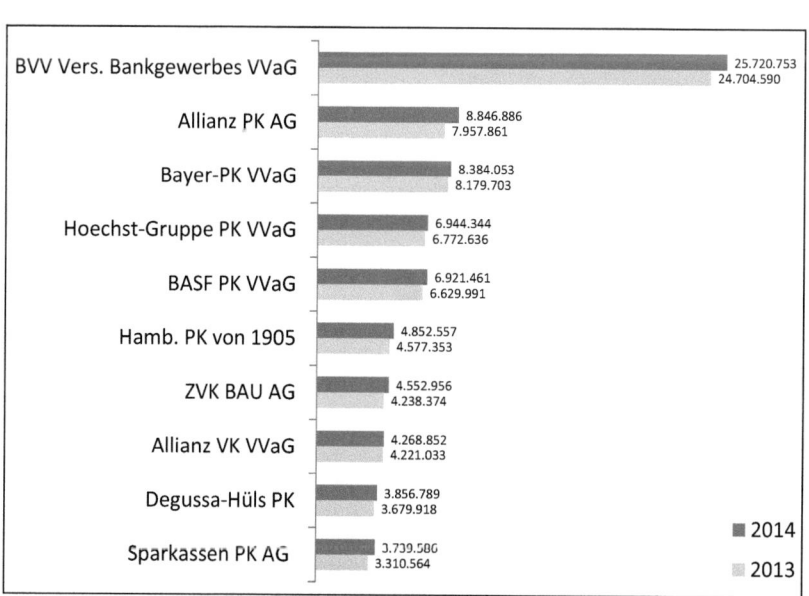

Quelle: BaFin, Versicherungsstatistik 2013, 2014.

1. Historische Entwicklung

Die Pensionskassen sind der bedeutendste Weg der externen kapitalge- 15 deckten betrieblichen Altersversorgung mit weit über 100jähriger Erfahrung. Viele traditionelle Firmenpensionskassen, wie z. B. die Pensionskassen von

BASF, Bayer oder Hoechst oder überbetriebliche Einrichtungen, wie der Versicherungsverein des Bankgewerbes (BVV), haben ihre Ursprünge bereits im 19. Jahrhundert (vgl. zur Entstehung und Entwicklung der Pensionskassen *Koch* BetrAV 1987 S. 135 ff.).

16 Die firmenbezogenen Pensionskassen, die in der Rechtsform des Versicherungsvereins auf Gegenseitigkeit organisiert sind, zeichnen sich durch ihre Betriebsnähe, hohe Transparenz, vergleichsweise niedrige Verwaltungskosten und die Mitwirkungsmöglichkeiten sowohl der Arbeitgeber als auch der Arbeitnehmer in der Mitglieder- bzw. Vertreterversammlung und dem Aufsichtsrat aus. Dadurch, dass sich die ganz überwiegende Anzahl der firmenbezogenen Pensionskassen auf Antrag hat regulieren lassen, führen diese Pensionskassen von Gesetzes wegen (§ 233 Abs. 1 Nr. 4 VAG) von Provisionen und Abschlusskosten freie Tarife.

2. Leistungsspektrum der Pensionskassen

17 Von ihrem Leistungsspektrum her konzentrieren sich die firmenbezogenen Pensionskassen auf die Gewährung von lebenslangen Renten (Leib-Renten) mit Hinterbliebenenabsicherung auf der Basis von Uni-Sex-Tarifen. Dieses Leistungsangebot entspricht damit heute wie in der Vergangenheit den Bedürfnissen der Arbeitnehmer und deren Angehörigen nach einer Absicherung der biometrischen Risiken Alter, Tod und Invalidität, denn der eingeleitete Umbau der staatlichen Alterssicherungssysteme erfordert eine dem Risikoschutz in der ersten Säule vergleichbare Alterssicherung in der zweiten Säule. Einem solchen Schutz kommt daher – insbesondere im Hinblick auf das weitere Absinken des Leistungsniveaus in der gesetzlichen Rentenversicherung – eine zunehmend sozialpolitische Bedeutung zu. Denn infolge der Rentenreformmaßnahmen im Jahre 2001 (Altersvermögensergänzungsgesetz) und im Jahre 2004 (RV-Nachhaltigkeitsgesetz) wird der Lebensstandard im Alter nicht mehr allein mit den Leistungen der gesetzlichen Rentenversicherung aufrechterhalten werden können.

18 Die hohe Akzeptanz des Durchführungsweges Pensionskasse bei Arbeitgebern und Arbeitnehmern sowie die verbesserten steuerlichen Rahmenbedingungen haben vor dem Hintergrund des notwendigen Ausbaus der betrieblichen Altersversorgung als zunehmend ergänzende Funktion im Verhältnis zu der gesetzlichen Rentenversicherung dazu geführt, dass neben den bisher bestehenden firmenbezogenen Pensionskassen ein neuer Typ von Pensionskassen in der Rechtsform der Aktiengesellschaft entstanden ist. Die traditionellen firmenbezogenen Pensionskassen sind dagegen ausschließlich in der Rechtsform des Versicherungsvereins auf Gegenseitigkeit organisiert.

19 Die Pensionskassen neuen Typs, die im Gegensatz zu den betrieblichen Pensionskassen mit Gewinnerzielungsabsicht arbeiten, sind ganz überwiegend von Lebensversicherungsunternehmen, aber auch von Finanzinstituten ge-

gründet worden. Dadurch haben zugleich neue Leistungspläne, wie z. B. die fondsgebundene Lebensversicherung, Einzug in die betriebliche Altersversorgung gehalten. Die neuen Leistungsangebote zeichnen sich durch die bisher für die dritte Säule typische Möglichkeit der individuellen Gestaltung aus, welche mit deutlich höheren Komplexitätskosten verbunden ist.

Die Pensionskassen neuen Typs haben sich als Vertriebsvehikel von Lebens- **20** versicherungsunternehmen neben den firmenbezogenen Pensionskassen im Wettbewerb mit den anderen Durchführungswegen der kapitalgedeckten betrieblichen Altersversorgung etabliert und auf Grund ihrer firmen- und branchenungebundenen Ausrichtung im Verhältnis zu den traditionellen Firmenpensionskassen vergleichsweise höhere Wachstumsraten erzielt.

Rangliste der 10 größten Pensionskassen: Anzahl Versicherte **21**

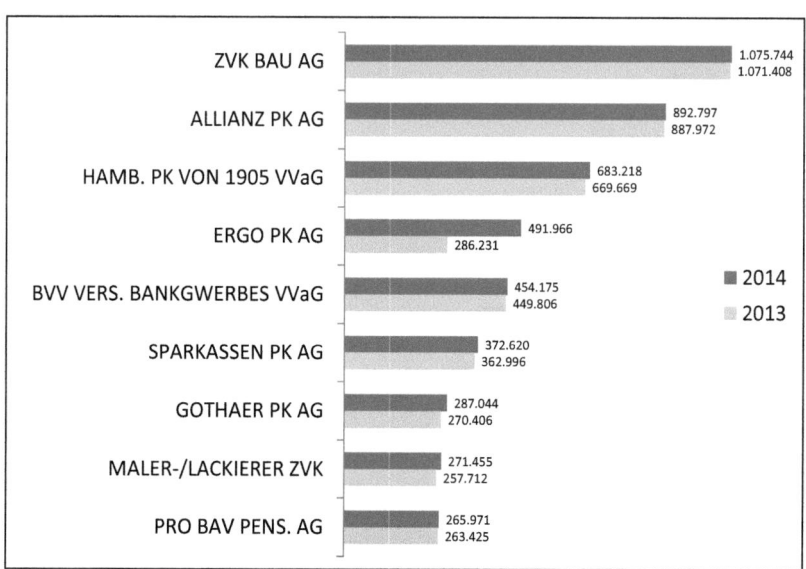

Quelle: BaFin, Versicherungsstatistik 2013, 2014.

3. Rechtliche Entwicklungen durch das AVmG und HZvNG

Mit Verabschiedung des Altersvermögensgesetzes (AVmG) und des Hütten- **22** knappschaftlichen Zusatzversicherungs-Neuregelungs-Gesetzes (HZvNG) hat der Gesetzgeber die Rahmenbedingungen für die betriebliche Altersversorgung deutlich verbessert und insbesondere die Rechte der Arbeitnehmer wesentlich gestärkt.

a) Entgeltumwandlung

23 Der Anspruch auf betriebliche Altersversorgung durch eine (förderfähige) Entgeltumwandlung gemäß § 1a Abs. 1 BetrAVG und die sofortige Unverfallbarkeit der hieraus resultierenden Anwartschaften gemäß § 1b Abs. 5 BetrAVG sowie der Einbezug von Arbeitnehmerbeiträgen bei der betrieblichen Altersversorgung gemäß § 1 Abs. 2 Nr. 4 BetrAVG sind die herausragenden Meilensteine der Weiterentwicklung der arbeitsrechtlichen Rahmenbedingungen der betrieblichen Altersversorgung. Der Gesetzgeber hat sich dabei für die vorrangige Förderung der externen kapitalgedeckten Durchführungswege der betrieblichen Altersversorgung entschieden. Dies ist in Anbetracht der demographischen Herausforderungen ein wegweisender Schritt. Denn mit dem Rückgang der Zahl der Erwerbstätigen im Verhältnis zu den Rentenbeziehern muss die Alterssicherung in zunehmendem Umfang auf Kapitaldeckung umgestellt werden, um künftige Generationen durch einen Aufbau eines entsprechenden Altersvorsorgevermögens zu entlasten.

24 Die Verbesserungen der steuerlichen Rahmenbedingungen haben bewirkt, dass bestehende Systeme der betrieblichen Altersversorgung durch die Arbeitgeber nicht eingeschränkt, sondern ausgebaut bzw. auf eine externe kapitalgedeckte Finanzierung über eine Pensionskasse umgestellt wurden.

b) Eigenbeiträge

25 Eigenbeiträge von Arbeitnehmern sind bei den betrieblichen Pensionskassen traditionell weit verbreitet. Diese Beiträge und die daraus resultierenden Leistungen wurden in der Vergangenheit grundsätzlich eher als eine besondere Form der privaten Altersversorgung betrachtet. Im Zuge der Einführung der steuerlichen Förderung nach § 10a EStG durch das Altersvermögensgesetz musste jedoch von jeder Pensionskasse bzw. deren Träger- und Mitgliedsunternehmen die Frage beantwortet werden, ob diese Beiträge steuerlich gemäß § 82 Abs. 2 EStG gefördert, also als Beiträge zur betrieblichen Altersversorgung ausgestaltet werden sollen. Der Gesetzgeber hat die Antwort auf diese Frage durch die Einfügung von § 1 Abs. 2 Nr. 4 BetrAVG im Rahmen des zum 1.7.2002 in Kraft getretenen HZvNG vorgegeben. Danach liegt auch dann eine betriebliche Altersversorgung vor, wenn der Arbeitnehmer aus seinem versteuerten und verbeitragten Einkommen an eine Pensionskasse, einen Pensionsfonds oder eine Direktversicherung zur Finanzierung von Leistungen der betrieblichen Altersversorgung zahlt, wenn die Zusage des Arbeitgebers auch die Leistungen aus diesen Beiträgen umfasst. Eine solche Umfassungszusage sollte der Arbeitgeber grundsätzlich ausdrücklich erteilen. Wurde keine ausdrückliche Erklärung des Arbeitgebers abgegeben, ist aus den sonstigen Umständen zu ermitteln ob eine Umfassungszusage vorliegt; die Erklärung des Arbeitgebers unterliegt dabei den allgemeinen Regeln über Willenserklärungen (*Blomeyer/Rolfs/Otto*, BetrAVG, 6. Aufl., § 1 Rdnr. 170; *Kemper/Kisters-Kölkes/Berenz/Huber*, BetrAVG,

6. Aufl., § 1 Rdnr. 533). Eine Umfassungszusage kann demnach auch konkludent abgeben werden oder sich aus den sonstigen Umständen ergeben. Ein solcher Umstand kann z. B. dann vorliegen, wenn die satzungsgemäßen Bestimmungen bzgl. der Erzielung der Höhe der Kassenbeiträge die geleisteten Arbeitnehmerbeiträge mit einbeziehen. So sieht auch § 30e Abs. 2 BetrAVG für solche Pensionskassen, deren Leistungen auf betriebliche Altersversorgung gemeinsam durch Beiträge der Arbeitnehmer und Arbeitgeber finanziert werden Spezialregelungen dahingehend vor, dass den ausgeschiedenen Arbeitnehmern das Recht zur Fortführung mit eigenen Beiträgen nicht eingeräumt wurde und eine Überschussverwendung gemäß § 1b Abs. 5 Nr. 1 BetrAVG nicht erfolgen muss. Denn die Besonderheit der gemeinsamen Finanzierung der Pensionskassenleistungen durch die Arbeitgeber- und Arbeitnehmerbeiträge unter Berücksichtigung auch der Höhe der von der Pensionskasse erzielten Kapitalerträge lässt eine bloße Fortführung der Zahlung von Arbeitnehmerbeiträgen nicht zu; vgl. hierzu ausführlich auch *Blomeyer/Rolfs/Otto*, BetrAVG, 6. Aufl., § 1 Rdnrn. 170 ff.; *Kemper/Kisters-Kölkes/Berenz/Huber*, BetrAVG, 6. Aufl., § 1 Rdnrn. 531 ff.

c) Tarifverträge zur betrieblichen Altersversorgung

Die betriebliche Altersversorgung ist zudem in nahezu allen Branchen zum Inhalt von Tarifverhandlungen geworden. Hierzu hat entscheidend der durch das AVmG eingeführte Anspruch des Arbeitnehmers auf eine betriebliche Altersversorgung durch Entgeltumwandlung beigetragen. In zahlreichen Tarifbereichen sind bereits Tarifverträge über eine betriebliche Altersversorgung abgeschlossen worden. Dies ist ein entscheidender Beitrag zu einer flächendeckenden Verbreitung der betrieblichen Altersversorgung. **26**

Für mehrere Branchen, wie z. B. die des Groß- und Außenhandels, der Ernährungsindustrie, der Süßwarenindustrie und der Milchwirtschaft, wurde die Umsetzung der tariflichen Altersversorgung jeweils vorrangig über den Durchführungsweg Pensionskasse vereinbart. Soweit auf Grund der tarifvertraglichen Regelungen von den Tarifvertragspartnern der Durchführungsweg für Arbeitgeber und Arbeitnehmer offen gelassen worden ist, haben sich diese auf betrieblicher Ebene in einer Vielzahl von Fällen für die Umsetzung über eine Pensionskasse entschieden. Entscheidendes Momentum hierfür ist die bereits oben aufgezeigte Vorteilhaftigkeit des Durchführungsweges sowohl für die Arbeitgeber als auch für die Arbeitnehmer. Insbesondere die einfache Handhabbarkeit und die langjährige Erfahrung bei der Umsetzung von Modellen der betrieblichen Altersversorgung dürften für die Arbeitgeber maßgebliche Entscheidungskriterien gewesen sein. Für die Arbeitnehmer zeichnet sich die Pensionskasse gegenüber anderen Durchführungswegen grds. durch kalkulierbare Leistungen im Versorgungsfall aus. **27**

d) Tarifverträge zur Lebensarbeitszeit und Demografie

28 In der chemischen Industrie ist erstmals im Jahre 2008 ein Tarifvertrag abgeschlossen worden, der ausschließlich die zwei zentralen Themen Lebensarbeitszeit und demografischer Wandel der Gesellschaft zum Inhalt hat. Dieser innovative Tarifvertrag soll eine nachhaltige und vorausschauende Personalpolitik fördern. Zur Bewältigung insbesondere der Auswirkungen der demografischen Herausforderungen sieht der Tarifvertrag die Durchführung von Demografieanalysen sowie die verpflichtende Bereitstellung eines Demografiefonds vor. Der Tarifvertrag Lebensarbeitszeit und Demografie aus dem Jahre 2008 wurde mittlerweile bereits in zwei weiteren Tarifrunden in den Jahren 2012 und 2015 weiterentwickelt.

29 Der Arbeitgeber hatte nach dem Tarifvertrag Stand 2008 pro Tarifmitarbeiter einen jährlichen Demografiebetrag in Höhe von 300 Euro zur Verfügung zu stellen. Der Betrag war dynamisch ausgestaltet, d. h. er hat sich jeweils zum 1. Januar eines Kalenderjahres um den jeweiligen prozentualen Tariferhöhungssatz des Vorjahres erhöht. Der Demografiebetrag konnte für die Finanzierung von Langzeitkonten, Altersteilzeit, Teilrente, Berufsunfähigkeitszusatzversicherung Chemie oder den Aufbau einer zusätzlichen betrieblichen Altersvorsorge verwendet werden. Der Tarifvertrag trat zum 1.1.2010 in Kraft. Erste Auswertungen hatten ergeben, dass sich mit Quoten von 70 % und mehr sowohl die überwiegende Anzahl der Firmen als auch der Arbeitnehmer dazu entschieden haben, den neu einzurichtenden Demografiefonds (auch) für Zwecke der betrieblichen Altersversorgung zu verwenden. Die Pensionskassen konnten auch hier durch innovative tarifvertragliche Gestaltungen einen weiteren deutlichen Mitgliederzuwachs verzeichnen. Der zum 1.6.2012 in Kraft getretene Tarifvertrag, welcher den Tarifvertrag aus dem Jahr 2008 ablöste, erweiterte sowohl das Dotierungsvolumen als auch die Verwendungszwecke für die sog. Demografiebeträge. So beliefen sich die tarifvertraglichen Leistungen für Lebensarbeitszeit und Demografie auf einen dynamisch ausgestalteten Betrag in Höhe von 300 Euro (sog. Demografiebetrag I) sowie einen zusätzlichen Betrag in Höhe 200 Euro pro Jahr (sog. Demografiebetrag II), d. h. der Arbeitnehmer erhielt zum Beispiel im Jahr 2015 338,42 Euro und einen zusätzlichen Betrag in Höhe von 200 Euro (Demografiebetrag I und II). Der dynamische Demografiebetrag in Höhe von 300 Euro konnte für die Finanzierung von Langzeitkonten, Altersteilzeit, Teilrente, Berufsunfähigkeitszusatzversicherung Chemie, den Aufbau einer zusätzlichen betrieblichen Altersvorsorge oder Lebensphasenorientierte Arbeitszeitgestaltung verwendet werden. Der Demografiebetrag in Höhe von 200 Euro konnte für die Finanzierung von Langzeitkonten, Altersteilzeit, oder Lebensphasenorientierte Arbeitszeitgestaltung verwendet werden; im Rahmen einer sog. Auffanglösung bei Betrieben mit bis zu 200 Arbeitnehmern konnte der Demografiebetrag auch für die tarifliche Altersvorsorge verwendet werden. Seit dem 1.1.2016 gilt ein neuer Tarifvertrag Lebensarbeitszeit und Demografie. Danach beläuft sich der Demografiebetrag auf 550 Euro für das Jahr 2016 bzw. 750 Euro ab dem Jahr 2017. Die Beträge sind nicht dynamisch ausgestaltet. Sie können für die Finanzierung von Langzeitkonten, Altersteilzeit, Teilrente, Berufsunfähigkeitszusatzversicherung Chemie, den Aufbau einer zusätzlichen betrieblichen Altersvorsorge oder Lebensphasenorientierte Arbeitszeitgestaltung verwendet werden. Neu ist, dass der Demografiebetrag gemäß diesem Tarifvertrag aus wirtschaftlichen Gründen auf einen Betrag in Höhe von bis zu 350 Euro p. a. abgesenkt werden kann. Die Mindestlaufzeit für den seit dem 1.1.2016 geltenden Tarifvertrag Lebensarbeitszeit und Demografie besteht bis Ende 2020.

Tarifvertrag Lebensarbeitszeit und Demografie für die　　30
Chemische Industrie in Deutschland – Demografiebeträge

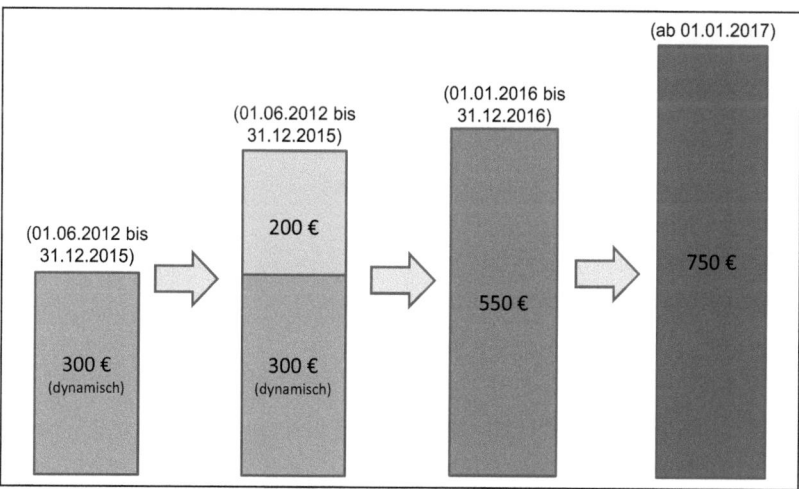

Quelle: Tarifvertrag Lebensarbeitszeit und Demografie (TV Demo).

31 TV-Demo: Umfrage BAVC

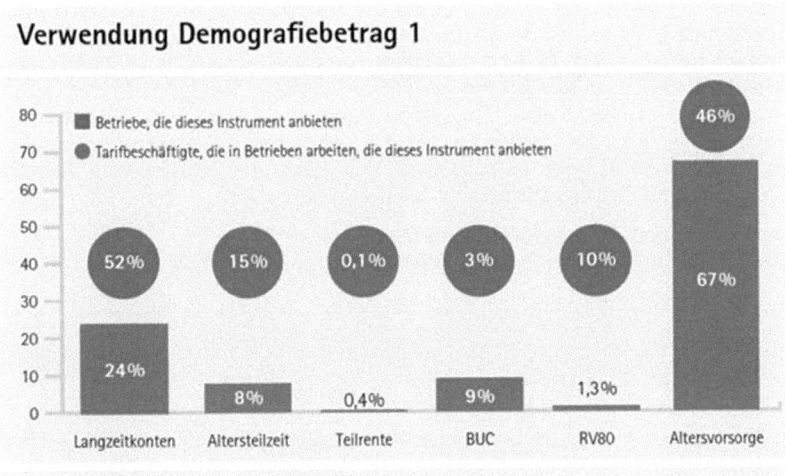

Verwendung Demografiebetrag 1

Betriebe, die dieses Instrument anbieten
Tarifbeschäftigte, die in Betrieben arbeiten, die dieses Instrument anbieten

	Langzeitkonten	Altersteilzeit	Teilrente	BUC	RV80	Altersvorsorge
Kreis	52%	15%	0,1%	3%	10%	46% / 67%
Balken	24%	8%	0,4%	9%	1,3%	

Quelle: BAVC 2014, Berichtsjahr 2013, Mehrfachnennungen möglich

Verwendung Demografiebetrag 2

Betriebe, die dieses Instrument anbieten
Tarifbeschäftigte, die in Betrieben arbeiten, die dieses Instrument anbieten

	Langzeitkonten	Alterssteilzeit	RV80	Auffanglösung tAV (bis 200 Beschäftigte)	Auffanglösung flexible Übergänge (ab 201)
Kreis	51%	10%	27%	6% / 39%	7%
Balken	27%	8%	16%		5%

Quelle: BAVC 2014, Berichtsjahr 2013, Mehrfachnennungen möglich

4. Statistik

Die sozialpolitisch neue Bewertung der künftigen Funktion der externen ka- 32
pitalgedeckten betrieblichen Altersversorgung im Gesamtsystem der Alterssicherung sowie die begleitende Verbesserung der steuerlichen Rahmenbedingungen, insbesondere die steuerfreie Dotierungsmöglichkeit nach § 3
Nr. 63 EStG während der Finanzierungsphase in Verbindung mit dem Anspruch auf Entgeltumwandlung und die Förderfähigkeit der Beiträge nach
§ 10a EStG i. V. m. Abschnitt XI EStG hatten Anfang der Jahrtausendwende
zu einer deutlichen Renaissance der betrieblichen Altersversorgung und
insbesondere des Durchführungsweges Pensionskasse geführt.

Nachdem die Direktversicherung in 2005 auch in den Anwendungsbereich 33
des § 3 Nr. 63 EStG mit einbezogen worden ist, haben Lebensversicherungsunternehmen teilweise den Vertrieb von Produkten der betrieblichen Altersvorsorge über Pensionskassen in der Rechtsform der AG nicht mehr weiter
ausgebaut, sondern diesen wieder über die Direktversicherung gelenkt.
Infolgedessen ist es auch zu Bestandsübertragungen auf Versicherungsunternehmen gekommen. Aufgrund der zunehmenden regulatorischen Anforderungen haben zudem kleinere betriebliche Pensionskassen ebenfalls Bestandsübertragungen vorgenommen, sodass die Anzahl der Pensionskassen
seit 2004 wieder leicht rückläufig ist. Im Gegensatz zur Anzahl der Pensionskassen hat sich jedoch der Bestand der Versicherten deutlich erhöht und die
Bedeutung der Pensionskassen insgesamt als Durchführungsweg der betrieblichen Altersvorsorge weiter zugenommen.

Entwicklung Anzahl Pensionskassen 34

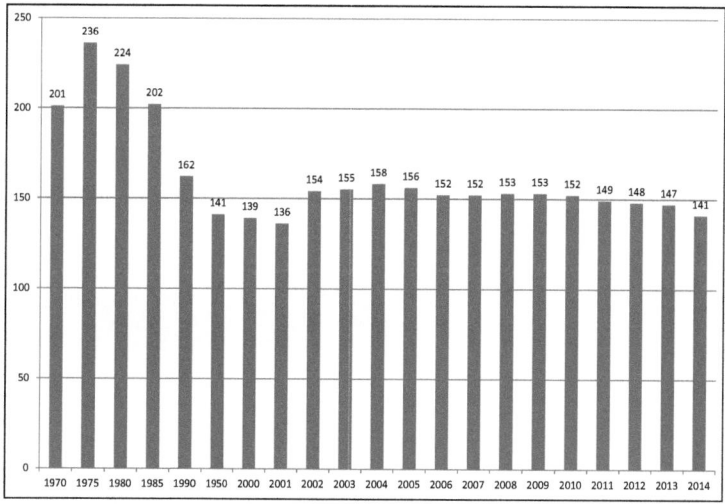

Quelle: BaFin, Versicherungsstatistik.

Pensionskassen

35 Aktiv Versicherte mit Anwartschaften auf Leistungen von Pensionskassen (in Mio.)

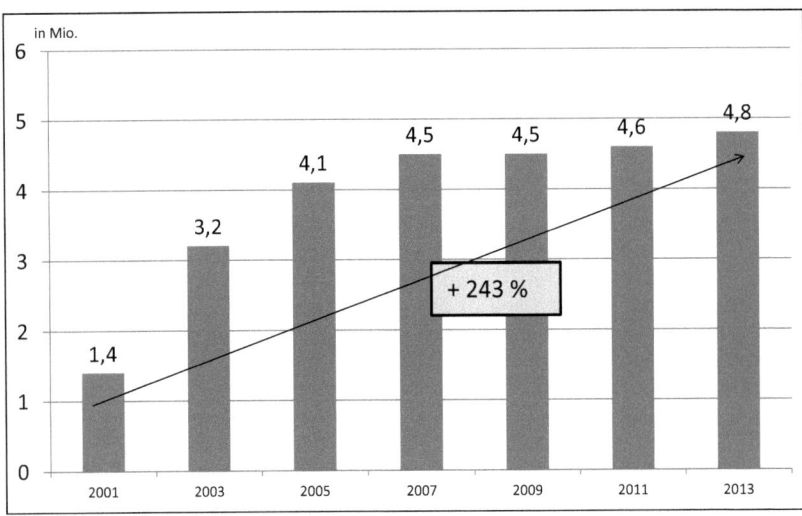

Quelle: Endbericht TNS Infratest vom 30.10.2008; Situation und Entwicklung der bAV in Privatwirtschaft und öffentlichem Dienst 2001–2007, S. 64–66 / Alterssicherungsbericht 2008, S. 131; Endbericht TNS Infratest vom 24.11.2014, Trägerbefragung zur betrieblichen Altersversorgung 2013, S. 22–24.

So hat sich die Anzahl der über Pensionskassen versicherten Arbeitnehmer mit Anspruch auf eine betriebliche Altersversorgung von Ende 2001 bis Ende 2013 um rd. 243 % erhöht.

Förderwege bei Pensionskassen   36
(Bruttoentgeltumwandlung §§ 3 Nr. 63 und 40b EStG)

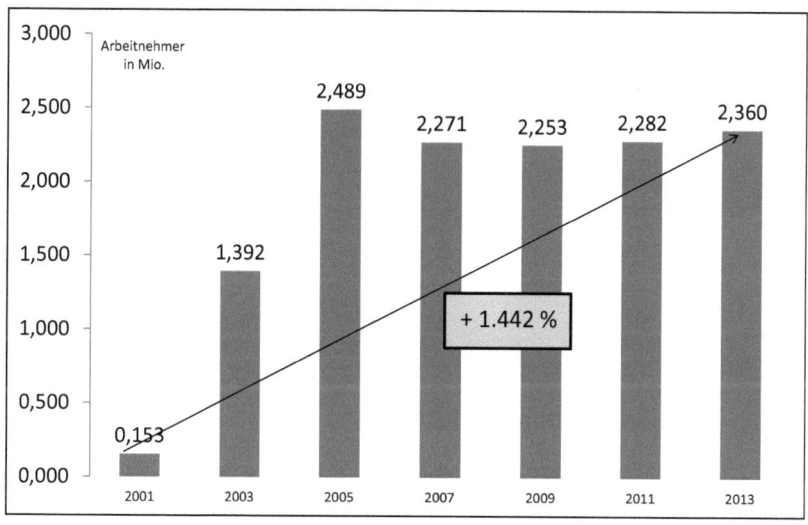

Quelle: Endbericht TNS Infratest vom 30.10.2008; Situation und Entwicklung der bAV in Privatwirtschaft und öffentlichem Dienst 2001–2007, S. 64–66/Alterssicherungsbericht 2008, S. 131; Endbericht TNS Infratest vom 24.11.2014, Trägerbefragung zur betrieblichen Altersversorgung 2013, S. 22–24.

Die Anzahl der Arbeitnehmer, welche eine Bruttoentgeltumwandlung über eine Pensionskasse über ihren Arbeitgeber durchführen, hat sich von 12/2001 bis 12/2013 sogar um 1.442 % erhöht.

Die Pensionskassen haben daher – insbesondere im Hinblick auf die bisher   37
vom Gesetzgeber eingeleiteten Reformen der Systeme der sozialen Sicherung – ihre Stellung im System der betrieblichen Altersversorgung nicht nur halten, sondern im Verhältnis zu den übrigen Durchführungswegen der betrieblichen Altersversorgung am deutlichsten ausbauen können.

38 Aktiv Versicherte mit Anwartschaften auf Leistungen der betrieblichen Altersversorgung (nach Durchführungswegen)

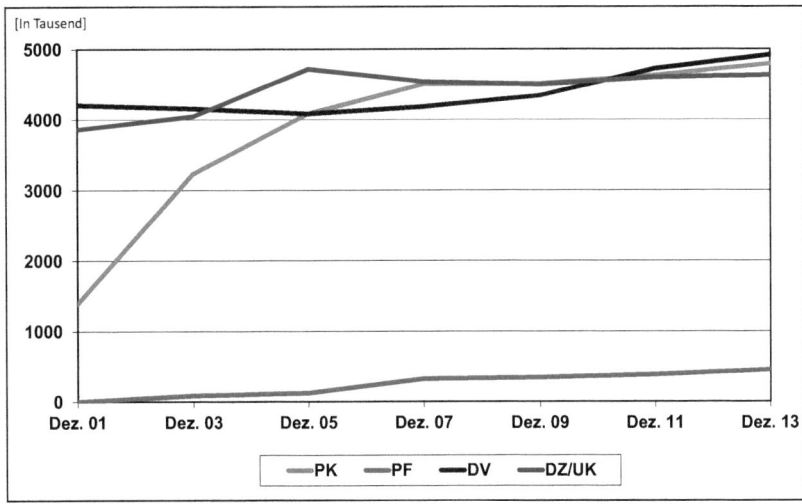

Quelle: Endbericht TNS Infratest vom 24.11.2014, Trägerbefragung zur betrieblichen Altersversorgung 2013, S. 85.

5. Nachhaltige Alterssicherung durch Ausbau der betrieblichen Altersversorgung

39 Mit dem eingeleiteten Umbau der Systeme der Alterssicherung nimmt auch die Verantwortung der an der Lebensstandardsicherung Beteiligten für deren Weiterentwicklung zu. Hierzu gehören in erster Linie die Beitragszahler, also Arbeitnehmer und Arbeitgeber, insbesondere aber auch der Gesetzgeber und die Tarifvertragsparteien. Diese müssen die arbeits- und steuerrechtlichen Rahmenbedingungen dafür schaffen, dass die externe kapitalgedeckte betriebliche Altersversorgung einen nachhaltigen Ausbau erfährt. Hierzu gehört auch die Verantwortung dafür, dass vorrangig in der zweiten Säule tatsächlich auch eine nachhaltige Alterssicherung der Arbeitnehmer und deren Angehörigen durch lebenslange Leibrenten, Hinterbliebenen- und Invaliditätsschutz erfolgt. Dies ist vor dem Hintergrund der anhaltenden Diskussion über einen Umbau der gesetzlichen Alterssicherungssysteme notwendiger denn je. Der weiterentwickelte neue Tarifvertrag in der chemischen Industrie zur Lebensarbeitszeit und Demografie gibt Zuversicht dafür, dass sich die Tarifvertragsparteien der ihnen von der Politik zugewiesenen gestalterischen Aufgaben annehmen werden.

Rentenreform: Von der Lebensstandardsicherung zur ergänzenden Altersvorsorge 40

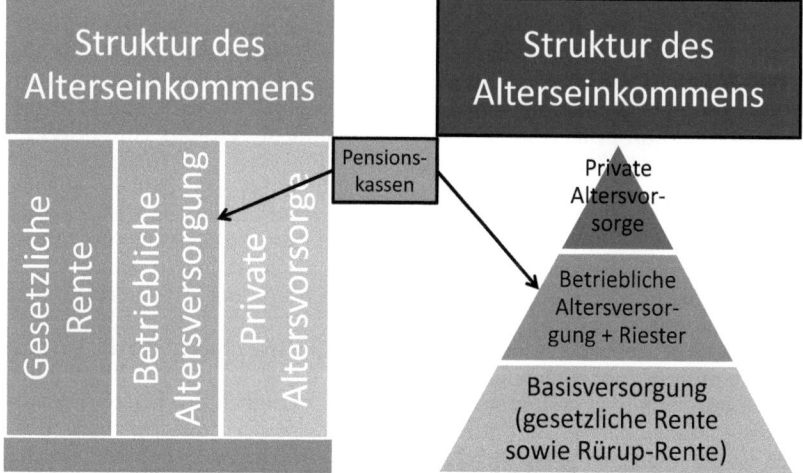

Für Pensionskassen bedeutet die zunehmende Einbindung der betrieblichen 41
Altersversorgung in die jeweils aktuelle sozialpolitische Willensbildung des
Gesetzgebers korrespondierend steigende Anforderungen insbesondere an
die Ausgestaltung der Bestimmungen der Leistungspläne und der Informa-
tionssysteme. Bei allen positiven Maßnahmen des Gesetzgebers zur Förderung der kapitalgedeckten Alterssicherung muss zunehmend darauf geachtet
werden, dass die Eigenständigkeit der betrieblichen Altersversorgung, die
sich insbesondere durch die Betriebsnähe, Transparenz und Effizienz aus-
zeichnet, nicht verloren geht bzw. die Trennschärfe zu den Produkten der
(bloßen) Vermögensbildung aufgegeben wird.

Vor diesem Hintergrund gilt es, die aktuellen sozialpolitischen Herausforde- 42
rungen, wie z. B. die Berücksichtigung der neuen Regelungen im BetrAVG
auf Grund des Gesetzes zur Umsetzung der EU-Mobilitätsrichtlinie (Ab-
senkung der Unverfallbarkeitsfrist, Änderungen bei den Auskunftspflichten
etc.; siehe dazu auch Rdnrn. 804 ff.), die in Politik und Wirtschaft aktuell
diskutierten Modelle zu tarifvertraglich ausgestalteten Systemen der betrieblichen Altersvorsorge (sog. Sozialpartnermodell) oder dem Vorschlag
der hessischen Landesregierung für einen Deutschlandfonds oder Vorschläge
zu Opting-Out-Systemen sowie die Umsetzung von Gesetzesvorhaben auf
europäischer Ebene (z. B. Pensionsfondsrichtlinie) kritisch und konstruktiv
zu begleiten. Die Pensionsfondsrichtlinie, oft auch als EbAV-Richtlinie
(EbAV = Einrichtungen betrieblicher Altersvorsorge) oder IORP-Richtlinie

(IORP = Institutions for Occupational Retirement Provision) bezeichnet, gibt auf europäischer Ebene die Rahmenbedingungen für die Einrichtungen der betrieblichen Altersvorsorge vor. Wichtige Regelungsinhalte sind insbesondere die Vorgaben zur Eigenmittelausstattung, dem Ausfinanzierungsgrad der Versorgungsverpflichtungen, das Risikomanagement und die Information und Kommunikation im Verhältnis zu den Versorgungsempfängern. Die IORP-Richtlinie wird derzeit überarbeitet, der Gesetzgebungsprozess wird voraussichtlich Mitte/Ende 2016 abgeschlossen sein. Parallel hierzu wird von der EIOPA (European Insurance and Occupational Pensions Authority) an neuen aufsichtsrechtlichen Richtlinien und Hinweisen zur Umsetzung der Richtlinien gearbeitet. Hervorzuheben sind hier das sog. Holistic Balance Sheet Modell zur Risikountersuchung und hierauf aufbauend die „europäischen" Stresstests und durchgeführte quantitative Auswertungsstudien zu den neuen aufsichtsrechtlichen Modellen. Kritisch ist hierzu anzumerken, dass von Seiten der europäischen Aufsichtsbehörde der Ansatz eines „one single rule book" sowohl für die Lebensversicherungen als auch die Einrichtungen betrieblicher Altersvorsorge verfolgt wird, obwohl für die Lebensversicherungsunternehmen seit Januar 2016 die sog. Solvency-II-Regelungen und damit inhaltlich andere Regelungen (z. B. bezüglich der Eigenmittelausstattung) gelten als für die Einrichtungen betrieblicher Altersvorsorge. Sachlich ist dies dadurch gerechtfertigt, dass die Einrichtungen betrieblicher Altersvorsorge im Gegensatz zu den Lebensversicherungsunternehmen nicht dereguliert sind. In diesem aufsichtsrechtlichen Spannungsverhältnis gilt es, den Charakter der Einrichtungen der betrieblichen Altersvorsorge als soziale Einrichtungen als sachgerechtes Differenzierungsmerkmal für eine differenzierende aufsichtsrechtliche Betrachtung in den Gesetzesvorhaben zu verankern.

43 Wie wichtig die aktive Einbindung der Interessengemeinschaften der betrieblichen Altersversorgung in die politische Diskussion ist, hat beispielsweise die Neufassung des § 16 Abs. 3 Nr. 2 BetrAVG (Voraussetzungen für Entfall der Verpflichtung des Arbeitgebers zur Anpassung der laufenden Leistungen bei Abwicklung der Altersvorsorge über eine Pensionskasse) gezeigt. Mit der gesetzlichen Neufassung wurde die Diskussion darüber, ob die Voraussetzungen für den Entfall der Anpassungsverpflichtung nur dann erfüllt sind, wenn zur Berechnung der Deckungsrückstellung auf den nach dem VAG festgesetzten Höchstrechenzins abgestellt wurde, sachgerecht beendet (siehe dazu auch *Schwind*, Betriebliche Altersvorsorge 1/2011 S. 42 ff.).

44 Doch nicht nur auf nationaler, sondern auch auf europäischer Ebene unterliegt die betriebliche Altersvorsorge dem steten Wandel der Gesetze, Richtlinien und sonstigen Vorschriften, welcher die betriebliche Altersvorsorge immer wieder vor neue Herausforderungen stellt. So erarbeitet derzeit beispielsweise die seitens der EU-Kommission beauftragte Projektgruppe Track and Trace your Pension in Europe (TTYPE) einen Businessplan zur Schaffung eines europäischen Rentenaufzeichnungsdienstes. Zudem beabsichtigt die Europäische Kommission eine Verbesserung der Altersvorsorge im Allgemeinen und prüft, ob und inwieweit dies durch eine sog. Pan-European Personal Pension (PEPP) – eine private „Europa-Rente", welche die bestehende nationale Lösungen zwar ergänzen (aber nicht ersetzen!) solle, erfolgen könnte. Die neuen Vorschläge der EU bergen jedoch häufig sehr hohe Hürden für die betriebliche Altersvorsorge und sind für diese nicht immer vorteilhaft. Beispielsweise sieht der Entwurf des europäischen Gesetzgebungsverfahrens zur Einführung einer Finanztransaktionssteuer (FTT) vor, dass Einrichtungen betrieblicher Altersvorsorge als Finanzinstitut einzuordnen und damit von einer entsprechenden Steuerpflicht betroffen sind. Es bleibt abzuwarten, ob dieser Entwurf tatsächlich umgesetzt werden wird. Im Rahmen des gegenseitigen Abkommens der Bundesrepublik Deutschland und der Vereinigten Staaten von Amerika über einen Informationsaustausch über Finanzkonten, dem Foreign Account Tax Compliance Act (FATCA), sind Pensionskassen als ein Durchführungsweg der betrieblichen Altersvorsorge ausdrücklich von dem Anwendungsbereich ausgenommen worden (vgl. Gesetz zu dem Abkommen vom 31.5.2013 zwischen der Bundesrepublik Deutschland und den Vereinigten Staaten von Amerika zur Förderung der Steuerehrlichkeit bei internationalen Sachverhalten und hinsichtlich der als Gesetz über die Steuerehrlichkeit bezüglich Auslandskonten bekannten US-amerikanischen Informations- und Meldebestimmungen, BGBl. II 2013 S. 1362 ff.). Ein weiterer Erfolg für die Pensionskassen und damit für die betriebliche Altersvorsorge als solche ist auch, dass die Einrichtungen der betrieblichen Altersvorsorge von der neuen europäischen PRIIPs-Verordnung (Packaged Retail and Insurance-based Investment Products), deren zentraler Bestandteil die Einführung von Basisinformationsblättern für bestimmte Anlageprodukte ist, ebenfalls ausgenommen wurden.

Die Pensionskassen werden sich auch künftig den neuen Herausforderungen **45** und den damit verbundenen zunehmenden Anforderungen an das Management von Komplexitäten stellen müssen. Dadurch, dass den Pensionskassen dies in der Vergangenheit bisher gut gelungen ist, lässt diese mit Zuversicht in die Zukunft blicken. Die Pensionskassen als Spezialisten für die Durchführung der externen kapitalgedeckten betrieblichen Altersversorgung haben daher gute Chancen, auch künftig eine führende Rolle bei der Ausbreitung der betrieblichen Altersversorgung in Deutschland zu übernehmen.

IV. Arten der Pensionskasse
(Herrmann)

Nach der Legaldefinition des § 232 i. V. m. § 233 Abs. 1 VAG existieren heute **46** in Deutschland zwei grundsätzlich verschiedene Arten von Pensionskassen. Zum einen die traditionellen, betrieblichen Pensionskassen, die quasi als Selbsthilfeeinrichtungen der Arbeitgeber und Arbeitnehmer zur Durchführung der betrieblichen Altersversorgung gegründet worden sind und zum anderen die neu gegründeten Pensionskassen der Lebensversicherungsunternehmen, die in ihrer Vertragsgestaltung und vertrieblichen Ausrichtung wie Lebensversicherungsunternehmen aufgestellt sind. Die Durchführung der betrieblichen Altersversorgung über diese neu gegründeten Pensionskassen ähnelt daher in ihrer Ausgestaltung den Direktversicherungen. Der nachfolgende Beitrag wird sich vor allem mit den traditionellen, betrieblichen Pensionskassen beschäftigen und bei den Ausgestaltungsformen, wie sie die neuen, nicht betrieblichen Pensionskassen prägen, auf die Ausführungen zur Direktversicherung verweisen.

47 Auch bei den betrieblichen Pensionskassen haben sich auf Grund unterschiedlicher Aufgaben und Mitgliederstruktur verschiedene Arten von Pensionskassen entwickelt.

1. Ein-Firmen-Pensionskasse

48 Die Ein-Firmen-Pensionskasse versichert die Arbeitnehmer eines einzelnen Unternehmens. Es handelt sich hierbei um die klassische Form der Pensionskasse. Auch heute noch wird sie wohl die häufigste Form der Pensionskasse darstellen, wenn auch gerade diese – in der Regel auch kleineren – Ein-Firmen-Kassen in jüngster Zeit immer mehr an Bedeutung verloren haben.

2. Konzern-Pensionskasse

49 In der Konzern-Pensionskasse sind die Arbeitnehmer konzernverbundener Unternehmen versichert. Die Konzernverbundenheit ist somit Voraussetzung für die Versicherbarkeit der Arbeitnehmer. Ein Ausscheiden einzelner Unternehmen aus dem Konzernverbund bleibt daher in der Regel nicht ohne Einfluss auf das Versicherungsverhältnis der Arbeitnehmer.

3. Die sog. überbetrieblichen oder Gruppenpensionskassen

50 Diese Pensionskassen versichern Arbeitnehmer verschiedener Unternehmen. Bei den Gruppenkassen gibt es branchengebundene Pensionskassen, die Arbeitnehmer einer bestimmten Branche versichern, oder auch Pensionskassen, die branchenunabhängig ihre Pensionskassenleistungen anbieten.

4. Tarifvertragskassen

51 Die sog. Tarifvertragskassen sind Einrichtungen der Tarifvertragsparteien. Diese Form der Pensionskasse gibt es erst seit den 60-er Jahren des vergangenen Jahrhunderts. Sie werden auf Grund eines für allgemein verbindlich erklärten Tarifvertrages gegründet und nur von den Tarifvertragsparteien selbst betrieben. Die einzelnen Arbeitgeber werden zur Beitragszahlung auf Grund des Tarifvertrages gezwungen. Versichert sind alle Arbeitnehmer, die in den Geltungsbereich des Tarifvertrages fallen.

5. Sonstige Formen

52 Ebenfalls zu den Pensionskassen zählen die sog. Rückdeckungskassen. Dies sind Pensionskassen, die nicht unmittelbar Arbeitnehmer versichern, sondern

die Versorgungszusage des Arbeitgebers (oder einer Unterstützungskasse) rückdecken. Die Rückdeckungsversicherungen werden zwar auf das Leben der Arbeitnehmer abgeschlossen, Versicherungsnehmer und Leistungsempfänger sind aber nur der Arbeitgeber (oder die Unterstützungskasse). Diese Rückdeckungskassen werden im Rahmen dieses Beitrags nicht gesondert behandelt. Zu den Rückdeckungskassen zählen auch Kassen, die nur teilweise die Rückdeckung betreiben und teilweise auch unmittelbar Arbeitnehmer versichern.

B. Rechtliche Gestaltung der Pensionskasse
(Herrmann/Fath/Linke)

I. Rechtsform
(Herrmann)

Nach der Legaldefinition des § 232 VAG sind Pensionskassen rechtlich selbstständige Lebensversicherungsunternehmen. Versicherungsunternehmen dürfen gemäß § 8 VAG nur in der Rechtsform der Aktiengesellschaft (AG) oder des Versicherungsvereins auf Gegenseitigkeit (VVaG) betrieben werden.   **53**

Während vor Inkrafttreten des Altersvermögensgesetzes Pensionskassen praktisch nur als Selbsthilfeeinrichtungen der Betriebe und ihrer Arbeitnehmer vorkamen, die ausschließlich die Rechtsform des Versicherungsvereins auf Gegenseitigkeit gewählt hatten, sind die Neugründungen von Pensionskassen insbesondere durch die Lebensversicherungswirtschaft überwiegend in der Rechtsform der Aktiengesellschaft erfolgt.   **54**

Eine Unterform der Versicherungsvereine auf Gegenseitigkeit ist der sog. kleinere VVaG gemäß § 210 VAG. Kleinere Vereine sind Unternehmen, die bestimmungsgemäß einen sachlichen, örtlichen oder dem Personenkreis nach eng begrenzten Wirkungskreis haben. Die wirtschaftliche Größe spielt hierbei keine Rolle. Es können also auch Unternehmen mit sehr großem Beitragsaufkommen und/oder hohen Rückstellungen kleinere Vereine sein. Die Beschränkung auf die Versicherung von Arbeitnehmern eines Betriebes oder Konzerns, ja sogar die Beschränkung auf die Pensionsversicherung als solche wurde von der Versicherungsaufsichtsbehörde als ausreichend angesehen, eine Pensionskasse als kleineren VVaG anzusehen. So verwundert es daher nicht, dass nahezu alle traditionellen, betrieblichen Pensionskassen in der Rechtsform des kleineren VVaG betrieben werden.   **55**

1. Versicherungsverein auf Gegenseitigkeit

Der (große) VVaG ist weitgehend wie eine AG organisiert (vgl. §§ 188, 189, 191 VAG). Wie die AG muss er drei Organe bilden: oberstes Organ (bei der AG die Hauptversammlung; beim Versicherungsverein die Mitglieder- bzw. Mitgliedervertreterversammlung), Aufsichtsrat und Vorstand. Für diese Organe gelten kraft ausdrücklicher Verweisung in den §§ 188 ff. VAG die Vorschriften des AktG entsprechend.   **56**

57 Gemäß § 172 VAG gelten für den VVaG weitgehend auch die Vorschriften des HGB. Der Verein nimmt also als Kaufmann i. S. d. HGB am Geschäftsleben teil. Er muss ins Handelsregister eingetragen sein (vgl. auch § 185 VAG), und er kann Prokuristen bestellen. Er wird im Rechtsverkehr wie jede andere privatrechtliche Kapitalgesellschaft behandelt.

58 Der Verein ist nicht nur darauf beschränkt, seine Mitglieder zu versichern, sondern er darf auch sog. Nichtmitgliedschaftsgeschäft betreiben und auch Nichtmitglieder zu festen Prämien versichern (§ 177 Abs. 2 VAG).

2. Kleinerer Versicherungsverein auf Gegenseitigkeit

59 Während der große Verein der AG nachgebildet wird, orientiert sich der kleinere Verein am Verein des BGB. Obgleich für ihn eigentlich nur die beiden Organe Mitgliederversammlung bzw. Mitgliedervertreterversammlung und der Vorstand obligatorisch sind, müssen Pensionskassen auch in der Rechtsform des kleineren Vereins einen Aufsichtsrat bilden, § 234 Abs. 5 VAG. Rechte und Pflichten dieser Organe ergeben sich entsprechend der Verweisung in § 210 VAG aus den Vorschriften der §§ 24 ff. BGB.

60 Das Vereinsrecht des BGB unterscheidet sich von den Vorschriften über die Hauptversammlung des AktG vor allem durch seine geringere Förmlichkeit. Während das Aktienrecht im Einzelnen vorschreibt, wie und mit welchen Fristen die Hauptversammlung einzuberufen ist, wie Anträge zur Hauptversammlung zu behandeln sind und wie die Niederschrift über die Hauptversammlung gestaltet sein muss, können nach dem Vereinsrecht des BGB einfacher zu handhabende Satzungsbestimmungen, die Formalien der Mitgliederversammlung regeln. Der kleinere VVaG eignet sich daher gerade für Pensionskassen, für die auf Grund ihrer personellen Ausstattung die Beachtung der gesetzlichen Förmlichkeiten einer AG größere Schwierigkeiten bedeuten würde. Dies gilt insbesondere für die auch wirtschaftlich kleineren Pensionskassen.

61 Rechte und Pflichten des Aufsichtsrats richten sich ebenfalls nicht nach dem Aktienrecht, sondern bestimmen sich nach den Vorschriften des GenG. Wie schon beim obersten Organ sind auch beim Aufsichtsrat des GenG weniger Förmlichkeiten zu beachten.

62 Der **kleinere VVaG ist kein Kaufmann i. S.d HGB**. Für ihn gelten die Vorschriften des HGB nicht. Sein Geschäftsbetrieb ist nicht der Betrieb von Handelsgeschäften. Er kann keine Prokuristen bestellen.

63 Versicherungsfähig sind beim kleineren VVaG nur die Mitglieder selbst. Die Versicherung gegen feste Prämien an Nichtmitglieder ist ihm untersagt.

3. Betriebliche Pensionskassen

64 In § 233 Abs. 1 VAG sind im Rahmen von Rechtsfolgeverweisungen die betrieblichen Pensionskassen definiert. Es handelt sich bei diesen Kassen aber

nicht um eine eigene Rechtsform. Mit Aufnahme dieser Vorschrift ist der Gesetzgeber dem allgemeinen Bedürfnis gefolgt, die traditionellen, betrieblichen Pensionskassen weitgehend in ihrer bisherigen Verfassung fortbestehen zu lassen. Wesentliche Rechtsfolge hierbei ist, dass die Geschäftspläne, insbesondere Versicherungsbedingungen und Technischer Geschäftsplan weiterhin von der Aufsichtsbehörde genehmigt werden müssen (betriebliche Pensionskassen, vgl. Rdnr. 83). Gleichzeitig bedeutet diese Genehmigungspflicht aber auch, dass abweichende, auf die besonderen Bedürfnisse der Pensionskasse zugeschnittene Regelungen in ihren Geschäftsplänen möglich sind. Pensionskassen können sich als betriebliche Pensionskassen regulieren lassen, wenn

– ihre Satzung vorsieht, dass Versicherungsansprüche gekürzt werden dürfen,

– nach ihrer Satzung mindestens 50 % der Mitglieder der obersten Vertretung durch die Versicherten oder ihre Vertreter besetzt werden sollen, bei Pensionskassen, die nur das Rückdeckungsgeschäft betreiben, muss ein solches Recht den Versicherungsnehmern eingeräumt werden,

– sie ausschließlich die unter § 17 BetrAVG fallenden Personen, die Geschäftsleiter oder Inhaber der Trägerunternehmen sowie solche Personen versichert, die der Pensionskasse durch Gesetz zugewiesen werden oder ihr Versicherungsverhältnis mit der Pensionskasse nach Beendigung ihres Arbeitsverhältnisses fortführen, und

– sie keine rechnungsmäßigen Abschlusskosten für die Vermittlung von Versicherungsverträgen erheben und sie auch keine Vergütung für die Vermittlung oder den Abschluss von Versicherungsverträgen gewähren.

II. Soziale Einrichtung
(Herrmann)

Die betrieblichen Pensionskassen sind regelmäßig auch sog. **Sozialeinrichtungen** (vgl. § 87 BetrVG, § 2 Abs. 1 Nr. 4b ArbGG, § 5 Abs. 1 Nr. 3b KStG). Eine Legaldefinition der Sozialeinrichtung gibt es nicht. Es handelt sich um eine Einrichtung, die „sozialen" Zwecken dient, d. h., den Arbeitnehmern des Betriebes bzw. deren Familienangehörigen sollen über das unmittelbare Arbeitsentgelt für die Arbeitsleistung hinaus weitere Vorteile gewährt werden, um deren soziale Lage zu verbessern. Wie stark das Eigenengagement des Arbeitgebers ist, spielt bei der Frage der Sozialeinrichtung keine wesentliche Rolle. Dementsprechend ist es auch für die Eigenschaft der Pensionskasse als Sozialeinrichtung nicht von Bedeutung, in welcher Höhe sich der Arbeitgeber an der Beitragszahlung beteiligt. **65**

Die Eigenschaft der Pensionskasse als Sozialeinrichtung hat Auswirkungen im Hinblick auf Mitbestimmungsrechte gemäß § 87 BetrVG (s. im Einzelnen Rdnrn. 824 ff.) und auf ihre steuerliche Behandlung (Befreiung von der Körperschaft-, Vermögen- und Gewerbesteuer – s. im Einzelnen Rdnrn. 857 ff.). **66**

Auch die Zuständigkeit der Arbeitsgerichte bei Rechtsstreitigkeiten zwischen Arbeitnehmern und der Pensionskasse bzw. auch zwischen Arbeitgebern und der Pensionskasse beruht auf dem Charakter als Sozialeinrichtung des Betriebes.

III. Gründung und Beendigung der Pensionskasse
(Herrmann)

67 Das eigenständige Rechtsleben der Pensionskasse beginnt mit ihrer Gründung und endet mit ihrer Auflösung, einer Bestandsübertragung auf ein anderes Versicherungsunternehmen oder mit ihrer Verschmelzung mit einem anderen Versicherungsunternehmen.

1. Gründung

68 Die Gründung einer **regulierten Pensionskasse** in der Rechtsform des VVaG richtet sich vor allem nach den Vorschriften des VAG, das in den §§ 171 bis 210 besondere Regelungen für den VVaG enthält.

69 Die Gründung vollzieht sich in zwei Schritten: Zum einen in dem privatrechtlichen korporativen Gründungsakt und zum anderen in der öffentlich-rechtlichen Zulassung des Versicherungsvereins zum Geschäftsbetrieb durch die BaFin.

a) Privatrechtlicher Gründungsakt

70 Der privatrechtliche Gründungsakt vollzieht sich ohne rechtliche Mitwirkung der Aufsichtsbehörde. Da aber wesentliche Bereiche dieses Gründungsakts Gegenstand der aufsichtsbehördlichen Prüfung im Rahmen der öffentlich-rechtlichen Zulassung sind, empfiehlt es sich dringend, schon in diesem Stadium Kontakt mit der Aufsichtsbehörde aufzunehmen und die einzelnen Gründungsmaßnahmen mit ihr abzustimmen.

71 Zur Gründung einer Pensionskasse in der Rechtsform des VVaG bedarf es zunächst Gründer, die den Willen haben, einen Versicherungsverein zu gründen, dem sie als Mitglied und Versicherungsnehmer angehören wollen. Das Gesetz schreibt keine Mindestzahl an Gründern vor. Dennoch legt die Aufsichtsbehörde in der Praxis Wert darauf, dass die Pensionskasse von Beginn an aus mehr als nur zwei Mitgliedern besteht.

72 Die Gründer haben – üblicherweise in der Form eines Protokolls – ihre Absicht festzuhalten, einen Versicherungsverein zu gründen. Gleichzeitig werden sie

– eine Satzung erstellen (über den Inhalt der Satzung vgl. Rdnrn. 198 ff.),

– die Organe des Vereins berufen (Vorstand, Aufsichtsrat, Mitglieder- oder Mitgliedervertreterversammlung),

– die Versicherungsbedingungen bestimmen (sofern sie nicht Gegenstand der Satzung sind).

Die Satzung muss nach §§ 173 Abs. 2, 210 Abs. 1 VAG nur beim großen VVaG notariell beurkundet werden.

Die Gründer haben weiterhin ein versicherungsmathematisches Gutachten zum Beitrags- und Leistungssystem erstellen zu lassen. In diesem Gutachten muss nachgewiesen werden, dass die beabsichtigten Beiträge zur Finanzierung der versprochenen Versicherungsleistungen ausreichen (Technischer Geschäftsplan – s. im Einzelnen Rdnrn. 267 ff.). **73**

Für den Versicherungsverein ist gemäß § 178 VAG ein sog. Gründungsstock zu bilden, der die Kosten der Vereinseinrichtung zu decken sowie als Gewähr- und Betriebsstock zu dienen hat. Der Gründungsstock tritt quasi anstelle des gezeichneten Kapitals bei Aktiengesellschaften. Er stellt das Eigenkapital des Versicherungsvereins dar, das unter anderem auch zur Deckung sofort fälliger Verbindlichkeiten erforderlich ist und dient der Erfüllung der Solvabilitätskapitalanforderungen (vgl. im Einzelnen §§ 213, 214 VAG, §§ 17, 18 KapAusstV). **74**

Die Höhe des Gründungsstocks richtet sich nach dem erwarteten Geschäftsumfang und bestimmt sich nach der jeweiligen Solvabilitätskapitalanforderung. Er muss wenigstens die Höhe der Mindestkapitalanforderung erreichen. Diese beträgt zurzeit 2 250 000 Euro (§ 18 Abs. 2 KapAusstV). **75**

In der Satzung ist zu bestimmen, wie der Gründungsstock zu tilgen ist. Grundsätzlich kann dies nur aus den Jahreseinnahmen des Versicherungsvereins erfolgen und nur in dem Maße, wie die Verlustrücklage gemäß § 193 VAG anwächst.

In diesem Stadium – also vor der Zulassung des Versicherungsvereins zum Geschäftsbetrieb durch die Versicherungsaufsichtsbehörde – ist der Versicherungsverein nicht rechtsfähig, er kann also nicht selbstständig Träger von Rechten und Pflichten sein. Er ist quasi Vorgesellschaft (Vorverein) und wird entsprechend den Regelungen über den nicht rechtsfähigen Verein behandelt. Dies ist insbesondere im Hinblick auf die Haftung für im Namen des Vereins bereits eingegangene rechtsgeschäftliche Verbindlichkeiten der Gründer bzw. der für den Verein handelnden Personen bedeutsam. **76**

Die Haftungsfragen beim Vorverein sind durchaus strittig. Grundsätzlich wird man aber von der persönlichen Haftung der Gründer ausgehen können. Dieses hohe Haftungsrisiko kann vermieden werden, wenn im Gesellschaftsvertrag bzw. in der Satzung (s. o. Protokoll des Gründungsvorgangs) die Haftung des Vorvereins auf das vorhandene Vereinsvermögen ausdrücklich beschränkt wird. Von einer solchen Haftungsbegrenzung sollte stets Gebrauch gemacht werden. Die Haftungsbeschränkung gilt gegenüber allen Gläubigern, die ihre Ansprüche in Kenntnis dieser Haftungsbeschränkung begründet haben. **77**

Die konkrete Übernahme von Versicherungsrisiken, also der Abschluss von Versicherungsverträgen, sollte im Gründungsstadium noch nicht erfolgen. **78**

Dies hat rechtliche, vor allem aber auch pragmatische Gründe. Zwar ist die zivilrechtliche Wirksamkeit von Versicherungsverträgen nicht davon abhängig, ob ein zum Geschäftsbetrieb zugelassenes Versicherungsunternehmen diese abschließt; es bleibt aber „verbotenes" Versicherungsgeschäft. Die für den Verein handelnden Personen machen sich ggf. nach § 331 VAG strafbar.

79 Keine Bedenken bestehen allerdings, wenn der Abschluss von Versicherungsverträgen in diesem Gründungsstadium unter dem Vorbehalt der tatsächlichen Errichtung des Versicherungsvereins (Zulassung durch die Versicherungsaufsichtsbehörde) steht. Der Versicherungsvertrag wird dann erst mit der Zulassung des Vereins zum Geschäftsbetrieb wirksam.

b) Antrag auf Zulassung zum Geschäftsbetrieb

80 Im Anschluss an den privatrechtlichen Gründungsakt müssen die Gründer bei der zuständigen Versicherungsaufsichtsbehörde den Antrag auf Zulassung zum Geschäftsbetrieb stellen.

81 Einer besonderen Form bedarf der Antrag nicht. Die BaFin stellt Zulassungshinweise zur Verfügung, deren Beachtung die Bearbeitung eines Zulassungsantrags erleichtern und beschleunigen. Insoweit wird die Schriftform des Antrags empfohlen.

82 Mit dem Antrag auf Zulassung zum Geschäftsbetrieb sind gemäß § 9 VAG im Wesentlichen folgende Unterlagen mit einzureichen:

aa) Der Geschäftsplan der Pensionskasse

83 Der Geschäftsplan ist die Grundlage des Geschäftsbetriebs der Pensionskasse. Aus ihm ergibt sich der Zweck der Kasse, also was versichert werden soll, wer versichert werden soll, wie hoch die Beiträge und Leistungen sein sollen und wie die dauernde Erfüllbarkeit der versprochenen Versicherungsleistungen gewährleistet sein soll. Zum Geschäftsplan gehören alle Unterlagen, die von der Aufsichtsbehörde zu genehmigen sind. Dies sind – auch nach dem seit dem 1.1.2016 geltenden VAG – bei der regulierten Pensionskasse weiterhin die Versicherungsbedingungen und der sog. Technische Geschäftsplan (§ 233 Abs. 1 Satz 5; § 233 Abs. 1 Satz 4 i. V. m. § 219 Abs. 3 Nr. 1 und § 9 Abs. 2 Nr. 2 VAG). Insoweit werden also bereits im Gründungsstadium die Unterschiede zwischen der regulierten und der deregulierten Pensionskasse deutlich:

– Technischer Geschäftsplan:

    Mit dem Antrag auf Zulassung ist ein Technischer Geschäftsplan bzw. versicherungsmathematisches Gutachten einzureichen, in dem nachgewiesen wird, dass die verlangten Beiträge zur Finanzierung der versprochenen Versicherungsleistungen ausreichen (s. im Einzelnen Rdnrn. 267 ff.).

– Satzung und Versicherungsbedingungen:

Es ist weiterhin die Satzung einzureichen. Aus der Satzung ergibt sich das Geschäftsgebiet der Pensionskasse und deren Organisationsstruktur (s. im Einzelnen Rdnrn. 198 ff.). Aus der Satzung muss sich vor allem auch ergeben, dass die Pensionskasse die in § 233 Abs. 1 VAG genannten besonderen Bedingungen erfüllt. Nur unter diesen Voraussetzungen kann sie als regulierte Pensionskasse zum Geschäftsbetrieb zugelassen werden. Neben der Satzung sind auch die Versicherungsbedingungen einzureichen. Diese enthalten vor allem Angaben über die Versicherungsleistungen des Vereins und über die Beitragsverpflichtung der Mitglieder (s. im Einzelnen Rdnrn. 239 ff.).

– Funktionsausgliederungsverträge:

Ggf. sind auch bei ausgelagerten Funktionsbereichen sog. Funktionsausgliederungsverträge vorzulegen (s. Rdnrn. 276 ff.), aber nicht mehr als Bestandteil des Geschäftsplans.

bb) Organisationsfonds

Es sind weiterhin Angaben über die Kosten des Verwaltungsaufbaus der Pensionskasse zu machen, verbunden mit der Darlegung einer Deckungsmöglichkeit dieser Kosten. Üblicherweise verlangt die Versicherungsaufsichtsbehörde bei neu zu gründenden Versicherungsunternehmen die Stellung eines Organisationsfonds. Kommen auf die Pensionskasse erkennbar keine Kosten zu, weil z. B. das Trägerunternehmen einer betrieblichen Pensionskasse die Kosten für den Aufbau der Verwaltungsorganisation – ggf. auch die Kosten der Verwaltung überhaupt – vollständig übernimmt, wäre die Stellung eines Organisationsfonds nicht erforderlich. Sollte die Aufsichtsbehörde dennoch auf die Stellung eines Organisationsfonds nicht verzichten wollen, wird sie aber in der Regel mit einer entsprechend niedrigen Dotierung einverstanden sein. 84

cc) Eigenmittel, Solvabilität

Nach § 9 Abs. 3 VAG ist weiterhin im Rahmen des Geschäftsplans nachzuweisen, dass Eigenmittel in Höhe der Mindestkapitalanforderung zur Verfügung stehen. Es sind weiter Schätzungen zum erwarteten Geschäftsumfang der ersten drei Geschäftsjahre vorzulegen. Da grundsätzlich auch regulierte Pensionskassen die Solvabilitätsvorschriften erfüllen müssen, sind daher bereits mit den Gründungsunterlagen die entsprechenden Nachweise der Aufsichtsbehörde darzulegen. Die Solvabilitätskapitalanforderung muss auch dann erfüllt werden, wenn z. B. bei einer Betriebspensionskasse das Trägerunternehmen die vollständige Gewährleistungsübernahme zugesagt hat. Zwar finden nach dem seit dem 1.1.2016 geltenden VAG die strengen Regelungen, die sich aus der Umsetzung der Solvency II Richtlinie (Richtlinie 2009/138/EG; im Folgenden Solvency II Richtlinie genannt) für Lebensver- 85 sicherungen ergeben, auf Einrichtungen der betrieblichen Altersversorgung keine Anwendung. Gleichwohl steigt die Bedeutung der Solvabilitätskapitalanforderung auch für regulierte Pensionskassen und es werden mehr explizite Eigenmittel verlangt.

dd) Angaben über den Vorstand

86 Mit dem Zulassungsantrag sind Angaben zum Vorstand einzureichen, aus denen sich seine erforderliche Qualifikation gemäß § 24 VAG ergibt. Hierzu sind in der Regel der Lebenslauf und ein Führungszeugnis der Vorstandsmitglieder erforderlich (s. im Einzelnen Rdnr. 137 ff.).

ee) Verantwortlicher Aktuar

87 Die Gründungsunterlagen müssen auch Angaben zum verantwortlichen Aktuar enthalten, die für dessen Beurteilung der Zuverlässigkeit und fachlichen Eignung erforderlich sind.

c) Die aufsichtsbehördliche Erlaubnis

88 Die Versicherungsaufsichtsbehörde hat über den Antrag auf Erlaubnis zum Geschäftsbetrieb zu entscheiden. Dabei steht ihr kein Ermessensspielraum zu. Die Erlaubnis darf gemäß § 11 VAG nur versagt werden, wenn die Geschäftsleiter (Vorstand) nicht die erforderliche fachliche und persönliche Eignung haben und wenn die Belange der Versicherten auf Grund des vorgelegten Geschäftsplans nicht ausreichend gewahrt oder die dauernde Erfüllbarkeit der Versicherungsverträge nicht dargetan sind. Sind keine Versagungsgründe vorhanden, muss die Aufsichtsbehörde die Erlaubnis erteilen.

d) Zuständige Aufsichtsbehörde

89 Der Antrag auf Erlaubnis zum Geschäftsbetrieb ist an die zuständige Versicherungsaufsichtsbehörde zu richten. Die zuständige Aufsichtsbehörde ergibt sich aus dem Finanzdienstleistungsaufsichtsgesetz (FinDAG). Danach ist grundsätzlich die BaFin zuständig, soweit nicht durch den Bundesminister der Finanzen die Zuständigkeit für Versicherungsunternehmen den Landesaufsichtsbehörden übertragen wurden.

e) Wirkung der Erlaubnis

90 Mit der Erlaubnis wird der Versicherungsverein rechtsfähig. Alle bereits eingegangenen Verbindlichkeiten des nicht rechtsfähigen Vereins werden unmittelbar solche des Versicherungsvereins, wie auch das Vermögen ohne gesonderten Übertragungsakt Vermögen der jetzt rechtsfähigen Pensionskasse wird.

91 Die Pensionskasse kann mit Erhalt der Erlaubnis sofort Versicherungsgeschäfte betreiben. Wird die Pensionskasse als kleinerer Versicherungsverein

gegründet, ist mit der Erlaubnis zum Geschäftsbetrieb die Gründung der Pensionskasse beendet.

Ist die Pensionskasse ein großer Versicherungsverein, muss sie im Handelsregister angemeldet werden (§§ 185 bis 187 VAG). Ein materielles Prüfungsrecht hat das Registergericht dabei nicht. Die Entscheidung der Versicherungsaufsichtsbehörde zur wirksamen und rechtsfehlerfreien Gründung des Vereins ist für das Registergericht bindend. **92**

2. Auflösung

Die Existenz der Pensionskasse als Rechtssubjekt endet mit ihrer Auflösung. **93** Die Auflösungsgründe sind in § 198 VAG abschließend aufgeführt. Danach wird die Pensionskasse aufgelöst durch:

– Ablauf der in der Satzung bestimmten Zeit,

– Eröffnung des Insolvenzverfahrens über das Vermögen der Pensionskasse,

– mit der Rechtskraft des Beschlusses, durch den die Eröffnung des Insolvenzverfahrens abgelehnt wird,

– Beschluss der obersten Vertretung.

Die ersten drei Auflösungsgründe kommen in der Praxis quasi nicht vor. Schon wegen der Langfristigkeit der Rentenzusagen einer Pensionskasse kann es eine nur für eine bestimmte Zeit gegründete Pensionskasse praktisch nicht geben. Diskutiert wurde allerdings in diesem Zusammenhang die satzungsgemäße Verknüpfung der Existenz der Pensionskasse mit der Existenz des Trägerunternehmens bzw. der Fortdauer der Versorgungszusage des Arbeitgebers. Fällt etwa der Arbeitgeber – also das Trägerunternehmen – in Insolvenz oder kündigt der Arbeitgeber zulässigerweise seine Beitragsverpflichtung gegenüber der Pensionskasse, soll dieser Tatbestand satzungsgemäß als Auflösungsgrund festgeschrieben werden können. Auch dies ist aber weder praxisrelevant noch materiell sinnvoll. Als rechtlich selbstständiges Unternehmen ist die Pensionskasse von der Existenz des Trägerunternehmens grundsätzlich unabhängig. Auch nach Insolvenz des Trägerunternehmens kann die Pensionskasse daher ihre Verpflichtungen aus dem bei ihr angesammelten Vermögen gegenüber ihren Mitgliedern erfüllen. Der fehlende Beitragseingang bei der Pensionskasse durch den Arbeitgeber etwa nach Insolvenz des Trägerunternehmens bzw. auch nach Kündigung der Beitragsverpflichtung führt lediglich dazu, dass die Rentenanwartschaften insoweit beitragsfrei gestellt werden. Ein Bedürfnis, die Pensionskasse aufzulösen, besteht in diesen Fällen also nicht. Im Gegenteil stellt die Unabhängigkeit der rechtlichen Existenz der Pensionskasse von der Existenz und somit auch von der Insolvenz des Trägerunternehmens einen wesentlichen Vorteil des Durchführungswegs Pensionskasse gegenüber anderen Durchführungswegen in der betrieblichen Altersversorgung dar, der durch eine solche satzungsgemäße Verknüpfung von Trägerunternehmen und Pensionskasse nicht aufs Spiel gesetzt werden sollte. Da Pensionskassen vollständig ausfinanziert sind und auch über explizite Eigenmittel verfügen, stellen sich Probleme, wie sie bei der sog. herrenlosen Unterstützungskasse entstanden sind, nicht. In der Praxis haben Pensionskassen ohne Trägerunternehmen und ohne eigenen Beitragseingang trotz geschlossenen Bestands noch mehrere Jahrzehnte weiter existiert.

94   Auch die Eröffnung eines Insolvenzverfahrens einer Pensionskasse ist quasi ausgeschlossen, da regulierte Pensionskassen in ihrer Satzung die Möglichkeit haben, bei Vermögensverlusten – zur Vermeidung eines Insolvenzverfahrens – ihre Leistungen entsprechend herabzusenken (sog. Sanierungsklausel – s. im Einzelnen Rdnrn. 209 ff.).

95   Als Auflösungsgrund für eine Pensionskasse bleibt somit im Grunde nur der in § 198 Nr. 2 VAG genannte Grund, nämlich der Beschluss der obersten Vertretung.

a) Beschluss der obersten Vertretung

96   Der Auflösungsbeschluss kann nur von der obersten Vertretung selbst gefasst werden. Andere Organe der Pensionskasse, wie Vorstand oder Aufsichtsrat sind hierzu nicht befugt. Gemäß § 199 VAG bedarf der Auflösungsbeschluss einer Mehrheit von ¾ der abgegebenen Stimmen, wenn die Satzung nichts anderes bestimmt. Üblicherweise werden andere Mehrheiten in den Satzungen der Pensionskassen allerdings nicht verlangt, sodass die ¾-Mehrheit beim Auflösungsbeschluss als der Regelfall zu betrachten ist.

97   Die Rechtsfolgen der Auflösung ergeben sich unmittelbar aus dem Gesetz. Aus diesem Grunde ist es auch nicht erforderlich, dass neben der Auflösung selbst der Beschluss der obersten Vertretung weitere Auflösungsregelungen enthält. Dennoch entspricht es der Praxis, zumindest die Vermögensverteilung der aufgelösten Pensionskasse ebenfalls zum Gegenstand des Beschlusses zu machen. Soweit nicht der Vorstand die Abwicklung der aufgelösten Pensionskasse (s. Rdnr. 110) als Liquidator besorgen soll, werden im Rahmen des Auflösungsbeschlusses auch die Liquidatoren bestellt.

98   In der Regel wird daher die oberste Vertretung, die über die Auflösung der Pensionskasse entscheiden soll, einen Beschluss mit ¾-Mehrheit fassen, der folgende Komponenten enthält:

- Auflösung der Pensionskasse zu einem bestimmten Stichtag,
- Bestimmung über die Beendigung der Versicherungsverhältnisse zu diesem Stichtag,
- Bestimmung über die Grundsätze der Verteilung des Kassenvermögens an die Mitglieder,
- Bestellung der Liquidatoren.

b) Genehmigung der Aufsichtsbehörde

Der Auflösungsbeschluss bedarf der Genehmigung durch die Versicherungs- **99** aufsichtsbehörde (§ 199 Abs. 2 VAG). Gegenstand der aufsichtsbehördlichen Prüfung ist dabei nicht die materielle Entscheidung der obersten Vertretung zur Auflösung selbst. Diese hat die Aufsichtsbehörde nicht etwa nach eigenen Maßstäben zu hinterfragen. Sie prüft vielmehr, ob der Auflösungsbeschluss ordnungsgemäß zu Stande gekommen ist. Vor allem wird sie aber auf die sachgerechte Verteilung des Kassenvermögens achten. Es empfiehlt sich daher, bei einer beabsichtigten Auflösung der Pensionskasse rechtzeitig vor der Beschlussfassung durch das oberste Organ die Aufsichtsbehörde über die Auflösung und ihre Folgen zu informieren und Einzelfragen abzusprechen.

c) Veröffentlichung

Die Genehmigung der Auflösung wird bei großen Versicherungsvereinen **100** dem Registergericht von der Aufsichtsbehörde mitgeteilt und im Handelsregister entsprechend vermerkt. Im Übrigen ist die Auflösung öffentlich bekannt zu machen. Die Bekanntmachung erfolgt beim großen Verein im elektronischen Bundesanzeiger und bei kleineren Vereinen in den beim Amtsgericht am Sitz der Pensionskasse für Veröffentlichungen von Vereinssachen bestimmten örtlichen Zeitungen. Soweit die Satzung der Pensionskasse selbst Regelungen über Bekanntmachungen der Pensionskasse enthält, erfolgt die Veröffentlichung der Auflösung auch in der dort geregelten Weise.

d) Pensionskasse i. L.

Mit der Auflösung wird die Pensionskasse zum Abwicklungsverein. Im **101** Rechtsverkehr hat sie deutlich zu machen, dass sie sich in Liquidation befindet. Dies geschieht, indem sie auf allen Geschäftsbögen ihrem Namen die Buchstaben i. L. anhängt und somit also nur noch als Liquidationsverein firmiert.

e) Wirkung der Auflösung

Die Wirkung der Auflösung besteht zunächst darin, dass die Pensionskasse **102** keine Versicherungsgeschäfte mehr betreiben kann. Sie wickelt nur noch ab und darf keine neuen Versicherungsverträge schließen. Die Auflösung hat also Auswirkungen auf das Rechtssubjekt Pensionskasse und ggf. auch auf die Versicherungsverhältnisse.

aa) Abwicklungsverein

Die Pensionskasse wandelt sich mit der Auflösung in einen **Abwicklungs-** **103** **verein**. Der Geschäftsbetrieb des Abwicklungsvereins ist nunmehr nur noch auf die Liquidation, d. h. seine eigene Beendigung als Rechtssubjekt gerichtet. Das geschäftliche Ziel seiner Tätigkeit hat sich somit grundlegend geändert. Im Übrigen bleibt er aber mit allen Rechten und Pflichten bis zu seiner Beendigung bestehen. Dies gilt mit Ausnahme für den Vorstand, dessen

Tätigkeit durch die Liquidatoren ersetzt wird (in der Regel wird aber Personenidentität zwischen Vorstand und Liquidatoren bestehen), auch für die Organe der Pensionskasse. Deren Befugnisse sind nur durch den Zweck der Abwicklung, nicht aber durch die Auflösung selbst beschränkt. Das oberste Organ ist also auch noch nach der Auflösung in den satzungsgemäßen Fällen einzuberufen. Insbesondere bei Liquidationen, die sich über mehrere Jahre hinziehen, muss beachtet werden, dass die Befugnisse, aber auch Pflichten des obersten Organs etwa im Zusammenhang mit dem Jahresabschluss von der Auflösung nicht tangiert werden. Soweit also der Jahresabschluss dem obersten Organ vorzulegen ist, muss dies auch während des Liquidationsverfahrens geschehen.

bb) Erlöschen der Versicherungsverhältnisse

104   Im Gegensatz etwa zur Sachversicherung führt die Auflösung eines Versicherungsvereins bei Lebensversicherungsverträgen, wie sie auch bei Pensionskassen geschlossen werden, nicht zum Erlöschen der Versicherungsverhältnisse. Diese bleiben von der Auflösung unberührt, wenn die Satzung nichts anderes bestimmt.

105   In der Praxis heißt dies, dass auch nach Auflösung der Pensionskasse laufende Rentenzahlungen noch über viele Jahre hin vorgenommen werden müssen. Die Beendigung der Liquidation wird dann also erst nach mehreren Jahrzehnten, wenn die letzte Witwen-/Witwerrente gezahlt worden ist, erfolgen können.

106   Dieser gesetzliche Regelfall wird in der Praxis aber als unbefriedigend empfunden. In diesem Zusammenhang muss auch beachtet werden, dass der Abwicklungsverein bei der Berechnung der Deckungsmittel, die für die Auszahlung der Renten vorhanden sein müssen, an versicherungsmathematische Grundsätze gebunden ist. Zu diesen Grundsätzen gehört eine bestimmte Bestandsgröße, die wenigstens in etwa einen Risikoausgleich innerhalb des Bestandes erwarten lässt. Schon aus Risikogründen kann daher nicht mit der Liquidationsbeendigung bis zum letzten Rentner gewartet werden. Interessensgerecht ist es daher, wenn auch bei Pensionskassen die Auflösung zur sofortigen Beendigung der Versicherungsverhältnisse führt.

107   Aus diesem Grund enthalten die **Satzungen** vieler Pensionskassen die Bestimmung, dass mit der Auflösung auch die Versicherungsverhältnisse erlöschen. Soll eine Pensionskasse aufgelöst werden, die eine derartige Satzungsbestimmung nicht enthält, bei der aber dennoch die Auflösung zur Beendigung der Versicherungsverhältnisse führen soll, muss noch vor der Auflösung die Satzung geändert werden. Dies kann auch im zeitlichen Zusammenhang mit dem Auflösungsbeschluss geschehen.

108   Als Ausgleich für das Erlöschen der Versicherungsverhältnisse wird den aktiv Versicherten und den Rentenempfängern im Rahmen des Vermögens-

verteilungsplans ein unmittelbarer Anspruch am Vereinsvermögen eingeräumt. Die Höhe dieses Anspruchs wird sich nach Maßgabe des Anteils an der Deckungsrückstellung für den einzelnen Versicherten und Rentenempfänger richten. Das Vereinsvermögen wird also an die Versicherten und Rentenempfänger verteilt, auch wenn die Rentenempfänger nicht mehr Mitglieder des Vereins sind (s. § 205 Abs. 2 VAG). Bei dieser im VAG vorgesehenen Auflösung müssen allerdings ggf. arbeitsrechtliche, steuerrechtliche und beitragsrechtliche Gesichtspunkte beachtet werden. Soweit die erworbenen Rentenansprüche gem. § 3 Nr. 63 EStG aus nachgelagert zu besteuernden Beiträgen stammen, hat die Kapitalisierung und Auszahlung dieser Versicherungsansprüche an den Versicherten lohnsteuerrechtliche Konsequenzen. Ebenfalls kann die Auflösung nicht im Ergebnis zur Umgehung des Abfindungsverbots nach § 3 BetrAVG führen. Überhaupt wird das Trägerunternehmen der regulierten Pensionskasse arbeitsrechtlich zu überprüfen haben, inwieweit die Auflösung der Pensionskasse mit Auskehrung des Vermögens an die Versicherten tatsächlich zu einer Enthaftung des Arbeitgebers führt.

Die Auflösung einer Pensionskasse wird sich daher auch künftig nur auf die Fälle beschränken, in denen nach langjähriger Beitragseinstellung und Weiterentwicklung des geschlossenen Bestandes nur noch eine geringe Zahl von Rentenempfängern vorhanden ist. Die Beendigung der Geschäftstätigkeit einer Pensionskasse erfolgt aus diesem Grunde in der Regel nicht durch Auflösung, sondern durch Bestandsübertragung (s. Rdnrn. 116 ff.). **109**

f) Abwicklung

Die Abwicklung des aufgelösten Vereins richtet sich für den großen Versicherungsverein nach aktienrechtlichen Vorschriften (§ 204 Abs. 3 VAG) und für den kleineren Versicherungsverein nach den Vorschriften des BGB. Größere materielle Unterschiede bestehen hier allerdings nicht. **110**

aa) Gläubigeraufruf

Mit der Auflösung der Kasse ist ein sog. Gläubigeraufruf zu veröffentlichen. In diesem Gläubigeraufruf werden Gläubiger des Vereins (das sind nicht die Mitglieder und Rentenempfänger) aufgefordert, ihre Ansprüche beim Verein geltend zu machen. Der Gläubigeraufruf dient insbesondere dazu, unbekannten Gläubigern die Möglichkeit zu geben, von der Auflösung Kenntnis zu nehmen und ihre Ansprüche vor Beendigung der Liquidation durchzusetzen. Obwohl in der Praxis derartige unbekannte Gläubiger von Pensionskassen nicht vorhanden sein werden, darf die Pensionskasse erst nach Beendigung eines Jahres nach dem Gläubigeraufruf (sog. Sperrjahr) das Vereinsvermögen an die berechtigten Versicherten und Rentenempfänger verteilen. Wird das Sperrjahr nicht beachtet und erleiden Gläubiger der Pensionskasse dadurch einen Schaden, machen sich die Liquidatoren schadensersatzpflichtig. **111**

112 Soweit die **Liquidatoren** der Pensionskassen – in der Regel also die ehemaligen Vorstandsmitglieder – wissen, dass unbekannte Gläubiger nicht
vorhanden sind und Schadensersatzansprüche dementsprechend auch nur
theoretischer Natur sind, werden in der Praxis mit Genehmigung der Aufsichtsbehörde auch schon während des Sperrjahres größere Abschlagszahlungen an die Berechtigten am Vereinsvermögen gezahlt. Mindestens werden
die bisher gezahlten Renten an die Rentenempfänger als Abschlagszahlung
auf den Vermögensverteilungsanspruch ausgekehrt.

bb) Jahresabschluss

113 Zum Zeitpunkt der Auflösung ist vor allem die Deckungsrückstellung zu
berechnen und eine Bilanz zu erstellen. Dauert das Liquidationsverfahren
mehrere Kalenderjahre, ist wie bei der aktiven Pensionskasse zum jeweiligen
Abschluss des Geschäftsjahres ein Jahresabschluss zu erstellen. Nach der
Beendigung der Liquidation muss eine Schlussbilanz erstellt werden, aus der
ersichtlich ist, dass nunmehr das gesamte Vermögen der Pensionskasse an
die Berechtigten verteilt ist. Muss nach der Satzung der Jahresabschluss der
Mitgliederversammlung vorgelegt werden, gilt dies grundsätzlich auch für
die Schlussbilanz (ggf. können hier aber mit der Aufsichtsbehörde besondere
Verabredungen getroffen werden).

cc) „Versilberung" des Vermögens und Verteilung an die Berechtigten

114 Die Liquidatoren haben das Vereinsvermögen in Geld umzusetzen. Insbesondere sind also evtl. Immobilien zu verkaufen, die Ausgleichsforderungen
zum Kauf anzubieten usw. Das Vermögen ist dann an die Berechtigten
auszukehren. Hierbei ist schon während des Liquidationsverfahrens darauf
zu achten, dass mit der Schlusszahlung an die Berechtigten möglichst das
gesamte Vereinsvermögen auch ausgekehrt werden kann und keine größeren
Beträge übrig bleiben. Die Auskehrung von Restvermögen an mildtätige
Organisationen u. Ä. ist nur im äußerst beschränkten Maße möglich, da Anspruchsberechtigte am Vereinsvermögen ausschließlich die Versicherten selbst
sein dürfen.

dd) Aufbewahrung von Unterlagen

115 Nach Beendigung der Liquidation ist daran zu denken, dass die bisherigen
Unterlagen der Pensionskasse noch einige Zeit aufbewahrt werden müssen.
Bei großen Vereinen richten sich die Aufbewahrungsvorschriften nach dem
Handelsrecht. Bei kleineren Vereinen ist die Aufbewahrung mit der Auf-
sichtsbehörde abzustimmen.

3. Bestandsübertragung

116 Statt der Auflösung der Pensionskasse mit anschließender Vermögensverteilung an die Mitglieder und Rentenempfänger kann die Pensionskasse auch

durch Übertragung ihres Bestandes auf ein anderes Versicherungsunternehmen als Rechtssubjekt ihre Beendigung finden. Bei der Bestandsübertragung können die Versicherungsverhältnisse fortgeführt werden. Sie wird daher regelmäßig der vollständigen Auflösung der Pensionskasse vorgezogen. Die oben geschilderten arbeits- und steuerrechtlichen Problemstellungen tauchen hier dann nicht auf. Materiell rechtlich bedeutet die Bestandsübertragung die Auflösung der Pensionskasse, bei der statt der Liquidation alle Rechte und Pflichten der Pensionskasse auf ein übernehmendes Versicherungsunternehmen übergehen. Die Bestandsübertragung richtet sich nach §§ 13 und 200 VAG.

a) Bestandsübertragungsvertrag

Grundlage der Bestandsübertragung ist ein Bestandsübertragungsvertrag, **117** der vom Vorstand der Pensionskasse mit dem Vorstand des anderen Versicherungsunternehmens – in der Regel ebenfalls eine Pensionskasse oder ein Lebensversicherungsunternehmen – geschlossen wird. In dem Vertrag wird bestimmt, dass der Versichertenbestand der Pensionskasse auf das übernehmende Unternehmen mit allen Rechten und Pflichten übergeht. Materielle Änderungen dieser Rechte und Pflichten, also insbesondere Änderungen der Versicherungsverhältnisse, dürfen in dem Vertrag nicht geregelt werden. Möchte also z. B. das übernehmende Unternehmen den Bestand der Pensionskasse nur zu den Bedingungen bei sich weiterführen, die für ihren eigenen Bestand gelten, kann dies nicht Gegenstand des Übertragungsvertrages sein. Vielmehr muss die zu übertragende Pensionskasse durch ihr oberstes Organ vor der Bestandsübertragung (logische Sekunde) ihre Satzungs- und Versicherungsbedingungen denen des übernehmenden Versicherungsunternehmens anpassen. In diesem Fall besteht dann im Zeitpunkt der Bestandsübertragung Identität zwischen den Versicherungsbedingungen der übertragenden Pensionskasse und der übernehmenden Versicherungsgesellschaft. Die Bestandsübertragung selbst ändert nicht die Rechte des zu übernehmenden Bestands.

Der Bestandsübertragungsvertrag muss **schriftlich** geschlossen werden. **118**

b) Beschluss der obersten Vertretung

Der Bestandsübertragungsvertrag bedarf zu seiner Wirksamkeit der Zu **119** stimmung der obersten Vertretung der übertragenden Pensionskasse. Das übernehmende Unternehmen braucht den Bestandsübertragungsvertrag vorbehaltlich einer anders lautenden Satzungsbestimmung der obersten Vertretung nicht vorzulegen.

Der Beschluss bedarf einer Mehrheit von ¾ der abgegebenen Stimmen, wenn **120** die Satzung nichts anderes bestimmt.

Sollten – wie oben dargelegt – auch die Versicherungsbedingungen im Zu **121** sammenhang mit der Bestandsübertragung geändert werden, wird diese Änderung regelmäßig auch in der Mitgliederversammlung beschlossen, die die Bestandsübertragung genehmigt.

c) Genehmigung der Aufsichtsbehörde

122 Die Bestandsübertragung bedarf der Genehmigung der Aufsichtsbehörde. Die Aufsichtsbehörde hat dabei auch zu prüfen, ob etwaige soziale Belange von Beschäftigten der übertragenden Pensionskasse gewahrt sind.

123 Die Aufsichtsbehörde prüft insbesondere, ob durch die Bestandsübertragung Belange der Versicherten tangiert sind. Es ist also darzulegen, dass bei der übertragenden Pensionskasse nicht mehr stille Reserven vorhanden sind bzw. die Verlustrücklage nicht größer ist, als dies bei der übernehmenden Unternehmung der Fall ist. Stille Reserven und auch die Verlustrücklage stellen Vermögenswerte dar, die den Versicherten der übertragenden Pensionskasse grundsätzlich erhalten bleiben müssen. Umgekehrt dürfen durch die Bestandsübertragung bei der übernehmenden Versicherung deren Versicherte nicht etwa dadurch nachteilig betroffen werden, dass die von ihnen aufgebaute Verlustrücklage nunmehr auch für den übernommenen Bestand zu einem höheren Vermögensanteil führt. Die Aufsichtsbehörde prüft weiterhin, ob auch die Überschussbeteiligung für den zu übertragenden Versicherungsbestand nach der Übertragung nicht niedriger ist als vor der Übertragung (§ 13 Abs. 4 VAG). Darüber hinaus wird geprüft, ob die Mitglieder eines VVaG für den eventuellen Verlust ihrer Rechte als Vereinsmitglied ein angemessenes Entgelt erhalten haben, §§ 13 Abs. 3, 201 Abs. 1 VAG. Im Ergebnis sollen die Versicherten von der Bestandsübertragung praktisch in allen Belangen ihrer versicherungsrechtlichen Ansprüche nicht schlechter gestellt werden.

124 Der Bestandsübertragung ist ein sog. Übertragungsgutachten zu Grunde zu legen. Hier werden auch die versicherungstechnischen Grundlagen dargestellt. Neben der Berücksichtigung der stillen Reserven und der Anteile der Verlustrücklage wird das übernehmende Unternehmen auch beurteilen wollen, ob die zu übernehmenden Versicherungsrisiken unter Berücksichtigung ihrer eigenen Rechnungsgrundlagen ausreichend finanziert sind.

d) Wirkung der Bestandsübertragung

125 Mit der Bestandsübertragung gehen alle Rechte und Pflichten der übertragenden Pensionskasse auf das neue Versicherungsunternehmen über. Die Versicherten der Pensionskasse sind nunmehr Versicherte der übernehmenden Versicherungsgesellschaft. Die Beiträge müssen an das übernehmende Unternehmen gezahlt werden, alle Verbindlichkeiten und Versicherungsansprüche werden von der übernehmenden Unternehmung erfüllt. Es handelt sich insoweit um eine echte Schuldübernahme, die allerdings nicht der Einzelzustimmung jedes Versicherten oder dritten Gläubigers bedarf. Dies ist ausdrücklich auch in § 13 Abs. 5 Hs. 2 VAG klargestellt.

Die Übertragung der Aktivwerte der Pensionskasse erfolgt nicht im Wege der **126** Gesamtrechtsnachfolge, sondern sie müssen einzeln der übernehmenden Versicherungsgesellschaft übereignet werden. Formvorschriften bei der Übereignung sind zu beachten (z. B. notarielle Form bei Immobilienübertragungen).

4. Verschmelzung

Statt einer Bestandsübertragung kommt auch eine Verschmelzung in Be- **127** tracht. Bei der Verschmelzung mit einem anderen Unternehmen bedarf es keiner einzelnen Übertragungsakte, sondern mit Wirksamwerden des Verschmelzungsvertrages tritt im Wege der Gesamtrechtsnachfolge das Unternehmen, mit dem die Pensionskasse verschmolzen wird, mit allen Rechten und Pflichten an die Stelle der Pensionskasse. Die Verschmelzung richtet sich nach den Bestimmungen des Umwandlungsgesetzes für VVaG nach § 109 UmwG. Sie ist bei regulierten Pensionskassen aber unüblich und wird daher hier nicht näher behandelt.

IV. Organe der Pensionskasse
(Herrmann)

Organe der Pensionskasse (des VVaG) sind der Vorstand, der Aufsichtsrat **128** und die oberste Vertretung.

1. Vorstand

Jede Pensionskasse muss einen Vorstand haben. **129**

a) Aufgabe des Vorstands

Der Vorstand hat die Stellung eines gesetzlichen Vertreters. Alle rechtsge- **130** schäftlichen Willenserklärungen werden vom Vorstand abgegeben und in Empfang genommen. Die Pensionskasse nimmt also durch den Vorstand am Rechtsleben teil. Er vertritt die Pensionskasse gerichtlich und außergerichtlich.

Der Vorstand handelt in eigener Verantwortung. Die Geschäftsführung der **131** Pensionskasse obliegt ihm allein. Grundsätzlich können ihm daher Einzelweisungen für den Geschäftsbetrieb weder vom Aufsichtsrat noch von der obersten Vertretung erteilt werden. Dies schließt nicht aus, dass für Geschäftsvorfälle von besonderer Bedeutung vorgesehen werden kann, dass hierfür der Vorstand die Zustimmung des Aufsichtsrats einzuholen hat. Aber auch derartige zustimmungspflichtige Geschäfte bleiben Handlungen des Vorstandes. Fehlende Rechtshandlungen des Vorstands können also nicht etwa durch Handlungen Dritter (z. B. durch den Aufsichtsrat) ersetzt werden.

Dieser Grundsatz gilt auch bei ehrenamtlich tätig werdenden Vorstandsmit- **132** gliedern von Betriebspensionskassen, die oft Angestellte des Trägerunternehmens sind. Auch sie sind rechtlich für die Pensionskasse allein verantwortlich und nicht an Weisungen des Trägerunternehmens gebunden. Dass in der Praxis in diesen Fällen diesbezügliche Entscheidungen des Vorstands mit dem Trägerunternehmen abgestimmt werden, ändert an dem rechtlichen Grundsatz der Eigenverantwortlichkeit des Vorstands nichts.

133 Die Mitglieder des Vorstands haben ihre Tätigkeit wie ein gewissenhafter Kaufmann auszuüben. Bei schuldhafter Pflichtverletzung, die zum Schaden der Pensionskasse führt, sind sie schadensersatzpflichtig.

b) Bestellung des Vorstands

134 Der Vorstand wird von der obersten Vertretung bzw. dem Aufsichtsrat bestellt (gewählt). Die Vorstandsmitglieder werden auf höchstens fünf Jahre bestellt. Eine Wiederbestellung ist möglich. Von der organschaftlichen Bestellung zum Vorstand ist der rechtsgeschäftliche Anstellungsvertrag zu unterscheiden, in dem unter anderem auch die Vergütung geregelt sein wird. Als Resultat der Finanzmarkt- und Wirtschaftskrise beginnend in den Jahren 2008 und 2009 wurden auch die Vergütungsstrukturen von Versicherungsunternehmen kritisch hinterfragt. Im Ergebnis wurden bereits in dem bis Ende 2015 geltenden VAG und der darauf beruhenden Verordnung über die aufsichtsrechtlichen Anforderungen an Vergütungssysteme im Versicherungsbereich (Versicherungs-Vergütungsverordnung – VersVergV) Vorgaben auch für die Vergütung von Vorständen bei Versicherungsunternehmen gemacht. Diese Vorgaben gelten nach dem neuen VAG und der VersVergV vom 18.4.2016 fort. Die Rechtsverordnung richtet sich grundsätzlich auch an Pensionskassen. Unmittelbar gilt dies zunächst für Pensionskassen, die in ihren Anstellungsverträgen mit ihren Geschäftsleitern (Vorstand) Vergütungsvereinbarungen getroffen haben. Das Vergütungssystem darf keine Regelungen enthalten, die zu besonders riskanten Geschäften verleitet. Im materiellen Ergebnis dürften die neuen Anforderungen für die Vergütungsstruktur in der Regel keine größere Bedeutung haben, zumal keine Pensionskasse zu den bedeutenden Unternehmen gehört, für die der weitergehende Anforderungskatalog nach § 4 VersVergV gilt. Gleichwohl ist mit der Vergütungsverordnung ein Bereich angesprochen, der zu – von der Versicherungsaufsicht zu überprüfenden – formalisierten Vorgehensweisen verpflichtet.

135 Nach wie vor nicht abschließend geklärt ist die Frage, ob die Kriterien der Vergütungsverordnung auch für die Vergütung von Vorständen gelten, die nicht von der Pensionskasse selbst, sondern unmittelbar vom Trägerunternehmen gezahlt werden. Hier hat das Versicherungsunternehmen auf die Vergütung der Vorstände keinen unmittelbaren Einfluss. Insoweit entzieht sie sich der Prüfung durch die Versicherungsaufsicht. Da bei Pensionskassen Mitarbeiter des Trägerunternehmens, die im Rahmen von Verträgen zur Ausgliederung wichtiger Funktionen oder Versicherungstätigkeiten für die Pensionskasse tätig werden, gemäß § 2 Nr. 7 VersVergV ausdrücklich nicht von der Vergütungsverordnung erfasst werden, könnte auf die fehlende

Anwendbarkeit der Verordnung auch auf Vergütungen geschlossen werden, die unmittelbar vom Trägerunternehmen geleistet werden. Andererseits entspricht es der abstrakten Zielrichtung von § 25 VAG, dass Vergütungsstrukturen nicht zu risikohaftem Geschäftsverhalten führen sollen. Dies könnte dann unabhängig davon gelten, wer die Vergütung tatsächlich übernimmt. Vor dem Hintergrund, dass bereits die alte gesetzliche Regelung des § 64b VAG a. F. vor allem deshalb erfolgt ist, um künftige Finanzkrisen vermeiden zu helfen und betriebliche Pensionskassen regelmäßig keinen größeren Beitrag zur Auslösung bzw. auch zur Vermeidung von Finanzkrisen leisten dürften, sollte jedenfalls die Vergütungsstruktur von (regulierten) Pensionskassen auch von der Versicherungsaufsicht nicht besonders problematisiert werden.

Andererseits ist für Vorstandsmitglieder kleinerer Vereine zu beachten, dass **136** eine zusätzliche Vergütung, die sie neben ihrem Entgelt vom Trägerunternehmen von der Pensionskasse selbst erhalten, gemäß § 27 Abs. 3 Satz 2 BGB – eingeführt durch das Gesetz zur Stärkung des Ehrenamtes (Ehrenamtstärkungsgesetz) vom 21.3.2013 (BGBl. I S. 556) – nur dann zulässig ist, wenn die Satzung des Vereins eine Vergütung ermöglicht. Sieht die Satzung eines Vereins dagegen keine Vergütung(smöglichkeit) für Vorstandsmitglieder vor, darf die Pensionskasse mit ihnen keine Vergütungsvereinbarung treffen.

c) Qualifikation des Vorstands

Mitglieder des Vorstands müssen gemäß § 24 VAG zuverlässig sein und die **137** erforderliche fachliche Eignung für ihre Tätigkeit im Vorstand der Pensionskasse haben. Dies gilt unabhängig davon, ob es sich um ehrenamtliche oder hauptamtliche Vorstandsmitglieder handelt, um bestellte, geborene oder gekorene Mitglieder.

Durch die erforderliche Zuverlässigkeit soll sichergestellt werden, dass keine **138** Personen Vorstandsmitglieder werden, die etwa auf Grund ihres bisherigen Lebenslaufs sich zur Wahrung fremder Vermögensinteressen als ungeeignet erwiesen haben. Wer strafrechtlich etwa wegen Veruntreuung oder Betrugs in Erscheinung getreten ist oder sich eines Konkursvergehens schuldig gemacht hat, soll nicht Vorstandsmitglied einer Pensionskasse sein.

Ein Vorstandsmitglied muss auch fachlich für seine Aufgaben geeignet sein **139** und über ausreichende Leitungserfahrung verfügen, § 24 Abs. 1 VAG. Die erforderliche fachliche Qualifikation orientiert sich an den von dem Vorstandsmitglied zu erfüllenden Aufgaben. Bei einer sehr kleinen Pensionskasse mit einfacher, überschaubarer Tarifstruktur, die auch auf das Knowhow des Trägerunternehmens zurückgreifen kann, können die fachlichen Qualifikationsanforderungen natürlich niedriger angesetzt werden, als bei größeren Pensionskassen. Einen festen Anforderungskatalog für die fachliche Qualifikation von Vorstandsmitgliedern bei Pensionskassen gibt es nicht.

Eine ausreichende Leitungserfahrung ist nach dem neuen § 24 Abs. 1 VAG in der Regel anzunehmen, wenn eine dreijährige leitende Tätigkeit bei einem vergleichbaren Versicherungsunternehmen nachgewiesen wird. Damit wurde die von der BaFin bereits vorher geübte Praxis in das neue VAG übernommen. Wie bereits in der Vergangenheit wird die BaFin auf diese Anforderung aber bei den meist ehrenamtlich tätigen Vorstandsmitgliedern von Betriebspensionskassen wohl verzichten.

140 Die Vorstandsmitglieder müssen der Versicherungsaufsichtsbehörde angezeigt werden. Im Rahmen der Gründung einer Pensionskasse kann eine fehlende Eignung der Vorstandsmitglieder zur Versagung der Erlaubnis führen. Bei einer bereits schon zum Geschäftsbetrieb zugelassenen Pensionskasse führt bei einem Vorstandswechsel die evtl. nach Auffassung der Aufsichtsbehörde fehlende Eignung eines Vorstandsmitglieds zwar nicht zur Rücknahme der Erlaubnis; dennoch behält sich auch hier die Aufsichtsbehörde vor, die Qualifikation von Vorstandsmitgliedern zu prüfen.

141 Die Aufsichtsbehörde prüft die Qualifikation des Vorstandsmitglieds in der Regel anhand eines Lebenslaufs und der Erklärung, dass verwandtschaftliche Beziehungen zum Aufsichtsrat nicht bestehen. Bei ehrenamtlich tätigen Vorstandsmitgliedern kleinerer Vereine soll die Satzung gemäß Rundschreiben des BAV R 1/82 (VerBAV 1982, 3) folgende Bestimmung enthalten:

(1) „Als Vorstandsmitglied darf nur bestellt werden, wer zuverlässig sowie fachlich genügend vorgebildet ist und die für den Betrieb des Versicherungsvereins sonst noch erforderlichen Eigenschaften und Erfahrungen besitzt.

(2) Als Vorstandsmitglied ungeeignet gilt insbesondere jeder, der

a) wegen eines Verbrechens oder Vermögensvergehens verurteilt worden oder gegen den ein derartiges Verfahren anhängig ist;

b) in den letzten fünf Jahren als Schuldner in einem Konkursverfahren, Vergleichsverfahren oder in ein Verfahren zur Abgabe der eidesstattlichen Versicherung nach § 807 ZPO oder § 284 AO verwickelt worden ist.“

In diesem Fall braucht ein Lebenslauf der Aufsichtsbehörde nicht vorgelegt zu werden.

d) Abberufung des Vorstands

142 Vorstandsmitglieder können beim **Vorliegen eines wichtigen Grundes** jederzeit wieder abberufen werden. Ein wichtiger Grund liegt nicht nur bei groben Pflichtverletzungen oder strafbaren Handlungen vor, sondern auch, wenn das Vorstandsmitglied seiner Aufgabe offensichtlich nicht gewachsen ist. Von der Abberufung als Organmitglied ist das Anstellungsverhältnis zu unterscheiden, das auch den Vergütungsanspruch regelt. Der Vergütungsanspruch kann daher auch trotz Abberufung als Mitglied des Vorstands weiterhin bestehen bleiben. Oft wird aber in dem wichtigen Grund zur Abberufung auch ein wichtiger Grund zur außerordentlichen Kündigung des Anstellungsvertrags zu sehen sein.

Für die Abberufung zuständig ist der **Aufsichtsrat**. Beim kleineren Verein 143
kann im Gegensatz zum großen Verein die Abberufung nur vorläufig bis zur
Entscheidung durch die oberste Vertretung erfolgen (§ 40 GenG).

e) Anzahl der Vorstandsmitglieder

Die Pensionskasse muss mindestens zwei Vorstandsmitglieder haben (sog. 144
Vieraugenprinzip). Für große Vereine ergibt sich dies unmittelbar aus dem
Gesetz (§ 188 VAG), für kleinere Vereine verlangt dies die Aufsichtsbehörde.

Unabhängig von der Anzahl der Vorstandsmitglieder verlangt die Auf- 145
sichtsbehörde, dass rechtsgeschäftliche Willenserklärungen, die für die
Pensionskasse abgegeben werden, mindestens von 2 vertretungsberechtig-
ten Personen (also zwei Vorstandsmitglieder oder – bei großen Vereinen –
ein Vorstandsmitglied und ein Prokurist) abgegeben werden. Das nach dem
Gesetz mögliche Alleinvertretungsrecht einzelner Vorstandsmitglieder lässt
die Aufsichtsbehörde nicht zu. Sie verlangt, dass dies in der Satzung ausdrücklich geregelt wird.

Ist die Pensionskasse Empfänger von Willenserklärungen, genügt der Empfang 146
durch ein Vorstandsmitglied.

2. Aufsichtsrat

Versicherungsvereine müssen einen Aufsichtsrat haben (§ 184 VAG). Dies 147
gilt bei Pensionskassen auch dann, wenn sie in der Rechtsform des kleineren
Vereins betrieben werden (§ 234 Abs. 5 VAG).

a) Aufgaben des Aufsichtsrats

Rechtsstellung und Aufgabenbereich richten sich beim großen Verein gemäß 148
§ 189 Abs. 3 VAG nach den Bestimmungen des Aktienrechts. Beim kleineren
Verein sind die Regelungen des Genossenschaftsrechts maßgeblich.

Die Aufgabe des Aufsichtsrats besteht vor allem in der Überwachung der 149
Geschäftätigkeit des Vorstands. Beim großen Verein muss der Vorstand
dem Aufsichtsrat mindestens viermal im Jahr Bericht erstatten. Auch beim
kleineren Verein wird der Aufsichtsrat entsprechende Berichterstattung des
Vorstandes anfordern.

Eine weitere wesentliche Funktion des Aufsichtsrats besteht darin, bei 150
dringendem Bedürfnis die allgemeinen Versicherungsbedingungen mit Genehmigung der Aufsichtsbehörde vorläufig zu ändern (§ 197 Abs. 2 VAG). Er
hat weiterhin die Möglichkeit, bei Satzungsänderungen, die nur die Fassung
betreffen, diese Änderung vorzunehmen. Auch für den Fall, dass nach einer
Änderung der Satzung durch die oberste Vertretung die Aufsichtsbehörde
diese Änderung nicht in dieser Form, sondern nur mit weiteren Änderungen
genehmigen möchte, kann er über diese Änderung selbst beschließen (§ 195
Abs. 2 und 3 VAG). Diese Rechte des Aufsichtsrats können in der Praxis

durchaus Bedeutung haben. Eine Beschlussfassung durch den Aufsichtsrat lässt sich schneller herstellen als eine Beschlussfassung durch die oberste Vertretung, die gewöhnlich nur einmal jährlich zusammenkommt. Durch die zunehmende Gesetzesdynamik im Bereich der betrieblichen Altersversorgung müssen dann gesetzliche Normen Aufnahme in die Versicherungsbedingungen finden, die erst nach der in der Regel im ersten Halbjahr stattfindenden obersten Vertretung sich konkretisiert haben und dennoch zeitkritisch umgesetzt werden müssen.

b) Wahl des Aufsichtsrats

151 Die Mitglieder des Aufsichtsrats werden von der obersten Vertretung gewählt. Die **Satzung** kann und wird oft Regelungen vorsehen, die sicherstellen sollen, dass das Trägerunternehmen und/oder die Arbeitnehmer und Versicherten des Betriebs im Aufsichtsrat angemessen vertreten sind. Dies geschieht in der Regel durch satzungsrechtliche Bestimmungen über die Wählbarkeit (z. B. persönliche Voraussetzung) und die Zusammensetzung des Aufsichtsrats.

152 Grundsätzlich hat die Beteiligung der Arbeitnehmer an den Entscheidungsabläufen der Pensionskasse bei regulierten Pensionskassen eine erhebliche Bedeutung. Abgesehen von der gesetzlichen Voraussetzung für die Regulierung einer Pensionskasse nach § 233 Abs. 1 Nr. 2 VAG, wonach die oberste Vertretung mindestens zu 50 % durch die Versicherten besetzt sein muss, wird sich diese Parität auch im Aufsichtsrat widerspiegeln. Auf diese Weise kann gerade bei streitigen Entscheidungen ein Auseinanderfallen der Meinungsbildung im Aufsichtsrat und in der obersten Vertretung vermieden werden.

153 Die Satzung bestimmt die Amtsdauer der Aufsichtsratsmitglieder. In der Regel werden hier vier oder fünf Jahre vorgesehen. Wiederwahl ist zulässig. Die Satzung bestimmt auch, wie der Aufsichtsratsvorsitzende zu wählen ist. Üblicherweise wird der Aufsichtsrat selbst aus seiner Mitte den Vorsitzenden wählen. Es ist aber auch möglich, dass die oberste Vertretung den Aufsichtsratsvorsitzenden in einem gesonderten Wahlgang wählt.

c) Anzahl und Qualifikation der Aufsichtsratsmitglieder

154 Die Satzung der Pensionskasse setzt fest, aus wie vielen Personen der Aufsichtsrat besteht. Beim großen Verein gilt hierbei § 189 VAG. Danach besteht der Aufsichtsrat aus mindestens drei und höchstens 21 Personen. Die Anzahl der Aufsichtsratsmitglieder muss durch drei teilbar sein.

155 Beim **kleineren Verein** gilt § 189 VAG nicht. Gesetzliche Bestimmungen über die Anzahl der Aufsichtsratsmitglieder existieren hier nicht.

156 Aufgrund der Finanzmarkt- und Wirtschaftskrise wurden mit dem Gesetz zur Stärkung der Finanzmarkt- und der Versicherungsaufsicht vom 29.7.2009

(BGBl. I S. 2305) u. a. auch **Qualifikationsanforderungen für Aufsichtsratsmitglieder** in das VAG aufgenommen. Hintergrund war die Befürchtung des Gesetzgebers, dass risikohafte Geschäftsfälle einiger Finanzdienstleistungsunternehmen von Aufsichtsratsmitgliedern auch wegen mangelnder Qualifikation nicht erkannt wurden. Da Pensionskassen Versicherungsunternehmen sind, gelten die Qualifikationsanforderungen grundsätzlich auch für sie. Da das Gesetz keine rückwirkende Verpflichtung aussprechen wollte, sind die Regelungen zur Qualifikation von Aufsichtsratsmitgliedern allerdings nur auf Neubestellungen ab dem Jahre 2010 anzuwenden. Wer bereits Aufsichtsratsmitglied war, kann auch bei Neubestellung ohne gesonderten Nachweis seiner Qualifikation die Aufsichtsratätigkeit wie bisher übernehmen.

Die **Qualifikationsanforderungen** für Aufsichtsratsmitglieder finden sich in dem neuen, seit dem 1.1.2016 geltenden VAG in § 24 Abs. 1 wieder. Für Pensionskassen bezieht sich diese Norm auf den Vorstand und auf Aufsichtsratsmitglieder und stellt für diese einheitliche Qualifikationsanforderungen auf. Danach müssen Aufsichtsratsmitglieder zuverlässig und fachlich geeignet sein. Bei der Prüfung der **Zuverlässigkeit** wird vor allem auf Verurteilungen auf Grund von Straftaten zu achten sein, die Frage der Verschuldung und auch Steuerschulden spielen eine Rolle etc. **157**

Die Frage der **fachlichen Eignung** hängt zum großen Teil von Erfahrungen in vergleichbaren Organisationen ab; Ausbildungen und bisherige berufliche Tätigkeit sind hier ebenfalls wesentlich. Grundsätzlich beurteilen sich die Anforderungen maßgeblich nach Größe und Komplexität des Versicherungsunternehmens. **158**

Bei Einrichtungen der betrieblichen Altersversorgung – also insbesondere auch bei Pensionskassen – hat der Gesetzgeber ausdrücklich berücksichtigt, dass im Aufsichtsrat auch Vertreter der Arbeitnehmer des Trägerunternehmens sein werden und dort wesentliche Funktionen der Arbeitnehmerbeteiligung ausüben. In der Praxis akzeptiert die Aufsichtsbehörde bei einem Aufsichtsrat einer Pensionskasse daher, dass generell in dem Aufsichtsrat die erforderliche Qualifikation vorhanden ist, diese braucht aber nicht in jeder Person des einzelnen Aufsichtsratsmitgliedes gegeben sein. **159**

Qualifikationsmerkmale können auch noch nach Bestellung zum Aufsichtsratsmitglied erworben werden. Die Aufsichtsbehörde hält hier ausdrücklich eine entsprechende Schulung von Aufsichtsratsmitgliedern durch das Unternehmen selbst für zulässig. **160**

Zur Prüfung der entsprechenden Qualifikation muss die Pensionskasse bei der Erstbestellung eines Aufsichtsratsmitglieds dies der Aufsichtsbehörde anzeigen. Der Aufsichtsbehörde ist ein Lebenslauf einzureichen. Weiterhin ist bei der zuständigen Meldebehörde ein Führungszeugnis zur Vorlage bei Behörden zu beantragen. **161**

162 Einzelheiten können dem von der BaFin veröffentlichten Merkblatt zur Kontrolle von Mitgliedern von Verwaltungs- und Aufsichtsorganen VAG vom 20.2.2013 i.d.F. vom 4.1.2016[1] entnommen werden.

d) Beschlussfassung des Aufsichtsrats

163 Der Aufsichtsrat fasst seine Beschlüsse regelmäßig in **Aufsichtsratssitzungen**. Die Satzung kann festlegen, wie oft der Aufsichtsrat im Jahr mindestens zu tagen hat. Die Satzung kann auch **schriftliche Beschlussfassung** vorsehen (Umlaufverfahren), wenn kein Aufsichtsratsmitglied der schriftlichen Beschlussfassung widerspricht. Einstimmigkeit ist auch bei schriftlicher Beschlussfassung nicht erforderlich.

164 Von der schriftlichen Beschlussfassung sind die sog. **Stimmbotschaften** zu unterscheiden. Insbesondere beim mehrköpfigen Aufsichtsrat kommt es immer wieder vor, dass nicht alle Aufsichtsratsmitglieder an einer Aufsichtsratssitzung teilnehmen können. In diesem Fall kann ein abwesendes Aufsichtsratsmitglied ein anderes Aufsichtsratsmitglied damit beauftragen, seine Stimme bei einem Beschluss des Aufsichtsrats in einer bestimmten Weise als Stimmbote abzugeben (nicht zu verwechseln mit einer Vertretung, die nicht zulässig ist).

165 Zu den Aufsichtsratssitzungen werden regelmäßig auch die **Vorstandsmitglieder** geladen. Dies ist erforderlich, um sicherzustellen, dass dem Aufsichtsrat alle erforderlichen Auskünfte direkt vom Vorstand gegeben werden. Nach Auffassung der Aufsichtsbehörde muss allerdings satzungsrechtlich sichergestellt sein, dass der Aufsichtsrat auch ohne Anwesenheit des Vorstands tagen und beschließen kann. Ein satzungsgemäßes Recht auf jederzeitige Anwesenheit des Vorstands darf es somit nicht geben.

3. Oberste Vertretung

166 Jede regulierte Pensionskasse muss als notwendiges Organ eine oberste Vertretung (oberstes Organ) haben. Die Aufgaben dieser obersten Vertretung sind für den großen Verein gemäß § 191 VAG denen der Hauptversammlung einer Aktiengesellschaft nachgebildet, beim kleineren Verein gelten die vereinsrechtlichen Bestimmungen des BGB.

a) Aufgaben der obersten Vertretung

167 Während der Vorstand für die laufende Geschäftsführung und für die Vertretung der Pensionskasse zuständig ist, entscheidet die oberste Vertretung über alle die Pensionskasse selbst betreffenden grundsätzlichen Angelegenheiten. Der rechtsdogmatische Streit, ob die oberste Vertretung tatsächlich im hierarchischen Sinne oberstes Organ ist oder „nur" neben den anderen Organen des Vereins mit eigenen Zuständigkeiten steht, spielt für die Praxis keine Rolle. Die Aufgaben der obersten Vertretung sind jedenfalls klar

---

1 Aktuell in Überarbeitung durch die BaFin.

definiert. Sie ergeben sich aus den entsprechenden gesetzlichen Bestimmungen im VAG, AktG (für den großen Verein), BGB (für den kleineren Verein) und aus den Aufgabenzuweisungen in der Satzung. Diese Aufgaben sind zwingend solche der obersten Vertretung. Sie können nicht auf andere Organe delegiert werden.

Zu den **wesentlichen Aufgaben der obersten Vertretung** gehören: **168**

- Entgegennahme und Aussprache über den Jahresabschluss. Bei kleineren Vereinen wird der Jahresabschluss von der obersten Vertretung genehmigt (bei großen Vereinen wird er durch den Aufsichtsrat festgestellt),
- Beschlussfassung über die Überschussverteilung,
- Beschlussfassung über Änderungen von Satzung und Versicherungsbedingungen,
- Bestellung (Wahl) und Abberufung der Mitglieder des Aufsichtsrats sowie die
- Entlastung von Vorstand und Aufsichtsrat.

Neben diesen „laufenden" Aufgaben ist die oberste Vertretung zuständig, wenn über die Beendigung der Pensionskasse entschieden wird. So muss die Auflösung der Pensionskasse wie die Bestandsübertragung auf ein anderes Versicherungsunternehmen oder die Verschmelzung mit einem anderen Versicherungsunternehmen von der obersten Vertretung beschlossen werden (§§ 198, 200 VAG, §§ 112 bzw. 116 i. V. m. § 13 UmwG).

b) Zusammensetzung der obersten Vertretung

Die oberste Vertretung ist bei einer Pensionskasse entweder die **Mitglieder-** **169** **versammlung oder** die **Vertreterversammlung. Bei den regulierten Pensionskassen ist dabei sicherzustellen,** dass die oberste Vertretung mindestens zu 50 Prozent aus Versicherten besteht (§ 233 Abs. 1 Nr. 2 VAG). Eine oberste Vertretung, die mehrheitlich z. B. durch den Arbeitgeber gestellt wird, verhindert, dass die Pensionskasse ihre Vorteile der Regulierung in Anspruch nehmen kann.

aa) Mitgliederversammlung

Die Mitgliederversammlung ist die Versammlung aller Mitglieder. Das **Recht** **170** **zur Teilnahme** und Beschlussfassung an der Versammlung ist an die **Mitgliedschaft** geknüpft, nicht etwa an die Versicherteneigenschaft. Die Satzung der Pensionskasse bestimmt, wer Mitglied ist. Soweit – wie üblich – z. B. Rentenempfänger nicht mehr Mitglied der Pensionskasse sind, dürfen sie sich an der Beschlussfassung in der Mitgliederversammlung nicht mehr beteiligen. Die Satzung kann auch Versicherten, die aus dem Trägerunternehmen ausgeschieden sind und gegenüber der Pensionskasse nur noch eine beitragsfreie Anwartschaft haben, den Status des ordentlichen Mitglieds nehmen. Auch diese Versicherten können dann in der Mitgliederversammlung nicht stimmberechtigt sein.

171 In der Mitgliederversammlung hat jedes Mitglied eine Stimme. Zulässig wäre aber auch, die Anzahl der Stimmen für jedes Mitglied z. B. nach der Versicherungssumme zu bestimmen. Dies kommt bei Pensionskassen allerdings nicht vor.

172 Soweit das Trägerunternehmen neben seinen Arbeitnehmern ebenfalls Mitglied der Pensionskasse ist, wird die auf das Unternehmen entfallende Stimmenzahl durch die Anzahl der versicherten Arbeitnehmer bestimmt. Eine derartige Stimmrechtsbestimmung gewährleistet eine Stimmparität im obersten Organ.

173 Die Satzung kann vorsehen, dass Mitglieder durch **Bevollmächtigte** in der Mitgliederversammlung stimmen können, also nicht selbst zu erscheinen brauchen. Hiervon wird vor allem von den größeren Pensionskassen Gebrauch gemacht, deren Geschäftsgebiet sich möglicherweise auf ganz Deutschland erstreckt. Derartige Stimmrechtsbevollmächtigungen können in der Satzung der Höhe nach beschränkt werden. Auf diese Weise kann sichergestellt werden, dass nicht ein Stimmrechtsbevollmächtigter in der Mitgliederversammlung zu viele Stimmen vertritt. Eine Stimmrechtsbeschränkung ist allerdings nicht zwingend. So kann es bei großen Pensionskassen mit über 100 000 Versicherten durchaus vorkommen, dass Stimmrechtsbevollmächtigte mehrere tausend Stimmen in der Mitgliederversammlung vertreten.

174 Die Satzung wird in der Regel vorschreiben, dass Bevollmächtigte ebenfalls Mitglieder des Vereins sein müssen.

bb) Vertreterversammlung

175 Die Vertreterversammlung setzt sich aus den in der Satzung bestimmten Vertretern zusammen. Diese werden üblicherweise **von den Mitgliedern gewählt**. Die Vertreter müssen selbst Mitglieder des Vereins sein. Sie dürfen aber nicht gleichzeitig Mitglied des Vorstands oder des Aufsichtsrats sein.

176 Auch für die Vertreterversammlung kann die Satzung Bestimmungen über Stimmrechtsbevollmächtigungen enthalten.

177 Die Satzung bzw. eine auf Grund der Satzung erlassene Wahlordnung muss nähere Regelungen zur Bestellung der Vertreter enthalten. Es müssen auch Regelungen getroffen werden, wie lange die Amtszeit der Vertreter währt, wann Vertreter aus der Vertreterversammlung ausscheiden und wie ausgeschiedene Vertreter nachzubestellen sind.

178 Insbesondere bei Pensionskassen mit größerer Mitgliederzahl sollen Vertreterversammlungen organisatorische Probleme bei der Abhaltung von Mitgliederversammlungen vermeiden helfen. Erhofft wird auch eine qualitative Verstärkung der obersten Vertretung durch qualifizierte Vertreter und die Vermeidung von Zufallsmehrheiten. Vor diesem Hintergrund ist es verständlich, wenn die mit der Vertreterversammlung erhofften Vorteile durch

eine möglichst einfache Wahlprozedur oder das Kooptationsverfahren erhalten bleiben sollen.

Üblicherweise werden die Vertreter der ersten Vertreterversammlung von 179 den Mitgliedern des Vereins in einer Urwahl gewählt. Eine derartige Wahl kann beim Ende der Amtsperiode der Vertreter jedes Mal wiederholt werden.

Ein derartiges Wahlverfahren kann aber auch stark vereinfacht werden. So 180 kann z. B. die Satzung vorsehen, dass auf einen Wahlgang verzichtet wird, wenn etwa nur ein einziger Wahlvorschlag vorliegt, Mitglieder also keine Gegenvorschläge gemacht haben. Die in diesem Wahlvorschlag aufgeführten Personen gelten als gewählt, ohne dass es eines eigentlichen Wahlvorgangs bedarf.

Als zulässig wird auch das sog. Kooptationsverfahren angesehen. In diesem 181 Verfahren wählt die Vertreterversammlung die Nachfolger für ausgeschiedene Vertreter selbst.

cc) Versichertenbeteiligung

Nach § 233 Abs. 1 Nr. 2 VAG müssen bei **regulierten Pensionskassen** 182 mindestens **50 % der Mitglieder** der obersten Vertretung durch die Versicherten besetzt werden. Es handelt sich um ein wesentliches Unterscheidungskriterium zu den deregulierten Pensionskassen. Hiermit soll sichergestellt werden, dass die Pensionskasse in enger Anbindung an den die arbeitsrechtliche Versorgungszusage erteilenden Arbeitgeber in der Arbeitnehmerschaft auch organisatorisch verankert ist. Die betriebliche Pensionskasse in der Rechtsform des Versicherungsvereins ist insoweit gemeinsame Einrichtung zwischen Arbeitgebern und versicherten Angestellten, die in der obersten Vertretung entsprechende gemeinsame Verantwortung tragen. Diese auch organisatorisch enge Verknüpfung zwischen arbeitsrechtlicher Versorgungszusage und versicherungsförmigem Durchführungsweg bildet die Grundlage dafür, auch aufsichtsrechtlich die spezifischen Besonderheiten der jeweiligen Pensionskasse zu berücksichtigen (z. B. hinsichtlich der Rechnungsgrundlagen).

Die **50-Prozent-Beteiligung** bezieht sich auf das in der Satzung festgelegte 183 Recht, im obersten Organ beteiligt zu sein. Dies bedeutet nicht, dass dieses Recht im tatsächlichen Beschlussverfahren auch ausgeübt werden muss. Wird etwa die hälftige Beteiligung der Arbeitnehmerschaft in der Weise in der Satzung geregelt, dass jeder versicherte Arbeitnehmer in der Pensionskasse ein Stimmrecht hat und der Arbeitgeber so viele Stimmrechte, wie er Arbeitnehmer in der Pensionskasse versichert hält, ist das hälftige Beteiligungsrecht satzungsrechtlich umgesetzt. Hierbei schadet es nicht, wenn in der Mitgliederversammlung selbst ein großer Teil der Arbeitnehmer von ihrem Mitwirkungsrecht keinen Gebrauch machen und der Arbeitgeber mit seinen Stimmrechten daher von vornherein einen höheren als 50-prozentigen Anteil in der Mitgliederversammlung für sich beanspruchen kann.

184 Das 50-prozentige Beteiligungsrecht muss bei regulierten Pensionskassen auch dann sichergestellt sein, wenn die Pensionskasse nicht oder nicht ausschließlich die Versicherten direkt, sondern nur mittelbar über die Rückdeckung des Arbeitgebers oder einer Unterstützungskasse die Arbeitnehmer versichert. Die Arbeitnehmer sind dann versicherte Personen und keine Versicherungsnehmer und Mitglieder; insofern haben sie keine originären Mitgliedschaftsrechte und können nicht direkt an der Mitgliederversammlung teilnehmen. In diesen Fällen muss dann das Beteiligungsrecht über den Versicherungsnehmer dargestellt werden.

c) Einberufung der obersten Vertretung

185 Die Formalien der Einberufung der obersten Vertretung werden in der **Satzung** geregelt. Im Übrigen ergeben sie sich bei dem großen Verein aus den §§ 121 ff. AktG, beim kleineren Verein aus den §§ 36 ff. BGB.

186 Die oberste Vertretung wird vom Vorstand der Pensionskasse einberufen, und zwar in den in der Satzung bestimmten Fällen. Dies wird regelmäßig einmal im Jahr in den ersten sechs bis acht Monaten nach Beendigung des Geschäftsjahres sein.

187 Der Vorstand muss eine Versammlung weiterhin dann einberufen, wenn eine qualifizierte Minderheit aller Mitglieder dies verlangt. Die Minderheit muss beim großen Verein in der Satzung genannt sein. Sie wird in Entsprechung von § 122 AktG als der zwanzigste Teil der Mitglieder (also fünf Prozent aller Mitglieder) definiert. Beim kleineren Verein gilt gemäß § 37 BGB der zehnte Teil der Mitglieder als eine derartige Minderheit, also zehn Prozent aller Mitglieder, wenn die Satzung keine andere Bestimmung trifft.

188 Der Vorstand muss weiterhin die Versammlung einberufen, wenn die Aufsichtsbehörde dies verlangt (§ 306 Abs. 1 Nr. 5 VAG).

189 Auch der Aufsichtsrat kann verlangen, dass die oberste Vertretung einberufen wird (§ 111 Abs. 3 AktG, § 38 Abs. 2 GenG).

190 Die Einberufung erfolgt durch **Bekanntgabe von Ort und Zeit der Versammlung unter Angabe der Tagesordnungspunkte.** Beim großen Verein muss die Bekanntmachung mindestens 30 Tage vor der Versammlung erfolgen (vgl. § 123 AktG). Beim kleineren Verein bestehen keine gesetzlichen Vorschriften zu Form und Frist der Einberufung, jedoch wird die Satzung auch hier Fristen für die Bekanntmachung vorsehen. Die Bekanntmachung erfolgt in der in der Satzung vorgeschriebenen Weise, also etwa durch Veröffentlichung im elektronischen Bundesanzeiger, in der örtlichen Tagespresse, durch Aushang im Betrieb usw.

d) Ablauf der Mitglieder-/Vertreterversammlung und Beschlussfassung

Die Versammlung wird von einem **Versammlungsleiter** geleitet. Wer Versammlungsleiter ist, wird üblicherweise in der Satzung geregelt. Meist ist dies der Vorstandsvorsitzende oder der Aufsichtsratsvorsitzende. **191**

Er wird – falls die Satzung keine Ausführungen enthält – darüber entscheiden, ob neben den teilnahmeberechtigten Mitgliedern auch weitere Personen als Gäste anwesend sein dürfen. Der Versammlungsleiter ruft die Tagesordnungspunkte auf und führt die Beschlussfassung durch. Es darf nur über Punkte beschlossen werden, die bereits bei der Einberufung der Versammlung Gegenstand der Tagesordnung waren. Dies gilt auch dann, wenn mehrheitlich am Tag der Versammlung die Tagesordnung erweitert wird. **192**

Beschlüsse werden mit der Mehrheit der abgegebenen Stimmen gefasst. Wer sich der Stimme enthält, wird nicht mitgezählt. **193**

Die Satzung, aber auch das Gesetz können **qualifizierte Mehrheiten** bei bestimmten Beschlussgegenständen vorschreiben. Eine Mehrheit von ¾ der abgegebenen Stimmen wird bei Änderungen von Satzung und Versicherungsbedingungen, beim Beschluss über die Auflösung der Pensionskasse, bei einer Bestandsübertragung oder bei einer Verschmelzung regelmäßig verlangt werden (vgl. §§ 195, 199, 200 VAG, § 112 bzw. § 116 i. V. m. § 13 UmwG). **194**

An der Beschlussfassung darf jedes stimmberechtigte Mitglied teilnehmen. Von der Teilnahme ist es allerdings ausgeschlossen, wenn der Beschlussgegenstand ihn selbst betrifft. So können Aufsichtsratsmitglieder und Mitglieder des Vorstands nicht am Beschluss über ihre eigene Entlastung mitwirken. **195**

Beschlüsse, die unter Verstoß gegen satzungs- und gesetzmäßige Voraussetzungen zu Stande gekommen sind, sind – je nach Schwere des Verstoßes – nichtig oder können angefochten werden (vgl. für den großen Verein §§ 241 ff. AktG; für den kleinen Verein existieren keine speziellen Vorschriften. **196**

V. Geschäftsplan
(Herrmann/Fath)

Grundlage für die Geschäftstätigkeit der Pensionskasse ist ihr Geschäftsplan. In dem Geschäftsplan sind die rechtlichen, technischen und finanziellen Grundlagen der Pensionskasse beschrieben. In § 9 Abs. 2 VAG sind die Bestandteile des Geschäftsplans genannt. Hierzu zählt neben der Satzung für regulierte Pensionskassen gem. § 233 Abs. 1 Satz 5, § 233 Abs. 1 Satz 4 i. V. m. § 219 Abs. 3 Nr. 1 und § 9 Abs. 2 Nr. 2 VAG in ausdrücklicher Abweichung zu den deregulierten Pensionskassen auch die Versicherungsbedingungen und der so genannte Technische Geschäftsplan. Funktionsausgliederungsverträge sind nicht mehr Bestandteil des Geschäftsplans, § 9 Abs. 2, Abs. 4 Nr. 1 c) VAG (vgl. Rdnr 276 ff.). **197**

1. Satzung
(Herrmann)

198 Die Satzung enthält die **Verfassung der Pensionskasse**, die ihre korporative Organisation und die mitgliedschaftsrechtlichen Beziehungen der Mitglieder zur Pensionskasse regelt. Die Satzung ist das Organisationsstatut der Pensionskasse.

199 Die Satzung hat auch die Einfluss- und Entscheidungsbefugnis des Arbeitgebers in der Pensionskasse zu regeln. Die Satzung wird also auch Bestimmungen enthalten müssen, in welchem Umfang der Arbeitgeber Mitgliedschaftsrechte in der Pensionskasse hat oder sein Interesse bei der Besetzung der Organe gesichert ist. Soweit er die Verwaltung der Pensionskasse vollständig den Arbeitnehmern überlässt, wird in der Satzung ein Zustimmungserfordernis des Arbeitgebers für Änderungen der Satzung und Versicherungsbedingungen und wohl auch für den Überschussverwendungsbeschluss enthalten sein müssen. Das satzungsgemäße Zustimmungserfordernis des Arbeitgebers verstößt nicht gegen das 50-prozentige Beteiligungsgebot der Versicherten im obersten Organ. Zwar könnte mit der Zustimmungsverweigerung des Arbeitgebers jede im obersten Organ beschlossene Satzungsänderung blockiert werden; ein derartiges tatsächliches Entscheidungsergebnis ließe sich auch durch eine regelmäßige 50-Prozent-Beteiligung erzielen. Die hälftige Beteiligung durch die Versicherten soll die Beteiligung und Mitwirkung an den entsprechenden Änderungsprozessen sicherstellen. Ein primäres Entscheidungsrecht zu Gunsten der Versicherten ist hiermit jedoch nicht gemeint.

a) Inhalt der Satzung
200 Im Einzelnen muss die Satzung folgende Regelungen enthalten:

aa) Name der Pensionskasse (Firma) und Sitz
201 Gemäß § 174 VAG muss die Satzung den Namen der Pensionskasse und ihren Sitz bestimmen. Aus dem Namen muss nach den **Grundsätzen der Firmenwahrheit und Firmenklarheit** erkennbar sein, dass es sich um eine Pensionskasse handelt. Oft wird daher der Begriff „Pensionskasse" im Namen der Kasse selbst enthalten sein. Es ist nicht erforderlich, im Namen auf die Eigenschaft als regulierte Pensionskasse hinzuweisen. Die spätere Praxis wird zeigen, ob hierin ggf. ein qualitätsunterscheidendes Merkmal gesehen wird, das Pensionskassen bereits in ihrem Namen aufnehmen wollen.

202 Der Sitz der Pensionskasse befindet sich an dem Ort, von dem aus die Pensionskasse ihre Geschäfte betreibt. Es ist regelmäßig der **Sitz der Geschäftsstelle**. Der Sitz der Pensionskasse ist zugleich ihr **allgemeiner Gerichtsstand**.

bb) Gründungsstock
203 Die Satzung hat gemäß § 178 VAG auch Bestimmungen über den Gründungsstock zu enthalten. Dies gilt vor allem für neu zu gründende Pensions-

kassen. Bei bestehenden Pensionskassen, deren Gründungsstock längst getilgt ist, wird sich regelmäßig eine Bestimmung über den Gründungsstock in der Satzung nicht mehr finden.

Es ist zum Teil strittig, ob ein Gründungsstock auch noch lange Jahre nach **204** erfolgter Gründung aufgelegt werden kann. Dies mag zwar bereits wegen der Begrifflichkeit überraschen, da in diesen Fällen die Gründung schließlich schon lange erfolgt ist und die Mittel jedenfalls nicht mehr im Zusammenhang mit einer Gründung benötigt werden. Andererseits ist der Gründungsstock ein von Dritten der Pensionskasse zur Verfügung gestelltes Eigenkapital. Besteht für eine Pensionskasse unter besonderen Voraussetzungen – z. B. zur Erfüllung der neuen Solvabilitätskapitalanforderung – erhöhter Eigenkapitalbedarf und ist etwa gleichzeitig das Trägerunternehmen bereit, dieses Eigenkapital der Pensionskasse zur Verfügung zu stellen, ist hierfür der Gründungsstock für einen Versicherungsverein grundsätzlich das einzige Rechtsinstitut, in der eine derartige Eigenkapitalzuführung aufgenommen werden kann. Die Versicherungsaufsicht hat daher – richtigerweise – eine Ergänzung der satzungsrechtlichen Regelung zum Gründungsstock für zulässig erklärt. Soweit Pensionskassen daher ihre Eigenmittelanforderungen nicht vollständig zu Lasten ihrer Überschussbeteiligung selbst darstellen wollen, kann insoweit neben der Aufnahme von Nachrangdarlehen sowie der Ausgabe von Genussrechten auch ein Gründungsstock dotiert werden. Die BaFin hält in Einzelfällen auch Zahlungen auf der Grundlage von Patronatserklärungen für ausreichend.

cc) Beitragspflicht

Nach § 179 VAG hat die Satzung zu bestimmen, ob die Ausgaben der **205** Pensionskasse durch einmalige oder wiederkehrende Beiträge gedeckt werden oder durch Beiträge, die je nach Bedarf umgelegt werden.

Eine Umlegung der Beiträge (Umlageverfahren) lässt die Aufsichtsbehörde **206** bei Pensionskassen allerdings nicht zu. In der Satzung wird demnach nur die Ausgabendeckung durch **wiederkehrende Beitragszahlung** geregelt sein. Es kommen Einmalzahlungen, laufende Einmalzahlungen oder laufende Beiträge in Betracht.

Die Satzungsbestimmung zur Deckung der Ausgaben regelt nur den Grund- **207** satz der Ausgabendeckung, nicht etwa die konkrete Höhe der Beiträge. Es genügt demnach, wenn die Satzungsbestimmung aus dem einen Satz besteht, dass etwa die Deckung der Ausgaben durch wiederkehrende Beiträge erfolgt. Die näheren Voraussetzungen der Beitragszahlung und deren Höhe werden in den Versicherungsbedingungen geregelt.

Die Satzung hat weiterhin zu bestimmen, ob Nachschüsse von den Mit- **208** gliedern zu leisten sind. Bei Pensionskassen wird dies regelmäßig ausgeschlossen werden. Stattdessen wird in der Satzung bestimmt, dass im Falle von eingetretenen und nicht mehr zu deckenden Verlusten die Leistungen der Pensionskasse herabgesetzt oder die laufenden Beiträge herabgesetzt oder beide Maßnahmen gleichzeitig durchgeführt werden können (sog. Sanierungsklausel, s. Rdnrn. 209 ff.).

dd) Sanierungsklausel

209 Nach § 233 Abs. 1 Nr. 1 VAG muss die Satzung einer regulierten Pensionskasse eine sog. Sanierungsklausel enthalten. Diese Gesetzesformulierung lehnt sich an die übliche Satzungsbestimmung der traditionellen betrieblichen Pensionskassen an. In der Satzungsbestimmung wird regelmäßig vorgesehen sein, dass zur Deckung eines im Geschäftsjahr entstandenen Fehlbetrages zunächst die Mittel aus der Verlustrücklage und mit Zustimmung der Aufsichtsbehörde aus der freien RfB in Anspruch genommen werden müssen. Soweit diese Mittel zur Deckung des Fehlbetrages nicht ausreichen, hat die Mitgliederversammlung eine Erhöhung der Beiträge oder eine Herabsetzung der Leistungen oder eine Verbindung beider Maßnahmen zu beschließen. Ein derartiges Vorgehen erfolgt dabei in enger Abstimmung mit der BaFin und dient ausschließlich zur Vermeidung eines Insolvenzverfahrens.

210 Verbessert sich die wirtschaftliche Situation, können dann im Zeitablauf die Beiträge reduziert und/oder die Leistungen wieder entsprechend aufgestockt werden. Versicherungsunternehmen, die nicht über eine derartige Klausel verfügen, müssten in diesen Fällen das Insolvenzverfahren eröffnen oder entsprechende aufsichtsrechtliche Leistungskürzungen gemäß §§ 314, 222 VAG in Kauf nehmen. Anzumerken sei an dieser Stelle, dass neben satzungsgemäßen und versicherungsaufsichtsrechtlichen Regelungen es § 163 VVG einem Versicherer ausdrücklich gestattet, Prämienanpassungen unter Einschaltung des Treuhänders oder der BaFin vorzunehmen.

211 Bislang ist wohl strittig, ob Änderungen in der Zinslandschaft hinreichend für diese Eingriffe sind. Dennoch sind im Ergebnis für alle externen Durchführungswege somit (aufsichtsrechtliche) Eingriffe in das Beitrags-/Leistungsverhältnis möglich. Die Sanierungsklausel ist typisch für die traditionellen Pensionskassen und folgt dem Gedanken der vereinsrechtlichen Solidarität der Mitglieder. Sie ist Resultat der engen betrieblichen Bindung und stellt sicher, bei nicht vorhersehbar gewesenen wirtschaftlichen Problemen zur Vermeidung eines Insolvenzverfahrens unter dem Gesichtspunkt der Gegenseitigkeit Selbsthilfemaßnahmen ergreifen zu können. Sie ist insoweit keine Einschränkung des versicherten Garantieversprechens; die versicherte Leistung eines Unternehmens ohne Sanierungsklausel bedeutet für den Vertragspartner keine höhere Sicherheit.

212 Im Gegenteil lässt die Sanierungsklausel gerade zu, bei Vorliegen der Voraussetzungen auf die Durchführung eines kostenintensiven Insolvenzverfahrens zu verzichten. Sie stellt insoweit sicher, dass die Pensionskasse voll umfänglich weiter betrieben werden und sie bei Verbesserung der wirtschaftlichen Situation die Leistungen wieder entsprechend aufstocken kann. Gerade wegen der Sanierungsklausel hat eine wirtschaftliche Problemstellung für den Versicherten der Pensionskasse weniger einschneidende Auswirkungen auf seinen Versicherungsvertrag als es bei einem in wirtschaftliche Schwierigkeiten geratenen Unternehmen ohne Sanierungsklausel der Fall wäre. (Im Übrigen würde auch eine Insolvenzsicherung über den Sicherungsfonds nach § 223 VAG nicht nur im Hinblick auf die Garantieleistungen, sondern aber auch auf künftige Überschüsse und damit für die Werthaltigkeit der Versicherungsansprüche keine qualitative Verbesserung bedeuten). In diesem Sinne ist die Sanierungsklausel ein Spezifikum der betrieblichen Pensionskasse, die gerade wegen der Vermeidung eines Insolvenzverfahrens zur höheren Sicherheit des Versicherten führt. Für die Versicherten besteht dann trotzdem die Möglichkeit, nach wirtschaftlicher Erholung ihre vollen Versicherungsansprüche wieder realisieren zu können.

Der in diesem Zusammenhang oft gegebene Hinweis, Pensionskassen mit **213** Sanierungsklausel könnten höhere Risiken in ihrer Geschäftsplangestaltung eingehen, ist nicht richtig. Gerade bei den regulierten Pensionskassen werden alle Geschäftspläne von der Aufsichtsbehörde genehmigt. Im Rahmen dieser Genehmigung wird insbesondere die dauernde Erfüllbarkeit der laufenden Verträge ausdrücklich geprüft. Soweit höhere Risiken zugelassen werden, sind diese in der besonderen Risikosituation der Pensionskasse begründet (z. B. Sicherstellung großer Kollektive und damit Vermeidung einer negativen Selektion, weil z. B. ein Arbeitgeber alle Arbeitnehmer seines Betriebes bei der Pensionskasse anmeldet).

ee) Bekanntmachungen der Pensionskasse

Gemäß § 183 VAG muss die Satzung bestimmen, wie die Vereinsbekanntmachungen zu erfolgen haben. Bei Pensionskassen in der Rechtsform des großen VVaG, deren Geschäftsbetrieb sich über ein Bundesland hinaus erstreckt, müssen die Bekanntmachungen im elektronischen Bundesanzeiger veröffentlicht werden. **214**

ff) Bildung der Organe der Pensionskasse

Gemäß § 184 VAG hat die Satzung zu bestimmen, wie ein Vorstand, ein **215** Aufsichtsrat und eine oberste Vertretung zu bilden sind. Diese Vorschrift gilt bei Pensionskassen auch für kleinere Vereine (§ 234 Abs. 5 VAG).

Neben Vorschriften zur Bildung der Organe wird die Satzung einen Auf- **216** gabenkatalog für diese Organe, insbesondere für die oberste Vertretung, beinhalten (s. Rdnrn. 167 f.).

gg) Verlustrücklage

Gemäß § 193 VAG hat die Satzung zu bestimmen, dass zur Deckung eines **217** außergewöhnlichen Verlusts eine Rücklage zu bilden ist, welche Beträge jährlich zurückzulegen sind und welchen Mindestbetrag die Rücklage erreichen muss (Verlustrücklage).

218 Die Verlustrücklage hat mit der Ausweitung der Solvabilitätskapitalanforderungen deutlich an Bedeutung für die Pensionskassen gewonnen. Die Verlustrücklage ist praktisch die wesentliche Bilanzposition, in der explizit das **Eigenkapital** ausgewiesen werden kann, da der in der Lebensversicherungsbranche übliche Schlussgewinnfonds als Teil der RfB bei regulierten Pensionskassen nicht üblich war. Die traditionellen Pensionskassen haben ihre Überschüsse unmittelbar und vollständig an die Versicherten ausgeschüttet. Erhöhte Eigenkapitalanforderungen können bei den traditionellen Pensionskassen weitgehend nur durch Aufstockung der Verlustrücklage, ggf. auch des Gründungsstocks erfolgen.

hh) Überschussverteilung

219 Gemäß § 194 VAG hat die Satzung auch zu bestimmen, nach welchem Maßstab die Verteilung des Überschusses an die Mitglieder geregelt werden soll.

220 Bei Pensionskassen wird hier die Satzung regelmäßig vorsehen, dass Überschüsse zur Erhöhung der Leistungen, zur Verringerung der Beiträge oder für beide Maßnahmen nach Beschluss der obersten Vertretung zu verwenden sind. Soll mit Rücksicht auf den auf den Arbeitgeberanteil entfallenden Überschuss von einer gleichmäßigen Verteilung auf die Mitglieder zu Gunsten einer etwa im größeren Maßstab die Rentner berücksichtigenden Überschussverteilung verzichtet werden oder die Überschüsse auch etwa zur Einführung neuester Leistungsarten verwandt werden, muss auch dies in der Satzung bestimmt werden. Ist der Arbeitgeber Beitragszahler, genügt es in diesem Zusammenhang, wenn Überschüsse auch zur Verringerung der Beiträge verwandt werden können. In diesem Fall könnte dann der Arbeitgeber auf seine „Beitragsverringerung" verzichten und diesen Betrag für eine Leistungserhöhung bei einem Teilbestand oder zur Einführung einer neuen Leistungsart verwenden. Zu beachten ist hierbei aber, dass bei einer derartigen, auch eine Überschussbeteiligung des Arbeitgebers ermöglichende Satzungsbestimmung, die Pensionskasse ihre Körperschaftsteuerbefreiung nur behält, wenn sie innerhalb von 18 Monaten einen Überschussverwendungsbeschluss fasst (s. im Einzelnen Rdnrn. 857 ff.).

221 Zu beachten ist auch, dass bei der Berechnung der unverfallbaren Anwartschaft eines ausgeschiedenen Arbeitnehmers nur dann die versicherungstechnisch erreichte Anwartschaft und nicht ein abstrakter m/n-tel Anspruch die Höhe der unverfallbaren Anwartschaft bestimmt, wenn die Überschüsse ausschließlich zur Verbesserung der Versicherungsleistung verwendet werden (vgl. Rdnr. 786).

222 Erfolgt betriebliche Altersversorgung durch **Entgeltumwandlung**, schreibt § 1b Abs. 5 BetrAVG für Pensionskassen vor, dass Überschüsse nur zur Verbesserung der Leistung verwendet werden dürfen.

ii) Qualifizierte Minderheit

Für große Versicherungsvereine muss die Satzung die qualifizierte Minder- **223** heit gemäß § 192 VAG bestimmen (s. Rdnr. 187).

jj) Wirkung von Bedingungsänderungen auf bestehende Versicherungsverhältnisse

Gemäß § 197 Abs. 3 Satz 2 VAG können Änderungen der Versicherungs- **224** bedingungen (oder der Satzung, soweit sie Versicherungsbedingungen enthalten) auch mit Wirkung für bestehende Versicherungsverhältnisse geändert werden, wenn die Satzung diese Bestimmungen im Einzelnen bezeichnet. Dies hat große praktische Bedeutung. Satzungen von Pensionskassen werden daher regelmäßig die Bestimmungen nennen, die auch mit Wirkung für bestehende Versicherungsverhältnisse geändert werden können (s. im Einzelnen Rdnrn. 262 ff.).

kk) Änderungsermächtigung für den Aufsichtsrat

Die Satzung kann den Aufsichtsrat ermächtigen, bei dringendem Bedürfnis **225** die allgemeinen Versicherungsbedingungen mit Genehmigung der Aufsichtsbehörde vorläufig zu ändern. Sie kann weiterhin gemäß § 195 Abs. 2 und 3 VAG den Aufsichtsrat auch zu Änderungen der Satzung, die nur die Fassung betreffen und für Satzungsänderungen, die im Zusammenhang mit dem Genehmigungsverfahren für eine Satzungsänderung von der Aufsichtsbehörde verlangt werden, ermächtigen. Auch dies ist von praktischer Relevanz und sollte Gegenstand einer Satzungsbestimmung sein.

ll) Mitgliedschaft von Leistungsempfängern

Nach dem Eintritt des Versicherungsfalls, also **mit Beginn der Renten-** **226** **zahlung**, endet das Mitgliedschaftsverhältnis. Rentner sind dementsprechend keine Mitglieder der Pensionskasse mehr (*BAG* vom 18.11.2008 – 3 AZR 970/ 06, s. dort Rdnr. 39). Soll hiervon abgewichen werden, sollen also Rentner ihre Mitgliedschaft behalten können, kann auch dies in der Satzung geregelt werden. Insbesondere bei geschlossenen Pensionskassen mit auslaufendem Bestand kann eine derartige Bestimmung erhebliche Bedeutung gewinnen. Wird bei diesen Kassen nämlich der Kreis der aktiv Versicherten immer kleiner und der Kreis der Rentner immer größer, könnte ohne eine derartige Bestimmung die Handlungsfähigkeit der Pensionskasse stark in Mitleidenschaft gezogen werden.

mm) Vermögensanlage

§ 9 VAG i.d.F. bis zum 31.12.2015, wonach die Satzung Grundsätze für die **227** Vermögensanlage festsetzen sollte, wurde nicht in das neue, ab dem 1.1.2016 geltende VAG übernommen. Nach der Gesetzesbegründung (BT-Drs. 18/ 2956, S. 228) sei die Vorschrift, die fast wörtlich aus dem Jahre 1901 stammte, obsolet. Anlagegrundsätze, die auch für Einrichtungen der betrieblichen Altersversorgung Anwendung finden, sind in § 124 VAG normiert.

nn) Auflösung der Pensionskasse

228 Schließlich sollte die Satzung auch Bestimmungen über die Auflösung der Kasse treffen.

oo) Versicherungsbedingungen

229 Die Satzung kann auch die Versicherungsbedingungen enthalten. Von dieser Möglichkeit machen insbesondere kleinere Pensionskassen Gebrauch, die aus Vereinfachungsgründen Satzungsbestimmung und Versicherungsbedingungen einheitlich in der Satzung regeln. Der materielle Charakter von AVB-Bestimmungen wird durch ihre Festlegung in der Satzung nicht berührt. Sie bleiben – obwohl formal als Satzungsbestimmung bezeichnet – materiell AVB-Bestimmungen.

230 Bis zum 31.12.2015 war die Möglichkeit, dass die Satzung auch die Versicherungsbedingungen enthalten kann, in § 10 Abs. 2 VAG a. F. geregelt. § 10 VAG a. F. wurde nicht in das neue, seit dem 1.1.2016 geltende VAG übernommen. Gleichwohl besteht die Möglichkeit materiell rechtlich weiter.

b) Feststellung der Satzung

231 Die Satzung wird im Zusammenhang mit der Gründung der Pensionskasse von den Gründern beschlossen und muss von der Aufsichtsbehörde genehmigt werden. Bei kleineren Vereinen genügt es, wenn die Satzung in schriftlicher Form vorliegt. Bei großen Vereinen muss die Satzung notariell beurkundet und dem Handelsregister mit der Genehmigung durch die Aufsichtsbehörde eingereicht sein.

c) Änderung der Satzung

232 Die Änderung der Satzung kann nur **von der obersten Vertretung** vorgenommen werden. Als einzige Ausnahme von diesem Grundsatz können Änderungen, die lediglich die Fassung betreffen, also keine materielle Änderung darstellen, vom Aufsichtsrat vorgenommen werden. Der Vorstand selbst ist nie zur Änderung – sei sie auch noch so geringfügig – befugt.

233 Die Satzung kann – und wird regelmäßig – bestimmen, welche Mehrheit bei der Beschlussfassung über Satzungsänderungen erforderlich ist. Ohne eine derartige Satzungsbestimmung muss eine 3/4-Mehrheit erreicht werden (§§ 33, 40 BGB, § 179 Abs. 2 AktG).

234 Insbesondere bei Pensionskassen, bei denen der die Kassenleistungen ganz oder zum Teil finanzierende Arbeitgeber nicht in den Kassenorganen vertreten ist, werden Satzungsänderungen auch der Zustimmung des Arbeitgebers bedürfen.

Jede Satzungsänderung muss gemäß § 12 Abs. 1 Satz 1 VAG durch die   **235**
Aufsichtsbehörde genehmigt werden. Die Aufsichtsbehörde geht davon aus,
dass bei beabsichtigten Satzungsänderungen diese rechtzeitig vor Beschlussfassung durch die oberste Vertretung der Aufsichtsbehörde mitgeteilt und
begründet werden. Dadurch soll vermieden werden, dass erst nach Beschlussfassung im Genehmigungsverfahren Bedenken der Aufsichtsbehörde
gegen die Satzungsänderung erhoben werden, die ggf. zur Versagung der
Genehmigung führen. Es empfiehlt sich also, rechtzeitig vor Beschlussfassung die Satzungsänderung mit der Aufsichtsbehörde abzustimmen.

Ist es vor der Beschlussfassung nicht zur Abstimmung mit der Aufsichtsbe-   **236**
hörde gekommen und verlangt die Aufsichtsbehörde Änderungen (Änderung der Änderung), kann die von der Aufsichtsbehörde verlangte Änderung
auch vom Aufsichtsrat beschlossen werden (§ 195 Abs. 3 VAG). Der Aufsichtsrat muss hierzu allerdings von der obersten Vertretung ermächtigt sein.

Anträge auf Genehmigung einer **Satzungsänderung** durch die Aufsichtsbe-   **237**
hörde sind vom Vorstand unter Beifügung der Niederschrift über den
Beschluss der obersten Vertretung, die den vollständigen Wortlaut der
Satzungsänderung beinhalten muss, einzureichen. Es genügt nicht, wenn
lediglich die Niederschrift mit den Beschlüssen ohne ausdrücklichen Ge-
nehmigungsantrag bei der Aufsichtsbehörde eingereicht wird. Insoweit hat
der Vorstand es mit seiner Antragstellung in der Hand, ob eine beschlossene
Satzungsänderung tatsächlich genehmigt werden soll oder nicht.

Satzungsänderungen haben Wirkung auch für bestehende Mitgliedschaftsver-   **238**
hältnisse. Dies gilt allerdings nur für die reinen materiell rechtlichen Satzungsbestimmungen, die das Mitgliedschaftsverhältnis regeln. Satzungsbestimmungen, die materiell Versicherungsbedingungen sind, können nur unter den
Voraussetzungen des § 197 Abs. 3 VAG auch mit Wirkung für bestehende
Versicherungsverhältnisse beschlossen werden (s. Rdnr. 224). Die Abgrenzung
zwischen Mitgliedschafts- und Versicherungsverhältnis ist also bedeutsam,
wenn auch nicht immer einfach (vgl. im Einzelnen Rdnrn. 285 ff.).

2. Versicherungsbedingungen
(Herrmann)

Die Versicherungsbedingungen, die bei vielen Pensionskassen nicht getrennt   **239**
ausgewiesen, sondern in der Satzung enthalten sind, stellen die Regelungen
dar, die die Grundlage des eigentlichen Versicherungsverhältnisses sind. Sie
normieren die Voraussetzungen und Bedingungen, unter denen die Pensionskasse den Versicherten Rentenleistungen erbringt und Beiträge ein-
fordert. Sie sind also die Bedingungen des Versicherungsvertrags, den das
einzelne Mitglied mit seinem Beitritt in die Pensionskasse schließt.

Die in anderen Versicherungszweigen übliche Differenzierung zwischen all-   **240**
gemeinen Versicherungsbedingungen, besonderen Versicherungsbedingungen, Tarifbestimmungen u. Ä. kommt bei Pensionskassen in der Praxis schon

wegen ihrer einfachen Tarifstruktur in der Regel nicht vor. Materielle Bedeutung hat dies nicht. Von den Versicherungsbedingungen/Tarifbedingungen zu unterscheiden ist der Tarif selbst. Dieser wird im Technischen Geschäftsplan hergeleitet und bestimmt das Beitrags- und Leistungsverhältnis. In vielen Versicherungsbedingungen von Pensionskassen ist es üblich, entsprechende Beitrags- und Leistungstabellen aufzunehmen. In diesen Fällen sind die Tabellen Gegenstand der Versicherungsbedingungen. Es ist aber auch möglich, in den Bedingungen nur auf entsprechende Tabellenanhänge zu verweisen. In diesen Fällen sind diese Tabellen nicht Gegenstand der Versicherungsbedingungen, sondern Ausfluss des Technischen Geschäftsplans, der zur Transparenz im Druckstück mit aufgenommen werden sollte. Bei Änderungen bzw. Ergänzungen der Tabellen ist eine Beschlussfassung in der Mitgliederversammlung nicht erforderlich. Hier genügt dann die Änderung des Technischen Geschäftsplans mit der entsprechenden Genehmigung durch die Aufsichtsbehörde (§§ 233 Abs. 1 Satz 5 VAG, 234 Abs. 1 i. V. m. §§ 212 Abs. 1, 12 Abs. 1 und § 9 Abs. 2 Nr. 2 VAG).

a) Inhalt der Versicherungsbedingungen

241 Seit Inkrafttreten des neuen VAG zum 1.1.2016 ist ein obligatorischer Inhalt von Versicherungsbedingungen gesetzlich nicht mehr normiert, da die einzige Mussvorschrift des § 10 Abs. 1 VAG a. F. im neuen VAG nicht mehr enthalten ist. § 10 VAG a. F. wurde mit der Begründung, die Norm sei wegen der zwischenzeitlichen Weiterentwicklung des Versicherungsvertragsrechts, insbesondere im Hinblick auf die Vorschriften zur Verbraucherinformation, obsolet (BT-Drs. 18/2956, S. 228), nicht in das neue VAG übernommen. Dennoch verlangt die Aufsichtsbehörde – nicht zuletzt wegen der versicherungsvertragsrechtlichen Regelungen zur Information der Versicherungsnehmer und Versicherten –, dass einzelne das Versicherungsverhältnis näher beschreibende Verpflichtungen in Form von Versicherungsbedingungen (Satzungsbestimmungen) bei einem Versicherungsunternehmen und demnach auch bei einer Pensionskasse existent sind. Der Versicherte soll anhand dieser Bestimmungen erkennen können, welche Rechte und Pflichten sein Versicherungsverhältnis beinhaltet. Zudem bestehen Informationspflichten der Pensionskasse gegenüber Versorgungsanwärtern und -empfängern (§ 144 Abs. 1 Nr. 1 VAG), die z. B. durch Angaben in den Versicherungsbedingungen erfüllt werden können. Darüber hinaus sieht die Legaldefinition von Pensionskassen in § 232 Abs. 1 VAG Vorgaben vor, die in Versicherungsbedingungen geregelt werden können.

242 Bei **regulierten Pensionskassen** haben Versicherungsbedingungen noch eine besondere Bedeutung: Gemäß § 211 VVG können Versicherungsbedingungen abweichende Regelungen gegenüber den Vorschriften des VVG treffen. Hiervon wurde schon immer Gebrauch gemacht. Insbesondere wurden für die Vorschriften im VVG bezüglich Beitragsverzug, Beitragsfreistellung und Rückkauf (§§ 37, 38, 165, 166, 169 VVG) oft in den Versicherungsbedingungen einfacher zu handhabende Regelungen gefunden. Besondere Bedeutung hat die Möglichkeit, eine gegenüber der Gesetzesnorm abweichende Regelung in die Versicherungsbedingungen aufzunehmen, regelmäßig für die Ansprüche der Versicherten auf Beteiligung an den stillen Reserven. Mit dem Beteiligungsrecht an den Bewertungsreserven war der Gesetzgeber den Vorgaben der Rechtsprechung gefolgt. Dort wurde es insbesondere in Fällen niedriger Rückkaufswerte bei gleichzeitig ausgewiesenen hohen Bewertungsreserven als unbefriedigend angesehen, wenn die Versicherten an diesen Bewertungsreserven nicht partizipieren sollten. Da das Beteiligungsrecht aber keine Realisierung der Bewertungsreserven verlangt, kann die tatsächliche Finanzierung der Beteiligung nur zu Lasten anderer Ausschüttungen (z. B. Dividendenausschüttungen, Zuführung zu Rücklagen etc.) erfolgen. Bei den regulierten Pensionskassen stellt sich gegenüber Lebensversicherungsunternehmen und den deregulierten Kassen die Ausgangssituation unterschiedlich dar. Abgesehen davon, dass regulierte Pensionskassen keine Dividendenausschüttungen schon mangels Aktionären vornehmen, werden ihre Versicherten ohnehin am gesamten Überschuss beteiligt. Da regelmäßig auch die festverzinslichen Wertpapiere bis zur Endfälligkeit gehalten werden, erhalten im Ergebnis die Versicherten durch die höhere Kuponzahlung den zwischenzeitlich feststellbaren Bewertungsertrag. Wenn auch die BaFin den völligen Ausschluss einer Beteiligung der Versicherten an den stillen Reserven nicht zulässt, können in den Bedingungen und dem Technischen Geschäftsplan Regelungen gefunden werden, die das Beteiligungsrecht interessengerecht regeln. Hier kann dann insbesondere auch definiert werden, welche Bewertungsreserven für die Beteiligung überhaupt zur Verfügung stehen und inwieweit vor einer Beteiligung die Erfüllung von Solvabilitätsvorgaben, das Bestehen des Stresstests u. Ä. berücksichtigt werden können.

Auf der Grundlage des Versicherungsvertragsrechts, insbesondere im Hinblick auf die Informationspflichten, der von der BaFin veröffentlichten Hinweise und auf der Grundlage von §§ 144 Abs. 1 Nr. 1 und 232 Abs. 1 VAG ergeben sich auch heute obligatorische Inhalte von Versicherungsbedingungen. Im Einzelnen gilt Folgendes: **243**

aa) Bestimmung des Versicherungsfalls

In den Bedingungen ist zunächst der **Eintritt des Versorgungsfalls** zu **244** definieren. Bei Pensionskassen ist dies der Eintritt in den Ruhestand, das Vorliegen von Berufs- bzw. Erwerbsunfähigkeit und ggf. Tod des Versicherten. Es empfiehlt sich, Berufsunfähigkeit und Beginn der Altersrente selbstständig zu beschreiben und sich nicht nur etwa mit einer Verweisung auf die entsprechenden Voraussetzungen in der gesetzlichen Rentenversicherung zu begnügen. Die Pensionskasse ist dann unabhängiger gegenüber nicht in ihrem Einfluss liegenden Veränderungen in der gesetzlichen Rentenversicherung (z. B. Herauf- oder Herabsetzen der Altersgrenze, Berücksichtigung der Arbeitsmarktsituation bei Berufsunfähigkeit usw.). Gleichzeitig ist aber zu beachten, dass nach der 2005 eingeführten Legaldefinition der Pensionskasse, heute § 232 VAG, Leistungen grundsätzlich erst ab dem Zeitpunkt des Wegfalls des Erwerbseinkommens gezahlt werden können. Es empfiehlt sich, diese Abhängigkeit auch ausdrücklich in die Versicherungsbedingungen aufzunehmen. Anderenfalls könnte z. B. bei Auseinanderfallen der gesetzlichen und der Pensionskassen-Altersgrenze ein Anspruch auf Altersrente bestehen, obgleich der Versicherte noch bis Eintritt der gesetzlichen Altersgrenze im Betrieb beschäftigt ist. In diesem Fall würde er neben dem Erwerbseinkommen schon Altersrente durch die Pensionskasse beziehen. Dies ist nach der Legaldefinition der Pensionskasse nicht zulässig. Die Sinnhaftigkeit dieser Regelungsbeschränkung in der Legaldefinition soll an dieser Stelle nicht weiter hinterfragt werden, hier ist gegebenenfalls der Gesetzgeber aufgefordert, diese Beschränkung aufzuheben. In jedem Fall werden die exakte Definition des Versicherungsfalls und deren Leistungskalkulation durch das zusätzliche Moment des Wegfalls der Erwerbseinkommen zur genauen Altersgrenze nicht erleichtert. Die BaFin achtet jedenfalls in ihrer Genehmigungspraxis darauf, dass die Voraussetzungen des Wegfalls des Erwerbseinkommens auch in den Versicherungsbedingungen definiert sind. Die Einführung dieser zusätzlichen Leistungsvoraussetzung war allerdings nicht für den Bestand möglich. Nach Auffassung der BaFin soll in dieser zusätzlichen Leistungsvoraussetzung eine nicht zumutbare Verschlechterung zu sehen sein, die daher nicht für den Bestand genehmigungsfähig ist. Theoretisch könnten damit die Leistungsvoraussetzungen für den Altbestand und den Neuzugang auseinanderfallen. Da in der Praxis aber eine parallele Fortführung des bisherigen Arbeitsverhältnisses und der Bezug einer Pensionskassenleistung ohnehin kaum vorkommen werden, dürfte die praktische Relevanz dieser Bestimmung ohnehin nicht sehr hoch sein. Zu beachten bleibt weiterhin, dass der Wegfall des Erwerbseinkommens nicht bedeutet, dass ein Rentner einer Pensionskasse generell kein Erwerbseinkommen mehr beziehen darf. Es muss lediglich das Einkommen wegfallen, das Grundlage für die Pensionskassenversicherung war. Die Rente der Pensionskasse soll im Ergebnis diesen Wegfall ausgleichen. Hat der Rentner anderweitige Einkommen – auch Erwerbseinkommen – berühren sie nicht die Definition der Pensionskasse.

245 Nach dem hier geschilderten Sachverhalt ist es nachvollziehbar, dass die beschriebene Regelungsbeschränkung, Leistungen grundsätzlich erst ab dem Zeitpunkt des Wegfalls des Erwerbseinkommens zahlen zu können, seit Einführung der Legaldefinition der Pensionskasse kritisiert wird. Es ist wohl davon auszugehen, dass die aktuell geführte Diskussion darüber dazu führt, dass künftig hierauf verzichtet wird.

bb) Leistungsart und Höhe

246 Die Bedingungen müssen beschreiben, welche Leistungen im Versicherungsfall in welcher Höhe zu zahlen sind. Für Pensionskassen kommen hier die

Zahlung von Altersrente, vorgezogener Altersrente, Invaliditätsrente, Hinterbliebenenrente und bis zum 31.12.2004 auch Sterbegeld (vgl. Rdnrn. 904 ff.) in Betracht.

Es muss auch die Dauer der Leistung bestimmt sein (z. B. Witwer-/Witwenrente nur bis zur Wiederverheiratung der/des anspruchsberechtigten Witwe/Witwers; lebenslange Invaliditätsrente oder Invaliditätsrente nur bis zur Erreichung der Altersgrenze). Auch bei der Definition der Hinterbliebenenleistung ist die Legaldefinition zu beachten. Es sind nur Leistungen an die dort genannten Hinterbliebenen zulässig. Leistungskomponenten wie z. B. das Elterngeld oder auch die Beitragserstattung an bezugsberechtigte Personen bei Vorversterben sind für Pensionskassen nicht mehr möglich. Eine Eigendefinition der Hinterbliebenen ist im Gesetz selbst nicht aufgenommen. Hier ist festzuhalten, dass sich auch die Versicherungsaufsicht an der steuerrechtlichen Definition der Hinterbliebenen orientiert (vgl. dazu auch Rdnrn. 369 f.). **247**

cc) Höhe der Beiträge

Die Versicherungsbedingungen werden Regelungen enthalten, wie sich die Beiträge zu bemessen haben. Oft wird hier ein bestimmter Prozentsatz des Einkommens genannt. Bei derartigen einkommensabhängigen Beiträgen wird die Beitragshöhe aber durch die Bestimmung einer Beitragsbemessungsgrenze begrenzt werden. **248**

Es ist auch zu regeln, wie und in welcher Höhe sich der Arbeitgeber an der Beitragszahlung beteiligt. Es kann auch bestimmt werden, ob und in welchem Umfang die Finanzierung der Arbeitgeberbeiträge etwa durch Gehaltsumwandlung zu erfolgen hat. **249**

dd) Höchsteintrittsalter, Wartezeit

Eng mit der Pflichtmitgliedschaft (vgl. Rdnrn. 312 ff.) verknüpft ist oft eine nur **eingeschränkte Risikoprüfung** bei Aufnahme der Versicherten. Strenge Anforderungskriterien bei der Aufnahme eines Versicherten in die Pensionskasse und Pflichtmitgliedschaft schließen sich in der Praxis aus. Durch die regelmäßig im Rahmen der Einstellungsuntersuchung beim Arbeitgeber aber stattfindende Gesundheitsprüfung wird hier das Risiko der Pensionskasse deutlich gemindert. Eine weitere Risikominderung bedeutet das in vielen Pensionskassenregelungen enthaltene Höchsteintrittsalter für die Aufnahme von Versicherten und die Bestimmung einer Wartezeit. Bei Überschreiten des Höchsteintrittsalters werden Arbeitnehmer entweder überhaupt nicht mehr in die Pensionskasse aufgenommen oder nur mit einer besonderen Risikoprüfung. Im Hinblick auf das AGG wird zunehmend erörtert, ob Höchsteintrittsalter und Wartezeit Altersdiskriminierungen im Sinne dieses Gesetzes sind. Die aktuell ergangenen höchstrichterlichen Entscheidungen zeigen, dass Höchstaltersgrenzen unter Gleichbehandlungsaspekten nur dann zu bean- **250** standen sind, wenn eine Regelung zur Folge hat, dass während eines beträchtlichen Teils eines typischen Erwerbslebens keine Versorgungsanwartschaften mehr erworben werden können. Von einem beträchtlichen Teil eines Erwerbslebens wird ausgegangen, wenn eine Restzeit von mindestens 20 Jahren bis zum 65. Lebensjahr verbleibt (*BAG* vom 18.2.2014 – 3 AZR 833/12, s. E-BetrAV 110.5 Nr. 33 = NZA 2014 S. 1217; vom 18.3.2014 – 3 AZR 69/12, s. E-BetrAV 110.5 Nr. 34 = NZA 2014 S. 606). Eine Bestimmung in einer Versorgungsordnung, nach der ein Arbeitnehmer faktisch von der Versorgung ausgeschlossen wird, wenn bis zum Eintritt des Versorgungsfalls weniger als 20 Jahre verbleiben, wurde dagegen vom *BAG* bislang nicht beanstandet (u. a. BAG vom 12.2.2013 – 3 AZR 100/11, s. E-BetrAV 110.5 Nr. 25; vom 12.11.2013 – 3 AZR 356/12, s. E-BetrAV 110.5 Nr. 31). Derartige Fragen der Gleichbehandlung werden die Gerichte aber auch in Zukunft verstärkt beschäftigen. Soweit Wartezeiten nur als Risikobegrenzung für den Todesfall und die Berufsunfähigkeit genutzt werden, dürfte eine Altersdiskriminierung ebenfalls nicht vorliegen. Selbst wenn danach ein Arbeitnehmer im höheren Alter bis zum Eintritt der Altersgrenze die Wartezeit nicht erfüllen kann, erhält er aber eine Altersrente. Der Bedarf für eine zusätzliche Berufsunfähigkeitsversicherung ist – naturgegeben – nicht mehr gegeben. Auch das Höchsteintrittsalter dürfte als ausdrücklich risikobeschreibendes Merkmal nicht als Verstoß gegen Altersdiskriminierung zu werten sein. Dies gilt zumindest dann, wenn mittels Gesundheitsprüfung die Aufnahme von Versicherten über der Höchsteintrittsaltersgrenze dennoch möglich bleibt.

ee) Ausscheiden aus der Pensionskasse

251 Scheidet ein Arbeitnehmer aus den Diensten des Trägerunternehmens aus, müssen die Bedingungen Regelungen über das Versicherungsverhältnis dieses Arbeitnehmers enthalten. Oft ist die Beendigung des Arbeitsverhältnisses gleichbedeutend mit der Beendigung des Mitgliedschafts- und Versicherungsverhältnisses bei der Pensionskasse. Das Trägerunternehmen hat dann kein Interesse daran, Mitgliedschaften und Versicherungsverhältnisse mit Arbeitnehmern in der Pensionskasse weiter aufrechtzuerhalten, wenn diese nicht mehr Arbeitnehmer des Trägerunternehmens sind. Allerdings ist in diesem Zusammenhang die Unverfallbarkeit nach dem Betriebsrentengesetz zu beachten. Ist ein Anspruch gegen die Pensionskasse unverfallbar geworden (s. im Einzelnen Rdnrn. 779 ff.), können die Bedingungen nicht die Beendigung des Versicherungsverhältnisses vorsehen.

252 Die Bedingungen werden also regeln, dass nach Eintritt der gesetzlichen Unverfallbarkeit trotz der Beendigung des Arbeitsverhältnisses die bestehende Anwartschaft erhalten bleibt und der Versicherte die Möglichkeit hat, nach seinem Ausscheiden aus den Diensten des Trägerunternehmens die Versicherung bei der Pensionskasse mit eigenen Beiträgen freiwillig fortzusetzen. Vor Einführung der nachgelagerten Besteuerung in § 3 Nr. 63 EStG

war es bei vielen Pensionskassen üblich, bei Ausscheiden aus dem Unternehmen vor Eintritt der gesetzlichen Unverfallbarkeit neben der Beitragsfreistellung auch die Beendigung des Versicherungsverhältnisses gegen Zahlung eines Rückkaufs (oft gegen Zahlung der eingezahlten Beiträge) vorzusehen. Von dieser Möglichkeit haben Pensionskassen zunehmend Abstand genommen, schon um die steuerlichen Auswirkungen – die Nachversteuerung der Beiträge – zu vermeiden.

ff) Beitragsverzug

Die Bedingungen haben auch die Rechtsfolgen vorzusehen, die im Falle eines 253
Beitragsverzugs eintreten sollen. Gemäß § 211 VVG können auch hier Pensionskassen Abweichendes von den §§ 37 und 38 VVG vorsehen.

Soweit die Beiträge vom Trägerunternehmen an die Pensionskasse abgeführt 254
werden, kommt ein Beitragsverzug praktisch nicht in Betracht. Viele Pensionskassen sehen aber auch eine freiwillige Weiterversicherung von aus den Diensten des Trägerunternehmens ausgeschiedenen Arbeitnehmern vor. Hier kann die Regelung über die Rechtsfolgen eines Beitragsverzugs durchaus von praktischer Relevanz sein.

Als **Rechtsfolgen** eines Beitragsverzugs sehen die meisten Pensionskassen 255
die ein- oder zweimalige Mahnung mit anschließender Kündigung des Versicherungsverhältnisses bei Beitragsfreistellung der Versicherung vor.

gg) Zusatztarife, Höherversicherung

In den Bedingungen sind auch evtl. Zusatz- und Höherversicherungen zu 256
regeln. Hier handelt es sich oft um die Möglichkeit für den Arbeitnehmer, mit eigenen Beiträgen höhere Leistungen als die durch die Pflichtbeiträge erreichbaren zu versichern. Manche Pensionskassen sehen auch eine Zusatzversicherung zu Gunsten Hinterbliebener bzw. die Versicherung eines Sterbegeldes vor.

Bei der Zusatzversicherung wird dem Versicherten in den Bedingungen auf- 257
erlegt werden können, Gesundheitserklärungen abzugeben, ggf. seinen behandelnden Arzt von der Schweigepflicht zu entbinden und sich auf Wunsch der Pensionskasse auch einer ärztlichen Untersuchung zu unterziehen.

hh) Überschussbeteiligung

Die Überschussbeteiligung ist bei den meisten Pensionskassen Gegenstand 258
satzungsrechtlicher Regelungen. Bei einigen Pensionskassen treffen aber die Versicherungsbedingungen ergänzende Regelungen.

b) Aufstellen der Versicherungsbedingungen

Da bei regulierten Pensionskassen die Versicherungsbedingungen als Teil des 259
Geschäftsplans der Aufsichtsbehörde bereits mit dem Antrag auf Zulassung

zum Geschäftsbetrieb vorgelegt werden müssen, werden die ersten Versicherungsbedingungen von den Gründern der Pensionskasse im Zusammenhang mit der Gründung der Aufsichtsbehörde eingereicht (§§ 233 Abs. 1 Satz 5, 233 Abs. 1 Satz 4 i. V. m. §§ 219 Abs. 3 Nr. 1 und 9 Abs. 2 Nr. 2 VAG). Insoweit gilt Ähnliches wie bei der erstmaligen Einrichtung der Satzung einer Pensionskasse.

260 Im Übrigen müssen auch die Versicherungsbedingungen von der **obersten Vertretung beschlossen** werden. Qualifizierte Mehrheiten sind für einen derartigen Beschluss zwar nicht erforderlich; dennoch wird in den Satzungen der meisten Pensionskassen bestimmt, dass Beschlüsse zu den Versicherungsbedingungen ebenfalls die für eine Satzungsänderung erforderliche qualifizierte Mehrheit erreichen müssen.

261 Die Versicherungsbedingungen müssen von der **Aufsichtsbehörde genehmigt** werden (§§ 233 Abs. 1 Satz 5, 233 Abs. 1 Satz 4 i. V. m. §§ 219 Abs. 3 Nr. 1 und 9 Abs. 2 Nr. 2 VAG). Die aufsichtsbehördliche Genehmigung ist nicht Wirksamkeitsvoraussetzung für die zivilrechtliche Einbindung der Versicherungsbedingungen in die einzelnen Versicherungsverträge. Bei Pensionskassen hat dies aber keine praktische Bedeutung.

c) Änderung der Versicherungsbedingungen

262 Die Versicherungsbedingungen können durch Beschluss der obersten Vertretung jederzeit wieder geändert werden. Die Änderung bedarf der Genehmigung der Aufsichtsbehörde(§§ 233 Abs. 1 Satz 5 VAG, 234 Abs. 1 i. V. m. §§ 212 Abs. 1, 12 Abs. 1 und § 9 Abs. 2 Nr. 2 VAG). Im Gegensatz zu Satzungsbestimmungen, deren Änderung die gesamte Mitgliedschaft der Pensionskasse betrifft, hat eine Änderung der Versicherungsbedingungen zunächst nur Bedeutung für neue Versicherungsverträge, also nur für den Neuzugang. Muss sich das Mitglied in seinen satzungsgemäßen Mitgliedschaftsrechten und -pflichten der Mehrheitsbildung aller Mitglieder unterwerfen, handelt es sich bei der Änderung von Versicherungsbedingungen um Eingriffe in den individuellen Versicherungsvertrag. In diesen individuellen Versicherungsvertrag kann nicht ohne Weiteres durch Beschluss über Änderung der Versicherungsbedingungen eingegriffen werden.

263 Für diesen Grundsatz gibt es allerdings eine Durchbrechung: Nach § 197 Abs. 3 VAG kann eine Änderung der Versicherungsbedingungen auch Wirkung auf ein bestehendes Versicherungsverhältnis haben, wenn der Versicherte der Änderung ausdrücklich zustimmt. Man spricht hier von einer Änderung mit Einzelzustimmung. Die Zustimmung muss vom Versicherten ausdrücklich erklärt werden. Ausnahmsweise ist auch konkludentes (schlüssiges) Verhalten des Versicherten ausreichend, wenn aus diesem Verhalten sein Wille, der Änderung zuzustimmen, deutlich hervorgeht. Überweist also z. B. der Versicherte den nach Änderung der Versicherungsbedingungen zu zahlenden erhöhten Beitrag, wird in dieser Akzeptanz des

erhöhten Beitrags ein konkludentes Verhalten zu sehen sein. Ledigliches Schweigen des Versicherten kann nicht als Zustimmung gewertet werden. Insbesondere beim großen Versichertenbestand ist eine Änderung der Versicherungsbedingungen mit Einzelzustimmung aller Versicherten äußerst unpraktikabel.

Die Änderung von Versicherungsbedingungen mit Wirkung für bestehende **264** Versicherungsverhältnisse ist auch möglich, wenn die Satzung einen sog. **Änderungsvorbehalt** enthält. Nach § 197 Abs. 3 Satz 2 VAG gilt das Einzelzustimmungserfordernis für die Änderung der Versicherungsbedingungen nicht, für die die Satzung ausdrücklich vorsieht, dass Versicherungsbedingungen auch mit Wirkung für die bestehenden Versicherungsverhältnisse geändert werden können. Diese Änderungsmöglichkeit hat in der Praxis große Bedeutung.

Der Änderungsvorbehalt darf allerdings nicht nur allgemein etwa in dem **265** Sinne gefasst werden, dass alle Versicherungsbedingungen auch mit Wirkung für bestehende Versicherungsverhältnisse geändert werden können; vielmehr muss er im Einzelnen die Bestimmungen benennen, die diese Änderungswirkung tatsächlich haben sollen. Auch hier wird die Aufsichtsbehörde darauf achten, dass in dem Änderungsvorbehalt nicht sämtliche Bestimmungen der Versicherungsbedingungen enthalten sind. Vor dem Hintergrund der aus der Finanzmarkt- und Wirtschaftskrise resultierenden und bis heute anhaltenden Niedrigzinsphase genehmigt die Aufsichtsbehörde – bei detaillierter Vorlage und Erläuterung – im Rahmen der Genehmigungs(vor)anfrage aber ggf. auch die Änderung derjenigen Bestimmungen, die unmittelbar die Beitrags- und Leistungsrelation des Versicherungsvertrags regeln. Hier können aufsichtsrechtlich Leistungsverringerungen resultierend aus künftigen Beitragszahlungen (Future-Service) genehmigungsfähig sein.

Mit einem derartigen Änderungsvorbehalt ist die Pensionskasse grundsätz- **266** lich frei, die dort bezeichneten Bestimmungen mit Wirkung für bestehende Versicherungsverhältnisse zu ändern. Die Aufsichtsbehörde setzt dieser Änderungsmöglichkeit jedoch durch das Kriterium der sog. Zumutbarkeit Grenzen. Sie prüft also bei einer Änderung, ob diese angemessen, erforderlich sowie geeignet und – trotz des Änderungsvorbehalts – für den Versicherten auch zumutbar ist. Einseitige Verschlechterungen werden von der Aufsichtsbehörde regelmäßig als nicht zumutbar angesehen und die Genehmigung verweigert bzw. trotz des Änderungsvorbehalts die Einzelzustimmung verlangt. Der Änderungsvorbehalt ist auch Gegenstand zivilrechtlicher Entscheidungen geworden. Nach den Entscheidungen des *LG Hannover* vom 23.5.1995 – Z. 14 O 12/95 – A – sowie des *BGH* vom 8.10.1997 – IV ZR 220/96 –, ist der satzungsrechtliche Änderungsvorbehalt als Verstoß gegen § 9 AGB-Gesetz gewertet worden, wenn damit ein einseitiges Freizeichnungsrecht des Versicherers, in bestehende Verträge einzugreifen, verbunden ist. Diese Entscheidungen bedeuten aber nicht, dass bei regulierten Pensionskassen auf einen derartigen Änderungsvorbehalt verzichtet werden muss. Hier ist die aufsichtsbehördliche Überprüfung und Genehmigung der zu ändernden Bestimmungen, die gerade auch unter dem Gesichtspunkt der Zumutbarkeit erfolgen, ausreichendes Korrektiv zur befürchteten völligen Freizeichnung. Die Aufsichtsbehörde geht daher nach wie vor davon aus, dass ein Änderungsvorbehalt bei regulierten Pensionskassen in bisheriger Weise Geltung hat.

3. Technischer Geschäftsplan
(Fath)

267 Der Technische Geschäftsplan einer Pensionskasse ist **Teil des Geschäftsplanes** und muss als solcher vor Aufnahme des Geschäftsbetriebes bzw. vor Durchführung von Änderungs- oder Ergänzungsmaßnahmen zum Beitrags- und Leistungsrecht bzw. zur Bewertung der versicherungsmathematischen Bilanzpositionen von der zuständigen Aufsichtsbehörde genehmigt werden (§ 9 VAG). Er enthält alle für die ordnungsgemäße Durchführung des Geschäftsbetriebes erforderlichen versicherungstechnischen und -mathematischen Grundlagen (§ 138 VAG). Die Darstellungen zur materiell-rechtlichen Beitrags- und Leistungsstruktur der Pensionskasse müssen vollständig sein. Die Pensionskasse ist hinsichtlich der technischen Abwicklung jeder Mitgliedschaft und bei den Bilanzbewertungen ausnahmslos an alle Einzelheiten gebunden.

a) Inhalt

268 Zum Inhalt des Technischen Geschäftsplanes gehören speziell:

– die biologisch bedingten Rechnungsgrundlagen, z. B. Wahrscheinlichkeitsannahmen zum Sterbefall- und Invalidisierungswagnis sowie Pensionierungs- bzw. Finanzierungsendalter, statistische Annahmen zu den Familienstandsverhältnissen (Verheiratung, Altersunterschied zwischen den Ehegatten, Anzahl und Alter der Kinder);

– die wirtschaftsbedingten Rechnungsgrundlagen, z. B. Rechnungszins (Erträge des vorhandenen Deckungsvermögens), Stornohäufigkeit (Fluktuation), Trendannahmen zur Entwicklung der Leistungsbemessungsgrundlagen, Verwaltungskosten;

– das Finanzierungsverfahren für die Kassenleistungen;

– eine vollständige Beschreibung der allgemeinen und besonderen Bestimmungen zum Beitrags- und Leistungsrecht mit sämtlichen formelmäßigen Nachweisen zur versicherungsmathematischen Äquivalenz;

– die Festlegung von besonderen technischen Einzelheiten zur Beitrags- und Leistungsgestaltung, die aus Gründen der Verständlichkeit komplexer versicherungsmathematischer Sachverhalte nicht unmittelbar Bestandteil der Allgemeinen Versicherungsbedingungen sind;

– das Verfahren zur Berechnung der Deckungsrückstellung einschließlich der Verwaltungskostenrückstellung und der sonstigen versicherungstechnischen Bilanzpositionen;

- die finanziellen Grundlagen zur Kapitalausstattung (Solvabilität, Verlustrücklage);
- die Grundsätze zur Überschussbeteiligung;
- das Verfahren zur Beseitigung von Fehlbeträgen.

Die versicherungstechnischen und -mathematischen Zusammenhänge müssen in jedem Detail formelmäßig abgeleitet und zur Vermeidung von Missverständnissen mit Zahlenbeispielen erläutert werden. Dies gilt grundsätzlich für alle Einzelheiten der Beitrags- und Leistungsgestaltung, vor allem aber auch für die Berechnung des Rückkaufswerts (Beitragsrückerstattung) und die Umwandlung der beitragspflichtigen Mitgliedschaft in eine beitragsfreie Versicherung.

Die gesetzlichen Vorschriften für den Technischen Geschäftsplan gelten **269** grundsätzlich sowohl für Pensionskassen in der Rechtsform des großen als auch für solche in der Rechtsform des kleineren VVaG. Die Aufsichtsbehörde kann aber für letztere erleichternde Abweichungen gestatten (§ 210 VAG). Im Gegensatz zu anderen Unternehmen der Lebensversicherung gibt es daher für Pensionskassen auch keine besonderen aufsichtsbehördlichen Vorschriften über die Ausgestaltung des Technischen Geschäftsplanes (Mustergeschäftsplan). Vielfach tritt daher bei Pensionskassen, die als rechtlich kleinere Vereine zugelassen sind, an die Stelle des Technischen Geschäftsplanes ganz oder teilweise das versicherungsmathematische Gutachten, in dem der versicherungsmathematische Sachverständige entweder anlässlich der Zulassung zum Geschäftsbetrieb oder bei den späteren turnusmäßigen Vermögensüberprüfungen die dauernde Erfüllbarkeit der nach der Satzung oder den allgemeinen Versicherungsbedingungen zugesagten Kassenleistungen nachweisen muss (zum Aufbau und Inhalt des versicherungsmathematischen Gutachtens s. Rundschreiben der BaFin vom 27.8.2008 – R 9/2008 = H-BetrAV, Teil II, C. IV. 30 Nr. 8).

Jede noch so geringe Änderung des Technischen Geschäftsplanes ist ge- **270** nehmigungspflichtig. Sie darf erst nach ausdrücklicher Genehmigung durch die Aufsichtsbehörde vollzogen werden (§ 143 VAG). Dies gilt grundsätzlich auch für Abweichungen von den bei der Ausarbeitung des letzten versicherungsmathematischen Gutachtens verwendeten Rechnungsgrundlagen und -methoden (Veröffentlichungen des Reichsaufsichtsamts 1937, 56).

b) Finanzielle Grundlagen

Die Pensionskassen müssen ausreichende unbelastete Eigenmittel ansam- **271** meln, damit die Kassenleistungen auch dann auf Dauer erbracht werden können, wenn gegenüber den im Technischen Geschäftsplan bestimmten versicherungsmathematischen Ausscheidewahrscheinlichkeiten und sonstigen Rechnungsannahmen ein ungünstiger Risikoverlauf eintritt (sog. Solvabilitätsspanne; § 213 VAG i. V. m. § 217 Satz 1 Nr. 1 VAG i. V. m. Kapitalausstattungs-Verordnung [(KapAusstV]). Die Solvabilitätsspanne beträgt 4 %

der Deckungsrückstellung plus 0,3 % des Risikokapitals, wobei Pensionskassen bis 2006 vereinfachend das zwanzigfache der Summe der Jahresrenten für Anwärter und das zehnfache der laufenden Renten für Rentner als Risikokapital ansetzen konnten. Insgesamt beträgt die Solvabilitätsspanne rd. 5 % der Deckungsrückstellung. Den besonderen Verhältnissen im Einzelfall ist insbesondere dann Rechnung zu tragen, wenn verhältnismäßig kleine Versichertenbestände vorliegen oder auch hohe Anfangsrisiken versichert werden. Das insoweit „riskierte Kapital" muss durch zusätzliche Sicherheiten abgedeckt werden.

272 Die Bildung einer Verwaltungskostenrückstellung für beitragsfreie Anwartschaftsjahre sowie für Zeiten des späteren Rentenbezugs ist dann unerlässlich, wenn die Verwaltungskosten ganz oder teilweise von der Pensionskasse getragen werden sollen. Praktische Bedeutung hat dies vor allem bei den überbetrieblichen Pensionskassen. Aber auch bei den Konzern- und Einzelbetriebspensionskassen berücksichtigen die planmäßigen Zuwendungen des Arbeitgebers zunehmend auch die laufenden bzw. mit den späteren Rentenzahlungen anfallenden Verwaltungskosten.

273 Unterschiedliche Finanzierungsgrundsätze und Tarife können beispielsweise bei Alt- und Neubeständen oder unter bestimmten anderen Voraussetzungen die Führung eigener Vermögensabrechnungsverbände innerhalb einer Pensionskasse erforderlich machen. Besondere Bedeutung hat dies vor allem bei der Überschussbeteiligung oder der Beseitigung von Fehlbeträgen. Die buchhalterischen und versicherungsmathematischen Einzelheiten müssen jeweils im Technischen Geschäftsplan festgelegt werden.

c) Geschäftsplanmäßige Erklärung

274 Geschäftsplanmäßige Erklärungen sind inzwischen keine Bestandteile des Geschäftsplans. Vor Erlass des Dritten Durchführungsgesetzes zum VAG konnten derartige Erklärungen, bei denen sich die Pensionskasse zu einem bestimmten Verhalten im Rahmen der Satzung und der Allgemeinen Versicherungsbedingungen verpflichtet, durch entsprechende Erklärung und Genehmigung zum Bestandteil des Geschäftsplans gemacht werden.

275 Bei einer Geschäftsplanmäßigen Erklärung verpflichtet sich der Kassenvorstand – oftmals auf Verlangen der Aufsichtsbehörde – zu einem bestimmten Verhalten im Rahmen der Satzung und der Allgemeinen Versicherungsbedingungen. Solche Erklärungen können aber auch aus eigener Initiative des Vorstandes zur Ergänzung, Auslegung oder Klarstellung des satzungsmäßigen Beitrags- oder Leistungsrechts abgegeben werden.

4. Verträge über die Ausgliederung von (wichtigen) Funktionen oder Versicherungstätigkeiten
(Herrmann)

276 § 7 Nr. 9 VAG enthält eine Bestimmung des Begriffs **Funktion**. Danach ist eine Funktion eine interne Kapazität innerhalb der Geschäftsorganisation zur

Übernahme praktischer Aufgaben. Dazu gehören bei regulierten Pensionskassen zwar nicht die Compliance-Funktion (29 Abs. 1 VAG) oder die versicherungsmathematische Funktion (§ 31 VAG), gleichwohl aber die Risikomanagementfunktion (§ 26 VAG) und die interne Revisionsfunktion (§ 30 VAG). Werden derartige Funktionen oder Versicherungstätigkeiten einer Pensionskasse vom Trägerunternehmen wahrgenommen, bedarf es hierfür eines schriftlichen Vertrags.

Die **Anforderungen,** die ein derartiger Ausgliederungsvertrag erfüllen muss, **277** sind in § 32 VAG definiert. Danach darf die Ausgliederung einer Funktion oder Versicherungstätigkeit nicht dazu führen, dass im Ergebnis die ausgegliederten Bereiche der Aufsicht entzogen sind. Nach dem Grundsatz in der deutschen Versicherungsaufsicht, dass der gesamte Geschäftsbetrieb aufsichtspflichtig ist, muss dies auch dann gelten, wenn Funktionen oder Versicherungstätigkeiten auf andere Unternehmen ausgegliedert werden. Die Pensionskasse muss also bei der Ausgliederung sicherstellen, dass einerseits das Trägerunternehmen allen – ggf. durch die Aufsichtsbehörde selbst indizierten – Weisungen folgt und andererseits selbst Auskünfte und Unterlagen, die den ausgegliederten Funktions- bzw. Tätigkeitsbereich betreffen, jederzeit erhält.

Die **Ausgliederungsverträge** enthalten demnach im Wesentlichen folgende Komponenten:

– Die einzelnen übertragenen Funktionen bzw. Versicherungstätigkeiten müssen genau bezeichnet sein.

– Das Trägerunternehmen hat sich zu verpflichten, allen Weisungen der Pensionskasse zu folgen, die im Zusammenhang mit der Durchführung des ausgegliederten Geschäftsbetriebs erteilt werden.

– Das Trägerunternehmen hat der Pensionskasse auf Verlangen alle Bücher, Belege, Schriften und Daten vorzulegen und Auskunft über den Geschäftsbetrieb und die Vermögenslage zu geben, soweit dies für eine umfassende Beurteilung der Durchführung des ausgegliederten Geschäftsbetriebs erforderlich ist.

– Die Verträge müssen regeln, ob und in welcher Höhe eine Vergütung zu zahlen ist.

– Die Verträge müssen eine Kündigungsmöglichkeit enthalten.

Das neue VAG unterscheidet zwischen (der Ausgliederung von) Funktionen **278** und wichtigen Funktionen bzw. Versicherungstätigkeiten und wichtigen Versicherungstätigkeiten. Sämtliche Ausgliederungsverträge sind zwar nicht (mehr) Teil des Geschäftsplans (vgl. § 9 Abs. 2 VAG), gleichwohl sind die Verträge über die Ausgliederung **wichtiger** Funktionen oder **wichtiger** Versicherungstätigkeiten aber der BaFin vorzulegen. So sind mit dem Antrag auf Erlaubnis zum Geschäftsbetrieb Angaben zu diesen Verträgen einzureichen (§ 9 Abs. 4 Nr. 1 Buchst. c VAG). Bereits die Absicht einer solchen

Ausgliederung ist der BaFin unter Vorlage des Vertragsentwurfs anzuzeigen (§ 47 Nr. 8 VAG). Ebenso sind nach Vertragsschluss eingetretene wesentliche Umstände in Bezug auf wichtige ausgegliederte Funktionen und Versicherungstätigkeiten anzuzeigen (§ 47 Nr. 9 VAG).

279 Das Gesetz gibt nicht vor, was unter einer anzeigepflichtigen wichtigen Funktion bzw. Versicherungstätigkeit zu verstehen ist. Zur Klärung könnte auf das VAG a. F. zurückgegriffen werden, das in § 5 Abs. 3 Nr. 4 eine Legaldefinition für eine Funktionsausgliederung enthielt. Danach ging es um die Übertragung bestimmter Kernfunktionen. Solche Kernfunktionen waren nach der abschließenden Aufzählung in § 5 Abs. 3 Nr. 4 VAG a. F. der Vertrieb, die Bestandsverwaltung, die Leistungsbearbeitung, das Rechnungswesen, die Vermögensanlage, die Vermögensverwaltung oder die interne Revision. Deshalb ist die heutige wichtige Funktion sicherlich zumindest auch gleichbedeutend mit Kernfunktion. Hier bleibt abzuwarten, welches – ggf. weitere – Verständnis sich im Laufe der Aufsichtspraxis entwickeln wird. Andererseits ist aber davon auszugehen, dass es auch künftig zentrale Unternehmensaufgaben geben wird, die in die Alleinverantwortung der Geschäftsleitung fallen und damit nicht ausgliederbar sind.

280 In der **Praxis** bestanden bereits nach altem Aufsichtsrecht **erhebliche Abgrenzungsprobleme**. Insbesondere bei Pensionskassen, die in den Verwaltungsapparat des Trägerunternehmens integriert sind, wird zwar für viele Bereiche die Fachkompetenz des Trägerunternehmens in Anspruch genommen, dennoch nicht unbedingt aber vollständige Funktionen an das Trägerunternehmen abgegeben. So kann etwa im Rentenfall der Rentengrund bei der Pensionskasse festgestellt werden, die Einzelberechnung der Rente und die Auszahlung erfolgt dann über das Abrechnungssystem des Trägerunternehmens. Hier liegt keine vollständige Funktionsausgliederung der Leistungsverwaltung vor. Zum Teil sind auch die Vorstandsmitglieder der Pensionskasse gleichzeitig in der Organisationsstruktur des Trägerunternehmens Dienstvorgesetzte und Weisungsbefugte gegenüber Angestellten des Trägerunternehmens, die Arbeiten für die Pensionskasse erledigen. Wiederum bei anderen Pensionskassen haben die Vorstandsmitglieder der Pensionskasse die Vollmacht, Weisungen gegenüber allen Mitarbeitern des Trägerunternehmens zu erteilen, soweit sie für die Pensionskasse in Anspruch genommen werden. In diesen Fällen spricht man von ausgeliehenen Arbeitnehmern des Trägerunternehmens und nicht von Funktionsausgliederungen. Diese Beispiele zeigen bereits, wie wenig griffig das Zusammenwirken von Trägerunternehmen und Pensionskasse bereits nach altem Aufsichtsrecht unter den Begriff der Funktionsausgliederung zu subsumieren war. Diese Abgrenzungsschwierigkeiten dürften auch nach neuem Recht bestehen bleiben.

281 Es ist deshalb bereits vor Inkrafttreten des neuen VAG zum 1.1.2016 oft diskutiert worden, ob die für die Wettbewerbsunternehmen der Versicherungswirtschaft konzipierten Regelungen über Funktionsausgliederungsverträge der Situation der Pensionskassen überhaupt gerecht werden. Schließlich werden bei regulierten Pensionskassen eher Funktionen des Trägerunternehmens auf die Pensionskasse ausgegliedert als umgekehrt. Trotz dieses Hintergrunds auch bei jahrzehntelang bestehenden Beziehungen zwischen Pensionskasse und Trägerunternehmen den Abschluss und die Vorlage von Funktionsausgliederungen zu verlangen, wurde seitens der Pensionskassen als unnötige, formalistische Erschwerung angesehen.

Wie letztlich auch das neue Aufsichtsgesetz zeigt, haben sich Überlegungen, **282** aus diesen Gründen auf formale Funktionsausgliederungsverträge zu verzichten, aber nicht durchgesetzt. Der theoretische Ansatz bleibt: Die (regulierte) Pensionskasse ist ein Versicherungsunternehmen; wenn die arbeitsvertragliche Versorgungszusage in die Form des versicherungsrechtlichen Anspruchs gegen eine Pensionskasse gekleidet wird, hat dies versicherungsaufsichtsrechtliche Konsequenzen. Weil Versicherungsunternehmen bei ausgegliederten wichtigen Funktionen bzw. Versicherungstätigkeiten besondere Ausgliederungsverträge abschließen und der Aufsichtsbehörde vorlegen müssen, gilt dies dann auch für Pensionskassen.

In der bisherigen Praxis stellt die BaFin bei örtlichen Prüfungen von Pensionskassen in der Tendenz häufiger fest, dass eine Funktionsausgliederung **283** gegeben war und verlangte die Vorlage eines Funktionsausgliederungsvertrages. Es ist davon auszugehen, dass dies auch künftig unter Berücksichtigung des noch zu entwickelnden neuen Verständnisses von wichtigen Funktionen bzw. Versicherungstätigkeiten so sein wird.

Pensionskassen gliedern allerdings nicht nur Funktionen bzw. Versicherungstätigkeiten aus, sondern nehmen umgekehrt gelegentlich auch Funktionen bzw. Tätigkeiten des Arbeitgebers wahr; es handelt sich im prakti- **284** schen Ergebnis um eine Eingliederung (Insourcing). Hierbei muss allerdings streng darauf geachtet werden, dass diese eingegliederte Funktion direkt mit der betrieblichen Altersversorgung der Arbeitnehmer im Zusammenhang steht. So ist es z. B. zulässig, die Verwaltung der Rentner, die Leistungen aus einer Direktzusage des Arbeitgebers beziehen, zu übernehmen. Dies gilt allerdings nur, wenn diese Rentner weitgehend identisch mit dem Rentenbestand der Pensionskasse selbst sind.

VI. Mitgliedschaftsverhältnis – Versicherungsverhältnis
(Herrmann)

Merkmal des Versicherungsvereins ist es, dass er Mitglieder hat. Nach § 176 **285** VAG kann nur derjenige Mitglied werden, der auch ein Versicherungsverhältnis mit dem Verein begründet. Das Verhältnis zwischen Mitgliedschafts- und Versicherungsverhältnis ist rechtsdogmatisch umstritten. Der Streit hat aber keine praktische Relevanz.

1. Mitgliedschaftsverhältnis

286 Das Mitgliedschaftsverhältnis umfasst die vereins-/genossenschaftlichen Rechte und Pflichten des Mitglieds gegenüber dem Versicherungsverein. Es handelt sich um Rechte und Pflichten, die über die Vertragsbeziehungen des Versicherungsvertrags hinaus auf Grund der korporativen Verfassung des Vereins bestehen, wie sie auch bei jedem Nichtversicherungsunternehmen mit korporativer Organisation gegeben sind.

a) Inhalt des Mitgliedschaftsverhältnisses

287 Inhalt des Mitgliedschaftsverhältnisses sind die sich aus diesen Rechtsbeziehungen ergebenden Rechte und Pflichten. Dazu zählen zunächst alle Mitwirkungs- und Mitverwaltungsrechte an der Organisation des Vereins.

288 Die Mitwirkung und Mitverwaltung am Verein wird vor allem durch die **Teilnahme an der Mitgliederversammlung** ausgeübt. Die Teilnahme schließt das Recht zur Antragstellung und das Stimmrecht bei Beschlussfassungen mit ein.

289 Diese Mitgliedschaftsrechte gelten auch als gewahrt, wenn bei der Pensionskasse keine Mitgliederversammlung, sondern eine Mitgliedervertreterversammlung die Funktion des obersten Organs wahrnimmt. An den Mitgliedervertreterversammlungen bestehen zwar keine Teilnahmerechte für jedes Mitglied; mit der Entscheidung der Mitglieder zu einer entsprechenden Satzungsbestimmung, die eine Mitgliedervertreterversammlung anstelle der Mitgliederversammlung vorsieht, und mit der von den Mitgliedern durchzuführenden Wahl der Mitgliedervertreter haben sie ihre Mitwirkungsrechte aber ausgeübt und die Antragstellung und die Beschlussfassung in der Vertreterversammlung an die Vertreter delegiert. Dass die Vertreterversammlung in der durch die Satzung bestimmten Weise handeln kann, geht auf den Willen der Mitglieder zurück.

290 Dies gilt selbst dann, wenn die Nachwahl ausgeschiedener Vertreter im sog.en Kooptationsverfahren geschieht (s. Rdnrn. 181 ff.). Auch das Kooptationsverfahren soll Ausgestaltung von Mitgliedschaftsrechten sein und nicht etwa deren Entzug darstellen.

291 Das Mitgliedschaftsrecht beinhaltet auch den Anspruch auf einen etwaigen jährlichen **Überschuss** der Pensionskasse (§ 194 Abs. 1 VAG). Dieser mitgliedschaftsrechtliche Überschussanspruch hat in der Praxis aber keine eigenständige Bedeutung. Regelmäßig wird ein eigentlicher Bilanzüberschuss nicht ausgewiesen werden. Die Satzung hat vielmehr vorzusehen, dass die sich auf Grund einer versicherungstechnischen Rechnung ergebenden Überschüsse nach Dotierung einer Verlustrücklage in die Rückstellung für Beitragserstattung einzustellen sind. Die Verwendung dieser Rückstellung für Beitragserstattung wird ebenfalls satzungsgemäß geregelt und wird alle Versicherten, Rentenempfänger oder Beitragszahler als überschussberechtigt ansehen, und zwar unabhängig davon, ob sie Mitglieder sind oder nicht. Ein Bilanzüberschuss i. S. d. § 194 VAG wird bei Pensionskassen also in der Regel nicht ausgewiesen.

Ähnliches gilt auch bei einer evtl. **Liquidation der Pensionskasse**. Auch hier wird der Liquidationserlös nicht an die Mitglieder verteilt, sondern an diejenigen, die in der Satzung als anspruchsberechtigte Personen bezeichnet sind. Hierzu werden regelmäßig auch die Rentner gehören, obgleich diese – üblicherweise – nicht Mitglieder der Pensionskasse sind.   **292**

Vermögensrechte an der Pensionskasse als Ausfluss des Mitgliedschaftsrechts sind demnach vom Grundsatz her gegeben, werden aber in der Praxis durch versicherungsvertragliche Bestimmungen überlagert.

Das Recht zur Bestimmung einer Satzungsnorm für die Überschussverteilung selbst ist allerdings wiederum klassisches Mitgliedschaftsrecht. Die Mitglieder beschließen, nach welchen Kriterien die Überschüsse an welche Personen zu verteilen sind (wobei die Aufsichtsbehörde die Genehmigung einer derartigen Satzungsbestimmung von der verursachungsgerechten Verteilung der Überschüsse abhängig machen wird).   **293**

Jede Änderung einer Satzungsbestimmung zur Überschussverteilung ist somit eine Änderung im Mitgliedschaftsverhältnis, obgleich versicherungsrechtliche Ansprüche auf den Überschuss unmittelbar tangiert sind (diese Auffassung ist jedoch streitig; die BaFin hat sich in ihrer Praxis nicht einheitlich verhalten).   **294**

b) Änderung von Mitgliedschaftsrechten

Mitgliedschaftsrechte sind Ausfluss der korporativen Verfassung der Pensionskasse. Die Mitglieder in ihrer Gesamtheit bestimmen über Rechte und Pflichten. Dieses Bestimmen vollzieht sich in der Beschlussfassung im obersten Organ, in dem Mehrheitsentscheidungen gefällt werden. Diesen Mehrheitsentscheidungen muss sich das einzelne Mitglied unterordnen. Es genießt insoweit keinen Bestandsschutz. Beschließt die Mitgliederversammlung daher Einschränkungen oder überhaupt Änderungen von Rechten, die Gegenstand des Mitgliedschaftsverhältnisses sind, haben diese unmittelbare Wirkung für alle bestehenden Mitgliedschaftsverhältnisse. Wird also statt einer Mitgliederversammlung nunmehr eine Mitgliedervertreterversammlung eingerichtet, muss auch das gegen diesen Beschluss stimmende Mitglied diesen gegen sich gelten lassen.   **295**

c) Beginn und Ende der Mitgliedschaft

Die Mitgliedschaft in einer Pensionskasse beginnt mit der **Aufnahme eines Mitglieds**. Die Satzung kann Aufnahmevoraussetzungen aufstellen. Bei Pensionskassen werden dies regelmäßig die Zugehörigkeit bei einem Trägerunternehmen, ggf. auch gesundheitliche Voraussetzungen sein.   **296**

297 Die Aufnahme ist ein gegenseitiges Rechtsgeschäft, sie setzt also den **Aufnahmeantrag** des neuen Mitglieds und die Annahme durch die Pensionskasse voraus.

298 Ist es nicht zu einer derartigen, auf rechtsgeschäftlichen Willen zurückzugehende Aufnahme gekommen, obwohl die zwingenden Aufnahmevoraussetzungen vorgelegen haben (ein Trägerunternehmen hat z. B. einen in der Pensionskasse zu versichernden Arbeitnehmer „vergessen", tatsächlich anzumelden), kann dieser Arbeitnehmer ggf. Schadensersatzansprüche beim Arbeitgeber geltend machen: Leistungsansprüche gegen die Pensionskasse hat er aber nicht. Er ist mangels rechtsgeschäftlicher Aufnahme nie Mitglied der Pensionskasse geworden.

299 Förmlichkeiten brauchen bei der Begründung der Mitgliedschaft nicht beachtet zu werden. Es genügen also auch formlose oder stillschweigende Anträge auf Aufnahme bzw. die schlichte Anmeldung durch das Trägerunternehmen. Mit Begründung der Mitgliedschaft wird aber gleichzeitig auch das Versicherungsverhältnis begründet.

300 Die Mitgliedschaft **endet** mit **Austritt aus der Pensionskasse**, was gleichbedeutend mit der Beendigung des Versicherungsverhältnisses ist. Umgekehrt erlischt mit dem Versicherungsverhältnis auch die Mitgliedschaft. Scheidet daher ein Arbeitnehmer aus den Diensten des Trägerunternehmens aus und verliert er dadurch seinen Versicherungsanspruch gegen die Pensionskasse (mit oder ohne Beitragserstattung), kann er nicht länger Mitglied der Pensionskasse bleiben. Behält er bei Ausscheiden aus dem Trägerunternehmen seinen Versicherungsanspruch, behält er auch die Mitgliedschaft (zur eingeschränkten Mitgliedschaft s. Rdnrn. 303 f.).

301 Die Mitgliedschaft **endet** weiterhin mit **Eintritt des Versicherungsfalls**, falls dieser nur einmal vorkommen kann (vgl. *Prölss* VAG, 12. Aufl., § 20 Rdnr. 42). Der Versicherungsfall bei einer Pensionskasse, also die Gewährung einer Rentenleistung, ist ein derartiger nur einmal vorkommender Versicherungsfall. Die Rentner einer Pensionskasse sind daher nicht Mitglieder der Pensionskasse und haben keine Mitgliedschaftsrechte (so auch *BAG* vom 18.11.2008 – 3 AZR 970/06, s. E-BetrAV 180 Nr. 13). Die Satzung kann hier aber auch Abweichendes regeln. **Leistungsbezieher von Hinterbliebenenrenten** sind dementsprechend ebenfalls nicht Mitglieder der Pensionskasse.

302 Gemäß § 39 BGB hat jedes Mitglied das Recht, die Mitgliedschaft zu kündigen. Entsprechendes regelt für das Versicherungsverhältnis § 168 VVG. Danach besteht ein jederzeitiges Kündigungsrecht des Versicherungsvertrages. **Regulierte Pensionskassen** mit Pflichtbeitritt können von der Vorschrift des § 168 VVG allerdings gemäß § 211 VVG anderweitige Regelungen in der Satzung treffen. Hier fragt sich dann, ob das Kündigungsrecht des Versicherungsvertrages völlig ausgeschlossen werden kann und insoweit auch eine Kündigung der Mitgliedschaft gemäß § 39 BGB nicht mehr möglich ist.

Die Literaturstimmen sind hier widersprüchlich. Nach einer Entscheidung des Bundesarbeitsgerichts (*BAG* vom 13.5.1997 – 3 AZR 79/96, s. E-BetrAV 180 Nr. 8 = VersR 1998 S. 789) steht dem wirksamen Ausschluss des Kündigungsrechts des Versicherungsnehmers aus § 168 Abs. 1 VVG das unabdingbare Austrittsrecht der Vereinsmitglieder nach § 38 BGB nicht entgegen, weil die versicherungsvertraglichen Kündigungsregelungen dem allgemeinen Vereinsrecht vorgehen (vgl. auch unten zur Pflichtmitgliedschaft Rdnrn. 312 ff.).

d) Beschränkung von Mitgliedschaftsrechten

Mitglieder haben Anspruch auf **gleiche Behandlung**. Für das Beitrags- und Leistungsverhältnis ist dies in § 177 VAG ausdrücklich geregelt. Im Übrigen ist der Gleichbehandlungsgrundsatz dem Vereinsrecht immanent. Eine willkürliche Differenzierung zwischen den Mitgliedern, verbunden mit einer Einschränkung von Mitgliedschaftsrechten, ist daher nicht zulässig (vgl. auch arbeitsrechtliches Gleichbehandlungsgebot, Rdnrn. 841 ff.).   **303**

Dies schließt allerdings nicht aus, für bestimmte Mitgliedergruppen Einschränkungen der Mitgliedschaftsrechte in die Satzung aufzunehmen. Üblich ist es bei Pensionskassen, aus dem Trägerunternehmen ausgeschiedene Arbeitnehmer, die einen beitragsfreien Versicherungsanspruch gegen die Pensionskasse haben, als sog. außerordentliche Mitglieder zu führen. Die außerordentliche Mitgliedschaft ist in der Regel mit dem Entzug des Teilnahme-, Antrags- und Beschlussrechts in der Mitgliederversammlung verbunden. Dies wird allgemein als zulässig angesehen. Das Interesse dieser außerordentlichen Mitglieder an der Mitgestaltung in der Pensionskasse ist auf Grund des lediglich beitragsfrei bestehenden Anspruchs deutlich gesunken. Gleichzeitig kommt eine derartige Regelung auch praktischen Bedürfnissen entgegen, „unternehmensfremde" Personen mit oft unbekanntem Aufenthaltsort nicht mehr zur Mitgliederversammlung zu laden und Abstimmungsergebnisse nicht durch die beitragsfrei Versicherten beeinflussen zu lassen.   **304**

e) Mitgliedschaftsberechtigte

Die Satzung kann Voraussetzungen für die Begründung der Mitgliedschaft bestimmen. In jedem Fall muss aber gewährleistet sein, dass mit der Mitgliedschaft auch ein Versicherungsverhältnis begründet wird. Ohne Versicherungsverhältnis ist die Mitgliedschaft nicht möglich.   **305**

Bei Pensionskassen stellt sich oft die Frage, ob der Arbeitgeber oder der Arbeitnehmer oder beide zugleich die Mitgliedschaft erwerben sollen oder können. Dies hängt vor allem davon ab, wer auch ein Versicherungsverhältnis begründen will (zum Versicherungsverhältnis s. Rdnrn. 315 ff.). Grundsätzlich gilt: wer Beiträge zahlt, wird gewöhnlich auch Versicherungsnehmer sein und als solcher die Mitgliedschaft begründen müssen. Sind sowohl Arbeitgeber wie   **306**

Arbeitnehmer beitragspflichtig (matching contribution), werden Arbeitgeber und Arbeitnehmer also Mitglieder der Pensionskasse sein.

307 Es ist aber auch möglich, in diesen Fällen nur den Arbeitnehmer Versicherungsnehmer sein zu lassen und die Beitragsverpflichtung des Arbeitgebers lediglich als übernommene Beitragsschuld und nicht als Begründung eines Versicherungsverhältnisses zu begreifen. Hier ist dann lediglich der Arbeitnehmer Mitglied der Pensionskasse. Der Arbeitgeber wird sich ggf. in der Satzung Zustimmungsrechte bei bestimmten Arten von Beschlüssen des obersten Organs einräumen lassen, ist aber im Übrigen lediglich Beitragszahler ohne eigene Mitgliedschaftsrechte.

308 Im rechtsdogmatischen Sinne schwieriger ist die Konstellation zu werten, dass der Arbeitgeber alleiniger Beitragszahler ist, Mitglied der Pensionskasse aber die versicherten Arbeitnehmer sind. Die Arbeitnehmer müssen also auch hier ein Versicherungsverhältnis begründen, also Versicherungsnehmer werden, obgleich sie von der Beitragszahlungspflicht völlig befreit sind. Hier wird wohl die Konstruktion der von der Pensionskasse genehmigten Schuldübernahme durch den Arbeitgeber helfen.

309 Nicht möglich ist der umgekehrte Fall, beitragszahlenden Arbeitnehmern die Mitgliedschaft zu verwehren. Sie begründen mit ihrer Beitragszahlungspflicht stets ein Versicherungsverhältnis und müssen insoweit auch Mitglieder der Pensionskasse sein.

310 Ist der Arbeitgeber der alleinige Beitragszahler, wäre es theoretisch möglich, dass auch nur er Mitglied ist und die Arbeitnehmer lediglich versicherte Personen sind. In der Praxis kommen derartige Konstellationen aber kaum vor. Bei regulierten Pensionskassen ist weiterhin zu beachten, dass dann trotz der alleinigen Beitragszahlung durch den Arbeitgeber die Arbeitnehmer satzungsrechtlich in der obersten Vertretung mit 50 % beteiligt sein müssen.

311 Eine Sonderstellung nehmen in diesem Zusammenhang die sog. **Tarifvertragskassen** ein. Bei diesen Kassen sind lediglich die Tarifvertragsparteien selbst – also Arbeitgeberverband und Gewerkschaft – als Mitglieder vertreten. Die Arbeitnehmer sind nur versicherte Personen, die Arbeitgeber die Beitragszahler. Nach § 233 Abs. 2 VAG sind diese Tarifvertragskassen dennoch regulierte Pensionskassen.

f) Pflichtmitgliedschaft

312 Einige Pensionskassen sehen eine sog. Pflichtmitgliedschaft vor. Dies bedeutet, dass alle in der Satzung näher bezeichneten Arbeitnehmer eines Trägerunternehmens (bei überbetrieblichen Pensionskassen aller Mitgliedsunternehmen) in der Pensionskasse versichert werden müssen. Bei derartigen Pensionskassen ist die Pflichtmitgliedschaft oft die Grundlage ihres Geschäftsplans (z. B. Durchschnittsbeitragssystem, keine Risikoprüfung).

Die Pensionskasse kann diese Pflicht zur Begründung und Aufrechterhaltung 313
der Mitgliedschaft den Arbeitnehmern gegenüber nicht selbst ausüben.
Schließlich kann eine Satzungsbestimmung keine Rechtswirkungen auf Dritte
haben, die noch nicht Mitglied der Pensionskasse sind. Die Pflicht wird also
über den Arbeitgeber ausgeübt. Die Pensionskasse regelt in ihrer Satzung,
der sich insoweit der Arbeitgeber als Mitglied unterworfen hat, oder auf
Grund eigenständiger Vereinbarung mit dem Arbeitgeber, dessen gegenüber
der Pensionskasse bestehende Verpflichtung, seine Arbeitnehmer in der Pensionskasse anzumelden. Der Arbeitgeber wird dann dem Arbeitnehmer im
Anstellungsvertrag auferlegen, Mitglied der Pensionskasse zu werden und
zu bleiben. In der Praxis üblich sind bspw. Satzungsregelungen, wonach Mitgliedsunternehmen berechtigt und verpflichtet sind, alle Mitarbeiter, denen
eine Versorgungszusage gegeben wird, unter Berücksichtigung der Mindest-
anmeldebedingungen bei der Pensionskasse anzumelden und für die Dauer
des Anstellungsverhältnisses versichert zu halten.

Mit einer derartigen Bestimmung, die sich im arbeitsrechtlichen Grundver- 314
hältnis in einer Betriebsvereinbarung oder im Anstellungsvertrag wieder-
findet, ist der Arbeitnehmer gehindert, während der Dauer des Beschäfti-
gungsverhältnisses seine Mitgliedschaft in der Pensionskasse zu kündigen.
Zwar hat er formal das Kündigungsrecht gemäß § 39 BGB; er ist aber gegenüber seinem Arbeitgeber verpflichtet, dieses Kündigungsrecht nicht auszuüben. Hierauf hat der Arbeitgeber einen einklagbaren Anspruch. Gleichzeitig
kann die Pensionskasse vom Arbeitgeber verlangen, diesen Anspruch auch
durchzusetzen.

2. Versicherungsverhältnis

Das Versicherungsverhältnis ist der wesentlichste Teil der Mitgliedschaft in 315
einem Versicherungsverein und umfasst die sich aus dem Versicherungsvertrag ergebenden Rechte und Pflichten. Grundsätzlich ist es beim Versicherungsverein nicht anders zu definieren als bei einer Aktiengesellschaft, die
keine Mitglieder kennt, oder beim Nichtmitgliedschaftsgeschäft des großen
Versicherungsvereins auf Gegenseitigkeit. Das Versicherungsverhältnis ist
das Rechtsverhältnis zwischen Versicherer (also der Pensionskasse) und dem
Versicherungsnehmer.

a) Inhalt des Versicherungsverhältnisses

Zum Versicherungsverhältnis zählen alle Rechte und Pflichten zwischen 316
Versicherungsnehmer und Versicherer, wie sie sich aus dem abgeschlossenen
Versicherungsvertrag einschließlich der Versicherungsbedingungen ergeben.
Vornehmlich gehören hierzu die Verpflichtung zur Zahlung der Beiträge und
das Recht auf die Versicherungsleistung. Ebenfalls wird der Anspruch auf
Überschussverteilung in den Versicherungsbedingungen geregelt sein, wie
auch andere Nebenpflichten und Obliegenheiten des Versicherungsvertrags
zum Versicherungsverhältnis gehören (Anzeigeverpflichtungen, Mitwir-

kungshandlungen bei Feststellung des Versicherungsfalls, Regelungen bei Zahlungsverzug usw.).

b) Beginn und Ende des Versicherungsverhältnisses

317 Beginn und Ende des Versicherungsverhältnisses sind identisch mit Beginn und Ende der Mitgliedschaft. Gemäß § 176 VAG kann die Mitgliedschaft nur in Verbindung mit der Begründung eines Versicherungsverhältnisses erworben werden, wie auch die Mitgliedschaft endet, wenn das Versicherungsverhältnis aufhört. Insoweit wird auf die Ausführungen in den Rdnrn. 296 ff. verwiesen.

318 Bei der Begründung des Versicherungsverhältnisses sind die Informationspflichten nach § 144 VAG zu beachten. Diese Information bei betrieblicher Altersversorgung (sog. **Verbraucherinformation)** ist bei Beginn des Versicherungsverhältnisses an den Versicherten zu übermitteln. Auch während des Versicherungsverhältnisses sind laufende Informationspflichten zu erfüllen (§ 144 VAG und § 155 VVG). Auch soweit Versorgungsanwärter und Versorgungsempfänger nicht Versicherungsnehmer sind, mit ihnen also kein Mitgliedschaftsverhältnis im eigentlichen Sinne begründet wird, gelten die Informationspflichten. Diese Ausweitung der Informationspflichten macht also deutlich, dass im Fokus der Gesetzesanwendung vor allem der Verbraucher steht. Insoweit sind dann Versorgungsanwärter und Versorgungsempfänger im selben Umfang wie die Versicherten gleichzusetzen mit den Verbrauchern.

319 Darüber hinaus gelten die **Auskunftspflichten des Arbeitgebers** aus § 4a BetrAVG. In der Praxis geschieht dies bei Unternehmen, bei denen schon vom Beginn des Arbeitsverhältnisses an eine Versorgungszusage gegeben wird, mit Abschluss des Arbeitsvertrags. Hier werden dem Arbeitnehmer eine Reihe von Informationen über den Betrieb und über seine arbeitsvertraglichen Rechte und Pflichten übermittelt. In diesem Zusammenhang erfolgen oft auch die Informationen über die betriebliche Altersversorgung. Wird der Arbeitnehmer erst später in das betriebliche Versorgungswerk, die Pensionskasse, aufgenommen, ist auch der Veranlasser in der Regel der Arbeitgeber. Informationen erfolgen im bestehenden Arbeitsverhältnis. Mit der Aufnahme in die Pensionskasse erhält der Versicherte dann die von der Pensionskasse hierfür erstellten Informationsunterlagen.

320 Um diesen Besonderheiten der betrieblichen Altersversorgung Rechnung zu tragen, gilt die Informationspflicht nach § 7 VVG für reguläre Pensionskassen zunächst nicht, § 211 Abs. 2 Nr. 1 VVG. Die Informationspflicht soll aber dann für reguläre Pensionskassen Relevanz entfalten, wenn Verträge im Wege des Fernabsatzes (§ 312 Abs. 1 und 2 BGB) geschlossen werden (§ 211 Abs. 2 Nr. 1 VVG). Begründet wird dies damit, dass die Fernabsatzrichtlinie insoweit keine Ausnahme vorsieht. Nach § 312b Abs. 1 BGB sind Fernabsatzverträge Verträge über die Erbringung von Dienstleistungen, einschließlich Finanzdienstleistungen, die zwischen einem Unternehmer und einem Verbraucher unter ausschließlicher Verwendung von Fernkommunikationsmitteln abgeschlossen werden, es sei denn, dass der Vertragsschluss nicht im Rahmen eines für den Fernabsatz organisierten Vertriebs- oder Dienstleistungssystems erfolgt. Finanzdienstleistungen in diesem Sinne sind u. a. Dienstleistungen im Zusammenhang mit einer Altersversorgung von Einzelpersonen. Fernkommunikationsmittel i. S. d. § 312b Abs. 2 BGB sind Kommunikationsmittel, die zur Anbahnung oder zum Abschluss eines Vertrags zwischen einem Unternehmer und einem Verbraucher ohne gleichzeitige körperliche Anwesenheit der Vertragsparteien eingesetzt werden können, insbesondere Briefe, Kataloge, Telefonanrufe, Telekopien, E-Mails sowie Rundfunk, Tele- und Mediendienste.

Das Zustandekommen eines Pensionskassenvertrags im Wege des Fern- **321** absatzes ist die Ausnahme. Grundsätzlich werden die Verträge zur Pensions-kassen-Versicherung auf **arbeitsvertraglicher Grundlage** geschlossen. Dabei wird der Arbeitnehmer nach § 144 VAG und z. B. § 4a BetrAVG informiert. Unabhängig vom eigentlichen Absatzweg fallen daher die Verträge nicht unter die Fernabsatzrichtlinie. Eine Ausnahme mag dann gelten, wenn entweder individuelle Zusatzversicherungen abgeschlossen werden oder der Arbeitnehmer nach Ausscheiden aus dem Betrieb eine Fortsetzungsversicherung abschließt. Soweit die Fortsetzung seines Vertrags mit eigenen Beiträgen nicht mit individuellen Änderungen verbunden ist, ist er bereits ausführlich informiert. Deshalb muss auch hinsichtlich des Fortsetzungsvertrags eine Information nach geltendem Aufsichts- und Arbeitsrecht genügen.

Die Information bei Beginn des Versicherungsverhältnisses wird ergänzt durch **322** Modellrechnungen nach § 154 VVG, die den Versicherungsnehmer darüber unterrichten soll, welche Leistungen aus dem Lebensversicherungsvertrag über die vertragsgemäßen Leistungen hinaus zu erwarten sind. Der Versicherungsnehmer kann seine Erklärung zum Lebensversicherungsvertrag innerhalb von 30 Tagen nach Zugang der in § 8 Abs. 2 VVG genannten Unterlagen in Textform widerrufen, §§ 8 und 9 i. V. m. § 152 Abs. 1 und 2 VVG.

Bei allen regulierten Pensionskassen besteht das **Widerrufsrecht** nicht bei **323** Verträgen, die auf arbeitsrechtlichen Regelungen beruhen, es sei denn, es werden **Fernabsatzverträge** i. S. d. § 312b BGB geschlossen (§ 8 Abs. 3 Nr. 3 VVG). Aus Gründen der Klarstellung enthält § 211 Abs. 2 Nr. 1 VVG eine entsprechende Regelung für regulierte Pensionskassen. Diese Ausnahmeregelungen stimmen mit den korrespondierenden versicherungsvertraglichen Rechten (§§ 8 ff. VVG) überein. Ein allgemeines Widerrufsrecht des Arbeitnehmers als Versicherungsnehmer widerspräche der Einbindung der Versorgungszusage in das Arbeitsverhältnis, in dem den beteiligten Parteien keine einseitigen Widerrufsrechte zustehen.

Allerdings müssen auch hier auf Grund der Vorgabe durch die Fernabsatz- **324** richtlinie II die im Fernabsatz geschlossenen Verträge ausgenommen werden.

Sollten bei einer regulierten Pensionskasse ausnahmsweise Verträge im Wege des Fernabsatzes zu Stande kommen, besteht das Widerrufsrecht für den Versicherungsnehmer nur bei Fortsetzungsversicherungen und individuellen Zusatzversicherungen.

325 Hinzuweisen ist auf das Erfordernis der Einwilligung der versicherten Person, die nicht Versicherungsnehmer ist, in den Abschluss der Versicherung auf ihr Leben (§ 150 Abs. 2 bis 4 VVG). Für Kollektivlebensversicherungen im Bereich der betrieblichen Altersversorgung wird eine Ausnahme vom Erfordernis der schriftlichen Einwilligung der versicherten Person zugelassen. Das wird mit dem fehlenden Schutzbedürfnis der versicherten Person bei solchen Verträgen begründet. Eine weitere Ausnahme enthält § 211 Abs. 2 Nr. 1 VVG für regulierte Pensionskassen. Dort ergibt sich bei der betrieblichen Altersversorgung die Einwilligung des Versicherungsnehmers bzw. der versicherten Person aus der Einwilligung zum Arbeitsvertrag bzw. aus Tarifverträgen oder Betriebsvereinbarungen. Eine weitere Einwilligung ist nicht erforderlich.

326 Diese Ausnahmeregelungen sind für die tägliche Arbeit insbesondere von Pensionskassen, die eine Unterstützungskasse rückdecken, von großem Vorteil, weil der mit einem Einwilligungserfordernis verbundene erhebliche Verwaltungsaufwand nicht entsteht.

327 Für die **Beendigung des Versicherungsverhältnisses** gelten auch bei Pensionskassen grundsätzlich die Bestimmungen der §§ 166 ff. VVG. Danach wandelt sich nach Kündigung des Versicherungsvertrags die Versicherung in eine beitragsfreie Versicherung um (§ 166 VVG). Auf einen Rückkaufswert gemäß § 169 VVG besteht kein Anspruch, da die Pensionskassenversicherung nur eine Rentenversicherung ist. Dies gilt auch für Pensionskassen mit einer Kapitaloption.

328 Gemäß § 211 VVG kann von diesen Bestimmungen aber bei regulierten Pensionskassen mit Pflichtmitgliedschaft in der Satzung Abweichendes geregelt werden. Hiervon wird häufig Gebrauch gemacht. Soweit die Versicherung noch nicht unverfallbar geworden ist, sehen dann Versicherungsbedingungen oft vor, dass statt einer Beitragsfreistellung die Versicherten eine Beitragserstattung erhalten (s. Rdnrn. 381 ff.).

c) Versicherungsberechtigte

329 Auch hier gelten zunächst die Ausführungen in den Rdnrn. 296 ff. Kleinere VVaG dürfen nur Versicherungen mit Mitgliedern abschließen. Das sog. Nichtmitgliedschaftsgeschäft (Versicherung gegen feste Entgelte) ist ihnen verboten (§ 210 Abs. 1 Satz 2 VAG). Sieht die Satzung einer Pensionskasse Voraussetzungen für die Mitgliedschaft vor, die eine zu versichernde Person nicht erfüllt, kann mit ihr auch kein Versicherungsvertrag abgeschlossen werden. Es handelt sich hierbei um kein nur theoretisches Problem, sondern kann durchaus praktische Relevanz haben. Wechseln z. B. bei den sog.

Tarifvertragskassen Arbeitgeber oder Arbeitnehmer den Tarifbereich, kann ein Bedürfnis bestehen, die Versicherung als eigenständige fortzuführen, obwohl keine Mitgliedschaft begründet werden kann. Die Pensionskasse ist hier nicht frei, eigenständige Versicherungsverträge als Nichtmitgliedschaftsgeschäft abzuschließen.

Bei großen Versicherungsvereinen auf Gegenseitigkeit besteht das Verbot des Nichtmitgliedschaftsgeschäfts nicht. Hier kann die Satzung Voraussetzungen dafür schaffen, auch mit Nichtmitgliedern Versicherungsverträge zu schließen. Dies wird bei überbetrieblichen Pensionskassen dann in Betracht kommen, wenn ein versicherter Arbeitnehmer aus den Diensten des Mitgliedsunternehmens ausscheidet und bei einem neuen, nicht zu den Mitgliedsunternehmen zählenden Arbeitgeber eine neue Tätigkeit beginnt. Hier könnte dann der neue Arbeitgeber Versicherungsnehmer der Pensionskasse werden und die Beitragszahlungspflicht eigenständig begründen, obwohl er nicht Mitglied werden kann und auch nicht Trägerunternehmen der Pensionskasse wird. Dennoch bleibt zu beachten, dass die vereinsrechtliche Organisation der Pensionskasse das Nichtmitgliedschaftsgeschäft auf untergeordnete Bedeutung reduziert. Das „Hauptgeschäft" muss mitgliedschaftsrechtlich organisiert sein. **330**

d) Versicherte Person

Von dem Versicherungsnehmer als Vertragspartner des Versicherers und Inhaber der Rechte und Pflichten aus dem Versicherungsverhältnis ist die versicherte Person zu unterscheiden. Die versicherte Person ist diejenige, deren Risiko Gegenstand der Versicherung ist. Bei einer Pensionskasse – soweit sie nicht die Rückdeckung betreibt – ist dies stets der Arbeitnehmer. Das in seiner Person liegende Risiko (Berufsunfähigkeit, Erreichen der Altersgrenze, Tod) löst den Versicherungsfall und die Leistungspflicht der Pensionskasse aus. **331**

Soweit die Arbeitnehmer Mitglied und Versicherungsnehmer der Pensionskasse sind, fällt die Versicherungsnehmereigenschaft mit ihrer Eigenschaft als versicherte Person zusammen. Dies ist aber nicht zwingend erforderlich. Bei allen Pensionskassen, bei denen die Arbeitnehmer nicht Versicherungsnehmer und Mitglied sind, fallen die beiden „Eigenschaften" auseinander. **332**

Eigenständige Rechte und Pflichten sind an die Versicherteneigenschaft nicht geknüpft.

e) Bezugsberechtigte Personen

Bezugsberechtigte Personen sind diejenigen, die bei Eintritt des Versicherungsfalls Ansprüche aus dem Versicherungsvertrag gegen die Pensionskasse haben. Der Bezugsberechtigte wird im Versicherungsvertrag (in den Versicherungsbedingungen) von den Vertragspartnern, also dem Versicherungsnehmer und dem Versicherer, bestimmt. Bezüglich der Alters- und Be- **333** rufsunfähigkeits-/Erwerbsminderungsrente ist der Bezugsberechtigte mit der versicherten Person identisch. Es ist der versicherte Arbeitnehmer. Bezüglich der Hinterbliebenenrente und des Sterbegeldes sind Bezugsberechtigte die Hinterbliebenen.

334 Grundsätzlich kann das Bezugsrecht widerruflich oder unwiderruflich ausgestaltet sein. Bei Pensionskassen kommt ein widerrufliches Bezugsrecht allerdings nicht vor. Hier sind die versicherten Arbeitnehmer stets unwiderruflich bezugsberechtigt.

335 Rechte aus der Bezugsberechtigung können allerdings nur bei Eintritt des Versicherungsfalls geltend gemacht werden. Einfluss auf die Gestaltung des Versicherungsverhältnisses hat der lediglich Bezugsberechtigte nicht. Der Bezugsberechtigte kann auch nicht die Beendigung des Versicherungsvertrags verhindern, wodurch ihm jeder Leistungsanspruch bei Eintritt des Versicherungsfalls genommen würde. So muss etwa die bezugsberechtigte Ehefrau auf Hinterbliebenenrente es selbstverständlich hinnehmen, wenn der Versicherungsnehmer seinen Versicherungsvertrag bei der Pensionskasse beendet, also aus dem Trägerunternehmen ausscheidet oder eine zunächst nach dem Ausscheiden aufgenommene Weiterversicherung in der Pensionskasse kündigt. Dies gilt auch für den Fall, dass im Rahmen des Scheidungsverfahrens die Pensionskassenleistung in den schuldrechtlichen Versorgungsausgleich verwiesen wird. Auch hier hat die geschiedene Ehefrau keinen Anspruch darauf, dass das versicherte Mitglied die Mitgliedschaft und damit den Versicherungsvertrag bei der Pensionskasse bis zum Eintritt des Versicherungsfalls aufrechterhält. Gestaltungsrechte einschließlich des Rechts zur Beendigung der Versicherung haben also nur der Versicherungsnehmer, also weder die versicherte Person noch der Bezugsberechtigte.

f) Beitragszahler

336 Beitragspflichtig ist regelmäßig der **Versicherungsnehmer.** Er ist Vertragspartner aus dem Versicherungsvertrag; zu seinen wesentlichsten Pflichten gehört die Zahlung des Versicherungsbeitrags. Wie oben ausgeführt, können bei Pensionskassen allerdings Beitragszahlungspflicht und Versicherungsnehmereigenschaft auseinander fallen, wenn der beitragsverpflichtete Arbeitgeber nicht Mitglied der Pensionskasse ist. Da die Beitragspflicht zu den Essentialien des Versicherungsvertrags gehört, ist zwar auch in diesen Konstruktionen die grundsätzliche Beitragspflicht des Arbeitnehmers gegeben; sie wird aber auf Grund eigener rechtlicher Verpflichtung vom Arbeitgeber übernommen, sodass der Arbeitnehmer von der Beitragspflicht endgültig befreit bleibt (genehmigte Schuldübernahme). Eine Sonderform der Beitragsverpflichtung besteht bei den Tarifvertragskassen. Bei den sog. Tarifvertragskassen sind die Arbeitgeber auf Grund des für allgemein verbindlich erklärten Tarifvertrags zur Beitragszahlung an die Pensionskasse verpflichtet. Hier handelt es sich wohl um keine Schuldübernahme, sondern um eine eigenständige tarifvertragliche Verpflichtung. Die Tarifvertragsparteien als Mitglieder der Pensionskasse können ihre grundsätzlich bestehende Beitragspflicht gegenüber der Pensionskasse auf die Höhe der beitreibbaren Beiträge der Arbeitgeber begrenzen.

Aus der Beitragsverpflichtung als solche erwachsen keine eigenständigen **337** Rechte in Bezug auf den Versicherungsvertrag. Einflussmöglichkeiten auf die Pensionskasse sind vielmehr gesondert zu regeln. Hiervon wird wohl stets Gebrauch gemacht, da der Arbeitgeber selbstverständlich als Äquivalent für seine Beitragsleistung Einfluss auf die Leistungsgestaltung der Pensionskasse haben muss.

In der Praxis kommt es doch vor, dass der Arbeitgeber als Mitglied der Pen- **338** sionskasse und Versicherungsnehmer des Versicherungsvertrags seine Beitragszahlungspflicht nicht vollständig oder rechtzeitig erfüllt.

§ 166 Abs. 4 VVG begründet eine Informationspflicht des Versicherers ge- **339** genüber den bezugsberechtigten Arbeitnehmerinnen und Arbeitnehmern für den Fall, dass die fällige Prämie vom Arbeitgeber als Versicherungsnehmer nicht rechtzeitig gezahlt wird. Die Information muss in Textform erfolgen. Hier findet sich die von der Rechtsprechung verlangte Informationspflicht wieder.

Auf regulierte Pensionskassen findet die Bestimmung des § 166 VVG zwar **340** keine Anwendung, soweit mit Genehmigung der BaFin in den Allgemeinen Versicherungsbedingungen abweichende Bestimmungen getroffen sind (§ 211 Abs. 1 Nr. 1 VVG). Damit wird die bisherige Sondervorschrift des § 189 Abs. 1 Ziff. 1 VVG sachlich unverändert beibehalten. Gleichwohl empfiehlt es sich im Interesse der Versicherten und im Hinblick auf deren Fortsetzungsanspruch aus § 1b Abs. 5 Satz 1 Nr. 2 und § 2 Abs. 3 Satz 2 Nr. 2 BetrAVG, keine Abweichung im Sinne eines Ausschlusses der Informationspflicht des § 166 Abs. 4 VVG zu vereinbaren.

g) Änderungen im Versicherungsverhältnis

Änderungen im Versicherungsverhältnis bedeuten eine Änderung des Ver- **341** sicherungsvertrags. Bereits nach allgemeinen Rechtsgrundsätzen sind bestehende Verträge nicht ohne Weiteres von einer Vertragspartei mit Wirkung für den anderen änderbar (pacta sunt servanda). Dieser Rechtsgrundsatz ist in § 197 Abs. 3 VAG ausdrücklich aufgenommen. Danach brauchen Versicherte (Versicherungsnehmer) grundsätzlich nur Änderungen in ihrem Versicherungsverhältnis hinzunehmen, wenn sie dieser Änderung ausdrücklich zustimmen.

Es lässt sich aber nicht verkennen, dass bei der Langfristigkeit der Verträge, **342** wie sie Pensionskassen mit ihren Mitgliedern schließen, durchaus Änderungsbedarf für die Versicherungsbedingungen besteht. Insbesondere bei Pensionskassen, die regelmäßig nicht mit gesonderten Abrechnungsverbänden und verschiedenen Tarifen mit jeweils unterschiedlichen Versicherungsbedingungen arbeiten, ist es vielfach erforderlich, Änderungen der Versicherungsbedingungen auch für den gesamten Bestand gelten zu lassen. Einzelzustimmungen sind hierbei meist völlig unpraktikabel. So wird von der ebenfalls in § 197 Abs. 3 VAG eröffneten Möglichkeit, auf Grund eines Änderungsvorbehalts in der Satzung Versicherungsbedingungen auch mit Wirkung für den Bestand zu beschließen, großen Gebrauch gemacht (vgl. im Einzelnen Rdnrn. 262 ff. zur Änderung der Versicherungsbedingungen).

VII. Leistungen der Pensionskasse
(Herrmann)

343 Bei allen Pensionskassen sind die Leistungen dem Grunde nach ähnlich, hinsichtlich ihrer Höhe nach aber sehr unterschiedlich. Entsprechend ihrer Aufgabe als Einrichtung der betrieblichen Altersversorgung werden bei Eintritt des Versicherungsfalls vor allem Rentenzahlungen gewährt. Der Versicherungsfall steht dabei regelmäßig im Zusammenhang mit der Aufgabe der entgeltlichen Arbeitstätigkeit wegen Erreichen der Altersgrenze oder wegen Berufsunfähigkeit. Die Leistungen der Pensionskasse sind demnach **weitgehend Lohnersatzleistungen**. Konkret gehört zu den Leistungen einer Pensionskasse die Zahlung einer Altersrente, einer vorgezogenen Altersrente und einer Erwerbs-/Berufsunfähigkeitsrente. Gewöhnlich werden auch Hinterbliebenenrenten und aus Altverträgen, mit Vertragsschluss bis zum 31.12.2004, auch ein Sterbegeld gewährt. Diese grundsätzliche Aufgabenbeschreibung einer Pensionskasse findet sich in der Legaldefinition des § 232 VAG wieder. Aus der Regelungsbeschränkung in der Legaldefinition *„Zweck ist die Absicherung wegfallenden Erwerbseinkommens"* wird abgeleitet, dass von der Pensionskasse nicht höhere Leistungen gezahlt werden können, als sie dem wegfallenden Erwerbseinkommen entsprechen (vgl. Rdnr. 244). Die konkrete Prüfung im Einzelnen wird dabei aber auf Schwierigkeiten stoßen. Gleichzeitig dürfte es auch ohne konkrete Kenntnis vom tatsächlichen Erwerbseinkommen regelmäßig auszuschließen sein, dass die Pensionskassenrente höher als das Erwerbseinkommen ist. Die gewöhnliche Beitragszahlung, die in Prozent des jeweiligen Arbeitseinkommens definiert sein wird, führt regelmäßig nicht zu derartig hohen Rentenleistungen. Auf eine gesonderte Überprüfung zwischen wegfallendem Erwerbseinkommen und Rentenleistung hat daher die Aufsichtsbehörde bisher nicht bestanden. Im Einzelnen gilt Folgendes:

1. Leistungsarten

a) Altersrente

344 Altersrente ist die lebenslang gezahlte Rente an den Versicherten ab dem Erreichen eines in den Versicherungsbedingungen bestimmten Alters. Sie ist die Leistung, die bei Pensionskassen den größten Umfang hat und somit deren bedeutendste Leistung.

345 Voraussetzung für die Altersrente ist das **Erreichen der Altersgrenze**. Sie ist in der Regel mit der Altersgrenze in der gesetzlichen Rentenversicherung

identisch. In einigen – wenn auch wenigen – Fällen sehen Pensionskassensatzungen (Versicherungsbedingungen) aber auch vor, dass die Altersgrenze unterhalb der gesetzlichen Altersgrenze liegt. Dies gilt zunächst für Pensionskassen in Branchen, in denen eine frühe Verrentung berufsspezifisch ist. Zum Teil wird aber auch auf eine Altersgrenze unter 67 Jahren abgestellt, um den tatsächlichen Pensionierungszeitpunkt mit der festen Altersgrenze in Übereinstimmung zu bringen. Ein Pensionierungsalter von unter 62 Jahren ist aus steuerrechtlichen Gesichtspunkten für Versorgungszusagen ab dem 1.1.2012 problematisch, da dies nicht als Leistung der betrieblichen Altersversorgung angesehen wird.

Statt der Bezeichnung einer festen Altersgrenze wird zum Teil lediglich auf **346** den Bezug der gesetzlichen Rente verwiesen. Ein Anspruch auf die versprochene Altersrente soll nach einer derartigen Regelung dann bestehen, wenn auch aus der gesetzlichen Rentenversicherung Altersrente gezahlt wird. Eine solche Bestimmung bedeutet, dass jede Änderung in der gesetzlichen Rentenversicherung Auswirkungen auf die Leistungsvoraussetzungen der Pensionskasse hat. Hiervon zu unterscheiden sind die Bestimmungen zum vorgezogenen Altersruhegeld, mit denen ebenfalls erreicht wird, dass Versicherte von der Pensionskasse Leistungen beziehen können, wenn die gesetzliche Rente Zahlungen im Alter erbringt. Durch entsprechende Abschläge können alle Kalkulationsrisiken vermieden werden (s. im Einzelnen Rdnr. 402). Mit entsprechenden Zuschlägen und ggf. dem Recht zur weiteren Beitragszahlung kann im Ergebnis dann auch ein höheres Pensionsalter dargestellt werden. Die feste Bezeichnung einer Altersgrenze ist dann nicht unproblematisch, wenn die Pensionskasse Leistungen nach ihren Versicherungsbedingungen zu einer festen Altersgrenze erbringt, obwohl der Arbeitnehmer weiter im Unternehmen beschäftigt bleibt und erst in Parallelität zur gesetzlichen Rentenversicherung zu einem späteren Zeitpunkt verrentet wird. Der gleichzeitige Bezug von Erwerbseinkommen und Pensionskassenleistung widerspricht der Legaldefinition der Pensionskasse. Zu den aktuellen Überlegungen dazu vgl. Rdnr. 244.

Die früher nicht seltene Regelung, für Männer und Frauen unterschiedliche **347** Altersgrenzen vorzunehmen, dürfte sich heute in Pensionskassensatzungen (VB) nicht mehr finden. Schon 1978 hatte das *BAG* rechtliche Bedenken im Hinblick auf das Gleichstellungsgebot bei unterschiedlicher Altersgrenze geltend gemacht. Unter Berücksichtigung der sehr stringenten Rechtsprechung des *EuGH* zur Gleichbehandlungsproblematik und nunmehr auch nach dem AGG müssen Unterschiede bei der festen Altersgrenze für Männer und Frauen als nicht zulässig angesehen werden.

b) Vorgezogenes Altersruhegeld

Neben der Altersrente gewähren Pensionskassen auch ein vorgezogenes Al- **348** tersruhegeld. Gemäß § 6 BetrAVG besteht ein Anspruch des Arbeitnehmers, bei Bezug von Rente aus der gesetzlichen Rentenversicherung (nur Vollrente, keine Teilrente) auch Leistungen aus der betrieblichen Altersversorgung abzurufen. Insoweit sind also Bestimmungen zum vorgezogenen Altersruhegeld für Pensionskassen obligatorisch.

349 Der gesetzliche Anspruch aus § 6 BetrAVG erfasst nur die Fälle, die tatsächlich von der gesetzlichen Rentenversicherung vorgezogenes Altersruhegeld beziehen. In der Pensionskasse versicherte Arbeitnehmer, die keinen Anspruch gegen die gesetzliche Rentenversicherung auf Bezug von vorgezogenem Altersruhegeld haben (z. B. mangels Wartezeiterfüllung oder weil sie in der gesetzlichen Rentenversicherung überhaupt nicht versichert sind), dürfen aus Gleichbehandlungsgründen allerdings nicht von der Pensionskasse vom Bezug auf vorgezogenes Altersruhegeld ausgeschlossen werden. Soweit dieser Personenkreis die altersmäßigen Voraussetzungen und die übrigen an die Mitgliedschaft in der gesetzlichen Rentenversicherung für den Bezug von vorgezogenem Ruhegeld geknüpften Bedingungen erfüllt, muss ein versicherungsrechtlicher Anspruch auf vorgezogene Leistungen aus der Pensionskasse eingeräumt werden.

350 Als Ausgleich für die längere Rentenbezugszeit der vorgezogenen Altersrente gegenüber dem Altersruhegeld, das erst ab Erreichen der Altersgrenze abgerufen wird, muss der Versicherte regelmäßig einen in den Versicherungsbedingungen genau bezeichneten versicherungsmathematischen Abschlag hinnehmen.

351 In vielen älteren Versicherungsbedingungen war die Regelung enthalten, dass Frauen bei Bezug von vorgezogenem Altersruhegeld keinen versicherungsmathematischen Abschlag hinnehmen müssen. Dies war regelmäßig als Ausgleich dafür gedacht, dass Frauen keine unbedingte Witwerrente versichern konnten oder überhaupt – z. B. wegen Kindererziehungszeiten – weniger Versicherungszeiten aufweisen und damit auch nur geringere Rentenansprüche erwerben konnten. Diese als Ausgleich von Nachteilen in diesem Bereich bewusste Besserstellung von Frauen ist heute aus Gleichbehandlungsgrundsätzen nicht mehr zulässig (vgl. arbeitsrechtlicher Gleichbehandlungsgrundsatz, Rdnrn. 841 ff.).

c) Erwerbsminderungs-, Berufsunfähigkeitsrente

352 Üblich für Pensionskassenleistungen sind auch Erwerbsminderungsrenten bzw. Berufsunfähigkeitsrenten. Nach Änderung in der gesetzlichen Rentenversicherung, wonach der Berufsunfähigkeitsschutz durch die Erwerbsminderungsrente ersetzt worden ist, hat die Bedeutung einer Berufsunfähigkeitsrente allgemein zugenommen. Nicht nur als eigenständige Berufsunfähigkeitsrente, sondern auch als Leistung einer Pensionskasse bedeutet diese Rente oft die einzige Form der Absicherung einer Berufsunfähigkeit.

353 Gleichzeitig hatten Pensionskassen bisher stets versucht, Ergänzungsfunktion zur gesetzlichen Rentenversicherung zu sein und insoweit das identische Leistungsspektrum bei sich abzubilden. Es gibt daher auch Pensionskassen,

die ausdrücklich in ihrem Leistungskatalog die gesetzliche Erwerbsminderungsrente abbilden.

Bei der Erwerbsminderung ist Leistungsvoraussetzung der **Eintritt der** **354** **Erwerbsminderung**, wie sie die gesetzliche Rentenversicherung definiert. Für die Überprüfung des Versicherungsfalls hat dies den Vorteil, sich grundsätzlich auf die Prüfungsergebnisse der gesetzlichen Rentenversicherung verlassen zu können.

Wird **Berufsunfähigkeitsrente** gezahlt, ist der Versicherungsfall in den Ver- **355** sicherungsbedingungen genau zu definieren. In der Regel liegt der in den Bedingungen definierte Versicherungsfall vor, wenn der Versicherte auf Grund körperlicher Gebrechen oder wegen Schwäche seiner körperlichen und geistigen Kräfte unfähig ist, eine seiner Ausbildung und seiner bisherigen Tätigkeit entsprechende Berufstätigkeit um mehr als die Hälfte auszuüben. Der Versicherte wird dies mit entsprechenden ärztlichen Gutachten belegen müssen. Ein Bedingungswettbewerb, wie er häufig bei privat abzuschließenden Berufsunfähigkeitsrenten der Lebensversicherungsbranche festzustellen ist, dürfte bei Pensionskassen unüblich sein. Gerade die enge Verknüpfung der Pensionskassenleistung mit dem zu Grunde liegenden Arbeitsverhältnis beim Trägerunternehmen erleichtert in der Praxis auch die Feststellung des Vorliegens von Berufsunfähigkeit.

Berufsunfähigkeitsrenten wurden zumindest in der Vergangenheit von Pen- **356** sionskassen in der Regel für die Dauer der Berufsunfähigkeit gewährt, also auch über die eigentliche Altersgrenze hinaus. Die Berufsunfähigkeitsrente wandelt sich demnach bei Erreichen der Altersgrenze nicht in eine Altersrente um. Dies hing damit zusammen, dass Pensionskassen oft nur einen Versicherungsfall kannten: Es wurde entweder Berufsunfähigkeitsrente oder Altersrente fällig.

Mittlerweile ist es bei Pensionskassen üblich, hier eine Trennung vorzu- **357** nehmen und die beiden Versicherungsfälle – Eintritt der Berufsunfähigkeit und Erreichen der Altersgrenze – selbstständig zu regeln. Dies hat nicht nur formale, sondern durchaus materielle Auswirkungen. Ist nämlich der Versicherungsfall der Altersrente selbstständig geregelt, kann Altersrente unabhängig von einer zwischenzeitlich vorliegenden Berufsunfähigkeit bei Erreichen der Altersgrenze fällig werden. Dies hat vor allem Bedeutung, wenn Berufsunfähigkeit noch innerhalb der Wartezeit eintritt, ein Anspruch auf Berufsunfähigkeitsrente also nicht besteht. Da Wartezeiten auch noch nach Ausscheiden aus dem Arbeitsverhältnis erfüllt werden können, kann in diesem Fall ein Anspruch auf Altersrente bei Erreichen der Altersgrenze gegeben sein (s. auch *BAG* vom 15.10.1985, BetrAV 1986 S. 186, 206). Wäre der Versicherungsfall nur einheitlich definiert, würden bei Eintritt des Versicherungsfalls innerhalb der Wartezeit keine Leistungen mehr fällig werden können.

358 Auswirkungen ergeben sich auch in steuerlicher Hinsicht, da der Kapitaler-
tragswert bei einer nur bis zur Altersgrenze gerechneten Berufsunfähigkeitsrente geringer ist als bei einer lebenslänglichen (s. im Einzelnen Rdnrn. 857 ff.).

d) Hinterbliebenenrenten

359 Zum weiteren Leistungsspektrum der Pensionskassen gehören gewöhnlich
auch die Hinterbliebenenrenten. Hierunter sind Rentenleistungen zu verstehen, die beim Tod des Versicherten an seinen Ehegatten (Witwen-/Wit-
werrente), an den Lebenspartner (eingetragene Lebenspartnerschaft) oder an
seine Kinder (Waisenrente) gezahlt werden.

aa) Witwen-/Witwerrente

360 Die Witwen-/Witwerrente wird fällig beim Tod des Versicherten. Hierbei
spielt es keine Rolle, ob der Versicherte während seiner aktiven Zeit oder als
Rentner verstirbt. Zum Teil wird aber verlangt, dass die Ehe noch während
der aktiven Zeit geschlossen wurde. Hiermit soll aus Risikogründen vermieden werden, dass im Rentneralter **reine Versorgungsehen** geschlossen
werden und insoweit die Versichertengemeinschaft belasten. Regelmäßig
sind in Satzungen und Versicherungsbedingungen traditioneller Pensionskassen so genannte **Spätehenklauseln** zu finden, bei denen die Anspruchs-
voraussetzung für eine Hinterbliebenenversorgung an einen bestimmten
Zeitpunkt der Eheschließung geknüpft ist. Es stellt sich oftmals die Frage, ob
derartige Beschränkungen mit dem allgemeinen Gleichbehandlungsgebot
vereinbar sind oder zu einer unzulässigen Altersdiskriminierung führen.

361 Das *BAG* hat in seinem Urteil vom 4.8.2015 (3 AZR 137/13, s. E-BetrAV 110.5
Nr. 35) Klarheit für die Sachverhalte geschaffen, in denen die Anspruchs-
voraussetzung für eine Hinterbliebenenversorgung die Formulierung beinhaltet, dass die Ehe vor Erreichen eines konkreten Lebensalters des Versicherten geschlossen werden muss.

362 Eine unterschiedliche Behandlung wegen des Alters nach § 10 Satz 1 AGG ist
zunächst zulässig, sofern sie objektiv und angemessen und durch ein
legitimes Ziel gerechtfertigt ist. Die Mittel zur Erreichung dieses Ziels müssen
jedoch angemessen und erforderlich sein. § 10 Satz 3 AGG enthält eine
Aufzählung von Tatbeständen, wonach derartige unterschiedliche Behand-
lungen insbesondere gerechtfertigt sein können. Einschlägig kann allein die
in § 10 Satz 3 Nr. 4 AGG aufgeführte Fallgruppe sein, welche die Festsetzung
von Altersgrenzen als Voraussetzung für die Mitgliedschaft oder den Bezug
von Altersrente oder von Leistungen bei Invalidität einschließlich der Festsetzung unterschiedlicher Altersgrenzen im Rahmen der betrieblichen Systeme der sozialen Sicherheit für bestimmte Beschäftigte oder Gruppen von
Beschäftigten und die Verwendung von Alterskriterien im Rahmen dieser
Systeme für versicherungsmathematische Berechnungen für zulässig erklärt.
Sie erfasst jedoch dem Wortlaut nach, soweit es um Altersgrenzen als Vo-

raussetzung für den Bezug von Leistungen der betrieblichen Altersversorgung geht, nur die Alters- und Invaliditätsversorgung und nicht die Hinterbliebenenversorgung und damit auch nicht die Witwen-/Witwerversorgung. Die Voraussetzungen für eine Rechtfertigung der unmittelbaren Benachteiligung wegen des Alters nach § 10 Satz 1 und 2 AGG liegen somit nicht vor. Im Ergebnis sind Spätehenklauseln, die auf Grund fester Altersgrenzen die Hinterbliebenenleistungen vor Eintritt des Versorgungsfalles ausschließen, gemäß § 7 Abs. 2 AGG unwirksam.

Klauseln, die die Hinterbliebenenleistungen bei Eheschließungen nach Eintritt des Versorgungsfalles versagen, wurden dagegen bislang (höchstrichterlich) nicht beanstandet. **363**

Die Witwen-/Witwerrente wird **lebenslang** gezahlt. Sie ist nicht von der Bedürftigkeit der Hinterbliebenen abhängig. Leistungen Dritter werden – anders als in der gesetzlichen Rentenversicherung – nicht auf die Hinterbliebenenrente angerechnet. Sie selbst bleibt bei der gesetzlichen Hinterbliebenenrente als Leistung aus der betrieblichen Altersversorgung anrechnungsfrei. **364**

Die Witwen-/Witwerrente wird so lange gezahlt, bis die/der Witwe/Witwer ebenfalls verstirbt (lebenslange Rentenzahlung). Üblicherweise endet die Zahlung der Witwen-/Witwerrente aber auch bei **Wiederverheiratung** der/des Witwe/Witwers (Wiederverheiratungsklausel). Als Ausgleich für die Beendigung der Witwen-/Witwerrente bei Wiederverheiratung und um auch eine Wiederverheiratung nicht allein wegen des Wegfalls der Hinterbliebenenrente zu erschweren, wird oft für diesen Fall eine Abfindung gezahlt. Die Abfindung kann bis zu fünf Jahresrenten betragen. **365**

Die **Höhe** der Witwen-/Witwerrente beträgt gewöhnlich 50 bis 70 % der Rente des Verstorbenen bzw. der Rente, die der Verstorbene im Zeitpunkt seines Todes erhalten hätte, wenn er Rentner geworden wäre. **366**

Manche Pensionskassen sehen auch Bestimmungen vor, nach denen bei einem sehr großen Altersunterschied zwischen dem verstorbenen Versicherten und seinem hinterbliebenen Ehegatten Abschläge in gestaffelter Höhe entsprechend dem Altersunterschied festgesetzt werden. Zum Teil wird auf die Abschläge bei längerer Ehedauer wieder verzichtet. Die bislang hierzu ergangenen höchstrichterlichen Entscheidungen haben verdeutlicht, dass Beitragsstaffelungen sowie – bei Vorliegen bestimmter Voraussetzungen – auch Höchstaltersgrenzen unter Gleichbehandlungsaspekten nicht zu beanstanden sind. **367**

Eine unterschiedliche Regelung zwischen Witwen- und Witwerrente ist dagegen heute nicht mehr zulässig. Es wird daher keine Pensionskasse mehr geben, die nur eine Witwenrente vorsieht und eine Witwerrente entweder überhaupt nicht gewährt oder sie – ähnlich wie in der alten Regelung in der gesetzlichen Rentenversicherung – davon abhängig macht, dass der Witwer **368** von der verstorbenen Versicherten überwiegend unterhalten worden war. Selbst die im Rahmen von Übergangsbestimmungen für den Frauen-Altbestand oft auf Veranlassung der Aufsichtsbehörde aufgenommenen Regelungen, die für Versicherungszeiten vor der sog. *Barber*-Entscheidung, also vor dem 17.5.1990 gelten, sind unzulässig, wenn sie unterschiedliche Hinterbliebenenrenten vorsehen (*BAG* Urteil vom 11.12.2007 – 3 AZR 249/06 = E-BetrAV 120 Nr. 45a, BetrAV 2008 S. 108; vgl. im Einzelnen Rdnrn. 841 ff. zum arbeitsrechtlichen Gleichbehandlungsgebot).

bb) Eingetragene Lebenspartnerschaft

369 Sieht der Leistungskatalog einer Pensionskasse die Zahlung von Hinterbliebenenrenten vor, müssen nunmehr auch eingetragene Lebenspartnerschaften wie hinterbliebene Ehegatten angesehen werden. Die Beschränkung der Hinterbliebenenleistung auf Ehegatten gilt als unzulässige Diskriminierung der eingetragenen Lebenspartnerschaft. Es empfiehlt sich daher, einen derartigen Anspruch auf Hinterbliebenenleistung ausdrücklich in die Bedingungen aufzunehmen. Aus rechtstatsächlichen Gründen ist der finanzielle Aufwand für diese zusätzlichen Leistungen insgesamt eher unbedeutend.

cc) Nichteheliche Lebensgemeinschaft

370 Pensionskassen können mittlerweile auch vorsehen, dass Witwen- bzw. Witwerrenten im Rahmen einer nichtehelichen Lebensgemeinschaft auch an die Lebensgefährtin/den Lebensgefährten gezahlt werden. Die steuerliche Anerkennung als betriebliche Altersversorgung setzt aber voraus, dass der Pensionskasse neben der namentlichen Benennung der Lebensgefährtin/des Lebensgefährten schriftlich die gemeinsame Haushaltsführung bestätigt wird (BMF-Schreiben vom 24.7.2013, Rz. 287, s. H-BetrAV, Teil II, A. I. 262 Nr. 22). Gleichwohl ist in der betrieblichen Altersversorgung neben dem Steuerrecht auch das Sozialversicherungsrecht zu berücksichtigen. Dieses bleibt hinsichtlich des versorgungsberechtigten Personenkreises hinter dem Steuerrecht zurück: Hinterbliebenenrenten aus der gesetzlichen Rentenversicherung (GRV) werden nach § 46 Abs. 4 SGB VI nur an hinterbliebene Ehegatten bzw. Lebenspartner gezahlt. Betriebliche Altersversorgung versteht sich seit jeher als Ergänzung zur GRV. Deshalb bieten Pensionskassen heute wie in der Vergangenheit eine dem Risikoschutz der GRV vergleichbare Absicherung an. Daher ist nicht nur das Leistungsspektrum der Pensionskassen an das der GRV, sondern auch der versorgungsberechtigte Personenkreis an den der GRV angelehnt. Aus diesem Grund werden auch in der betrieblichen Altersversorgung über eine Pensionskasse Hinterbliebenenrenten in der Praxis gegebenenfalls nur an die (auch) in der GRV leistungsberechtigten Personen, nicht aber an nichteheliche Lebensgefährten gezahlt.

dd) Waisenrenten

371 Waisenrenten werden ebenfalls von vielen Pensionskassen gewährt. Sie werden üblicherweise bis zur Volljährigkeit der Waise gezahlt. Die meisten Pen-

sionskassen sehen darüber hinaus Regelungen vor, nach denen die Waise auch über das 18. Lebensjahr hinaus Waisenrente beziehen kann, wenn sie sich in Berufsausbildung befindet oder sich aus anderen Gründen nicht selbst unterhalten kann (z. B. bei Arbeitslosigkeit). Auch für diese Fälle sind allerdings **Altershöchstgrenzen** zur Anerkennung der steuerlichen Abzugs-fähigkeit zu beachten. Es ist nicht anzunehmen, dass diese Altersgrenzen als Verstoß gegen das Altersdiskriminierungsgebot des AGG angesehen werden könnten. Sinn der Waisenrentenzahlung ist es, den unterhaltsberechtigten Kindern mit der Rentenzahlung einen Ersatz für den Wegfall des unterhalts-verpflichteten Elternteils zu geben. Die Kinderdefinition ist zwangsläufig mit Altersgrenzen verbunden. Soweit hier die Altersgrenzen bei der Definition der Kinder entsprechend dem Einkommensteuergesetz eingehalten werden, ist in jedem Fall eine zulässige Altersbeschränkung gegeben. Um die steuer-liche Förderungsmöglichkeit nach § 3 Nr. 63 EStG zu wahren, dürfen ver-sicherte Waisenrenten nur im Rahmen der Kinderdefinition des EStG gezahlt werden (eheliche und nichteheliche Kinder bis zum 18. Lebensjahr, bei Berufsausbildung längstens bis zum 25. Lebensjahr). Versicherungsbedingun-gen von Pensionskassen, die andere Altersgrenzen vorsehen, könnten Gefahr laufen, dass die Beitragszahlung nicht als steuerfreie Zahlung gemäß § 3 Nr. 63 EStG Anerkennung findet.

Die Waisenrenten betragen gewöhnlich 10 bis 40 % der Versichertenrente.   **372**

ee) Kumulationsbestimmungen

Die meisten Pensionskassen sehen vor, dass die Summe der Hinterbliebe-   **373**
nenrenten nicht höher als die Versichertenrente ist. Führt die Addition von Witwen-/Witwerrente und mehrerer Waisenrenten zu über 100 Prozent der Versichertenrente, werden die einzelnen Hinterbliebenenrenten entsprechend gekürzt.

e) Sterbegeld

Das Sterbegeld wird im **Todesfall des Versicherten** gezahlt. Es handelt sich   **374**
um die Zahlung einer einmaligen Summe, die die gewöhnlichen Bestattungs-kosten nicht übersteigen darf.

Das Sterbegeld konnte bis zum 31.12.2004 als eigenständig versicherte Leistung   **375**
von der Pensionskasse angeboten werden, die stets im Todesfall des Versicher-ten fällig wird (vgl. Rdnrn. 904 ff.). Zum Teil ist das bis dahin angebotene Sterbegeld aber auch nur eine unselbständige Nebenleistung der reinen Rentenversicherung und wird insoweit dann auch nicht stets, sondern nur an die in den Versicherungsbedingungen genannten Personen gezahlt (z. B. an Angehörige, die die Bestattungskosten „besorgt" haben). Sind nur bestimmte Personen als Bezugsberechtigte in den Bedingungen genannt, fällt das Sterbe-geld nicht in den Nachlass des Versicherten. Auch für das Sterbegeld als unselbständige Nebenleistung gilt, dass diese Leistungsart für Vertrags-schlüsse ab dem 1.1.2005 unzulässig ist (vgl. Rdnrn. 904 ff.).

f) Kapitalleistung

376 Die Versicherungsaufsicht hatte lange Zeit die Kapitalversicherung als nicht mit dem Wesen einer Pensionskasse für vereinbar gehalten. Um dennoch dem Bedürfnis einiger Pensionskassen entgegenzukommen, im Rentenfall den Versicherten nicht die laufende Rente, sondern einen Kapitalbetrag zur Verfügung zu stellen, war es aber aufsichtsbehördlich erlaubt, die laufend versicherte Rente im Rentenfall durch einen einmaligen Abfindungsbetrag auszukehren. Der Versicherte hatte also die Option, statt der Zahlung einer lebenslangen Rente eine Kapitalabfindung zu erhalten.

377 Die Kapitalabfindung muss im **Geschäftsplan** der Pensionskasse geregelt sein. Sie bedarf der Zustimmung des Versicherten.

378 Um bei der Kapitalabfindung eine negative Selektion zu vermeiden, muss ein ausreichender Optionszeitraum eingehalten werden. Die Versicherungsaufsicht verlangt hier eine Mindestfrist von drei Jahren, die zwischen Ausübung der Option und Eintritt des Versicherungsfalls liegen muss.

379 Die Versicherungsaufsicht hat auch die reine Kapitalversicherung für zulässig erklärt (VerBAV 1998 S. 15). Voraussetzung ist aber auch hier, dass die versicherte Kapitalleistung dem Zweck der Pensionskasse, Leistungen der betrieblichen Altersversorgung zu gewähren, voll entspricht. Die versicherte Kapitalleistung darf daher nur im Rentenfall fällig werden und soll das wegfallende Einkommen wertmäßig nicht übersteigen (zur Regelungsbeschränkung des wegfallenden Einkommens vgl. Rdnrn. 244, 343, 346).

380 Mit Einführung der nachgelagerten Besteuerung sind bei Pensionskassen Beiträge nur dann steuerfrei nach § 3 Nr. 63 EStG, wenn sie eine laufende Rentenleistung versichern. Zulässig ist dabei, dass bis zu 30 Prozent des bei Rentenbeginn zur Verfügung stehenden Kapitals als Einmalbetrag ausgezahlt werden.

g) Beitragserstattung

381 Keine versicherte Leistung im eigentlichen Sinne ist die aber von vielen Pensionskassen im Fall der Beendigung des Versicherungsverhältnisses gezahlte Beitragserstattung. Grundsätzlich muss **bei Beendigung eines Versicherungsvertrags** über eine Rentenversicherung kein Rückkaufswert gewährt werden, denn Rentenversicherungen fallen nicht unter § 169 VVG. Schon aus Selektionsgründen kann es keinem Versicherungsnehmer gestattet sein, statt der versicherten Rente vorzeitig einen Rückkaufswert abzurufen. Die Rechtsfolge der Beendigung des Versicherungsvertrags ist somit die Beitragsfreistellung. Diese kann der Versicherungsnehmer jederzeit zum Ende der laufenden Versicherungsperiode nach § 167 VVG verlangen. Von diesen zwingenden Vorschriften des VVG können Pensionskassen gemäß § 211 VVG allerdings Abweichendes bestimmen. Pensionskassen können also auch hier vorsehen, statt der beitragsfreien Anwartschaft eine Beitragserstattung vorzu-

nehmen. Die Höhe der Beitragserstattung muss mangels gesetzlicher Verpflichtung nicht die Höhe eines exakt errechneten Rückkaufswerts ausmachen. Insbesondere, wenn die Beitragserstattung nicht obligatorisch, sondern vom Versicherten statt der ebenfalls vorgesehenen beitragsfreien Fortführung der Versicherung gewählt werden kann, darf der Wert der rückerstatteten Beiträge deutlich niedriger als der Anwartschaftswert sein. Gerade weil der Versicherte dann die beitragsfreie Weiterversicherung wählen könnte, wird es hingenommen, wenn die Beitragserstattung eine gegenüber der beitragsfreien Versicherung deutlich schlechtere Lösung darstellt.

Eine Beitragserstattung orientiert sich bei Pensionskassen ausschließlich an **382** den vom versicherten Arbeitnehmer selbst gezahlten Beiträgen. Arbeitgeberbeiträge werden den Versicherten bei Beendigung des Versicherungsverhältnisses nicht zur Verfügung gestellt.

Üblich ist eine **Verzinsung** der zurückzuzahlenden Beiträge. Aber auch **383** Rückzahlungen ohne Verzinsung kommen – insbesondere bei Pensionskassen mit einem Durchschnittsbeitrag – vor. Auch hiergegen bestehen keine Einwände, soweit der Versicherte jedenfalls auch die Möglichkeit hat, die beitragsfreie Versicherung zu wählen.

Zu beachten ist, dass eine Beitragserstattung, soweit sie sich auf Beiträge bezieht, die gem. § 3 Nr. 63 EStG steuerfrei in die Pensionskasse gezahlt worden **384** sind, der Lohnsteuer unterliegt.

2. Leistungsvoraussetzungen

Um bei einer Pensionskasse Leistungen abrufen zu können, müssen die in **385** den Bedingungen genannten Leistungsvoraussetzungen erfüllt sein.

a) Eintritt des Versicherungsfalls

Zunächst muss der Versicherungsfall eingetreten sein. Sind weitere Leistungs- **386** bedingungen erforderlich, müssen auch diese gegeben sein. Beim vorgezogenen Altersruhegeld wird auch der Bezug der gesetzlichen Rente herangezogen werden. Bei der Kapitaloption muss die Option entsprechend der Optionsfrist ausgeübt sein.

Da Pensionskassen nach der Legaldefinition des § 232 VAG erst ab Wegfall **387** des Erwerbseinkommens Leistungen zahlen dürfen, muss auch der Versicherungsfall entsprechend definiert sein. In der Praxis kann es genügen, wenn der Pensionskasse das Ausscheiden des versicherten Arbeitnehmers aus dem Trägerunternehmen nachgewiesen wird. Hinzuverdienste nach Ausscheiden aus dem Arbeitsverhältnis sind ggf. zu berücksichtigen. Auch der Bezug der gesetzlichen Rente weist den Wegfall des Erwerbseinkommens nach (zur Regelungsbeschränkung des wegfallenden Einkommens vgl. Rdnrn. 244, 343, 346, 379).

b) Antrag

388   Die meisten Pensionskassen gewähren ihre Leistungen nur auf Antrag. Ohne Antrag wird eine Leistung nicht fällig. Der Antrag ist insoweit also nicht eigentliche Leistungs-, sondern **Fälligkeitsvoraussetzung.**

389   Das Antragserfordernis ist bei der **Altersrente** vor allem für die Fälle bedeutsam, in denen Name und Anschrift der versicherten Personen der Pensionskasse nicht bekannt sind. Dies gilt etwa für die Versicherten, die schon frühzeitig in ihrem Erwerbsleben aus den Diensten des Trägerunternehmens ausgeschieden sind und ihre Anwartschaft bei der Pensionskasse als beitragsfreie haben bestehen lassen. Bei einem Antragserfordernis kann die Pensionskasse auf den Antrag des Versicherten warten, ohne in Verzug zu geraten.

390   Der Antrag muss nicht notwendigerweise förmlich gestellt werden. Bei vielen Pensionskassen ist es ausreichend, wenn aus den ihnen eingereichten Unterlagen hervorgeht, dass der Versicherte die Altersrente nunmehr beansprucht. Die Pensionierungsnachricht durch das Trägerunternehmen ersetzt oft in der Praxis den eigentlichen Antrag.

391   Eine **verspätete Antragstellung** bedeutet nicht, dass die Altersrente nunmehr auch erst „verspätet" gezahlt werden muss. Sie wird vielmehr ab Eintritt der Leistungsvoraussetzung – ab Erreichen der Altersgrenze – nachzuzahlen sein. Die Nachzahlung erfolgt ohne Zinsen, da ein Verzug der Pensionskasse nicht vorgelegen hat.

392   Anders als bei der Altersrente wird bei der **Erwerbsminderungs-/Berufsunfähigkeitsrente** oft der Beginn der Rentenzahlung an das **Datum der Antragstellung** geknüpft. Hiermit soll verhindert werden, dass – ggf. Jahre nach Eintritt des Versicherungsfalls der Erwerbsminderung/Berufsunfähigkeit – der Antrag sehr spät gestellt wird, sodass die Prüfung des Eintritts des Versicherungsfalls deutlich erschwert ist. Ist aber der Beginn der Rentenzahlung das Datum der Antragstellung, muss die Pensionskasse nur prüfen, ob im Zeitpunkt der Antragstellung Erwerbsminderung/Berufsunfähigkeit vorliegt. Zu beachten ist bei einer derartigen Regelung, dass es sich hier um eine Rechtsfolgenregelung wegen Obliegenheitsverletzungen handelt. Nach § 28 VVG kann diese Rechtsfolge nur bei Vorliegen eines Verschuldens eintreten. Kann der Versicherte also nachweisen, dass ihn kein Verschulden an der **verspäteten Antragstellung** trifft, muss die Pensionskasse ggf. trotz des verspäteten Antrags vom Eintritt des Versicherungsfalls an Erwerbsminderungs-/Berufsunfähigkeitsrente zahlen.

393   Zu beachten ist, dass der Versicherte mit seinem Antrag zwar die Fälligkeitsvoraussetzung erfüllt, nicht damit aber den Eintritt des Versicherungsfalls bestimmen kann. Dies ist vor allem in den in der Praxis nicht so seltenen Fällen zu beachten, in denen der Versicherte während der Wartezeit berufsunfähig wird, aber erst nach Erfüllung der Wartezeit seinen Antrag auf

Versicherungsleistung stellt. Die Pensionskasse wird dies durch den gesetzlichen Rentenbescheid erfahren, der den Eintritt der Erwerbsminderung/Berufsunfähigkeit benennt. Dieser Eintritt der Erwerbsminderung/Berufsunfähigkeit kann durchaus längere Zeit zurückliegen. Stellt die Pensionskasse hier fest, dass der Versicherungsfall tatsächlich bereits in der Wartezeit eingetreten war, steht ihr ein Leistungsverweigerungsrecht zu.

Mit dem Antrag sind **alle Unterlagen und Nachweise** einzureichen, die zur   **394**
Begründung des Anspruchs erforderlich sind. Bei der Altersrente genügt hier der Nachweis des Erreichens der Altersgrenze. Beim vorgezogenen Altersruhegeld kann der gesetzliche Rentenversicherungsbescheid verlangt werden. Bei der Erwerbsminderung/Berufsunfähigkeit wird diese durch entsprechende Beweismittel – z. B. entsprechende ärztliche Gutachten – nachzuweisen sein.

c) Wartezeit

Die meisten Pensionskassen sehen als weitere Leistungsvoraussetzung die   **395**
Erfüllung einer Wartezeit vor. Dies bedeutet, dass keine Leistungen verlangt werden können, wenn die Wartezeit nicht erfüllt ist.

Die Wartezeit hat heute die Funktion der **Risikominderung für die Pen-**   **396**
sionskasse. Üblicherweise verlangen Pensionskassen bei Abschluss des Versicherungsvertrags keine Risikoprüfung. Als Ausgleich hierfür fungiert die Wartezeit; soweit der Versicherungsfall innerhalb der Wartezeit eintritt, ist die Pensionskasse dennoch leistungsfrei. Dies bedeutet gleichzeitig, dass Leistungsbestandteile, die nicht risikobelastet sind, also vor allem die Altersrente, nicht wartezeitabhängig sind.

Eine derartige Unterscheidung bei der Wartezeit zwischen risikoabhängigen   **397**
Komponenten, wie Tod und Erwerbsminderung/Berufsunfähigkeit, und der Altersrente hat auch hinsichtlich des Altersdiskriminierungsverbots des AGG Bedeutung.

Zu beachten ist weiterhin, dass die Wartezeit nach § 1 BetrAVG für Ver-   **398**
sicherte, die mit einer unverfallbaren Anwartschaft aus dem Trägerunternehmen ausgeschieden sind, grundsätzlich auch außerhalb des Trägerunternehmens erfüllt werden kann. Die Wartezeit ist also reiner Zeitablauf und nicht gleichzusetzen mit einer aktiven Mitgliedschaft in der Pensionskasse. Sie kann also auch beitragsfrei erfüllt werden.

Die Wartezeit wird bei den einzelnen Pensionskassen unterschiedlich festge-   **399**
setzt. Üblich dürften heute Wartezeiten von fünf Jahren sein.

3. Leistungshöhe

Die Höhe der Rentenleistungen ergibt sich aus den Versicherungsbedingun-   **400**
gen i. V. m. den Tariftabellen und aus dem Geschäftsplan. Die Höhe der Leistungen differiert zwischen den einzelnen Pensionskassen erheblich.

Pensionskassen

401 Die **Versicherungsbedingungen** können für die Leistungshöhe bestimmenden Merkmale vorsehen. So ist etwa bei Pensionskassen, die – noch – ein Gesamtversorgungssystem haben, die Höhe der gesetzlichen Rente auch für die Höhe der Kassenrente bestimmend. Es handelt sich hierbei um keine Leistungsbegrenzung, sondern um eine bereits bei Vertragsschluss kalkulierte Leistungshöhe. Die erwartete Rentenleistung durch die gesetzliche Rente ist bereits bei der Kalkulation der Beiträge voll berücksichtigt. Hiervon zu unterscheiden ist die Anrechnung von Zuwendungen Dritter (z. B. anderer Versorgungsträger) auf die Pensionskassenleistung. Eine derartige Anrechnung ist nicht zulässig, weil diese Leistungen Dritter bei der Berechnung des Beitrags- und Leistungsverhältnisses keine Berücksichtigung finden können. Sind also für Beiträge bestimmte Leistungen versprochen worden, können die Leistungen nicht auf Grund außerhalb des Versicherungsverhältnisses liegender Umstände gekürzt werden.

402 **Leistungskürzungen** können nur dann vorgesehen werden, wenn der Grund für diese Leistungskürzung im Versicherungsverhältnis selbst liegt. So wird etwa bei der vorgezogenen Altersrente mit Rücksicht auf die längere Rentenbezugsdauer diese um einen entsprechenden versicherungsmathematischen Abschlag gekürzt. Die Höhe dieses Abschlags beträgt 0,3 oder 0,4 % pro Monat des vorzeitigen Rentenbezugs oder wird versicherungsmathematisch exakt ermittelt. Nimmt also ein Versicherter statt im Alter 65 schon im Alter 63 das vorgezogene Altersruhegeld in Anspruch, wird er bei einem 0,4-prozentigen mathematischen Abschlag insgesamt eine Minderung seiner Rente in Höhe von 24 × 0,4 % = 9,6 % in Kauf nehmen müssen.

403 Die Versicherungsbedingungen können auch **leistungserhöhende Merkmale** vorsehen. Hier kommen vor allem Regelungen für den Bereich der Erwerbsminderungs-/Berufsunfähigkeitsrente in Betracht. Um zu vermeiden, dass bei sehr kurzer Versicherungsdauer im Falle der Erwerbsminderung/Berufsunfähigkeit eine nur niedrige Rente gezahlt wird, wird – in Anlehnung auch an die gesetzliche Rentenversicherung – bei der Berechnung der Leistungshöhe oft eine sog. Zurechnungszeit berücksichtigt. Im Versicherungsfall wird dann die Rente so berechnet, als wenn der Versicherte bis zu einem bestimmten Alter (z. B. bis zum 55. oder 60. Lebensjahr) in der Pensionskasse versichert gewesen wäre, obgleich der Versicherungsfall viel früher eingetreten ist.

404 Die Versicherungsbedingungen enthalten zum Teil auch Bestimmungen für den Fall, dass die Altersrente erst zu einem späteren Zeitpunkt abgerufen wird. Hier wird dann als Ausgleich für den **späteren Rentenbeginn** und die damit verbundene kürzere Rentenbezugsdauer ein versicherungsmathematischer Zuschlag gewährt.

405 Um als soziale Einrichtung zu gelten und von der Körperschaftsteuer befreit zu sein, dürfen Pensionskassenleistungen die in § 2 KStDV genannten Höchstbeträge nicht überschreiten. Es handelt sich hier um folgende Beträge:

Altersruhegeld/Invalidenrente	25 769 Euro jährlich
Witwen-/Witwerrente	17 179 Euro jährlich
Waisengeld für jede Halbwaise	5 154 Euro jährlich
und für jede Vollwaise	10 308 Euro jährlich
Sterbegeld	7 669 Euro jährlich

(s. im Einzelnen Rdnrn. 1033 ff.).

4. Abfindung von Bagatellrenten

Unabhängig von der oben erwähnten Kapitaloption lässt die Versicherungs- **406**
aufsicht auch beim reinen Rententarif die Abfindung von Bagatellrenten zu.
Die Abfindung dient hier nicht dem Zweck, dem Versicherten sofort einen
Kapitalbetrag zur Verfügung zu stellen, sondern soll lediglich den in Relation
zu der geringen Rentenhöhe unverhältnismäßig großen Aufwand der Pensionskasse vermeiden helfen. Zu beachten sind die Abfindungsgrenzen nach
§ 3 BetrAVG. Danach können ohne Zustimmung des Versicherten Leistungen
nur abgefunden werden, wenn die laufende Rente nur ein Prozent der monatlichen Bezugsgröße nach § 18 des SGB IV nicht übersteigen würde (das
sind 29,05 Euro Monatsrente in 2016).

5. Rentenbescheid

Sobald die Pensionskasse ihre Feststellungen zum Rentenanspruch des Ver- **407**
sicherten abgeschlossen hat, wird sie dem Versicherten einen Rentenbescheid
erteilen. Formvorschriften für den Rentenbescheid gibt es nicht. Er sollte alle
Angaben zur auszukehrenden Rente enthalten und auch ggf. Hinweise zur
künftigen Überschussbeteiligung geben. Der Versicherte sollte auf Grund des
Rentenbescheids in der Lage sein, Grund und Höhe der ihm gewährten
Rentenleistung nachzuvollziehen. Kompliziertere Rentenberechnungsverfah-
ren werden auf dem Rentenbescheid nicht aufgeführt. Diese können auf
Anfrage dem Versicherten zur Verfügung gestellt werden.

6. Verjährung

Die Verjährungsfristen für Pensionskassen richten sich nach §§ 195 ff. BGB. **408**
Die Verjährungsfrist beträgt drei Jahre.

Die **Verjährungsfrist beginnt mit Fälligkeit der Leistung.** Streitig ist wohl **409**
bis heute, ob auch die vom Versicherten selbst beizubringenden Fälligkeits-
voraussetzungen für den Beginn der Verjährungsfrist maßgeblich sind. Ist
der Antrag auf Versicherungsleistung oder die Beibringung von Nachweisen
für den Eintritt des Versicherungsfalls Fälligkeitsvoraussetzung, würde
durch reines Nichtstun des Versicherten die Leistung nie fällig werden und
damit auch keine Verjährung eintreten können. Es ist also fraglich, ob durch

die Nichterfüllung von Mitwirkungspflichten des Versicherten der Eintritt der Verjährung vermieden werden kann. Die Rechtsprechung hat bisher genau dieses Ergebnis hingenommen. Danach ist für den Beginn der Verjährung allein entscheidend, von welchem Zeitpunkt an die Leistung verlangt werden konnte, also fällig geworden ist. Dies schließt die Mitwirkung des Versicherten ein. In der Literatur wird hierzu allerdings auch eine andere Auffassung vertreten, nach der zumindest die schuldhafte Unterlassung von Mitwirkungspflichten den Eintritt der Verjährung nicht hindern kann.

410 Der Verjährung unterliegen grundsätzlich nicht nur die laufenden Rentenleistungen, sondern auch das Stammrecht selbst. Ist also Verjährung eingetreten, bedeutet dies nicht nur, dass die Pensionskasse für den vergangenen Zeitraum (Verjährungszeitraum) keine Rentenleistungen zu erbringen hat, sondern auch künftige Leistungen aus Verjährungsgründen ablehnen kann. Zu beachten ist allerdings, dass nach § 18a BetrAVG in jedem Fall nur die laufenden Rentenleistungen der dreijährigen Verjährungsfrist unterliegen, das Rentenstammrecht selbst aber erst nach dreißig Jahren verjährt. Insoweit könnte es zu einer Divergenz zwischen dem versicherungsrechtlichen Anspruch gegen die Pensionskasse und dem arbeitsrechtlichen Anspruch auf betriebliche Altersversorgung gegen den Arbeitgeber hinsichtlich der Verjährung des Rentenstammrechts kommen. Es handelt sich hier aber nur um eine theoretische Fragestellung.

411 In der Praxis spielen Verjährungsfragen bei Pensionskassen keine große Rolle. Nur beitragsfrei Versicherte (mit einer unverfallbaren Anwartschaft ausgeschiedene Arbeitnehmer) achten oft bei Erreichen der Altersgrenze nicht darauf, dass ihnen aus früheren Mitgliedschaften bei einer Pensionskasse noch Ansprüche zustehen. Gegebenenfalls machen in diesen Fällen auch erst nach dem Tode des Berechtigten die Erben Ansprüche geltend. Hier könnten dann Verjährungsfragen auftreten.

412 Die Versicherungsaufsicht erwartet allerdings von Pensionskassen – wie generell bei Versicherungsunternehmen –, sich nur auf die Verjährungseinrede zu berufen, wenn auch materielle Zweifel am Bestehen der Rentenforderung vorhanden sind. Die Berufung auf die Verjährung soll nur Probleme im Hinblick auf die Auseinandersetzung um materielle Rechtsgründe vermeiden. Stellt die Pensionskasse aber auf Grund eigener Prüfung fest, dass materiell ein Rentenanspruch gegeben ist, soll sie auf die Einrede der Verjährung verzichten.

7. Überschussbeteiligung

413 Zu den Leistungen einer Pensionskasse gehört auch die Überschussbeteiligung. Mit Ausnahme der Pensionskassen, die auf Grund ihres besonderen Finanzierungsverfahrens (z. B. Bilanzausgleichsverfahren – vgl. im Einzelnen Rdnrn. 653 f.) keine Überschüsse erwirtschaften, entstehen bei Pensionskassen in der Regel Überschüsse. Die vorsichtige Kalkulation bei Pensionskassen – wie bei anderen Lebensversicherungsunternehmen auch – hatte in

der Vergangenheit häufig zwangsläufig Überschüsse zur Folge. Die Überschüsse sind somit das Äquivalent der vorsichtigen Beitragskalkulation oder – überspitzt formuliert – Ausdruck zu viel gezahlter Beiträge. Mit der Überschussverteilung werden diese „zu viel gezahlten Beiträge" wieder rückerstattet. An dieser Stelle bleibt abzuwarten, wie sich die Überschusssituation bei Pensionskassen vor dem Hintergrund der anhaltenden extremen Niedrigzinslage darstellt. Regelmäßig ist es aktuell so, dass insbesondere in den sog.en Alttarifen mit einem hohen kalkulatorischen Rechnungszins bis auf Weiteres kein Raum für eine über die Garantieleistung hinausgehende Überschussbeteiligung verbleibt.

Soweit Überschüsse anfallen, werden sie zur Erhöhung der Leistungen und **414** der Anwartschaften oder zur Verringerung der Beiträge oder für beide Maßnahmen gleichzeitig verwendet (über Einzelheiten der Überschussverteilung vgl. Rdnrn. 690 ff.).

8. Pfändung und Abtretung

Versorgungsansprüche von Pensionskassen unterliegen der Pfändung. Sie **415** sind Lohnersatzeinkommen. Für sie gelten die **Pfändungsschutzbestimmungen** der §§ 850 ff. ZPO. Die Pensionskasse hat somit bei jeder Pfändung zu prüfen, ob die gepfändete Rente ggf. unterhalb der Pfändungsfreigrenze liegt und somit der Pfändung nicht unterworfen werden kann. Wird die Pensionskassenleistung isoliert gepfändet, dürften regelmäßig die Pfändungsgrenzen höher sein und die Pfändung ins Leere laufen. Gewöhnlich werden aber Pfändungsgläubiger nicht nur die Pensionskassenleistung, sondern auch die gesetzliche Rente und ggf. weitere Versorgungsleistungen des Rentners pfänden und Zusammenrechnung beim Vollstreckungsgericht beantragen. In diesem Fall werden alle Versorgungsleistungen addiert und dann festgestellt, welcher Betrag insgesamt dem Pfändungsgläubiger zur Verfügung steht. Die Pensionskasse wird sich in diesem Fall mit den anderen Drittschuldnern in Verbindung setzen müssen, um zu regeln, welche Leistungen an den Gläubiger und welche Leistungen an den Rentner fließen sollen. Während der Anwartschaftsphase kann ein Gläubiger nur einen evtl. Rückkaufswert pfänden. Derartige rückkaufsfähige Verträge können nach § 167 VVG, § 851c ZPO durch Verzicht auf den Rückkauf in einen – während der Anwartschaftsphase – unpfändbaren Vertrag umgewandelt werden.

Viele Pensionskassen sehen in ihren Versicherungsbedingungen ein Abtre- **416** tungsverbot vor. Damit wird verhindert, dass Abtretungen von Pensionskassenleistungen der Pensionskasse gegenüber wirksam werden. Die Pensionskasse braucht also nur an den Rentenempfänger zu zahlen, ohne die Abtretung zu beachten.

9. Versorgungsausgleich

Neben dem normalen Leistungsspektrum der Pensionskasse ist sie auch von **417** den Regelungen zum Versorgungsausgleich betroffen.

418 Im Zusammenhang mit dem Ehescheidungsverfahren wird der Versorgungsausgleich geregelt. Ausgleichspflichtig sind auch Leistungen einer Pensionskasse. Für Scheidungsverfahren, die nach dem 1.9.2009 anhängig sind, ist
zwingend die Realteilung vorzusehen.

419 Die Realteilung ist bei Pensionskassen regelmäßig intern durchzuführen, kann
aber auch beim Ausgleich von Kleinstrenten bzw. bei ausdrücklicher Vereinbarung der Pensionskasse mit dem Ausgleichsberechtigten extern erfolgen.

420 Ziel des Versorgungsausgleichs ist es, jedes Anrecht, das ein Ehegatte bei
einem Versorgungsträger erworben hat, zwischen den Ehegatten hälftig zu
teilen, soweit es auf die Ehezeit entfällt. Der Ausgleichsberechtigte erhält
danach ein eigenständiges Anrecht auf Versorgung. Die Wertentwicklung
dieses Anrechtes – bei Pensionskassen insbesondere also auch die Überschussbeteiligung – muss in vergleichbarer Weise erfolgen, wie es für die
Anwartschaft des Ausgleichspflichtigen vorgesehen ist. Grundsätzlich ist
dem Ausgleichsberechtigten auch der identische Versicherungsschutz zu
gewähren. Der Versicherungsschutz kann aber durch den Versorgungsträger
auf eine reine Altersrente begrenzt werden.

421 Geteilt werden kann die Rentenanwartschaft bzw. die laufende Rente oder
auch der entsprechende Kapitalwert der Anwartschaft. Der Ausgleichsberechtigte hat nach Durchführung des Versorgungsausgleichs die Stellung
eines ausgeschiedenen Arbeitnehmers. Ohne entsprechende Regelungen in
Satzung und Versicherungsbedingungen einer Pensionskasse werden bei
Durchführung des Versorgungsausgleichs der Pensionskasse unter Umständen also Verpflichtungen auferlegt, die Einfluss auf ihre Geschäftsabläufe
und auch Risikostruktur haben können. Es empfiehlt sich daher, die Rechtsfolgen des Versorgungsausgleichs in einer Teilungsordnung zu konkretisieren. Der materielle Inhalt einer derartigen Teilungsordnung kann auch in den
Versicherungsbedingungen festgelegt werden. Zunächst sollte eine Pensionskasse in den Versicherungsbedingungen den Teilungsgegenstand festlegen.
Es empfiehlt sich regelmäßig, den Kapitalwert einer Rentenanwartschaft zu
teilen und nicht den nominalen Rentenwert. Der Kapitalwert wird sich
hierbei an der entsprechenden Deckungsrückstellung orientieren.

422 Da der Ausgleichsberechtigte häufig nicht der gleichen Risikogemeinschaft
wie das Mitglied der Pensionskasse angehören dürfte, empfiehlt es sich
weiter, die Anwartschaft für den Ausgleichsberechtigten in einem reinen Altersrententarif zu begründen. Konkret wird der auszugleichende Kapitalbetrag in den entsprechenden Tarif eingeführt und daraus die Rentenanwartschaft für den Berechtigten berechnet. Beschränkt eine Pensionskasse den
Risikoschutz für das zu begründende Anrecht auf eine Altersversorgung,
muss nicht bereits durch die Teilungsordnung festgelegt sein, wie sich der
notwendige zusätzliche Ausgleich bei der Altersversorgung errechnet. Es
genügt, wenn dies im Versorgungsausgleichsverfahren dargelegt wird (*BGH*
vom 25.2.2015 – XII ZB 364/14, s. E-BetrAV 272.9 Nr. 19). Für Pensionskassen

rechtlich noch nicht abschließend geklärt ist die Frage, ob der für den Ausgleichsberechtigten aufzulegende Altersrententarif nach aktuellen Rechnungsgrundlagen hinsichtlich Biometrie und auch Rechnungszins kalkuliert werden kann/darf oder ob im Sinne der hälftigen Teilhabe des Berechtigten an den Versorgungsanwartschaften des Ausgleichspflichtigen auch der Altersrententarif nur in der Tarifgeneration zu erfolgen hat, die dem Anrecht des Ausgleichspflichtigen zugrunde liegt. Für Direktzusagen entschied der *BGH* mit Beschluss vom 19.8.2015 (XII ZB 443/14), dass bei einer internen Teilung das neu zu begründende Anrecht des Ausgleichsberechtigten nicht mit einem geringeren Rechnungszins als bei dem auszugleichenden Anrecht kalkuliert werden darf. Ob diese Entscheidung allerdings auch auf Anrechte bei Pensionskassen angewendet werden kann oder muss, ist gegenwärtig noch offen.

Da der Ausgleichsberechtigte nach § 12 VersAusglG die Stellung eines aus- **423** geschiedenen Arbeitnehmers erlangt, sollte die Pensionskasse auch prüfen, inwieweit die bei ihr bestehenden Regelungen zu den ausgeschiedenen Arbeitnehmern auch für den Ausgleichsberechtigten anwendbar sein sollen. Dies gilt insbesondere für das satzungsrechtliche Stimmrecht im obersten Organ und gegebenenfalls auch für die Möglichkeit einer Weiterversicherung. Während einige Pensionskassen auch dem Ausgleichsberechtigten eine beitragsbelegte Versicherung in der Pensionskasse anbieten, werden andere Pensionskassen dieses Recht wie auch ein eventuelles Stimmrecht den Ausgleichsberechtigten gerade nicht geben wollen. Hier sind entsprechende satzungsrechtliche Regelungen erforderlich. Inwieweit hierbei der Ausschluss der Weiterversicherungsmöglichkeit für den Ausgleichsberechtigten rechtlich problematisiert werden kann, wenn gleichzeitig – wie üblich – der ausgeschiedene Arbeitnehmer eine Weiterversicherungsmöglichkeit hat, ist bisher noch nicht Gegenstand einer gerichtlichen Entscheidung gewesen.

Pensionskassen haben auf Anforderung des Familiengerichts entsprechende **424** Auskünfte über das zu teilende Anrecht des Ausgleichspflichtigen zu geben und einen entsprechenden Teilungsvorschlag zu unterbreiten. Für die Auskünfte werden entsprechend entwickelte Formularvorgaben von den Gerichten verwendet. In der Praxis spielen sich die Abläufe zwischen den Versorgungsträgern und den erkennenden Gerichten – nach höchstrichterlicher Klärung wichtiger Grundsatzfragen – zunehmend ein.

Für Pensionskassen nach wie vor nicht höchstrichterlich entschieden ist die **425** Frage der Berücksichtigung der Wertentwicklung zwischen Ende der Ehezeit und Rechtskraft der Versorgungsausgleichsentscheidung. Grundsätzlich ist maßgeblicher Zeitpunkt für die Bewertung des Anrechts das Ende der Ehezeit. Gerade bei langwierigen Ehescheidungsverfahren kann allerdings zwischen Ehezeitende und Rechtskrafteintritt der schließlich zu übertragende Wert ganz maßgeblich davon abhängen, ob und wie eine nachehezeitliche Wertentwicklung berücksichtigt wird. In der oben zitierten Entscheidung vom 19.8.2015, die allerdings eine betriebliche Direktzusage betraf, stellte der *BGH* weiterhin klar, dass der Halbteilungsgrundsatz auch gewahrt werde, wenn der Ausgleichsberechtigte in der Zeit zwischen Ehezeitende und dem Zeitpunkt der Rechtskraft der Entscheidung über den Versorgungsausgleich an der Entwicklung des Anrechts nach den biometrischen Rechnungsgrundlagen des Ausgleichspflichtigen teilhat. Besonders dramatische Folgen kann die nachehezeitliche Wertentwicklung bei der Scheidung von Rentnern haben. Hier findet für den Ausgleichspflichtigen auf Grund der laufenden Rentenzahlung eine Verringerung des Kapitalwerts statt. Zur Berücksichtigung des nachehezeitlichen Rentenbezuges hat der *BGH* mit Beschluss vom 17.2.2016 (XII ZB 447/13, s. E-BetrAV 272.6 Nr. 18) dahingehend Stellung bezogen, dass der durch den laufenden Rentenbezug eintretende Kapitalverzehr zwar nicht als tatsächliche Veränderung i. S. d. § 5 Abs. 2 VersAusglG anzusehen sei, jedoch der Ausgleich durch eine Verschiebung des Berechnungsstichtages auf den versicherungsmathematischen Barwert der Rente bei Eintritt der Rechtskraft zu beschränken ist. Der durch die laufenden Rentenzahlungen reduzierte Barwert des zu teilendes Anrechts soll so gleichmäßig auf beide Ehegatten verteilt werden. Dies könne in der Praxis bspw. dadurch erreicht werden, dass die Gerichte Auskünfte anfordern, deren Bewertungsstichtag möglichst nah am zu erwartenden Eintritt der Rechtskraft liegt. Eventuelle Korrekturen, etwa wenn der Ausgleichsberechtigte nicht in Form von Unterhaltszahlungen von den zwischenzeitlichen Auszahlungen profitiert hat, seien auf anderer Ebene – beispielsweise durch einen (teilweisen) Nichtausgleich einzelner Anrechte des Ausgleichsberechtigten oder etwa eine Regelung im Rahmen des schuldrechtlichen Versorgungsausgleichs – vorzunehmen.

426 Der Versorgungsausgleich kann auch extern durchgeführt werden. Pensionskassen können dann den Übertragungswert auf einen anderen Versorgungsträger übertragen, der von dem Ausgleichsberechtigten beim Gericht als Zielversorgungsträger benannt wird. Das alleinige Recht zur Durchführung der externen Teilung hat die Pensionskasse aber nur, wenn es sich um relativ geringe Ausgleichswerte handelt. Gemäß § 14 Abs. 2 Nr. 2 VersAusglG darf der Ausgleichswert bei einem Rentenbetrag nur 2 %, als Kapitalwert 240 % der monatlichen Bezugsgröße nach § 18 Abs. 1 SGB IV betragen.

427 Bei der Übertragung sind steuerrechtliche Kriterien zu beachten (vgl. auch steuerrechtliches Umfeld, Strukturreform des Versorgungsausgleichs, Rdnrn. 1002 ff.). Die Übertragung auf eine Pensionskasse ist hierbei steuerneutral, bei der Übertragung z. B. auf ein Lebensversicherungsunternehmen kann die Übertragung zur Steuerpflicht beim Ausgleichspflichtigen führen, der seinerseits der externen Teilung wegen der steuerlichen Wirkung widersprechen kann.

428 Pensionskassen können selbst als Träger einer Zielversorgung für den Ausgleichsberechtigten zur Verfügung stehen, wenn das Trägerunternehmen die

bei ihm bestehenden Direktzusagen oder Unterstützungskassenzusagen extern teilen möchte und der Ausgleichsberechtigte die Pensionskasse als Zielversorgung wählt und auch zu den in § 233 Abs. 1 Nr. 3 VAG genannten Personen gehört. Die Übertragung wäre steuerneutral möglich. Beabsichtigt eine Pensionskasse, als Zielversorgung für den externen Versorgungsausgleich zur Verfügung zu stehen, muss sie dies entsprechend in Satzung und Versicherungsbedingungen regeln. Zudem ist zu berücksichtigen, dass mit Eintritt der Rechtskraft der Entscheidung über die externe Teilung für den Ausgleichsberechtigten ein unmittelbarer Leistungsanspruch gegen den Zielversorgungsträger begründet wird (*BGH* vom 13.2.2013 – XII ZB 631/12, s. E-BetrAV 272.8 Nr. 6a). Die tatsächliche Zahlung des Ausgleichsbetrages durch den abgebenden Versorgungsträger ist für die Entstehung des Anspruchs des Ausgleichsberechtigten gegenüber dem Zielversorgungsträger ohne Belang. Das Ausfallrisiko liegt damit bei der aufnehmenden Pensionskasse. Der Ausgleichsbetrag ist für den Zeitraum zwischen Ehezeitende und Rechtskraft der Entscheidung mit dem Rechnungszins des abgebenden Versorgungsträgers zu verzinsen. Eine Verzinsung bis zum tatsächlichen Eingang der Ausgleichsbetrages beim Zielversorgungsträger ist hingegen gesetzlich nicht geboten (*BGH* vom 7.5.2014 – XII ZB 645/12, s. E-BetrAV 272.8 Nr. 12). Leistet ein zahlungspflichtiger Versorgungsträger nicht rechtzeitig, kann die Pensionskasse den Verzögerungsschaden nach den allgemeinen Regeln über den Verzug mit einer Geldschuld geltend machen.

429 Noch nicht abschließend geklärt ist, ob bei einer extern geteilten Direktzusage im Falle einer Insolvenz des Arbeitgebers der PSVaG Erstattungsansprüche gegen die aufnehmende Pensionskasse geltend machen kann.

VIII. Sicherungsvermögen und Treuhänder
(Linke)

1. Sicherungsvermögen

a) Anwendungsbereich

430 Die Bestimmungen über das Sicherungsvermögen (§§ 125 ff. VAG) sind grundsätzlich bindend für alle privatrechtlich organisierten Lebensversicherungsunternehmen. Einrichtungen, die nicht Lebensversicherungsunternehmen sind, für die das VAG und die damit verbundene Aufsicht nicht gilt, werden insbesondere im § 3 VAG aufgeführt. Ob ein Unternehmen allerdings letztendlich wirklich der Aufsicht unterliegt, entscheidet abschließend die Aufsichtsbehörde, also die BaFin (§ 4 VAG). Diese kann nach § 210 Abs. 3 VAG Abweichungen von den Sicherungsvermögensvorschriften in § 125 VAG für kleinere VVaG gestatten oder sie vorübergehend oder gänzlich von der Aufsicht freistellen (§ 5 Abs. 1 VAG).

b) Begriff

431 Das Sicherungsvermögen hat u. a. die Aufgabe, für alle aus den Versicherungsverhältnissen resultierenden Ansprüchen (wertmäßig durch die Deckungsrückstellung repräsentiert) bestimmte Vermögensgegenstände vom sonstigen Vermögen des Versicherungsunternehmens zu trennen und im Insolvenzfall gegenüber den Ansprüchen von Gläubigern des Versicherungsunternehmen zu sichern. Diese besondere Sicherungsfunktion besteht vor allem auch deswegen, damit der Versicherungsnehmer für seine Forderungen in Höhe des Anteils am Sicherungsvermögen Vorrang vor den Forderungen aller übrigen Insolvenzgläubiger besitzt (§ 315 VAG).

432 Die bilanzielle Gegenposition zur Deckungsrückstellung stellen auf der Aktivseite der Bilanz die zum Sicherungsvermögen gehörenden Vermögenswerte dar. Das Sicherungsvermögen ist als Summe derjenigen Vermögenswerte definiert, die mit ihren Anrechnungswerten in das Vermögensverzeichnis eingetragen sind. Zusätzlich gehören auch die auf diese entfallenden Nutzungsrechte (z. B. Zinsabgrenzungen, Ausschüttungsansprüche, Mietforderungen), die nicht eingetragen werden müssen, zum Sicherungsvermögen. Es dient dazu, die Ansprüche der Versicherungsnehmer gegenüber dem Versicherungsunternehmen zu sichern.

433 Dieser Schutzfunktion trägt der Gesetzgeber in vielfältiger Weise Rechnung, indem er detailliert die Anlage und Verwahrung des für das Sicherungsvermögen bestimmten Vermögens sowie die Form der Eintragung in das Sicherungsvermögensverzeichnis vorschreibt. Erst im Zeitpunkt der Eintragung wird die Trennung des Sicherungsvermögens vom übrigen Vermögen des Versicherungsunternehmens dokumentiert, wodurch das Vorzugsrecht in der Insolvenz und der Zugriff vor anderen Gläubigern entstehen.

434 § 125 Abs. 2 VAG definiert die Bestandteile des Sicherungsvermögens-Soll, zu dem vor allem die Beitragsüberträge, die Deckungsrückstellung, die Rückstellung für noch nicht abgewickelte Versicherungsfälle, die Rückstellung für erfolgsunabhängige Beitragsrückerstattung sowie die Verbindlichkeiten aus dem selbst abgeschlossenen Versicherungsgeschäft gegenüber Versicherungsnehmern zu zählen sind.

435 Darüber hinaus muss das Sicherungsvermögen auch Teile der Rückstellung für noch nicht abgewickelte Versicherungsfälle und Rückkäufe bedecken, die nicht aus den Deckungsrückstellungen der einzelnen Versicherungsverträge stammen, wie beispielsweise die Barwerte der künftigen Erwerbsminderungsleistungen so lange, bis über den jeweiligen speziellen Fall abschließend entschieden worden ist.

436 Der frühere Begriff des ,gebundenen Vermögens', das zwischen Sicherungsvermögen und sonstiges gebundenes Vermögen unterschied, ist nicht mehr relevant, seit Lebensversicherungsunternehmen unter Solvency II fallen. Es wird nunmehr nur noch vom Sicherungsvermögen gesprochen, zu dem die soeben beschriebenen Vermögenswerte gehören

Schematische Darstellung: 437

Aktiva	Passiva
Freies Vermögen	Eigenkapital (Verlustrücklage und Eigenmittelsurrogate wie z. B. Genussrecht und Gründungsstock)
Sicherungsvermögen	Deckungsrückstellung
	Rückstellung für Beitragsrückerstattung
	Sonstige versicherungstechnische Verbindlichkeiten und Rückstellungen
Freies Vermögen	Sonstige Passiva

Zur Kennzeichnung des Sicherungsvermögens ist ein Vermögensverzeichnis einzurichten. Für Anlage (§ 124 VAG) und Verwahrung (§ 125 VAG) des Sicherungsvermögens wurden vom Gesetzgeber und von der Aufsichtsbehörde detaillierte Vorschriften erlassen.

c) Anlagegrundsätze für das Sicherungsvermögen

Gemäß § 124 Abs. 1 VAG müssen Versicherungsunternehmen ihre gesamten   438
Vermögenswerte nach dem Grundsatz der unternehmerischen Vorsicht anlegen. Dabei dürfen sie ausschließlich in Vermögenswerte investieren, deren Risiken sie hinreichend identifizieren, bewerten, überwachen, steuern, kontrollieren und in ihre Berichterstattung einbeziehen können (§ 124 Abs. 1 Nr. 1 VAG). Außerdem sind sämtliche Vermögenswerte so anzulegen, dass Sicherheit, Qualität, Liquidität und Rentabilität des Portfolios als Ganzes sichergestellt werden (§ 124 Abs. 1 Nr. 2 VAG). Diese allgemeinen Anlagegrundsätze beziehen sich nur auf die Kapitalanlagen, die zum Sicherungsvermögen gehören. Für die Anlage des freien Vermögens gibt es keinerlei Beschränkungen. § 215 Abs. 1 VAG spezifiziert für kleine Versicherungsunternehmen, also auch für Pensionskassen, dass die Kapitalanlage so zu erfolgen hat, dass möglichst große Sicherheit und Rentabilität bei jederzeitiger Liquidität des Versicherungsunternehmens unter Wahrung angemessener Mischung und Streuung erreicht wird:

– Grundsatz der Sicherheit

Im Hinblick auf die Erfüllbarkeit der Versicherungsverträge ist dem Gebot der möglichst großen Sicherheit, unbedingt Vorrang einzuräumen. Gegenwärtige und erkennbare zukünftige Risiken sind bei der Kapitalanlage auszuschließen. Dies erfordert eine permanente Überwachung. Dazu gehört auch, dass Anlagen und Vermögenswerte, die nicht zum Handel an einem geregelten Finanzmarkt zugelassen sind, auf einem vorsichtigen Niveau zu halten sind (§ 124 Abs. 1 Nr. 6 VAG).

- **Grundsatz der Rentabilität**

  Kapitalanlagen haben einen nachhaltigen Ertrag zu erzielen. Dabei ist eine bestimmte Mindestrendite nicht vorgeschrieben. Allerdings gilt eine Verzinsung unterhalb des Rechnungszinses für den jeweiligen Tarif als nicht ausreichend und würde zu evtl. Maßnahmen seitens der BaFin führen.

- **Grundsatz der Liquidität**

  Ein Versicherungsunternehmen muss seine fälligen Zahlungsverpflichtungen jederzeit erfüllen können.

- **Grundsatz der Mischung und Streuung**

  Eine einseitige Anlagepolitik ist zu vermeiden. Eine übermäßige Abhängigkeit von einem bestimmten Vermögenswert, Emittenten, geographischen Raum und eine übermäßige Risikokonzentration im Portfolio als Ganzes muss verhindert werden (§ 124 Abs. 1 Nr. 7 VAG). Es soll ein Risikoausgleich durch die Verteilung der Kapitalanlagen auf verschiedene Anlageformen (Mischung) und Schuldner (Streuung) erreicht werden.

Die Grundsätze Sicherheit, Liquidität und Rentabilität sind nicht vollständig miteinander vereinbar. Daher wurde der Grundsatz der Mischung und Streuung eigeführt, der die in Konflikt stehenden Kapitalanlagegrundsätze berücksichtigt und zu einem Kompromiss führt.

439 Ferner gehört zu den allgemeinen Anlagegrundsätzen die Vorschrift, dass die Verwendung derivativer Finanzinstrumente nur zur Verringerung von Risiken oder zum Zwecke der Erleichterung der Portfolioverwaltung zulässig ist. Geschäfte mit derivativen Finanzinstrumenten, die lediglich den Aufbau reiner Handelspositionen (Arbitragegeschäfte) bezwecken oder bei denen entsprechende Wertpapierbestände nicht vorhanden sind (Leerverkäufe), dürfen nicht getätigt werden (§ 124 Abs. 1 Nr. 5 VAG).

440 Neben diesen allgemeinen Anlagegrundsätzen gelten für das Sicherungsvermögen spezielle Anlagevorschriften. § 215 Abs. 2 VAG enthält eine Liste von 8 verschiedenen Anlagekategorien, in die ausschließlich angelegt werden darf, sofern die Aufsichtsbehörde nicht bei Vorliegen außergewöhnlicher Umstände im Einzelfall auf Antrag vorübergehend andere Vermögensgegenstände genehmigt (§ 215 Abs. 2 VAG).

441 Um weitere Details zu klären, erging vom BMF nach den Ermächtigungsvorschriften der § 217 Satz 1 Nr. 6 VAG und § 235 Abs. 1 Satz 1 Nr. 10 VAG die Verordnung über die Anlage des Sicherungsvermögens von Pensionskassen (...) (AnlV). Die derzeit gültige Fassung datiert vom 18.4.2016 und ersetzt die alte Verordnung für die gesamte Versicherungswirtschaft, die nach der Einführung von Solvency II für Versicherungsunternehmen zum 1.1.2016 außer Kraft gesetzt wurde. Für diese Versicherer ist die Kapitalanlage im Gegensatz zu Pensionskassen nicht mehr durch externe quantitative Vorschriften eingeschränkt. Es muss allerdings ein Anlagekatalog erstellt wer-

den, der Sicherheit, Qualität, Liquidität und Rentabilität der gesamten Kapitalanlage sicherstellt. Für Pensionsfonds gilt die Verordnung betreffend die Aufsicht über Pensionsfonds (Pensionsfonds-Aufsichtsverordnung – PFAV) in der derzeit gültigen Fassung vom 18.4.2016.

In § 1 AnlV wird nochmals klargestellt, dass die allgemeinen Anlagegrundsätze der §§ 124 Abs. 1 und 215 Abs. 1 für Pensionskassen anzuwenden sind. **442** Weiterhin ist ein qualifiziertes Anlagemanagement, geeignete interne Kapitalgrundsätze und Kontrollverfahren, eine strategische und taktische Anlagepolitik sowie weitere organisatorische Maßnahmen bereitzustellen. Sämtliche Risiken der Aktiv- und Passivseite und des Verhältnisses zueinander sind auch unter Berücksichtigung bestimmter Kapitalmarktszenarien zu prüfen. Es ist sicherzustellen, dass jederzeit auf sich wandelnde wirtschaftliche und rechtliche Bedingungen, auch bei Katastrophenereignissen mit Schadensfällen großen Ausmaßes, angemessen reagiert werden kann.

§ 2 Abs. 1 AnlV listet konkret auf Ausschlussbasis 18 verschiedene **Anlage-** **443** **formen** auf, in die investiert werden darf. Kapitalanlagen, die nicht in diesen Katalog fallen, sind nicht für das Sicherungsvermögen geeignet. In § 3 AnlV werden verschiedene Mischungsquoten definiert. Von Bedeutung sind insbesondere folgende Quoten:

- die Quote für ABS/CLN von 7,5 %,
- die Quote für sonstige AIF (Alternative Investment Fonds) von 7,5 %,
- die Darlehensquote von 5 %,
- die Risikokapitalquote von 35 %,
- die Immobilienquote von 25 %,

jeweils des Sicherungsvermögens. Dabei wird die Quote für sonstige AIF zusätzlich auf die Risikokapitalquote angerechnet. Ebenfalls erhöht ein 100 % übersteigendes Marktrisikopotential bei Einsatz von Derivaten die Risikokapitalquote. Zu beachten ist, dass für Anteilen an inländischen Sondervermögen (Investmentfonds) eine sog. Durchrechnung möglich, aber nicht zwingend ist. Danach werden die Anlagegegenstände der Investmentfonds so in den Anlagekatalog und die Mischungsquoten eingeordnet, als ob sie sich in der Direktanlage befinden würden. Voraussetzung dafür ist eine transparente Zusammensetzung des Investmentvermögens und eine zeitnahe Unterrichtung des Versicherungsunternehmens durch die Kapitalverwaltungsgesellschaft. Nicht transparente Fonds werden dagegen gemäß der erlassenen Vertragsbedingungen oder Investment-Guidelines voll auf die danach zulässigen Grenzen angerechnet, was in den meisten Fällen sich negativ auf das Unternehmen auswirkt. Neben dem Anlagekatalog und den Mischungsquoten existiert eine Öffnungsklausel, die es ermöglicht, darüber hinaus bis zu 5 % zusätzlich in weitere Anlagen zu investieren. Der BaFin wird allerdings die Möglichkeit gegeben, den Anlagenkatalog und die Quoten individuell zu begrenzen.

444 § 4 AnlV definiert einzelne **Streuungsquoten**. Alle Anlagen eines Schuldners dürfen insgesamt 5 % des Sicherungsvermögens nicht übersteigen. Auf diese Quote sind auch die 10 größten Schuldner in Investmentsondervermögen anzurechnen. Daneben werden diverse Sonderquoten definiert, insbesondere für Kreditinstitute. So gilt für Anlagen bei ein- und demselben geeigneten Kreditinstitut eine Quote von 15 % des Sicherungsvermögens. Voraussetzung für die Nutzung dieser erhöhten Quote ist eine bestehende besondere Deckungsmasse, eine umfassende Institutssicherung oder ein öffentlich-rechtlicher Status des Kreditinstituts. Anteile an Unternehmen, wie Aktien, dürfen durchgerechnet höchstens 1 % des Sicherungsvermögens betragen. Für ein einzelnes Grundstück gilt eine Obergrenze von 10 %. Bei Pensionskassen mit einem alleinigen Trägerunternehmen dürfen bei diesem maximal 5 % angelegt werden, bei mehreren Trägerunternehmen gilt eine Grenze von maximal 15 % des Sicherungsvermögens.

445 § 5 AnlV regelt die **Kongruenz**. Das Sicherungsvermögen ist nach Maßgabe der Regeln in Vermögensgegenständen anzulegen, die auf dieselbe Währung lauten, in der die Versicherungen erfüllt werden müssen. Für Pensionskassen gilt der allgemeine Grundsatz, dass nicht mehr als 30 % des Sicherungsvermögens in einer anderen Währung als diejenige der Verpflichtungen angelegt werden dürfen. Dabei gilt das Nettoprinzip, d. h. ein evtl. Währungshedge wird vor der Berechnung der Quote berücksichtigt.

446 In § 1 Abs. 5 AnlV wird die Aufsichtsbehörde ermächtigt, nähere Vorgaben zu den Vorschriften der AnlV zu erlassen. Dies ist in Form von diversen Rundschreiben und Verlautbarungen geschehen. Von besonderer Bedeutung sind dabei die nachfolgenden Rundschreiben[2]:

– R 4/2011 (VA): Hinweise zur Anlage des gebundenen Vermögens von Versicherungsunternehmen (Kapitalanlagerundschreiben)
– R 3/99: Hinweise zu Geschäften mit strukturierten Produkten
– R 3/2000: Hinweise zu den nach § 7 Abs. 2 Satz 2 VAG möglichen Geschäften (Derivative Finanzinstrumente)
– R 1/2002: Hinweise zu Anlagen in Asset-Backed-Securities und Credit-Linked-Notes
– R 7/2004 (VA): Anlagen in Hedgefonds

Diese Rundschreiben basieren auf dem VAG a. F. und sind somit in der Referenzierung nicht mehr aktuell. Ersetzende neue Rundschreiben liegen derzeit vereinzelt lediglich als Entwurf vor. Bis zu deren Veröffentlichung soll die bisherige Praxis beibehalten werden und diese Rundschreiben analog angewendet werden. Allerdings bestehen derzeit bei diversen Punkten Auslegungsschwierigkeiten, die erst durch eine Konkretisierung in den überarbeiteten Rundschreiben geklärt werden können.

---

2 Abgedruckt in H-BetrAV, Teil II: R 4/2011 (VA): C. IV. 190 Nr. 28; R 3/99: C. IV. 190 Nr. 16; R 3/2000: C. IV. 190 Nr. 18; R 1/2002: C. IV. 195 Nr. 3 und R 7/2004 (VA): C. IV. 190 Nr. 24.

Eine zentrale Bedeutung hat das **Kapitalanlage-Rundschreiben** R 4/2011   447
(VA). Als Einleitung werden darin in Abschnitt B 2 Hinweise zum Kapital-
anlagemanagement gegeben. Die Vermögensanlage ist mit gebotener Sach-
kenntnis und Sorgfalt unter Berücksichtigung des gesamten Risiko/Ertrags-
profils zu tätigen. Es sind interne Anlagegrundsätze zur Konkretisierung der
Anlagepolitik zu erstellen. Interne Kontrollverfahren, bestehend aus einem
Berichts- und Kontrollsystem sowie einer internen Revision, sind einzurichten. Das Kapitalanlagerisikomanagement ist dabei verantwortlich für:

- die Überwachung der Einhaltung der beschlossenen Anlagepolitik,
- die förmliche Feststellung von Verstößen und die sofortige Berichterstattung gegenüber dem Vorstand und
- die Überprüfung des Aktiv-Passiv-Verhältnisses sowie der Liquiditätslage
  (Abschnitt B 2.3).

Als wesentliche Voraussetzung für die Entwicklung der strategischen Anlagepolitik wird die Durchführung eines Asset-Liability-Managements (ALM)
als ein fester Ablauf gesehen (Abschnitt B 2.4). Deren Zielsetzung ist aus der
Risikostrategie abzuleiten und klar zu definieren. Alle wesentlichen Risiken
sind zu identifizieren und zu erfassen. Die zu treffenden Annahmen sind
vorsichtig zu wählen und regelmäßig zu überprüfen bzw. anzupassen. Die
Analyse hat verschiedene Kapitalmarktszenarien und Investitionsbedingun-
gen, auch unter Berücksichtigung negativer externer Rahmenbedingungen,
sowie deren Auswirkungen auf die Bedeckung zu umfassen.

Ein wesentlicher Bestandteil des Rundschreibens sind die sehr detaillierten   448
Erläuterungen zu den allgemeinen Anlagegrundsätzen in Abschnitt B 3 sowie
den Anlagekatalog des § 2 Abs. 1 AnlV in Abschnitt B 4, wobei eine Vielzahl
von Auslegungsentscheidungen konkretisiert werden. Nach der Klarstellung
in Abschnitt 3.4 b) bedeutet Mischung, dass keine einzelne Anlageart über-
wiegen darf, d. h. nicht mehr als 50 % des Anlagebestandes ausmachen darf.
Wichtige Vorschriften im Abschnitt 4, die nicht nur für die Direktanlage,
sondern auch für Anlagen innerhalb der Investmentvermögen gelten, betreffen geratete Inhaberschuldverschreibungen. Diese dürfen, ausreichende
Risikotragfähigkeit vorausgesetzt, nur mit einem Mindestrating von B-, also
nicht schlechter als sog.e High-Yields, erworben werden. Bei einer Rating-
Herabstufung unterhalb von High Yield sind sie unter Beachtung des in
Abschnitt B 3.1 d) beschriebenen Prozesses zu veräußern. Für High Yield gilt
zudem eine spezielle Anlagequote von 5 % des Sicherungsvermögens, die
zusätzlich auf die Risikokapitalquote angerechnet wird.

Wesentlich sind ferner z. B. in Abschnitt B.4.6 die Verpflichtung zu einem   449
externen Investment-Grade-Rating bei Asset-Backed-Securities und Credit-
Linked-Notes sowie in Abschnitt 4.10 die Ausführungen zu Immobilien. Die
Abschnitte zu Beteiligungen und Wertpapier-Sondervermögen müssen derzeit auf Grund der geänderten Anlageverordnung als teilweise überholt

angesehen werden. Es existieren in der Praxis bereits diverse, teilweise kontrovers diskutierten Auslegungen. Endgültige Klarheit wird aber erst nach Inkrafttreten eines überarbeiteten Rundschreibens herrschen.

450 In den Abschnitten B 5 bis B 7 enthält das Rundschreiben abschließend Erläuterungen zur Öffnungsklausel, den Mischungsquoten und der Kongruenz.

451 Die in Rdnr. 446 genannten anderen Rundschreiben enthalten Details zu speziellen Kapitalanlageinstrumenten. Dabei werden teilweise weitere Anlagequoten präzisiert; z. B. in R 3/2000 die Vorschrift in Abschnitt A I 3., dass Vorkäufe von bis zu einem Jahr auf 7,5 % des Bestandes der Kapitalanlagen am letzten Bilanzstichtag begrenzt sind. Ferner dürfen Erwerbsvorbereitungsgeschäfte maximal bis zur Höhe von 7,5 % des Bestandes der Kapitalanlagen am letzten Bilanzstichtag getätigt werden. Der Verkauf von Verkaufsoptionen ist insgesamt auf 1,5 % des Bestandes der Kapitalanlagen am letzten Bilanzstichtag begrenzt [Abschnitt A II 3 b)]. Dies hat insbesondere Auswirkungen auf die zulässige Höhe der beliebten sog. Multitranchen.

d) Zuführungen zum Sicherungsvermögen

452 Der Führung des Sicherungsvermögens kommt besondere Bedeutung zu. Erst mit Eintragung eines Vermögensgegenstandes in das Vermögensverzeichnis gehört dieser zum Sicherungsvermögen und steht zur bevorrechtigten Befriedigung von Ansprüchen der Berechtigten zur Verfügung. Das Vermögensverzeichnis ist das fortlaufend auf den hierfür vorgesehenen Vordrucken erstellte Verzeichnis der im Laufe des Geschäftsjahres zu- und abgehenden Werte des Sicherungsvermögens (R 12/2005 (VA) Abschnitt 1.1.1, s. H-BetrAV, Teil II, C. IV. 60 Nr. 20). Das Vermögensverzeichnis ist „laufend" zu führen, d. h. Beträge sind schon im Laufe des Geschäftsjahres in solcher Höhe dem Sicherungsvermögen zuzuführen und vorschriftsmäßig anzulegen, wie es dem voraussichtlichen Anwachsen des Sicherungsvermögen-Soll entspricht (§ 125 Abs. 1 VAG). Hiermit wird sichergestellt, dass das Sicherungsvermögen die Deckungsrückstellung nicht nur am Ende eines jeden Geschäftsjahres, sondern während des gesamten Jahres bedeckt.

453 Sofern das Sicherungsvermögen zu einem Zeitpunkt nicht den erforderlichen Mindestumfang erreicht, ist der fehlende Betrag unverzüglich zuzuführen (§ 127 Abs. 1 VAG). Die Aufsichtsbehörde kann anordnen, dass dem Sicherungsvermögen über den Mindestumfang hinaus weitere Beträge zuzuführen sind, wenn dies zur Wahrung der Belange der Versicherten geboten erscheint (§ 127 Abs. 2 VAG), z. B. bei besonderen Wertverlusten von Vermögenswerten. Eine außerordentliche Zuführung kann insbesondere unter Berücksichtigung von niedrigeren Zeitwerten der Vermögensgegenstände des Sicherungsvermögens erforderlich sein.

e) Entnahmen aus dem Sicherungsvermögen

454 Dem Sicherungsvermögen dürfen außer den Mitteln, die zur Vornahme und Änderung der Kapitalanlagen erforderlich sind, nur die Beträge entnommen

werden, die durch Eintritt oder Regulierung des Versicherungsfalls, durch Rückkauf oder dadurch frei werden, dass sonst ein Versicherungsverhältnis beendet oder der Geschäftsplan geändert wird (§ 130 Abs. 1 VAG). Über das Sicherungsvermögen darf nur mit schriftlicher Zustimmung des Treuhänders verfügt werden. Dies ist durch entsprechende Maßnahmen (Treuhändersperre, Doppelverschluss, Pfandverzichtserklärungen) sicherzustellen. Verfügungen ohne Treuhänderzustimmung sind gegenüber den Versicherten unwirksam. Für Einzelheiten siehe Rundschreiben R 03/2016 (VA) und Abschnitt VIII 2.

f) Aufbewahrung der Sicherungsvermögensgegenstände

Nach § 125 Abs. 4 VAG ist das Sicherungsvermögen wegen seiner Sicherungsfunktion gesondert von jedem anderen Vermögen zu verwalten und im Gebiet der Mitglieds- und Vertragsstaaten aufzubewahren. Die Art der Aufbewahrung muss der Aufsichtsbehörde angezeigt werden. Das Erfordernis der gesonderten Verwaltung eines Sicherungsvermögens kann nicht durch eine vereinfachte buchmäßige Trennung der Vermögenswerte erfüllt werden, vielmehr bedarf es einer klaren Absonderung. Das gilt sowohl für die Eigen- als auch die Fremdverwahrung, z. B. die Depotverwahrung oder die Verwahrung durch die Bundeswertpapierverwaltung (ausführlich R 12/2005 (VA) Abschnitt 3.3). **455**

Mit Genehmigung der Aufsichtsbehörde können selbstständige Abteilungen des Sicherungsvermögens gebildet werden. Was für das Sicherungsvermögen und die Ansprüche daran vorgeschrieben ist, gilt dann entsprechend für jede selbstständige Abteilung (§ 125 Abs. 6 VAG). In diesem Fall sind auch die einzelnen Abteilungen getrennt voneinander zu verwahren. Deshalb müssen z. B. die in einem Banktresor verwahrten Sicherungsvermögens-Wertpapiere entsprechend ihrer Zuordnung zu den verschiedenen Abteilungen in getrennten Behältnissen verwahrt werden (R 12/2005 (VA) Abschnitt 3.3.2). **456**

Die auf Sicherungsvermögenswerte entfallenden Tilgungen sind von dem entsprechenden Sicherungsvermögen abzusetzen. Werden die Sicherungsvermögens-Wertpapiere in Streifbandverwahrung aufbewahrt, so muss für diese Urkunden ein besonderes Sicherungsvermögensdepot angelegt sein, das als solches zu kennzeichnen ist. Vom verwahrenden Kreditinstitut ist eine Pfandverzichtserklärung nach dem in Anlage 16a zum R 12/2005 (VA) vorgeschriebenen Vordruck einzuholen. Bei der Girosammelverwahrung in einer Wertpapiersammelbank hat die Depotbank ebenfalls eine Pfandverzichtserklärung gemäß Anlage 16a zum R 12/2005 (VA) abzugeben. Im Verwahrungsbuch des Kreditinstituts muss die Zugehörigkeit der Sammelbestandsanteile zum Sicherungsvermögen des Versicherungsunternehmens vermerkt sein – R 12/2005 (VA) Abschnitt 3.3.2.2. Wird eine Schuldbuchforderung teilweise dem Sicherungsvermögen, zum anderen Teil aber dem übrigen Vermögen des Versicherungsunternehmens zugeordnet, so genügt der alleinige Treuhänder-Sperrvermerk nicht, sondern es muss für den Sicherungsvermögensteil ein gesondertes Konto eingerichtet werden. **457**

458 Termin- und Festgelder oder Spareinlagen bei einer Bank sind dort auf einem besonderen, als solchem gekennzeichneten Sicherungsvermögenskonto zu verbuchen (R 12/2005 (VA) Abschnitt 3.3.2.3). Hier ist ebenfalls eine Pfandverzichtserklärung entsprechend dem Vordruck gemäß Anlage 16a zum R 12/2005 (VA) erforderlich.

459 Weiterhin wird verlangt, dass vollvalutierte Hypotheken entweder ganz oder gar nicht dem Sicherungsvermögen zugeführt werden. Es sei unzulässig, wenn eine Hypothek bis zur Beleihungsgrenze in das Sicherungsvermögen eingestellt wird, der diesen übersteigenden Betrag aber dem restlichen Vermögen zugehören soll.

460 Ferner hält es die Aufsichtsbehörde auch bei der Teilabtretung von Briefgrundschulden für notwendig, dass Teilbriefe erstellt werden, und zwar unabhängig davon, ob von einer Grundschuld des Sicherungsvermögens ein Teil abgetreten oder die Grundschuld eines Dritten teilweise an das Versicherungsunternehmen abgetreten wird und der abgetretene Teil dem Sicherungsvermögen zugeführt werden soll. Im Übrigen dürfen Urkunden erst dann dem Sicherungsvermögens-Tresor zugeführt werden, wenn sie einen Wert verbriefen. Hypotheken- und Grundschuldbriefe können daher erst nach der ersten Teilvalutierung eingestellt werden.

461 Die strenge Trennung der Sicherungsvermögenswerte vom übrigen Vermögen eines Versicherungsunternehmens ist gerechtfertigt und notwendig, weil nur auf diesem Wege die bevorzugte Befriedigung der Versicherten und sonstigen Anspruchsberechtigten gewährleistet werden kann. Dabei sind allerdings die Bestände des Sicherungsvermögens nur insoweit zu berücksichtigen wie für sie die Zuführung zum Sicherungsvermögen vorgeschrieben ist.

g) Vermögensverzeichnis

462 Die Zu- und Abgänge des Sicherungsvermögens sind unverzüglich und in zeitlicher Reihenfolge in das Vermögensverzeichnis einzutragen. Ansprüche auf Nutzungen aus den zum Sicherungsvermögen gehörenden Vermögensgegenständen (z. B. Zinsabgrenzungen) gehören auch ohne Eintragung in das Vermögensverzeichnis zum Sicherungsvermögen (§ 126 Abs. 1 VAG). Es sind Unterabteilungen zu bilden, in denen die Anlagen einer bestimmten Anlagegattung aufgeführt werden (R 12/2005 (VA) Abschnitt 1.2).

463 Das Vermögensverzeichnis besteht für Pensionskassen aus verschiedenen Vordrucken zu den einzelnen Anlagearten (VV 1 bis VV 13) und einen Vordruck VV-Z, in dem die Ergebnisse zusammengestellt werden. Einzelheiten zu den erforderlichen Vordrucken ergeben sich aus dem Rundschreiben R 12/2005 (VA) Abschnitt 4.

464 Das Vermögensverzeichnis mit allen unterjährigen Eintragungen ist der Aufsichtsbehörde spätestens innerhalb von drei Monaten nach Schluss des

Geschäftsjahres in einer Abschrift vorzulegen. Innerhalb der Frist noch nicht vorliegende Bescheinigungen oder Bestätigungen (z. B. noch fehlende Berechnungen des Verantwortlichen Aktuars) können nachgereicht werden. Einer rechtzeitig beantragten Fristverlängerung kann die BaFin zustimmen, wenn zwingende – außerhalb der Organisationsgewalt des Versicherungsunternehmens liegende – Gründe vorliegen. Das Original des Vermögensverzeichnisses hat die Pensionskasse wie andere Geschäftsunterlagen bei sich in sicherer Form aufzubewahren. Dem Vordruck VV-Z muss eine versicherungsmathematische Bescheinigung beigefügt sein, in der die Richtigkeit der Berechnung des Sicherungsvermögen-Solls vom Verantwortlichen Aktuar bestätigt wird, und zwar getrennt für jedes Sicherungsvermögen und jede selbstständige Sicherungsvermögensabteilung sowie zergliedert in die einzelnen Teile des Sicherungsvermögen-Solls. Der Vorstand des Versicherungsunternehmens hat im Vordruck VV-Z die Richtigkeit der Vermögensverzeichnisabschriften zu bescheinigen.

In Abständen von 5 Jahren ist zum Beginn des neuen Geschäftsjahrs statt des **465** „Übertrags aus dem Vorjahr (Anrechnungswert)" der Aufsichtsbehörde neben den Zu- und Abgängen ein Bestandsverzeichnis aller Sicherungsvermögensbestände einzureichen (R 12/2005 (VA) Abschnitt 7). Der Vorstand des Versicherungsunternehmens hat im Vordruck VV-Z die Richtigkeit der Vermögensverzeichnisabschriften zu bescheinigen.

h) Wertansätze im Sicherungsvermögen

Gemäß Rundschreiben R 12/2005 (VA) Abschnitt 2.1 dürfen in das Ver- **466** mögensverzeichnis nur qualifizierte Werte eingetragen werden. Jeder Wert des Sicherungsvermögens ist so genau zu bezeichnen, dass sich seine Identität jederzeit einwandfrei ermitteln lässt. Ein rechtlich einheitlicher Vermögenswert darf nur ganz oder gar nicht in das Vermögensverzeichnis eingetragen werden. Die Eintragung von Teilbeträgen in das Vermögensverzeichnis und die Zuordnung des restlichen Wertes zum freien Vermögen ist unzulässig.

Anrechnungswert ist der Wert, mit dem ein Gegenstand des Sicherungsvermö- **467** gens auf das Sicherungsvermögen-Soll angerechnet wird. Bei der Bestimmung des Anrechnungswertes ist grundsätzlich von den Bilanzwerten auszugehen. Hierbei findet das Niederstwertprinzip Anwendung, nach dem der niedrigste Wert aus Nominalwert/Anschaffungswert/Buchwert oder dem jeweiligen Verkehrswert zum Ansatz kommt; dieser Wert ist künftig beizubehalten. Abweichungen können bei Hypotheken und Grundschulden sowie Grundstücken und grundstücksgleichen Rechten auftreten. Unbelastete Grundstücke und grundstücksgleiche Rechte sind nach § 125 Abs. 3 VAG) mit dem Verkehrswert anzusetzen, wenn dieser niedriger als der Bilanzwert ist.

Eine angemessene Erhöhung des Wertansatzes kann zugelassen werden, **468** wenn der Verkehrswert den Bilanzwert um mindestens 100 % überschreitet.

Die BaFin legt besonderen Wert auf eine korrekte Verkehrswertermittlung. Deshalb soll die Ermittlung des Verkehrswerts entsprechend den Grundsätzen des Bundesbaugesetzes, der Wertermittlungs-Verordnung und der Wertermittlungs-Richtlinien erfolgen. Der Gesamtverband der Deutschen Versicherungswirtschaft und der Verband der Lebensversicherungsunternehmen haben einen mit der BaFin abgestimmten Vordruck entwickelt, der die Verkehrswertermittlung erleichtert und erläutert.

469 Namensschuldverschreibungen dürfen zum Nominalwert angesetzt werden. Hypotheken sind, auch wenn eine Auszahlung und Aktivierung in der Bilanz bereits erfolgt ist, erst nach vollständiger Sicherung durch die Eintragung im Grundbuch dem Sicherungsvermögen zuführbar. Eine Zuführung im Rahmen des § 2 Abs. 2 AnlV (Öffnungsklausel) ist als Ausnahme bei Vorliegen einer Notarbestätigung, dass der rangrichtigen Eintragung nichts entgegensteht, zulässig.

i) Unterjährige Meldungen über Zuführungen zum Sicherungsvermögen

470 Die Anrechnungswerte sind der BaFin unabhängig von der Vorlage der Abschrift des Vermögensverzeichnisses im Rahmen der Meldungen nach § 216 Abs. 2 VAG mitzuteilen. Dazu wurde von der BaFin die Sammelverfügung vom 21.6.2011 (s. H-BetrAV, Teil II, C. IV. 30 Nr. 9) erlassen, die die Form der Meldung und die dazugehörigen Fristen regelt.

j) Ordnungswidrigkeiten

471 § 332 Abs. 1 VAG regelt diverse Zuwiderhandlungen in Bezug auf das Sicherungsvermögen. Dafür können Geldbußen bis zu 50 000 Euro verhängt werden (§ 332 Abs. 5 VAG).

2. Treuhänder

472 Aus Funktionstrennungs- und Kontrollgründen haben Versicherungsunternehmen zur Überwachung des Sicherungsvermögens einen Treuhänder und einen Stellvertreter zu bestellen (§§ 128 ff. VAG). Für kleinere Vereine (§ 210 Abs. 1 Satz 1 VAG) gilt dies nur, wenn die Aufsichtsbehörde es anordnet. Da das VAG nur wenige Ausführungen zum Treuhänder macht, hat die BaFin in einem eigenen Rundschreiben R 03/2016 (VA) die Anforderungen an den Treuhänder und die ordnungsgemäße Erfüllung seiner Aufgaben präzisiert. Dieses aktualisierte Rundschreiben basiert auf dem derzeit gültigen VAG und ersetzt die bisherigen Rundschreiben R 4/2014 (VA) und R 13/2005 (VA). Der Gesetzestext des VAG und die für die Aufgabe des Treuhänderamtes relevanten Rundschreiben (insbesondere Treuhänderrundschreiben, Vermögensverzeichnis sowie die einzelnen Kapitalanlagerundschreiben) sind dem Treuhänder vor Amtsantritt auszuhändigen.

473 Die gesetzliche Verpflichtung zur Bestellung des Sicherungsvermögens-Treuhänders besteht seit 1931 und wird in den §§ 128 bis 130 VAG normiert. Diese gelten gemäß § 237 Abs. 1 Satz 1 VAG auch für Pensionsfonds. Diese Vorschriften ersetzen die bisherigen §§ 70 bis 76 VAG a. F. Zusätzlich zu den Vorschriften über das Sicherungsvermögensverzeichnis und die damit verbundene Aufsicht der BaFin dienen sie dazu, durch die vorgeschriebenen Kontrollfunktionen des Treuhänders die Ansprüche der Versicherten aus den Versicherungsverträgen sicherzustellen. Insbesondere bei diesen langfristigen Verträgen wären die Versicherten etwa im fortgeschrittenen Alter oder bei Krankheit durch einen Verlust ihrer Ansprüche, z. B. aus der Lebens-, Kranken- oder Unfallversicherung, besonders hart getroffen. Gemäß Rundschreiben R 03/2016 (VA) hat die BaFin angeordnet, dass Pensionskassen, deren Vermögenswerte 2 Mio. Euro (früher 1 Mio. Euro) überschreiten, einen Treuhänder zu bestellen haben.

a) Benennung und Bestellung

Der Treuhänder wird vom Aufsichtsrat bzw. bei kleineren Vereinen, die **474** keinen Aufsichtsrat haben, vom Vorstand bestellt (§ 128 Abs. 3 VAG). Er soll den Kenntnissen und der Persönlichkeit nach dem Treuhänderamt gewachsen erscheinen und sowohl körperlich als auch geistig in der Lage sein, die Treuhänderaufgaben ordnungsgemäß wahrzunehmen (R 03/2016 (VA) Abschnitt B 1). Der Treuhänder ist vor der Bestellung (i. d. R. mindestens 4 Wochen vorher) der Aufsichtsbehörde zu benennen; diese kann den Treuhänder bestätigen, aber auch ablehnen (§ 128 Abs. 4 VAG). Zur Überprüfung der persönlichen und fachlichen Voraussetzungen werden ein Lebenslauf, in dem u. a. Angaben über Fachkenntnisse und die Unabhängigkeit des Treuhänders enthalten sein müssen, sowie ein polizeiliches Führungszeugnis von der BaFin verlangt. Im Fall, dass ein bisheriger Treuhänder-Stellvertreter zum Treuhänder bestellt werden soll oder der Vorgeschlagene der BaFin als Treuhänder eines anderen Unternehmens bereits bekannt ist, kann die Pensionskasse bei ihrem Vorschlag auf amtsbekannte Tatsachen verweisen. Die Zustimmung der BaFin zur Bestellung zum Stellvertreter des Treuhänders beinhaltet nicht ohne Weiteres die Zustimmung zur Bestellung zum Treuhänder. Darüber hinaus muss der Treuhänder neben seinen eventuellen sonstigen (auch ehrenamtlichen) Verpflichtungen zeitlich zur Erfüllung der Treuhänder-Aufgaben in der Lage sein. Bei Ablehnung des vorgeschlagenen Treuhänders durch die BaFin hat ein Neuvorschlag zu erfolgen. Hat diese auch dagegen Bedenken, so benennt sie letztendlich den Treuhänder selbst (§ 128 Abs. 4 VAG).

Die Aufsichtsbehörde stellt hohe Anforderungen an das Amt des Treuhän- **475** ders, indem nur solche Personen ausgewählt werden können, die ihren Fachkenntnissen und ihrer Persönlichkeit nach den gestellten Aufgaben gewachsen erscheinen (R 03/2016 [VA]). Die erforderlichen Rechts- und Wirtschaftskenntnisse müssen im Wesentlichen durch Ausbildung und/oder berufliche Praxis erworben sein. Zusätzlich hat der Treuhänder sich fachlich durch Lektüre der Veröffentlichungen der BaFin auf dem aktuellen Stand zu halten. Er muss vom Versicherungsunternehmen unabhängig sein, um Zuführungs- und Entnahmeentscheidungen zum bzw. vom Sicherungsvermögen widersprechen zu können. Ein Katalog möglicher Hinderungsgründe ist dem Treuhänderrundschreiben zu entnehmen (z. B. verwandtschaftliche Beziehungen zu Vorstands- und Aufsichtsmitgliedern, Interessenkollision bei einem Widerspruch gegen eine Vorstandsentscheidung, Vorstandsmitgliedschaft in den zurückliegenden 12 Monaten, s. Abschnitt B 1.3).

476 Um von vornherein Interessenkollisionen auszuschließen, hat das Versicherungsunternehmen die BaFin vor der Bestellung des Treuhänders ausführlich über dessen Werdegang in Form des o. g. Lebenslaufes, seine Fachkenntnisse sowie über bestehende oder frühere Beziehungen zu dem Versicherungsunternehmen oder zu Vorstands- und Aufsichtsratsmitgliedern, z. B. ein ehemaliges Dienstverhältnis oder verwandtschaftliche Beziehungen, zu unterrichten. Weiterhin muss der Treuhänder jederzeit und im notwendigen zeitlichen Umfang zur Verfügung stehen. Aus diesem Grund kann sich die BaFin u. U. über Ehrenämter und sonstige Verpflichtungen der in Aussicht genommenen Treuhänder unterrichten lassen. Die Festsetzung eines Entgelts für die Treuhändertätigkeit unterliegt der freien Vereinbarung zwischen dem Unternehmen und dem Treuhänder.

477 Treuhänderbescheinigungen werden dem Versicherungsunternehmen nach erfolgter Bestellung nur nach Anfrage durch die BaFin ausgehändigt.

b) Aufgaben und Befugnisse

478 Die Treuhänderaufgaben sind nicht übertragbar und können nur vom Treuhänder oder seinem Stellvertreter erfüllt werden. Sie sind im Rundschreiben R 03/2016 (VA) im Einzelnen erläutert. Der Treuhänder bekleidet kein öffentliches Amt und ist gegenüber dem Vorstand weder weisungsbefugt noch weisungsgebunden. Bei Streitigkeiten zwischen Treuhänder und Pensionskasse über die Obliegenheiten des Treuhänders entscheidet gem. § 128 Abs. 6 VAG die BaFin.

aa) Information des Treuhänders über alle Belange des Sicherungsvermögens (R 03/2016 [VA] Abschnitt 3).

479 Der Treuhänder kann jederzeit alle Unterlagen bezüglich des Sicherungsvermögens einsehen und alle erforderlichen Aufklärungen und Nachweise verlangen. Diesem Informationsrecht steht gleichzeitig eine Informationspflicht des Unternehmens gegenüber (R 03/2016 [VA]).

bb) Überwachung der ausreichenden Bedeckung des Sicherungsvermögens-Solls

480 Der Treuhänder überwacht (auch unterjährig) die Deckung des Sicherungsvermögens-Solls mit Anlagewerten, die sämtliche Anforderungen an das Sicherungsvermögens zu erfüllen haben (R 03/2016 [VA]). Die Höhe des Si-

cherungsvermögens-Solls kann den der Aufsichtsbehörde vom Unternehmen regelmäßig vorzulegenden Berechnungen und Schätzungen entnommen werden. Das jeweilige Sicherungsvermögens-Ist wird im Wesentlichen aus den im Vermögensverzeichnis aufgeführten Vermögenswerten sowie den auf sie entfallenden Ansprüchen auf Nutzungen (z. B. Zinsabgrenzungen) ersichtlich. Bei Unterdeckungen muss der Vorstand schriftlich auf unverzügliche Beseitigung hingewiesen werden. Erfolgt kein sofortiger Ausgleich, ist die Aufsichtsbehörde vom Treuhänder zu informieren.

cc) Prüfung der Qualifikation der Sicherungsvermögensanlagen

Ein Schwerpunkt der Treuhänderaufgabe liegt darin, die Zugänge zum Sicherungsvermögen auf Einhaltung aller Anlagevorschriften hin selbst zu überprüfen. Dies hat unverzüglich, spätestens jedoch 10 Bankarbeitstage danach zu erfolgen. Die Prüfungen betreffen sowohl die formale Vorgehensweise und Konformität mit der AnlV und dem Kapitalanlagerundschreiben als auch die Anlagestruktur. Eine Beurteilung der Wirtschaftlichkeit von Anlagemaßnahmen oder -strukturen obliegt dem Treuhänder dagegen nicht. Der Umfang der Prüfungen bleibt seinem pflichtgemäßen Ermessen überlassen, proportional zu dem Risiko der einzelnen Anlage. Er sollte jedoch einer Zuführung zum Sicherungsvermögen nur dann zustimmen, wenn er die Anlage nach seiner persönlichen Einschätzung für qualifiziert hält. Die Prüfung ist durch Namenszeichen und Datum aktenkundig zu machen. **481**

dd) Überwachung der Führung des Vermögensverzeichnisses

Durch regelmäßige Überwachung hat der Treuhänder die vollständigen inhaltlich und zeitlich richtigen Eintragungen von Zu- und Abgängen im Vermögensverzeichnis sicherzustellen. Die Eintragung sollte grundsätzlich nur mit dem Datum der tatsächlichen Vornahme der Eintragung und erst nach Eigentumserwerb durch das Unternehmen erfolgen. Bei belasteten Grundstücken kann eine Eintragung erst nach der Festsetzung des Anrechnungswerts durch die Bafin erfolgen. **482**

ee) Sicherstellung des Sicherungsvermögens zugunsten des Treuhänders

Das Sicherungsvermögen ist so sicherzustellen, dass nur mit Zustimmung des Treuhänders über die Sicherungsvermögenswerte verfügt werden kann; dies ist durch entsprechende Vorkehrungen sicherzustellen (§ 129 Abs. 1 VAG). Der Treuhänder hat dies zu überwachen. Näheres hat die Aufsichtsbehörde im § 129 Abs. 2 VAG sowie dem Rundschreiben R 03/2016 (VA) geregelt. Verfügungen ohne Treuhänderzustimmung sind den Versicherten gegenüber unwirksam. Ein gutgläubiger Erwerb von Sicherungsvermögenswerten durch Dritte wird auf Grund von Doppelverschluss, Sperrvermerken und Informationspflichten unmöglich gemacht. **483**

Ist der einzelne Sicherungsvermögenswert urkundlich verbrieft und wird vom Versicherungsunternehmen in einem Tresor verwahrt, so ist ein Ver- **484** schluss durch zwei verschiedene Schlösser (Doppelverschluss) erforderlich. Treuhänder und Versicherungsunternehmen müssen im Besitz sämtlicher Schlüssel zu je einem der Schlösser sein. So haben nur beide Parteien gemeinsam Zugang zu den verwahrten Urkunden. Entnahmen, Zuführungen und Überprüfungen dürfen nur in permanenter Anwesenheit beider Parteien erfolgen.

485 Ist der einzelne Sicherungsvermögenswert urkundlich nicht verbrieft, so muss unverzüglich die Eintragung eines Sperrvermerkes im Grundbuch, Schuldbuch, Bank-Depotbuch oder auf dem Termin- oder Festgeldkonto erfolgen. Der Sperrvermerk sollte folgenden Wortlaut haben: *„Über dieses Grundstück, alternativ Hypothekenforderung, Grundschuld, Gesellschaftsanteil, Schuldbuchforderung, Depot, Konto kann nur mit vorheriger schriftlicher Zustimmung des gemäß* § 128 Absatz 1 VAG *bestellten Treuhänders oder seines Stellvertreters verfügt werden"* (R 03/2016 (VA) Abschnitt B, Tz. 3.5.4.2.2). Für freiwillig bestellte Treuhänder sollte anstelle des Wortes „gemäß" das Wort „entsprechend" Verwendung finden. Geschäftsanteile an einer GmbH, KG und Beteiligungen als stiller Gesellschafter sind durch einen Sperrvermerk im Gesellschaftervertrag zu sperren. Dasselbe gilt für den Genussrechtsvertrag bei Genussrechten. Bei Sicherungsvermögensanlagen in anderen Staaten außerhalb des Geltungsbereiches des VAG sollte die Treuhändersperre in gleichartiger Weise geschehen. Die Sperrvermerke sind dann in den entsprechenden Registern von deren Behörden einzutragen. Der Treuhänder hat generell zu überwachen, dass jede in das Vermögensverzeichnis eingetragene Vermögensanlage, die nicht unter Doppelverschluss genommen wird, zu seinen Gunsten durch einen inhaltlich richtigen Sperrvermerk gesperrt ist. Bei Nichtbeachtung sollte der Treuhänder das Unternehmen unverzüglich zur Einhaltung des Sperrvermerks veranlassen und bei Erfolgslosigkeit die BaFin unterrichten.

ff) Aufbewahrung des Sicherungsvermögens

486 Wie zuvor schon ausgeführt, sind die Werte des Sicherungsvermögens gesondert von jedem anderen Vermögen des Versicherungsunternehmens aufzubewahren. Die Art der Aufbewahrung ist der BaFin anzuzeigen. Die frühere Vorschrift, dass bei einer Aufbewahrung außerhalb des Sitzes des Versicherungsunternehmens eine Genehmigung der Aufsichtsbehörde vorzuliegen hat, wurde aufgehoben. Es hat eine gesonderte Verwaltung und Verwahrung im Gebiet der Mitglieds- und Vertragsstaaten zu erfolgen. Die BaFin kann allerdings separat genehmigen, dass die Werte des Sicherungsvermögens an einem anderen Ort aufbewahrt werden können (§ 125 Abs. 4 VAG). In Fällen des Banktresor-, Streifband- und Girosammelverwahrung sowie der Anlage in Termin-, Festgeld-, Spareinlagen und laufenden Guthaben müssen Pfandverzichtserklärungen der Kreditinstitute vorliegen. Der Treuhänder hat sich durch Prüfungen zu vergewissern, dass die Werte des Sicherungsvermögens tatsächlich körperlich im Tresor vorhanden sind bzw.

durch Pfandverzichtserklärungen gesichert sind und durch entsprechende Depotauszüge, Banknachweise, Grund- und Schuldbuchauszüge etc. nachgewiesen sind.

gg) Herausgabe von Sicherungsvermögenswerten

Der Treuhänder kann einer Verfügung nur schriftlich, allerdings auch **487** elektronisch mit einer qualifizierten elektronischen Signatur, mit Namenszeichnung und Datum zustimmen. Die gesetzlich zugelassenen Fälle sind im Rundschreiben R 03/2016 (VA) unter Abschnitt B, Tz. 3.7.1 bis 3.7.5 erläutert. Dabei darf und muss der Treuhänder einen Sicherungswert freigeben, wenn dies zur Vornahme oder Änderung von Kapitalanlagen, erforderlich ist oder das Sicherungsvermögen auch danach noch ausreichend bedeckt ist. Tritt dagegen durch die Herausgabe eine Unterdeckung auf, so hat das Versicherungsunternehmen diese unverzüglich zu beseitigen. Bestand schon ohne Berücksichtigung der Verfügung vorher eine Unterdeckung, so muss der Treuhänder seine Zustimmung zu der Verfügung verweigern und auf die Beseitigung der Unterdeckung hinwirken. Der Treuhänder muss einen Sicherungsvermögenswert herausgeben, wenn durch die Verfügung zwar eine Unterdeckung entstünde, dem Sicherungsvermögen aber Zug um Zug Ersatzwerte in der erforderlichen Höhe zugeführt werden. Vorübergehende Entnahmen (z. B. Hypothekenbriefe zur Vorlage beim Grundbuchamt), denen der Treuhänder zugestimmt hat, vermindern nicht das Sicherungsvermögen. Ob die Voraussetzungen für die Herausgabe eines Wertes des Sicherungsvermögens vorliegen, muss der Treuhänder prüfen, bevor der Wert den Tresor oder das mit dem Sperrvermerk versehene Depot verlässt. Es muss im Einzelnen ersichtlich sein, auf welche Sicherungsvermögenswerte sich die Zustimmung zur Herausgabe bezieht. Eine vorherige schriftliche Zustimmung, die u. U. an gewisse Voraussetzungen geknüpft sein kann, ist bei unvorhersehbaren Eilverkäufen möglich. Die schriftliche Zustimmung ist der Depotbank dann unverzüglich nachzureichen. Sofern ohne Treuhänderfreigabe die Depotbank einzelne Vermögensgegenstände herausgibt, kann diese vom Unternehmen zur Verantwortung gezogen werden.

hh) Bestätigungsvermerke

Die Bilanz und das Vermögensverzeichnis des Versicherungsunternehmens **488** sind mit einer schriftlichen Erklärung des Treuhänders zu versehen. Eine entsprechende Formulierung ist im Rundschreiben R 03/2016 (VA) Abschnitt B, Tz. 3.10.1 vorgegeben: *„Ich bestätige hiermit entsprechend § 128 Absatz 5 VAG, dass die im Vermögensverzeichnis aufgeführten Vermögensanlagen den gesetzlichen und aufsichtsbehördlichen Anforderungen gemäß angelegt und vorschriftsmäßig sichergestellt sind."*

Die schuldhaft inhaltlich falsche Abgabe dieser Erklärung steht unter Strafan- **489** drohung (Geldstrafe oder Freiheitsstrafe bis zu 3 Jahren, § 331 Abs. 2 Nr. 2 Buchst. a, Abs. 3 VAG).

c) Beendigung des Treuhänderamtes

490 Das Treuhänderamt kann durch Abberufung, aber auch durch Kündigung, Fortfall der Bestellungsvoraussetzungen, schwerwiegende Bedenken auf Grund von Anhaltspunkten bezüglich einer nicht mehr ordnungsgemäßen Wahrnehmung der Treuhänderaufgaben, Insolvenz oder Fusion des Versicherungsunternehmens enden. Die noch im alten Rundschreiben R 13/2005 enthaltene Vorschrift, dass Anstellungsverträge für den Treuhänder oder seinen Stellvertreter spätestens mit Vollendung des 70. Lebensjahres enden sollen, wurde aufgehoben. Ein Treuhänder kann nunmehr auch über dieses Alter hinaus seine Tätigkeit ausüben, sofern die im Rundschreiben R 03/2016 (VA) genannten Voraussetzungen unverändert zutreffen. Nach der Beendigung des Treuhänderamtes sind von der Aufsichtsbehörde ausgestellte Bescheinigungen über die Treuhänderbestellung dieser unverzüglich im Original zurückzusenden.

d) Treuhänder-Stellvertreter

491 Für den Stellvertreter des Treuhänders gelten die gleichen Anforderungen wie für den Treuhänder. Er hat gegenüber dem Versicherungsunternehmen auch dieselben Rechte und Pflichten, allerdings hat er sich ausdrücklich bezüglich der Aufgabenwahrnehmung an die Weisungen des Treuhänders zu halten. Der Stellvertreter wird insbesondere bei Verhinderung des Treuhänders oder im Falle von dessen Überbelastung tätig. Eine gleichzeitige Abwesenheit beider ist zu vermeiden. Die Haupttätigkeit der Überwachung des Sicherungsvermögens obliegt in jedem Fall dem Treuhänder.

IX. Rechnungslegung und sonstige Melde- und Nachweispflichten
   (Linke)

1. Allgemeines

492 Pensionskassen, die der laufenden Versicherungsaufsicht unterliegen, sind in vielerlei Hinsicht verpflichtet, der Aufsichtsbehörde Bericht über Verlauf und Ergebnis eines Geschäftsjahres zu erstatten. Sie haben eine Fülle von zusätzlichen Erläuterungen und Nachweisungen dazu vorzulegen. Darüber hinaus ist regelmäßig bzw. bedarfsweise auch auf Anfrage über bestimmte Geschäftsvorgänge zu informieren und bei diversen Anlässen zu reagieren. Die nachstehend beschriebenen Verpflichtungen beinhalten sowohl formgebundene (an vorgegebenen Gliederungsschemata oder Vorlagen ausgerichtet) als auch formlose Nachweisungen. Zusätzlich zu den Nachweis- und Meldepflichten gegenüber der Aufsichtsbehörde existieren Informationspflichten gegenüber der Öffentlichkeit und gegenüber den Versicherten.

493 Diese **Publizitätsanforderungen**, beruhen darauf, dass Pensionskassen langfristige Verpflichtungen eingehen, deren Erfüllbarkeit jederzeit sichergestellt sein muss. Diese regelmäßigen und vordefinierten Informationen nach außen dienen der Transparenz und ermöglichen somit erst entsprechende Kontrollen

und Überprüfungen seitens Öffentlichkeit und Aufsichtsbehörde. Damit die Informationsbedürfnisse möglichst zeitnah erfüllt werden können, müssen die Berichtspflichten innerhalb streng vorgegebener Fristen erledigt werden.

Melde- und Berichtspflichten beziehen sich einerseits auf die Kapitalanlage und das Risikomanagement und andererseits auf Berichts- und Nachweispflichten im Rahmen des Jahresabschlusses.   **494**

Nachstehend zeigt eine schematische Darstellung, auf welcher rechtlichen Basis jeweils die Berichterstattungspflichten beruhen: **495**

Gesetzliche Vorschrift	Verordnung	BaFin Anordnung	
§ 216 Abs. 1 VAG	KapAusstV	R 4/2005 (VA)	**496**
§ 47 Nrn. 11 und 12 VAG		Sammelverfügung vom 21.6.2011	
§ 216 Abs. 2 VAG	§ 1 Abs. 5 AnlV	Sammelverfügung vom 21.6.2011	
§ 217 Nr. 6 VAG	§ 1 Abs. 5 AnlV	R 1/2004 (VA) R 4/2011 (VA)	
§ 39 VAG	BerVersV		
§ 234 Abs. 3 Nr. 3 VAG i. V. m. § 26 Abs. 1 VAG		R 3/2009 (MaRisk)	
§ 126 Abs. 1 VAG		R 12/2005	
§ 23 VAG		R 3/2009 (MaRisk) R 4/2011 (VA)	
§ 330 Abs. 1 und 3 HGB	RechVersV		
§ 44 VAG		Schriftliche Aufforderung an das Unternehmen	

Die Systematik besteht darin, dass gesetzliche Regelungen, die teilweise auf EU-Richtlinien (z. B. zur Rechnungslegung, zur Vermögensanlage und zu den Auskunftspflichten) basieren, spezielle Ermächtigungen der Bundesministerien oder Bundesbehörden enthalten können, um zusätzlich Verordnungen (z. B. RechVersV, BerVersV, AnlV) zu erlassen. In diesen Verordnungen werden wiederum bestimmte Behörden, wie die BaFin, ermächtigt bzw. verpflichtet, weitere Anforderungen zu stellen (z. B. Rundschreiben, Sammelverfügungen und Anordnungen).

Zur **Rechnungslegung** im engeren Sinne gehören   **497**

1. die externe Rechnungslegung (gegenüber der Öffentlichkeit),

2. die interne Rechnungslegung (gegenüber den Aufsichtsbehörden),

wobei die hierfür jeweils maßgeblichen Vorschriften und Hinweise konkret

– im VAG, das u. a. auf das HGB und das AktG verweist,

- in den dazu seitens des BMJ, BMF oder der Aufsichtsbehörde erlassenen Verordnungen,
- in etwaigen seitens der Aufsichtsbehörde zusätzlich veröffentlichten Verlautbarungen oder Hinweisen

zu finden sind.

Insoweit ist zu unterscheiden zwischen Pensionskassen, die der Aufsicht der BaFin unterliegen (und auch nicht von der laufenden Versicherungsaufsicht freigestellt sind), und solchen, die den Versicherungsaufsichtsbehörden der Länder unterstehen. Letztere sind oft Kassen mit örtlich begrenztem Wirkungskreis, geringer Mitgliederzahl oder geringem Beitragsaufkommen.

498 Für die externe und interne Rechnungslegung der von der BaFin beaufsichtigten Kassen gelten die für alle Versicherungsunternehmen ungeachtet ihrer Rechtsform maßgeblichen Vorschriften. Erleichterungen sind in der internen Rechnungslegung vorgesehen für diejenigen kleineren Vereine, deren Bruttobeiträge im vorausgegangenen Geschäftsjahr 3 Mio Euro oder deren Bilanzsumme des vorausgegangenen Geschäftsjahres 30 Mio Euro nicht überstiegen haben (§ 21 BerVersV). Ob ein Verein allerdings ein kleinerer Verein ist, entscheidet final die Aufsichtsbehörde (§ 210 Abs. 4 VAG). Die unter Landesaufsicht stehenden Kassen haben die für alle Versicherungsunternehmen maßgeblichen Verordnungen zu berücksichtigen, dazu eventuelle Vorschriften ihrer Länderregierung.

499 Weitere Berichtpflichten (statistische Angaben, Informationen im Zusammenhang mit Vermögensanlagen, Sicherungsvermögen etc.) beruhen auf gesetzlichen Bestimmungen, die durch die Anlageverordnung und zusätzliche Rundschreiben seitens der Aufsichtsbehörde konkretisiert worden sind.

2. Externe Rechnungslegung

500 Die maßgeblichen gesetzlichen Bestimmungen zur Buchführung und zur externen Rechnungslegung von nach HGB bilanzierenden Pensionskassen und Pensionsfonds sind in den §§ 341 bis 341p HGB enthalten.

501 Für Pensionskassen gilt ferner als Spezialverordnung die Verordnung über die Rechnungslegung von Versicherungsunternehmen (Versicherungsunternehmens-Rechnungslegungsverordnung – RechVersV). Aufgrund der besonderen Geschäftsmodelle von Versicherern werden veränderte Formblätter für den Jahresabschluss vorgegeben. Die Ermächtigung an das Bundesministerium der Justiz zu einer solchen Verordnung erfolgte durch § 330 HGB. Die aktuelle Fassung der RechVersV wurde am 8.11.1994 erlassen, zuletzt geändert durch Verordnung vom 18.12.2009. § 1 RechVersV regelt den Anwendungsbereich. Für bestimmte Versicherungsunternehmen sind Befreiungen und Vereinfachungen im Abschnitt 8 (§§ 61 und 62 RechVersV) definiert. Für Pensionsfonds wurde entsprechend die Verordnung über die Rechnungslegung von Pensionsfonds (Pensionsfonds-Rechnungslegungsverordnung RechPensV) erlassen.

§ 341a HGB Abs. 1 besagt, dass Versicherungsunternehmen einen Jahresab-　**502**
schluss und einen Lagebericht nach den für große Kapitalgesellschaften
geltenden Vorschriften in den ersten vier Monaten des Geschäftsjahres für
das vergangene Geschäftsjahr aufzustellen und dem Abschlussprüfer zur
Durchführung der Prüfung vorzulegen haben. Die Drei-Monatsfrist für große
Kapitalgesellschaften gilt hier nicht. Eine Pensionskasse muss also, auch
wenn sie als kleinerer VVaG von nicht wirtschaftlich erheblicher Bedeutung
eingestuft ist, die für große Kapitalgesellschaften geltenden Vorschriften
beachten.

In § 341a HGB Abs. 2 wird bestimmt, welche HGB-Bestimmungen nicht　**503**
gelten, und welche versicherungsspezifisch zu definieren sind und deshalb
durch per Rechtsverordnung erlassene Formblätter und andere Vorschriften
ersetzt werden. § 341a HGB Abs. 4 fordert ferner, dass auf Versicherungsunternehmen, die nicht Aktiengesellschaften, Kommanditgesellschaften auf
Aktien oder kleinere Vereine sind, die Vorschriften der § 152 Abs. 2 und 3
sowie die §§ 170 bis 176 AktG (Prüfung und Feststellung des Jahresabschlusses, Gewinnverwendung) entsprechend anzuwenden sind.

§ 341b HGB regelt die Bewertung von Vermögensgegenständen. Grund-　**504**
stücke, Beteiligungen und Anteile an verbundenen Unternehmen sind nach
den für das Anlagevermögen geltenden Vorschriften zu bewerten. Für
Aktien, Investmentanteile sowie sonstige festverzinsliche und nicht festverzinsliche Wertpapiere gelten die Regelungen für das Umlaufvermögen, es sei
denn, sie werden vom Unternehmen als Anlagevermögen klassifiziert, da sie
dem Geschäftsbetrieb dauernd dienen. Als für Versicherungsunternehmen
bedeutende Sondervorschrift dürfen nach § 341c HGB abweichend davon
Namensschuldverschreibungen und Hypothekendarlehen mit dem Nennbe-
trag angesetzt werden.

Versicherungstechnische Rückstellungen sind gemäß § 341e HGB nach ver-　**505**
nünftiger kaufmännischer Beurteilung zu bilden. Dabei müssen besondere
aufsichtsrechtliche Vorschriften berücksichtigt werden. Deckungsrückstellungen sind nach § 341f HGB für die Verpflichtungen aus dem Lebensver-
sicherungsgeschäft und dem nach Art der Lebensversicherung betriebenen
Versicherungsgeschäft (dies ist die Vorschrift für Pensionskassen) in Höhe
des versicherungsmathematisch errechneten Wertes zu bilanzieren. Ebenso
werden Rückstellungen für noch nicht abgewickelte Versicherungsfälle gefordert.

Der Jahresabschluss umfasst die Bilanz und die Gewinn- und Verlustrech-　**506**
nung (vgl. § 242 HGB für alle Kaufleute) sowie den Anhang (vgl. § 264 HGB
für Kapitalgesellschaften zusätzlich). Der Jahresabschluss soll unter Beachtung der Grundsätze ordnungsmäßiger Buchführung ein den tatsächlichen
Verhältnissen entsprechendes Bild der Vermögens-, Finanz- und Ertragslage
vermitteln. Der Anhang soll die reinen Zahlendarstellungen der Bilanz und
der Gewinn- und Verlustrechnung verbal erläutern. Hier werden insbeson-

re diejenigen Angaben gemacht, die einzelne Posten der Bilanz und Gewinn- und Verlustrechnung erläutern sollen (Pflichtangaben zu Bilanzierungs- und Bewertungsmethoden). Zusätzlich ist im Anhang auszuführen, wenn bestimmte Wahlrechte in der Bilanz oder der Gewinn- und Verlustrechnung ausgeübt wurden. Dazu gehören Angaben zu Zuführung zur Kapitalrücklage, Gewinnrücklagen, Entnahmen, Haftungsverhältnisse etc.

507 Der **Lagebericht** (vgl. ebenfalls § 264 HGB) soll die allgemeine Lage des Unternehmens widerspiegeln (Geschäftsverlauf, wesentliche Ergebnisquellen) und dabei im Einklang mit dem Jahresabschluss stehen. Er soll auf Vorgänge von besonderer Bedeutung nach Geschäftsjahresende, die voraussichtliche Entwicklung der Gesellschaft und den Bereich Forschung und Entwicklung eingehen.

508 Der Jahresabschluss und der Lagebericht sind vom Abschlussprüfer zu prüfen. Es gilt § 341h HGB. Der Aufsichtsbehörde müssen der aufgestellte Jahresabschluss und der Lagebericht (im Entwurf) und später der festgestellte Jahresabschluss und Lagebericht unverzüglich eingereicht werden (§ 37 Abs. 1 VAG). Nach § 37 Abs. 3 VAG haben Versicherungsunternehmen auf Verlangen jedem Versicherten den Jahresabschluss und den Lagebericht zuzusenden. Ferner sind Anhang und Lagebericht offenzulegen (§ 341l HGB). Die dafür vorgesehene Frist für die Einreichung der Unterlagen beim Betreiber des elektronischen BAnz beträgt 15 Monate. Weiterhin ist der Aufsichtsbehörde der Bericht des Abschlussprüfers mit seinen Bemerkungen und denen des Aufsichtsrats unverzüglich nach Feststellung vorzulegen. Dieser Bericht kann ggf. von der BaFin erörtert werden, die auch Ergänzungen der Prüfung vornehmen kann.

509 In der RechVersV (s. Rdnr. 501) werden für Versicherungsunternehmen besondere Formblätter vorgeschrieben und besondere Vorschriften für die Gliederung des Jahresabschlusses sowie den Inhalt von Anhang und Lagebericht erlassen. § 330 Abs. 3 HGB stellt klar, dass dies für Versicherungsunternehmen unabhängig von ihrer Rechtsform gilt.

510 Der Abschnitt 2 (§§ 2 bis 5 RechVersV) ersetzt die Anforderungen der §§ 266 und 275 HGB durch angepasste Formblätter für die Bilanz (Formblatt 1) und die Gewinn- und Verlustrechnung (Formblatt 3). Darin sind bestimmte Zusammenfassungen von Posten zulässig. Allerdings sind darüber hinaus einige Davon-Vermerke und Zusätze erforderlich. Der Abschnitt 3 (§§ 6 bis 35 RechVersV) gibt über die HGB-Vorgaben hinaus separate Vorschriften zu einzelnen Posten der Bilanz. Entsprechendes wird im Abschnitt 4 (§§ 36 bis 50 RechVersV) zur Gewinn- und Verlustrechnung vorgeschrieben. Der Abschnitt 5 (§§ 51 bis 56 RechVersV) enthält Vorschriften bezüglich zusätzlicher Erläuterungen und Pflichtangaben im Anhang.

511 Im Einzelnen werden insbesondere folgende Angaben im Anhang zusätzlich zu den Pflichtangaben des HGB erforderlich:

- Aktivseite der Bilanz (§ 51 Abs. 2 RechVersV): Entwicklung der Kapitalanlagen nach vorgegebenem speziellem Muster 1, Grundstücke (§ 52 Nr. 1a RechVersV), vor Ablauf von zwei Jahren fälliges Genussrechtskapital (§ 52 Nr. 1b RechVersV),
- Angaben zu Haftungsverhältnissen (§ 51 Abs. 3 RechVersV),
- Passivseite der Bilanz (§ 52 Nr. 1c RechVersV): Methoden der Ermittlung der einzelnen versicherungstechnischen Rückstellungen für Beitragsüberträge, wesentliche Änderungen gegenüber dem vorausgegangenen Geschäftsjahr sind zu erläutern;
- Gewinn- und Verlustrechnung (§ 51 Abs. 4 RechVersV): detaillierte Aufgliederung der Brutto-Beiträge, Personalaufwendungen nach Muster 2 (§ 51 Abs. 5 RechVersV),
- nach § 54 RechVersV ist für zum Anschaffungswert oder zum Nennwert ausgewiesene Kapitalanlagen im Anhang jeweils der Zeitwert anzugeben. § 55 RechVersV erläutert die Vorgehensweise zur Ermittlung des anzusetzenden Zeitwerts für die Grundstücke. § 56 RechVersV bestimmt dabei, dass Kapitalanlagen höchstens mit ihrem voraussichtlich realisierbaren Wert unter Berücksichtigung des Grundsatzes der Vorsicht zu bewerten sind. Die jeweils angewandte Bewertungsmethode sowie der Grund für ihre Anwendung sind anzugeben.

§ 289 HGB enthält die allgemeinen Anforderungen für den Lagebericht, und zwar vor allem: **512**

- Der Geschäftsverlauf und die Lage sind so darstellen, dass ein den tatsächlichen Verhältnissen entsprechendes Bild vermittelt wird (§ 289 Abs. 2 Nr. 1 HGB).
- Vorgänge von besonderer Bedeutung, die nach dem Schluss des Geschäftsjahrs eingetreten sind (§ 289 Abs. 2 Nr. 2 HGB).

§ 57 RechVersV fordert im Abschnitt 6 für Versicherungsunternehmen darüber hinaus zusätzliche Angaben:

- Versicherungszweige und -arten im selbst abgeschlossenen Versicherungsgeschäft,
- Bericht über Geschäftsverlauf sowie über
- Versicherungsbestände im selbst abgeschlossenen Versicherungsgeschäft nach Muster 4.

Der Abschnitt 7 (§§ 58 bis 60 RechVersV) enthält zusätzliche Regelungen zur **513**
Konzernrechnungslegung. Der Abschnitt 9 (§ 63 RechVersV) regelt Ordnungswidrigkeiten. Durch die Querverbindung des § 341n Abs. 1 Nr. 6 HGB sind auch die Bußgeldvorschriften des HGB anzuwenden.

3. Interne Rechnungslegung

514 § 39 VAG ermächtigt den Bundesminister der Finanzen, durch Rechtsverordnung für Versicherungsunternehmen (und damit auch für Pensionskassen), die nicht der Länderaufsicht unterliegen, Vorschriften zu erlassen über u. a. Inhalt, Form und Stückzahl des internen Berichts sowie Fristen für dessen Einreichung. Diese Aufgabe kann ganz oder teilweise der BaFin übertragen werden, was auch geschehen ist. Bei Kassen, die der Länderaufsicht unterliegen, kann die Länderregierung bzw. die Aufsichtsbehörde des entsprechenden Landes in Abstimmung mit der BaFin spezielle Regelungen treffen.

515 Die BaFin hat auf Basis dieser Rechtsgrundlage eine Verordnung über die Berichterstattung von Versicherungsunternehmen gegenüber der Bundesanstalt für Finanzdienstleistungsaufsicht (BerVersV) vom 29.3.2006 erlassen. Diese Verordnung wurde mit Wirkung vom 1.4.2016 aufgehoben. Da anzunehmen ist, dass für Pensionskassen, die nicht den Regelungen zu Solvency II unterliegen, eine ähnliche Nachfolge-Verordnung erlassen wird oder es bestimmt wird, dass der Inhalt der Verordnung weiterhin gültig bleibt, werden im Folgenden die in der aufgehobenen Verordnung enthaltenen Vorschriften beschrieben. Für bestimmte kleinere Vereine sind Erleichterungen vorgesehen. Die interne Rechnungslegung ist ausgerichtet an aufsichtsrechtlichen Belangen. Sie ist detaillierter und weitergehender als die externe und enthält daher eine veränderte Gliederung der Positionen der Bilanz und Gewinn- und Verlustrechnung.

516 Der interne Bericht besteht aus einer für Aufsichtszwecke gegliederten Bilanz und Gewinn- und Verlustrechnung sowie aus besonderen Erläuterungen dazu:

– Bilanz nach Formblatt 100 (§ 2 Nr. 1 BerVersV),

– Gewinn- und Verlustrechnung nach Formblatt 200 (§ 2 Nr. 2 BerVersV) mit zusätzlichen versicherungstechnischen Aufgliederungen für Pensionskassen gemäß § 7 BerVersV,

– Formgebundene Erläuterungen (§§ 9 bis 15 BerVersV),

– Sonstige Rechnungslegungsunterlagen (§§ 16 und 17 BerVersV).

517 Die Formblätter 100 und 200 sind spätestens fünf Monate nach Schluss des Geschäftsjahrs einzureichen (§ 8 Abs. 1 BerVersV). Diese Frist verlängert sich um einen Monat, sofern ein Konzernabschluss aufgestellt werden muss (§ 8 Abs. 2 BerVersV). Ergeben sich bis zu einer späteren Feststellung des Jahresabschlusses Abweichungen, sind der Aufsichtsbehörde unverzüglich nach der Feststellung zusätzlich die insoweit berichtigten Formblätter 100 und 200 einzureichen (§ 8 Abs. 4 BerVersV).

Als formgebundene Erläuterungen sind nach § 9 Abs. 1 BerVersV von allen **518** Versicherungsunternehmen folgende Nachweisungen einzureichen:

- 101 Entwicklung der Kapitalanlagen,
- 103 Gebundenes und restliches Vermögen,
- 104 Kongruente Bedeckung,
- 201 Erträge aus den Kapitalanlagen und Aufwendungen für die Kapitalanlagen,
- 202 Gliederung der in bestimmten Aufwandsposten der Gewinn- und Verlustrechnung ausgewiesenen Aufwendungen nach Aufwandsarten,
- 203 Angaben zu übernommenem und abgegebenem Versicherungsgeschäft.

Diese Nachweisungen sind gemäß § 15 Abs. 1 Nr. 1 BerVersV der Aufsichtsbehörde spätestens fünf Monate nach Schluss des Geschäftsjahres einzureichen. Pensionskassen, die kleinere Vereine sind, brauchen die Nachweisungen 103 und 104 nur für Geschäftsjahre zu erstellen, zu deren Abschlussstichtag die Deckungsrückstellung auf Grund einer neuen versicherungsmathematischen Berechnung gebildet wird.

Pensionskassen haben nach § 11 BerVersV zusätzlich die nachstehenden **519** formgebundenen Nachweisungen zu erstellen:

- 120 Kapitalanlagen bei Mitglieds- und Trägerunternehmen sowie Forderungen und Verbindlichkeiten gegenüber Mitglieds- und Trägerunternehmen,
- 121 Bewegung der Rückstellung für die erfolgsabhängige Beitragsrückerstattung,
- 220 Bewegung des Bestandes an Versorgungsberechtigten (Pensionsversicherungen und weitere Kapitalversicherungen),
- 221 Bewegung des Bestandes an Sterbegeld- und Zusatzversicherungen,
- 222 Beiträge, Beiträge aus der Rückstellung für die erfolgsabhängige Beitragsrückerstattung, Rückversicherungsbeiträge sowie Deckungsrückstellung,
- 265 Angaben zum Auslandsgeschäft gesondert für jeden Mitglieds- und Vertragsstaat.

Diese Nachweisungen außer der Nachweisung 121 sind gemäß § 15 Abs. 1 Nr. 2 BerVersV spätestens sechs Monate nach Schluss des Geschäftsjahres einzureichen. Die Nachweisung 121 ist nach § 15 Abs. 1 Nr. 3 BerVersV spätestens sieben Monate nach Schluss des Geschäftsjahres einzureichen.

Zu den sonstigen Rechnungslegungsunterlagen (§§ 16 und 17 BerVersV) ge- **520** hören z. B. Jahresabschluss und Lagebericht, Erklärung bzw. Vorschlag des Vorstandes über die Verwendung des Bilanzgewinns, Bericht des Aufsichtsrates gemäß § 171 Abs. 2 AktG, Bericht des Abschlussprüfers, Erklärung zur Deckungsrückstellung. Rechtlich große Pensionskassen haben in einem versicherungsmathematischen Gutachten, welches spätestens sieben Monate nach Schluss des Geschäftsjahrs einzureichen ist, den Einfluss der wesentlichen Gewinn- und Verlustquellen auf das Bilanzergebnis darzustellen, kleinere VVaG haben stattdessen nur mindestens alle drei Jahre dieses versicherungsmathematisches Gutachten zu erstellen.

521 Nach § 19 Abs. 2 BerVersV haben Pensionskassen vierteljährlich spätestens bis zum Ende des auf das Berichtsvierteljahr folgenden Monats die Nachweisung 602 einzureichen, die verschiedene zusätzliche Angaben über das Versicherungsgeschäft bzw. die Gewinn- und Verlustrechnung fordert.

522 Erleichterungen existieren für bestimmte kleinere Vereine (§§ 21 und 22 BerVersV):

Pensionskassen, deren Bruttobeiträge im vorausgegangenen Geschäftsjahr 3 Mio. Euro oder deren Bilanzsumme am Abschlussstichtag des vorangegangenen Geschäftsjahres 30 Mio. Euro nicht überstiegen haben, mit Ausnahme von nicht regulierten Pensionskassen im Sinne von § 233 Abs. 1 VAG und mit Ausnahme der Pensionskassen, bei denen ein ausländisches Versicherungsgeschäft vorliegt, können gewisse Erleichterungen für sich in Anspruch nehmen: z. B. wird die Gewinn- und Verlustrechnung anstelle nach Formblatt 200 vereinfacht nach Formblatt 300 aufgestellt.

523 Für die Übermittlung der Nachweisungen hat die BaFin in Zusammenarbeit mit einem Beratungs- und Softwarehaus ein IT-Programm entwickelt (DÜVA, Datenübermittlung zwischen Versicherungsunternehmen und BaFin), das die erforderlichen Daten aufnimmt und passend aufbereitet. Es enthält auch die zahlreichen von der BaFin eingesetzten Prüfroutinen. Letztere können bei Selbstprogrammierung übernommen werden. Die Verwendung dieser Software erleichtert auch die verpflichtende elektronische Einreichung über die Melde- und Veröffentlichungsplattform der Bafin (MVP).

4. Vermögensanlage, Risikomanagement

a) Erwerbsanzeigen

524 Nach § 47 VAG sind bei einem **Erstversicherungsunternehmen** der Aufsichtsbehörde unverzüglich anzuzeigen:

- der Erwerb von Beteiligungen; bei Beteiligungen in Aktien oder sonstigen Anteilen jedoch nur, wenn die Beteiligung 10 % des Nennkapitals der fremden Gesellschaft übersteigt; dabei werden Beteiligungen mehrerer zu einem Konzern i. S. d § 18 AktG gehörender Versicherungsunternehmen und des herrschenden Unternehmens an einer Gesellschaft zusammengerechnet (Nr. 11),
- Anlagen bei einem i. S. d § 15 AktG verbundenen Unternehmen (Nr. 12).

Die Anzeige ist gemäß der Sammelverfügung vom 21.6.2011 bis zum Ende des auf den Erwerb oder die Anlage folgenden Monats vorzunehmen. Der Anzeigepflicht ist mit den der Sammelverfügung beigefügten Vordrucken nachzukommen:

–   Beteiligungen: Anzeige (...) über den Erwerb oder die Veränderung von Beteiligungen
–   Verbundene Unternehmen: (...) Anzeige über den Erwerb von Anlagen bei verbundenen Unternehmen.

Die Anzeigepflicht ist auch dann zu erfüllen, wenn der Vermögenswert als Anlage des restlichen Vermögens erworben wird. Wird ein Vermögensgegenstand aus dem restlichen Vermögen in das Sicherungsvermögen oder aus der Öffnungsklausel in den Anlagekatalog überführt, so ist jeweils eine neue Anzeige abzugeben.

b) Bericht über Neuanlagen und Bestände

Nach § 216 Abs. 2 VAG haben die Versicherungsunternehmen über ihre **525** gesamten Vermögensanlagen, aufgegliedert in Neuanlagen und Bestände, in den von der Aufsichtsbehörde festzulegenden Formen und Fristen zu berichten. Diese Formen und Fristen sind ebenfalls in der Sammelverfügung vom 21.6.2011 festgelegt. Die Nachweisungen und Anlagen sind unverzüglich, spätestens bis zum Ende des auf das Kalendervierteljahr folgenden Monats einzureichen. Die Übermittlung hat wie bei den Meldungen zur BerVersV elektronisch über die MVP-Plattform zu erfolgen, wobei sich ebenfalls die Verwendung des in Rdnr. 523 beschriebenen DÜVA-IT-Programms anbietet. Die in der Sammelverfügung vorgegebene Syntax für die zu versendenden Dateien ist unbedingt einzuhalten, da ansonsten kein Eingang dieser bei der BaFin erfolgen kann.

Nachweisung	Kurzbezeichnung der Vordrucke
670	Vierteljährlicher Bericht über die Zusammensetzung der Kapitalanlagen
671	Vierteljährlicher Bericht über die Buch- und Zeitwerte der Kapitalanlagen und die Bedeckung der vt. Passiva
673	Vierteljährlicher Bericht über Finanzinnovationen und die Struktur der Kapitalanlagen
Anlage	**Kurzbezeichnung der Vordrucke**
Fonds	Bericht (...) im ... Quartal 20... über Fonds (...)

Nachweisung	Kurzbezeichnung der Vordrucke
Immobilien	Bericht (…) im … Quartal 20… über den Erwerb von
	A Grundstücken, grundstücksgleichen Rechten und Anteilen an Grundstücksgesellschaften
	B Anlagen in Real Estate Investment Trusts (REITs)
	C Geschlossenen Immobilienfonds
Mischung	Muster des Berichts über die Mischung von Anlagen im Sicherungsvermögen und im gesamten gebundenen Vermögen
Streuung	Bericht über die Streuung des gebundenen Vermögens (…) im … Quartal 20…
Hedgefonds	Bericht (…) über Hedgefonds und strukturierte Produkte, die an Hedgefonds oder -Indizes gebunden sind, im Quartal … 20…
Rohstoffprodukte	Bericht (…) über strukturierte Produkte, die an Rohstoffrisiken gebunden sind, im… Quartal 20…
ABS/CLN	Bericht (…) über Asset Backed Securities (ABS) und Credit Linked Notes (CLN) sowie andere Anlagen, die der Übertragung von Kreditrisiken dienen, im … Quartal 20…

526 Die Anlage Mischung dient zur unternehmensinternen Berechnung der Anlagequoten der AnlV. Die frühere Einreichungspflicht wurde mit Inkrafttreten der Sammelvergütung aufgehoben. Die Anlage Streuung ist dagegen stets einzureichen. Die Anlage Fonds ist immer einzureichen, wenn das Unternehmen entsprechende Anlagen im Bestand hat. Die Anlagen Immobilien, Hedgefonds, Rohstoffprodukte und ABS/CLN sind nur dann vorzulegen, wenn Neuanlagen getätigt wurden. Eine Berichtspflicht besteht auch, wenn der Vermögensgegenstand dem restlichen Vermögen zuzuordnen ist. Aufgrund der unterschiedlichen Kriterien der Berichte kann es notwendig sein, einen Vermögensgegenstand auf mehreren verschiedenen Anlagen anzuzeigen.

527 Die Nachweisungen 670, 671 und 673 sind immer vierteljährlich einzureichen. Ergibt sich in der Nachweisung 671 nach Buchwerten der Vermögensgegenstände eine Unterdeckung, so ist der BaFin formlos darzulegen, welche Maßnahmen zur Wiederherstellung geplant und/oder durchgeführt wurden. Tritt eine Unterdeckung nach Marktwerten auf, ist eine formlose Meldung erforderlich, aus welchen Kapitalanlagen sich die Unterwertigkeit ergibt. Unterjährig ist dabei halbjährlich die Entwicklung der Deckungsrückstellung ausgehend von der letzten versicherungsmathematischen Berechnung durch Schätzungen, Näherungsverfahren und Prognoserechnungen sorgfältig zu ermitteln.

Kleinere Vereine i. S.d § 210 Abs. 1 Satz 1 VAG, bei denen die Kapitalanlagen am Abschlussstichtag des vorausgegangenen Geschäftsjahres 5 Mio. Euro nicht überstiegen haben, werden jeweils für das 1, 2. und 3. Quartal eines Geschäftsjahres von der Aufstellung und der Vorlage der Nachweisungen 670, 671 und 673 befreit. Die Nachweisungen sind dann nur für das 4. Quartal eines Geschäftsjahres einzureichen.   **528**

Kleinere Versicherungsunternehmen, in der Regel kleinere Vereine i. S. d. § 210 Abs. 1 Satz 1 VAG, bei denen die Kapitalanlagen am Abschlussstichtag des vorausgegangenen Geschäftsjahres 5 Mio. Euro überstiegen haben, können auf Antrag von der Aufsichtsbehörde ebenfalls bis auf Weiteres von der Aufstellung und Vorlage der Nachweisungen 670, 671 und 673 jeweils für das 1, 2. und 3. Quartal eines Geschäftsjahres befreit werden, wenn die Vorlage der Nachweisungen auf Grund der Kapitalanlagenstruktur und -strategie sowie der Bedeckungssituation des Unternehmens nicht geboten erscheint. Die Nachweisungen sind dann nur ebenfalls für das 4. Quartal eines Geschäftsjahres einzureichen.   **529**

c) Stresstests, Darlegungspflichten, Prognoserechnungen etc.

aa) Stresstest

Die auf Grund der Ermächtigungen der § 217 Abs. 1 Nr. 6 und § 235 Abs. 1 Satz 1 Nr. 10 VAG erlassene Verordnung über die Anlage des gebundenen Vermögens von Pensionskassen, Sterbekassen und kleinen Versicherungsunternehmen (AnlV) vom 18.4.2016 bestimmt, dass Versicherungsunternehmen die Einhaltung der Anlagegrundsätze des § 124 Abs. 1 VAG durch ein qualifiziertes Anlagemanagement, durch geeignete interne Kapitalanlagegrundsätze und Kontrollverfahren, durch eine strategische und taktische Anlagepolitik sowie durch weitere organisatorische Maßnahmen sicherzustellen haben. Die Einzelheiten hierzu und insbesondere die Darlegungs- und Anzeigepflichten der Versicherungsunternehmen bestimmt gemäß § 1 Abs. 5 AnlV die Aufsichtsbehörde.   **530**

Das diesbezüglich von der BaFin veröffentliche Rundschreiben stellt die Sammelverfügung vom 15.4.2011 – Anordnung betreffend die Darlegungspflichten (...) dar. Darin wird ausdrücklich auf das Kapitalanlage-Rundschreiben R 4/2011 (VA) hingewiesen. Dieses Rundschreiben versteht sich in diesem Zusammenhang als eine speziellere Vorgabe zu den in dem Rundschreiben R 3/2009 (MaRisk VA) enthaltenen Vorgaben. Im Rundschreiben R 4/2011 (VA) wird im Abschnitt B. „Hinweise zur Anlage des gebundenen Vermögens von Versicherungsunternehmen" verlangt, dass die Ausnutzung der Anlagemöglichkeiten vom Anlage- und Risikomanagement sowie der Risikotragfähigkeit bestimmt wird. Zu diesem Zweck seien mindestens vierteljährlich Stresstests durchzuführen. Über deren Ergebnisse ist dem Vorstand und dem Gesamtrisikomanagement zu berichten.   **531**

532 Wie diese Stresstests zu gestalten sind, wird im Rundschreiben R 1/2004 (VA), ergänzt durch verschiedene Verlautbarungen zur Ergänzung der Parameter, festgelegt. Zudem veröffentlicht die BaFin jährlich eine umfangreiche Beschreibung, in der detailliert auf einzelne Elemente der Stresstests eingegangen wird sowie Hinweise zur Eingabe in das Formular gegeben werden. Ferner wird den Unternehmen von der BaFin eine Liste von generellen Anfragen zum Stresstest in einer sog. FAQ-Datei zur Verfügung gestellt.

533 Die einzelnen Szenarien wurden **bis zum Jahr 2008** mit den folgenden Parametern durchgeführt:

– Stresstestszenario R 10: Marktwertverlust Renten –10 %
– Stresstestszenario A 35: Marktwertverlust Aktien –35 %
– Stresstestszenario RA 25: Marktwertverlust Renten –5 % Marktwertverlust Aktien –20 %
– Stresstestszenario AI 30: Marktwertverlust Aktien –20 % und Marktwertverlust Immobilien –10 % (ab dem Stresstest zum 31.12.2006 zunächst mit einem Stress für Immobilien von 8 %, später 10 %)

534 **Ab dem Jahr 2009** hat die BaFin die Aktienszenarien folgendermaßen variabel gestaltet und seitdem unverändert gelassen:

– isoliertes Aktienszenario: Kursrückgang Aktien entsprechend Indexstand zum vorherigen Jahresende
– Renten- und Aktienszenario: Kursrückgang Aktien entsprechend Indexstand zum vorherigen Jahresende und Kursrückgang festverzinslicher Wertpapiere um 5 %
– Aktien- und Immobilienszenario: Kursrückgang Aktien entsprechend Indexstand zum vorherigen Jahresende und Marktwertrückgang Immobilien um 10 %.

Das Stresstestszenario R 10 blieb unverändert.

535 Die Kursrückgänge für Aktien leiten sich basierend auf dem Indexstand des EuroStoxx 50 (Kursindex) am vorherigen Jahresende aus nachfolgender Tabelle ab. Die Faktoren, die allerdings bisher unverändert blieben, werden jedes Jahr in den entsprechenden Anschreiben neu den Unternehmen mitgeteilt:

EuroStoxx 50 (Kursindex)	Stressfaktor in % (Einzelszenario)	Stressfaktor in % (gemischte Szenarien)
von 5246 bis 5435 und höher	45	25
von 5056 bis 5245	45	25
von 4866 bis 5055	45	25
von 4676 bis 4865	45	25

EuroStoxx 50 (Kursindex)	Stressfaktor in % (Einzelszenario)	Stressfaktor in % (gemischte Szenarien)
von 4486 bis 4675	44	24
von 4296 bis 4485	41	22
von 4106 bis 4295	38	21
von 3916 bis 4105	35	20
von 3726 bis 3915	32	19
von 3536 bis 3725	29	18
von 3346 bis 3535	27	17
von 3156 bis 3345	24	16
von 2966 bis 3155	22	15
von 2776 bis 2965	20	14
von 2586 bis 2775	18	13
von 2396 bis 2585	16	12
von 2206 bis 2395	14	12
von 2016 bis 2205	13	11
von 1826 bis 2015	11	11
bis 1825	10	10

Die übrigen Anforderungen des R 1/2004 (VA) sowie die Bonitätsabschläge für festverzinsliche Anlagen und Darlehen bei jedem Renten-Stresstestszenario blieben unverändert.

Bei allen Stresstestszenarien werden gemäß R 1/2004 (VA) derartige Bonitäts- **536** risiken bei festverzinslichen Wertpapieren und Darlehen (Fixed Income, inklusive der festverzinslichen Anlagen in Wertpapier-Sondervermögen) mit den folgenden Abschlägen berücksichtigt:

- Investment-Grade: AAA-BBB 0 %
- Non-Investment-Grade: BB-B –10 %
- Non-Investment-Grade: CCC-D –30 %
- Ohne Rating: nr –10 %

Über die durchgeführten Stresstests ist vollständig zu berichten. Der Bericht **537** umfasst die eingegebenen Daten, die Berechnung der Bestände und der Stressszenarien sowie die Übersicht über die Ergebnisse der Stresstests nach allen vorgegebenen Szenarien einschließlich etwaiger Nebenrechnungen.

538 Modifikationen des zur Verfügung gestellten Stresstestmodells sind im Rahmen des jährlichen Berichtes über die Ergebnisse der Stresstests unzulässig. Individuelle Besonderheiten eines Versicherungsunternehmens, die im vorgegebenen Stresstestmodell nicht berücksichtigt werden, und ihre Auswirkungen auf das Ergebnis können ggf. gesondert erläutert werden.

539 Weisen alle Stresstestszenarien einen positiven „Saldo" aus, ist nichts weiter zu veranlassen.

540 Weisen ein oder mehrere Stresstestszenarien einen negativen „Saldo" aus, so ist gegenüber der Aufsichtsbehörde zu bestätigen, dass der Gesamtvorstand und der Aufsichtsrat informiert wurden. Weiterhin ist der BaFin darzulegen, welche Maßnahmen (z. B. Umstrukturierung des Portfolios) zur Wiederherstellung der Risikotragfähigkeit geplant sind und/oder bereits durchgeführt wurden. Sollen bzw. brauchen keine Maßnahmen ergriffen werden (z. B. mit Hilfe stiller Reserven in Namenspapieren, die vor dem Endergebnis des Stresstests angesetzt werden können), so ist dies zu begründen. Im Einzelfall ist zu erwarten, dass die BaFin weitere Informationen anfordert. Sie behält sich ferner vor, weitere darüber hinaus gehende Maßnahmen einzuleiten oder Beschränkungen (z. B. nach § 3 Abs. 6 AnlV) aufzuerlegen.

541 Pensionskassen, die das Bilanzausgleichsverfahren anwenden, gleichen Fehlbeträge durch die Einbuchung einer Beitragsforderung an das Trägerunternehmen aus. Pensionskassen, bei denen sich in Anwendung des Bedarfsdeckungsverfahrens die zu bilanzierende Deckungsrückstellung ganz oder zum Teil nach dem vorhandenen Vermögen richtet, können die sich nach ihrem Finanzierungsverfahren ergebende Deckungsrückstellung ansetzen.

542 Der Stresstest zum Geschäftsjahresende ist durch den Ausdruck aller Kalkulationstabellen einschließlich etwaiger Nebenrechnungen für die jeweilige Sparte, spätestens drei Monate nach dem Bilanzstichtag einzureichen. Zusätzlich ist die Datei mit den ausgefüllten Kalkulationstabellen elektronisch über das MVP-Portal an die BaFin zu senden.

bb) Darlegungspflichten

543 In der Sammelverfügung vom 15.4.2011 – Anordnung betreffend die Darlegungspflichten (…) – hat die Aufsichtsbehörde angeordnet, dass der BaFin jährlich, spätestens zwei Monate nach Ende des Kalenderjahres, folgende Informationen zu übermitteln sind:

1. eine allgemeine Beschreibung der für das laufende Geschäftsjahr beabsichtigten Anlagepolitik und dem geplanten Anlagebestand einschließlich einer Beschreibung der Ergebnisse aus der Asset-Liability-Management-Analyse und deren Umsetzung in der Anlagepolitik sowie eine Darstellung der Risiken des Anlagebestandes sowie

2. die aktuellen innerbetrieblichen Anlagerichtlinien für die Kapitalanlage (die einzelnen Änderungen gegenüber dem Vorjahr sind anzugeben und

den Richtlinien entsprechend kenntlich zu machen, ggf. in Form von Austauschseiten.

Wesentliche Änderungen sind der Aufsichtsbehörde unverzüglich mitzu-   **544**
teilen. Soweit sich bei den Informationen zu Rdnr. 543 (dort Nr. 2) im Verhältnis zum Vorjahr keine wesentlichen Änderungen ergeben haben, sollte bei der Vorlage der Informationen zu Rdnr. 543 (dort Nr. 1).

cc) Prognoserechnungen

Gemäß § 44 VAG kann die Aufsichtsbehörde die Vorlage von Berechnungen   **545**
einschließlich Prognoserechnungen verlangen, insbesondere über

- das erwartete Geschäftsergebnis zum Ende des laufenden Geschäftsjahres oder zukünftiger Geschäftsjahre und
- die Risikotragfähigkeit des Versicherungsunternehmens in Stresssituationen.

In diesem Fall bestimmt sie die Parameter, Stichtage und Berechnungsmethoden sowie die Form und Frist, in der die Prognoserechnung vorzulegen ist. Die Aufsichtsbehörde gestattet den Versicherungsunternehmen die Verwendung eigener Berechnungsmethoden, soweit dies die Beurteilung des Unternehmens oder des Versicherungsmarktes insgesamt nicht erschwert. Sie kann verlangen, dass dabei bestimmte Rechnungsannahmen zugrunde gelegt werden.

Die Prognoserechnung wird von der BaFin separat bei der jeweiligen Pen-   **546**
sionskasse angefordert. Dabei werden vorwiegend lediglich größere Pensionskassen mit einem signifikanten Bilanzbestand angeschrieben. Die Prognoserechnung resultiert in eine auszufüllende Nachweisung 682. Ab dem Jahr 2014 wurde deren Inhalt stark erweitert und jeweils auf Basis des 30. Septembers ausgerichtet. Sie umfasst nunmehr einen Zeitraum von fünf Jahren, d. h. das erste Geschäftsjahr bis zum 31. Dezember (außer bei Kassen mit abweichendem Geschäftsjahr) sowie die vier nachfolgenden Geschäftsjahre. Für jedes Geschäftsjahr sind eine vereinfachte Gewinn- und Verlustrechnung, Angaben zur Solvabilität, Zusatzangaben zu Kapitalanlagen sowie verschiedene sonstige Angaben vorzulegen. Für das erste Geschäftsjahr erfolgt die Prognose für vier Kapitalmarktszenarien. Für die Prognose des zweiten bis fünften Geschäftsjahres erfolgt eine Fortschreibung der Werte des Szenarios 1 des ersten Geschäftsjahres. Die Prognose für das zweite bis fünfte Geschäftsjahr ist für zwei unterschiedliche Szenarien („Szenario 1.1" und „Szenario 1.2") durchzuführen.

Die vier Szenarien für das **laufende Geschäftsjahr** sind derzeit wie folgt zu   **547**
ermitteln:

- Szenario 1: Aktienpositionen erfahren gegenüber dem Erhebungsstichtag keine Wertveränderung

– Szenario 2: Aktienpositionen erleiden einen Wertverlust gegenüber den Werten zum Erhebungsstichtag, wobei dessen Höhe sich aus der Tabelle für den Stressfaktor des isolierten Aktienstressszenarios ergibt. (siehe Rdnr. 535)

– Szenario 3: Aktienpositionen erfahren gegenüber dem Erhebungsstichtag keine Wertveränderung. Gleichzeitig ist ein paralleler Anstieg der vom Unternehmen verwendeten Zinsstrukturkurve um 50 Basispunkte zugrunde zu legen.

– Szenario 4: Aktienpositionen erleiden einen Wertverlust gegenüber den Werten zum Erhebungsstichtag, wobei dessen Höhe aus der Tabelle für den Stressfaktor des isolierten Aktienstressszenarios ergibt. (siehe Rdnr. 535) Gleichzeitig ist ein paralleler Anstieg der Zinsstrukturkurve um 50 Basispunkte zugrunde zu legen.

548 Für die Prognose des **zweiten bis fünften Geschäftsjahres** sind die Ergebnisse aus dem Szenario 1 des ersten Geschäftsjahres (wonach Aktienkurse und Zinsen bis zum Ende des ersten Geschäftsjahres unverändert bleiben) zugrunde zu legen:

– Erstes Szenario: Die zu berücksichtigen Kapitalmarktbedingungen und das Anlageverhalten werden für alle Pensionskassen durch die BaFin vorgegeben. Die Neu- und Wiederanlage erfolgt ausschließlich in Pfandbriefen mit laufender Verzinsung und einer Laufzeit von 10 Jahren. Die Kapitalmarktbedingungen (Zinsen, Aktienkurse etc.) bleiben gegenüber dem Erhebungsstichtag unverändert.

– Zweites Szenario: Es werden keine Kapitalmarktszenarien und kein bestimmtes Anlageverhalten durch die BaFin vorgegeben. Für die Ermittlung der angeforderten Daten ist die individuelle Unternehmensplanung bzw. Erwartung der jeweiligen Pensionskasse zugrunde zu legen. Hierbei bietet sich für die Unternehmen an, Bestandteile von ALM-Studien zu verwenden.

549 Zusätzlich zum Tabellenblatt sind seitens des Unternehmens in einem Begleitschreiben Erläuterungen zu diversen Fragestellungen vorzunehmen.

550 Das ausgedruckte Tabellenblatt ist der BaFin zusammen mit dem Begleitschreiben bis zum im Anforderungsschreiben vorgegebenen Zeitpunkt zuzusenden. Zusätzlich ist die Tabelle elektronisch über die MVP-Plattform zu übermitteln.

dd) Vorlage des Risikoberichts und des Revisionsberichts

551 Gemäß § 26 Abs. 1 VAG müssen Versicherungsunternehmen über eine angemessene, den Personen, die das Unternehmen tatsächlich leiten, vorzulegende, interne Berichterstattung verfügen (siehe auch MaRisk VA Rdnrn. 555 ff.). Das Risikomanagementsystem hat die Strategien, Prozesse und internen Meldeverfahren zu umfassen, die erforderlich sind, um Risiken, denen das

Unternehmen tatsächlich oder möglicherweise ausgesetzt ist, zu identifizieren, zu bewerten, zu überwachen und zu steuern sowie aussagefähig über diese Risiken zu berichten. Nach § 234 Abs. 3 Nr. 3 VAG sind diese unternehmensinternen Risikoberichte der Aufsichtsbehörde vorzulegen. Die im § 55c VAG a. F. enthaltene Vorschrift, dass eine Ausfertigung des Berichtes, der die wesentlichen Prüfungsfeststellungen der internen Revision des vergangenen Geschäftsjahres sowie die geplanten Prüfungsthemen des laufenden Geschäftsjahres aufzeigt (Revisionsbericht), vorzulegen ist, wurde nicht in das aktuelle VAG übernommen.

Der Risikobericht ist spätestens einen Monat nach Einreichung bei der Geschäftsleitung der BaFin vorzulegen. **552**

Die Aufsichtsbehörde kann Pensionskassen auf Antrag von dieser Pflicht befreien, wenn diese nachweisen, dass der geforderte Aufwand in Anbetracht der Art, des Umfangs und der Komplexität des betriebenen Geschäfts und der mit ihm verbundenen Risiken unverhältnismäßig wäre. **553**

ee) Sicherungsvermögen

Wie im Kapitel VIII. ausgeführt, ist gemäß § 126 Abs. 2 VAG der Aufsichtsbehörde am Schluss eines Geschäftsjahres eine Abschrift der in dessen Verlauf vorgenommenen Eintragungen in das Vermögensverzeichnis vorzulegen. Der Vorstand der Kasse hat deren Richtigkeit zu bescheinigen. Näheres hierzu erläutert das BaFin-Rundschreiben R 12/2005 (VA). Der Ausdruck des Vermögensverzeichnisses ist spätestens innerhalb von drei Monaten nach Schluss des Geschäftsjahrs einzureichen. Innerhalb der Frist noch nicht vorliegende Bescheinigungen oder Bestätigungen können nachgereicht werden. **554**

5. MaRisk VA

Auf Basis des § 64a VAG a. F. (jetzt §§ 23, 26 VAG) wurde von der BaFin ein Rundschreiben zu aufsichtsrechtlichen Mindestanforderungen an das Risikomanagement (R 3/2009 – MaRisk VA, s. H-BetrAV, Teil II, C. IV. 121 Nr. 1) herausgegeben. Die Zielsetzung war, einen flexiblen und praxisnahen Rahmen für die Ausgestaltung des Risikomanagements zu geben. Es gilt der Grundsatz der Proportionalität, d. h. Anforderungen sind immer unter Berücksichtigung der unternehmensindividuellen Risiken, der Art und des Umfanges des Geschäftsbetriebes sowie der Komplexität des gewählten Geschäftsmodells zu erfüllen. **555**

Die MaRisk VA wurde zum 1.1.2016 durch die Umsetzung der Solvency II Richtlinie für Versicherungsunternehmen aufgehoben und ist somit rechtlich auch für Pensionskassen nicht mehr gültig. Aufgrund von Unsicherheiten bezüglich der EbAV-Richtlinie wird im Moment von der BaFin noch keine Neufassung vorbereitet. Dennoch geht die BaFin davon aus, dass die MaRisk VA a. F. in der Praxis von Pensionskassen weiter angewendet wird. **556**

557 Das Rundschreiben stellt explizit die Gesamtverantwortung aller Geschäfts-leiter für die ordnungsgemäße Geschäftsorganisation des Unternehmens heraus (Abschnitt 6), welches ein separates Risikomanagement (Abschnitt 7) einzurichten hat. Neben der von der Geschäftsleitung zu erstellenden Geschäftsstrategie ist eine Risikostrategie daraus abzuleiten, die auf die damit verbundenen Risiken einzugehen hat. Das Unternehmen hat eine Aufbau- und Ablauforganisation festzulegen, innerhalb derer es beabsichtigt, tätig zu werden. Aufgaben und Verantwortlichkeiten sind in der Aufbauorganisation klar zu definieren und aufeinander abzustimmen. Die Ablauforganisation soll ermöglichen, alle mit wesentlichen Risiken behafteten Geschäftsabläufe sowie die Verantwortlichen dafür festzulegen. Auf Basis des unternehmens-individuellen Gesamtrisikos ist ferner ein Risikotragfähigkeitskonzept zu erstellen, welches darlegt, wie viel Risikodeckungspotential insgesamt vorhanden ist und wie viel zur Abdeckung der individuellen Risiken verwendet werden soll. In einem Risikokontrollprozess sind alle Risiken (a) zu definieren und klassifizieren, (b) zu analysieren und bewerten, (c) mit Hilfe bestimmter Maßnahmen zu steuern, d. h. bewusst zu akzeptieren, zu vermeiden oder zu reduzieren, (d) zu überwachen. Ein weiterer Punkt ist die in Rdnrn. 551 bis 553 beschriebene Risikoberichterstattung, die in der Vorlage der unternehmensinternen Risikoberichte bei der BaFin endet. Zur Sicherstellung der Funktionsfähigkeit des Risikomanagementsystems ist ein internes Kontrollsystem mit entsprechenden Frühwarnindikatoren einzurichten. Unter Maßgabe der Vorschriften des § 32 VAG sowie MaRisk VA Abschnitt 8 ist eine Ausgliederung von Funktionen und Dienstleistungen zulässig. Ferner schreibt das Rundschreiben noch eine Notfallplanung für Störfälle, Notfälle und Krisen vor (Abschnitt 9), um die Kontinuität der Unternehmensprozesse und -systeme auch in besonderen Situationen zu gewährleisten. Abschließend wird noch klargestellt, dass sämtliche für die Funktionsfähigkeit des Unternehmens wesentlichen Informationen in einer Dokumentation den Entscheidungsträgern stets vollständig zur Verfügung zu stehen haben.

6. Eigenkapital

558 Nach § 213 VAG sind kleine Versicherungsunternehmen verpflichtet, stets über Eigenmittel mindestens in Höhe der festgelegten Solvabilitätskapitalanforderung verfügen. Ein Drittel der geforderten Solvabilitätskapitalanforderung gilt als Garantiefonds. Diese Vorschrift wird durch § 234 Abs. 3 Satz 1 Nr. 8 VAG auf Pensionskassen übertragen. Für Pensionsfonds gilt sie explizit auf Grund von § 237 Abs. 1 Satz 2 nicht. Der Text des § 53c VAG a. F. wurde modifiziert, weil das entsprechende Kapital für Versicherungsunternehmen unter Solvabilität II per Definition bei Erfüllung der Anforderungen an die Qualitätsklassen 1 bis 3 Eigenmittel darstellt.

Das BMF wird gemäß § 217 VAG ermächtigt, durch Rechtsverordnung Vorschriften zu erlassen **559**

- über die Berechnung und Höhe der Solvabilitätskapitalanforderung,
- über den für die einzelnen Versicherungssparten maßgebenden Mindestbetrag der Mindestkapitalanforderung sowie über seine Berechnung,
- darüber, wie bei Lebensversicherungsunternehmen nicht in der Bilanz ausgewiesene Eigenmittel errechnet werden und in welchem Umfang sie auf die Solvabilitätskapitalanforderung und die Mindestkapitalanforderung angerechnet werden dürfen.

Von dieser Ermächtigung wurde in Form des Erlasses der Kapitalausstattungs-Verordnung (KapAusstV) vom 18.4.2016 Gebrauch gemacht. Darin werden Einzelheiten zur Berechnung der Solvabilitätskapitalanforderung geregelt.

Die Solvabilitätskapitalanforderung errechnet sich nach § 9 KapAusstV als **560** Summe von 4 % der Deckungsrückstellung und 0,3 % des Risikokapitals aus dem gesamten Versicherungsgeschäft. Die Mindestkapitalanforderung für Pensionskassen beträgt nach § 18 KapAusstV 3 Mio. Euro. Bei einer VVaG reduziert sich dieser Betrag um 25 %. Die Mindestkapitalanforderung entfällt, sofern für Pensionskassen in der Rechtsform des Versicherungsvereins auf Gegenseitigkeit die jährlichen Beiträge in drei aufeinanderfolgenden Jahren den Betrag von 5 Mio. Euro nicht überschritten haben.

Gemäß § 216 Abs. 1 VAG sind zusammen mit dem nach § 341a Abs. 1 HGB **561** vorgeschriebenen Jahresabschluss und Lagebericht der Aufsichtsbehörde jährlich in den von ihr festzulegenden Formen eine Berechnung der Solvabilitätskapitalanforderung vorzulegen und die Eigenmittel nachzuweisen.

Diese Vorschrift wird in § 19 KapAusstV präzisiert, wonach die Verpflich- **562** tung entsteht, jährlich der Aufsichtsbehörde eine Berechnung der Solvabilitätskapitalanforderung und einen Nachweis über ihre Eigenmittel vorzulegen. Stichtag für den Solvabilitätsnachweis ist der Stichtag des nach § 341a HGB aufgestellten Jahresabschlusses. Dafür ist das in der Anlage enthaltene Formular Nw 701 zu verwenden. Für die Vorlage bei der BaFin gilt die gleiche Frist wie für den aufgestellten Jahresabschluss.

Das noch nicht aufgehobene bzw. aktualisierte, aber teilweise nicht mehr der **563** gültigen Rechtslage entsprechende Rundschreiben R 4/2005 (VA) – Solvabilität der Versicherungsunternehmen regelt zusätzliche Details für Pensionskassen.

7. Terminplan für das BaFin-Meldewesen

564 Nachstehend schematisch ein Terminplan für Meldungen an die BaFin:

Terminplan für Meldungen an die BaFin

Termin	Art der Meldung	Zeitraum
31. Januar	Anlagen gem. Sammelverfügung 21.6.2011 (VA): Anlagen Fonds und Streuung, Nw 670, 671, 673 per 31.12.; Anlagen Immobilien, verbundene Unternehmen, Hedgefonds, Rohstoffprodukte, ABS/CLN, nur bei Neuerwerb; Nachweisungen gem. BerVersV: Nw 602	vierteljährlich
28./29. Februar	Darlegungspflichten gem. § 1 Abs. 5 AnlV, Sammelverfügung vom 15.4.2011	jährlich
31. März	Sicherungsvermögensverzeichnis gem. R 12/2005 (VA)	jährlich
	Stresstest gem. R 1/2004 (VA) ggfs. mit Meldung von Maßnahmen zur Wiedererlangung der Risikotragfähigkeit	jährlich
30. April	Anlagen gem. Sammelverfügung 21.6.2011 (VA): Anlagen Fonds und Streuung, Nw 670, 671, 673 per 31. März; Anlagen Immobilien, verbundene Unternehmen, Hedgefonds, Rohstoffprodukte, ABS/CLN, nur bei Neuerwerb; Nachweisungen gem. BerVersV: Nw 602	vierteljährlich
	Entwurf Geschäftsbericht (2-fach)	jährlich
	Solvabilitätsnachweis gem. § 19 KapAusstV	jährlich
31. Mai	Nachweisungen gem. BerVersV: Fb 100, 200/300, Nw 101, 103, 104, 201, 202, 203	jährlich
30. Juni	Nachweisungen gem. BerVersV: Nw 120, 220, 221, 222, 265	jährlich

Termin	Art der Meldung	Zeitraum
31. Juli	Nachweisungen gem. BerVersV: Nw 121	jährlich
	Anlagen gem. Sammelverfügung 21.6.2011 (VA): Anlagen Fonds und Streuung, Nw 670, 671, 673 per 30.06.; Anlagen Immobilien, verbundene Unternehmen, Hedgefonds, Rohstoffprodukte, ABS/CLN, nur bei Neuerwerb; Nachweisungen gem. BerVersV: Nw 602	vierteljährlich
	Versicherungstechnische Prüfung der Vermögenslage bzw. versicherungsmathematisches Gutachten	jährlich bzw. alle 3 Jahre
31. Oktober	Anlagen gem. Sammelverfügung 21.6.2011 (VA): Anlagen Fonds und Streuung, Nw 670, 671, 673 per 30.6.; Anlagen Immobilien, verbundene Unternehmen, Hedgefonds, Rohstoffprodukte, ABS/CLN, nur bei Neuerwerb; Nachweisungen gem. BerVersV: Nw 602	vierteljährlich
Nach Aufforderung durch BaFin (i. d. R. November)	Prognoserechnung gem. § 44 VAG	jährlich
nach Erwerb der Kapitalanlage	Anlagen Beteiligungen und Verbundene Unternehmen	spätestens im auf den Erwerb folgenden Monat
Spätestens 1 Monat nach Einreichung bei der Geschäftsleitung	Risikobericht gem. § 234 Abs. 3 Nr. 3 VAG i. V. mit § 26 Abs. 1 VAG	Mindestens einmal jährlich
unmittelbar nach: Feststellung (2-fach):	Jahresabschluss und Lagebericht mit Bestätigungsvermerk	jährlich
	Vorschlag des Vorstands zur Verwendung des Bilanzgewinns	
	Bericht des Aufsichtsrats an die Mitglieder- bzw. Vertreterversammlung	
	Bericht des Abschlussprüfers mit Bemerkungen des Vorstands und des Aufsichtsrats sowie Erklärung zur Pensionsrückstellung (jeweils handschriftlich unterzeichnet)	
	Bericht des Abschlussprüfers zu dem Bericht des Vorstands über Beziehungen zu verbundenen Unternehmen	

Termin	Art der Meldung	Zeitraum
unmittelbar nach Mitglieder- bzw. Vertreterversammlung:	Geschäftsbericht (4-fach), davon ein Exemplar mit handschriftlichen Unterschriften des Vorstandes, Verantwortlichen Aktuars, Treuhänders und Aufsichtsrats	jährlich

C. Finanzierung der Kassenleistungen
(Fath)

565 Auch wenn die Versicherungsmathematik zur Finanzierung von Kassenleistungen für deregulierte und regulierte Pensionskassen die gleiche ist, gelten für regulierte Pensionskassen an einigen Stellen (vor allem bedingt durch die Vielzahl unterschiedlicher Finanzierungsverfahren (s. Rdnrn. 629 ff.) andere Vorschriften bzw. Anwendungspraktiken im Vergleich zu deregulierten Pensionskassen. Die folgenden Ausführungen beziehen sich schwerpunktartig auf regulierte Pensionskassen, da deregulierten Pensionskassen eng mit Lebensversicherungsunternehmen vergleichbar sind. Zudem wird auf Pensionskassen des öffentlichen Bereichs nicht gesondert eingegangen.

566 Pensionskassen finanzieren die mit Rechtsanspruch ausgestatteten Kassenleistungen regelmäßig über **Beiträge der Arbeitgeber und/oder deren versicherten Arbeitnehmer**. Beide können demnach als Versicherungsnehmer auftreten. Die Beiträge müssen entsprechend den übernommenen Versicherungsrisiken (u. a. Tod, Invalidität, Alterspensionierung) nach versicherungsmathematischen Grundsätzen ausreichend bemessen sein. Im Rahmen des Technischen Geschäftsplanes (vgl. Rdnrn. 267 ff.) sind der Aufsichtsbehörde die finanziellen Grundlagen darzulegen, unter welchen die Leistungsfähigkeit der Pensionskasse auf Dauer gesichert ist. Der Nachweis der dauernden Erfüllbarkeit der künftigen Leistungsverpflichtungen ist sowohl mit dem Antrag auf Zulassung zum Geschäftsbetrieb einer Pensionskasse als auch später anlässlich der turnusmäßigen versicherungsmathematischen Vermögensüberprüfungen zu erbringen.

567 Im Allgemeinen lässt die Aufsichtsbehörde zur Wahrung der Belange der Versicherten nur Finanzierungsverfahren nach dem Anwartschaftsdeckungsprinzip zu. Dementsprechend hat die Finanzierung der Kassenleistungen planmäßig während der Anwartschaftszeit zu erfolgen. Die für die Erfüllung der Rentenverpflichtungen erforderlichen Mittel müssen dabei spätestens bis zum Eintritt des Versicherungsfalles angesammelt sein. Dies gilt grundsätzlich auch für sog. Rückdeckungspensionskassen, bei denen der Arbeitgeber oder seine Unterstützungskasse durch eine Rückdeckung die betrieblichen Versorgungsverpflichtungen gegenüber den Mitarbeitern refinanziert.

I. Grundsätze der Versicherungsmathematik

Beiträge sind die Gegenleistung eines Versicherungsnehmers für den vom **568** Versicherer gewährten Versicherungsschutz. Sie sind in der Satzung oder den Allgemeinen Versicherungsbedingungen (AVB) der Pensionskasse festgelegt und werden vom Arbeitgeber, vom versicherten Mitglied oder von beiden gemeinsam erbracht.

Die Beiträge müssen sowohl die vertraglichen Versicherungsleistungen als **569** auch die Verwaltungskosten abdecken. Dementsprechend setzen sich die „Bruttobeiträge" aus den „Nettobeiträgen" für die reinen Versicherungsleistungen und den „Verwaltungskostenbeiträgen" zusammen. Bei dem Nettobeitrag für Versicherungsleistungen unterscheidet man zwischen dem „Risikoanteil", der zur Deckung der vorzeitigen Versicherungsfälle durch Tod und Invalidität benötigt wird, und dem „Sparanteil" für die planmäßige Bildung einer Deckungsrückstellung, aus der die späteren Kassenleistungen nach Beendigung der Beitragszahlung bestritten werden können.

1. Äquivalenzprinzip zwischen Leistungen und Beiträgen

Die Finanzierung von Pensionskassenleistungen erfolgt, wie bei der Lebens- **570** versicherung üblich, nach dem versicherungsmathematischen Äquivalenzprinzip. Danach muss zwischen dem Barwert der künftigen Leistungen und Verwaltungskosten einerseits und dem Barwert der tarifmäßigen Beiträge andererseits eine Gleichwertigkeit bestehen. Die Kasse ist verpflichtet einen versicherungsmathematischen Sachverständigen i. d. R. den verantwortlichen Aktuar zu beauftragen, der Aufsichtsbehörde mit dem Antrag auf Zulassung zum Geschäftsbetrieb eine solche Äquivalenzrechnung in nachprüfbarer Form auf der Basis genehmigungsfähiger Rechnungsgrundlagen (vgl. Rdnrn. 592 ff.) vorzulegen.

Anlässlich der späteren versicherungsmathematischen Vermögensüberprü- **571** fungen ist jeweils nach Maßgabe der geschäftsplanmäßigen Bewertungsgrundsätze nachzuweisen, dass der Barwert der künftigen Beiträge zusammen mit dem vorhandenen Deckungsvermögen dem Barwert der künftigen Kassenleistungen einschließlich Verwaltungskosten entspricht.

In der Praxis **unterscheidet** man zwischen dem **individuellen** und dem **kol-** **572** **lektiven Äquivalenzprinzip,** und zwar je nachdem, ob die Äquivalenzgleichung für die einzelne Mitgliedschaft oder für einen bestimmten Personenkreis insgesamt erfüllt ist. Dabei kann es sich sowohl um eine geschlossene Personengesamtheit (z. B. derzeitiger Bestand), als auch um eine offene Risikogemeinschaft mit einer hypothetischen Neuzugangsfunktion handeln.

Im Allgemeinen stellen auch kollektive Finanzierungsverfahren nur auf die **573** vorhandenen Versichertenbestände ab. Unterscheidungskriterien sind vielfach Geschlecht und Lebensalter der versicherten Mitglieder. Bei der Leistungsbestimmung kann aber aus Gründen der arbeitsrechtlichen Gleichbehandlung insbesondere dann verzichtet werden, wenn sich der Arbeitgeber an der Beitragszahlung wesentlich beteiligt. Das offene kollektive Äquivalenzprinzip kommt nur im Ausnahmefall zur Anwendung. Beispielsweise wird ein nach Umfang und Dauer vorsichtig bemessener Mitgliederzugang herangezogen, wenn bei der Kassengründung oder einem späteren Leistungsausbau eine sog. Altlast übernommen und finanziert werden muss.

574 Der aus einer Äquivalenzrechnung ermittelte Beitrag wird auch als „risikogerechter Beitrag" bezeichnet. Er ist aber bei einem kollektiven Finanzierungsverfahren mit Arbeitnehmerbeiträgen aufsichtsbehördlich nur dann genehmigungsfähig, wenn jedes Mitglied mindestens eine Anwartschaft auf die von ihm selbst finanzierten Kassenleistungen auf der Grundlage des individuellen Äquivalenzprinzips und unter Berücksichtigung der auf die Mitgliedsbeiträge entfallenden Überschussbeteiligung erwirbt (GB BAV 1977 S. 54, Nr. 45).

2. Risikogemeinschaft

575 Betriebliche Pensionskassen in der Rechtsform des kleineren Versicherungsvereins auf Gegenseitigkeit (VVaG) haben nach ihrer Satzung einen eng begrenzten Wirkungskreis (§ 210 VAG). Versicherte Mitglieder sind in aller Regel die Arbeitnehmer eines Unternehmens oder mehrerer wirtschaftlich verbundener Unternehmen.

576 Bei der Abgrenzung der versicherten Mitgliederbestände ist der Arbeitgeber in seiner Entscheidung aus versicherungstechnischer Sicht grundsätzlich frei. Allerdings hat die Pensionskasse darauf zu achten, dass eine sog. negative Risikoauslese ausgeschlossen bleibt. Hierunter versteht man die Möglichkeit, ein bestimmtes Versicherungsrecht in Kenntnis der von den allgemeinen Risikostrukturen abweichenden subjektiven Verhältnisse willkürlich auszunutzen (insbesondere bei Wahlrechten). Die Gefahr einer missbräuchlichen Inanspruchnahme von Kassenleistungen besteht insbesondere dann nicht, wenn ein nach objektiven Kriterien bestimmter Personenkreis über den Arbeitsvertrag obligatorisch versichert wird. Aber auch bei Pensionskassen ohne Zwangsmitgliedschaft kann bei der Mitgliedsaufnahme häufig auf eine Gesundheitsprüfung verzichtet werden, wenn diese regelmäßig bereits anlässlich der Einstellung erfolgt.

577 Kritischer ist der **Gesundheitszustand** jedoch bei überbetrieblichen Pensionskassen zu beurteilen, und zwar vor allem dann, wenn nur wenige Arbeitnehmer eines Unternehmens versichert werden bzw. bei Freiwilligkeit auf Grund Entgeltumwandlung. In solchen Fällen lässt sich aus risikotechnischer Sicht auf eine Gesundheitsprüfung verschiedentlich nicht verzichten. Insbesondere ist auch die Aufnahme schwerbehinderter Arbeitnehmer nicht unproblematisch, wenn z. B. bei Inanspruchnahme der vorgezogenen Altersrente kein versicherungsmathematischer Wertausgleich (Abschlagsfaktor) erfolgt.

Zur risikotechnischen Bestandsabgrenzung gehört schließlich die **Fest-** 578
legung eines Mindest- und Höchsteintrittsalters unter Beachtung des Allgemeinen Gleichbehandlungsgesetzes (AGG).

Da die Pensionskasse in den Tarifen Leistungen der betrieblichen Altersver- 579
sorgung i. S. d. BetrAVG anbietet, muss bei der risikotechnischen Bestandsabgrenzung auch der Grundsatz der arbeitsrechtlichen Gleichbehandlung
beachtet werden. Bei etwaigen Unverträglichkeiten mit versicherungsrechtlichen und aufsichtsbehördlichen Vorschriften haben allerdings diese grundsätzlich Vorrang.

Zum Risikoausgleich innerhalb einer Versichertengemeinschaft müssen die 580
Bestände nach den wahrscheinlichkeitstheoretischen Grundlagen der Versicherungsmathematik hinreichend groß sein. Außergewöhnliche Verhältnisse, welche die Gründung oder Weiterführung einer Pensionskasse ohne geeignete Schwankungsreserven oder andere Sicherheiten risikotechnisch nicht
zulassen, können insbesondere dann vorliegen, wenn der Versichertenbestand weniger als etwa 200 Personen umfasst. Eine konkrete Mindestzahl gibt
es aber nicht; bei ausreichenden Sicherheiten kann auch ein extrem kleiner
Personenkreis bei einer Pensionskasse versichert werden (vgl. GB BAV 1973,
46, Nr. 406).

3. Leistungsrisiken

Ausgangspunkt aller versicherungsmathematischer Bewertungen ist die **quan-** 581
titative Erfassung der versicherten Leistungsrisiken.

Eine Pensionskasse als besondere Art eines Lebensversicherungsunterneh- 582
mens verfügt i. d. R. über einen oder mehrere Rententarife. Wegen der Ergänzungsfunktion der betrieblichen Altersversorgung zur gesetzlichen Rentenversicherung kommen grundsätzlich alle Leistungsarten wie bei der
gesetzlichen Rentenversicherung in Betracht. Die Leistungshöhe richtet sich
grundsätzlich erst ab dem Zeitpunkt des Wegfalls des Erwerbseinkommens;
soweit das Erwerbseinkommen teilweise wegfällt, können die allgemeinen
Versicherungsbedingungen anteilige Leistungen vorsehen (§ 232 VAG).

Entsprechend des für die Auslösung der Rentenzahlungen maßgeblichen 583
Risikos (Versicherungs- oder Versorgungsfall) wird i. d. R. zwischen folgenden Leistungsarten unterschieden:

- Mitgliedsrenten wegen Alter oder Invalidität (verminderte Erwerbsfähigkeit bzw. zum Teil noch Berufs- und/oder Erwerbsunfähigkeit);
- Hinterbliebenenrenten bei Ableben eines Mitglieds vor und/oder nach
  Eintritt des Versicherungsfalles an den hinterbliebenen Ehegatten und/
  oder die versorgungsberechtigten Kinder.

In der Praxis kommen alle sinnvollen Kombinationen der verschiedenen
Leistungsarten vor. Bei den meisten regulierten Pensionskassen i. S. d. § 233

Abs. 1 VAG war lange Zeit nur ein Einheitstarif vorzufinden; auf Grund des gesunkenen Zinsniveaus sind auch diese Pensionskassen dazu übergegangen, für den Neuzugang neue Tarife mit einem anderen Rechnungszins anzubieten. Überbetriebliche Pensionskassen stellen dagegen vielfach mehrere Tarifmöglichkeiten zur Wahl.

584 Auch die Leistungsvoraussetzungen entsprechen bei den Pensionskassen häufig noch den Vorschriften für die gesetzliche Rentenversicherung, um eine möglichst nahtlose betriebliche Zusatzversorgung zu gewährleisten. Allerdings ruhen Altersrentenansprüche regelmäßig zur Vermeidung einer Doppelleistung, sofern und soweit noch Bezüge aus dem Arbeitsverhältnis gewährt werden. Für die Risikobeurteilung ist auch die Regelung zur flexiblen Altersgrenze von Bedeutung (§ 6 BetrAVG). Der Bezug einer vorgezogenen Altersrente aus der Pensionskasse darf allerdings nicht allein von dem aus der gesetzlichen Rentenversicherung abhängig gemacht werden (Rundschreiben des BAV vom 28.11.1972 – R 5/72 = H-BetrAV, Teil II, C. IV. 15 Nr. 1).

585 Der Umfang der Leistungsverpflichtungen richtet sich ferner nach der **vereinbarten Zahlungsdauer**. Mitgliedsrenten werden fast ausnahmslos lebenslänglich gezahlt. Die Hinterbliebenenrenten sind regelmäßig bei Ehegatten bis zur Wiederverheiratung (mit evtl. Abfindungsleistung) befristet. Waisenrenten werden verschiedentlich auch über die Vollendung des steuerlichen Höchstalters für die Gewährung von Kindergeld (27. Lebensjahres bzw. 25 Jahre für Versorgungszusagen ab 2007) hinaus gewährt, wenn und solange ein körperliches oder geistiges Gebrechen vorliegt und dieses Gebrechen schon vor der Vollendung des maßgeblichen Höchstalters vorlag.

586 Einige Pensionskassen gewähren anstelle oder neben den Hinterbliebenenrenten ein Sterbegeld; diese Leistung wird jedoch versicherungstechnisch üblicherweise in den Rententarif einbezogen.

Zur Abschwächung des anfänglichen Leistungsrisikos bei Tarifen mit gleich bleibenden Rentenansprüchen oder zusätzlichen Leistungssteigerungen für sog. Zurechnungszeiten sehen die Versicherungsbedingungen von Pensionskassen – wie in der Betriebsrentenpraxis allgemein üblich – eine Wartezeit vor. Sie beträgt jedoch nur im Ausnahmefall mehr als fünf Jahre. Bei Eintritt des Versicherungsfalles während der Wartezeit erfolgt eine Beitragsrückerstattung etwaiger Mitgliedsbeiträge mit oder ohne Zinsen, sofern der Versicherte keine unverfallbare Anwartschaft erworben hat.

587 Die Beitragsrückgewähr bzw. die Gewährung eines Rückkaufswerts, der sich an dem durch Mitgliedsbeiträge aufgebauten Deckungskapital orientiert, gehört bei einer Beendigung der Mitgliedschaft vor Eintritt des Versicherungsfalles mit zu den tarifmäßigen Regelleistungen einer Pensionskasse. Es gelten jedoch die gesetzlichen Unverfallbarkeitsbestimmungen, so dass Anwartschaften welche durch Entgeltumwandlung finanziert wurden (§ 1 Abs. 2

Nr. 3 BetrAVG) oder Anwartschaften durch Eigenbeiträge des Mitarbeiters mit der ersten Beitragszahlung unverfallbar sind (§ 1 Abs. 2 Nr. 4 BetrAVG i. V. m. § 30e Abs. 1 BetrAVG) und eine Abfindung nur bei Unterschreiten der Grenzwerte nach § 3 BetrAVG möglich ist. Bei Vorliegen einer unverfallbaren Anwartschaft kann eine Beitragsfreistellung, Fortführung der Versicherung mit eigenen (Arbeitnehmer-)Beiträgen oder die Übertragung auf einen anderen Versorgungsträger (Pensionskasse/Direktversicherung) (Portabilität) erfolgen.

Der Verpflichtungsumfang einer Pensionskasse ist ferner in besonderer Weise durch das **Leistungssystem** geprägt. Das Risiko ist natürlich dann am größten, wenn während der Anwartschaftszeit feste Rentenansprüche versichert werden (Leistungszusage). Erheblich niedriger ist das anfängliche Leistungsrisiko bei sog. Bausteintarifen, bei denen zwar auch eine laufende Beitragszahlung vereinbart ist, jeder Einzelbeitrag jedoch als Einmalprämie versicherungsmathematisch in einen Rentenbaustein umgerechnet wird (beitragsorientierte Leistungszusage). Bei gleichem Beitragsaufkommen führt ein solcher Bausteintarif nach dem versicherungsmathematischen Äquivalenzprinzip zwangsläufig aber auf höhere Altersrentenansprüche. Zwischen diesen beiden Leistungssystemen liegen risikotechnisch solche Tarife, die neben den planmäßigen Steigerungen bei vorzeitigen Versorgungsfällen noch einen Grundbetrag oder zusätzliche (fiktive) Steigerungen für sog. Zurechnungszeiten bis zur Vollendung eines bestimmten Lebensalters, z. B. 55 Jahre, vorsehen. Je nach Ausprägung dieser zusätzlichen Leistungsmerkmale neigen sie mehr der einen oder der anderen Seite zu. Das Gleiche gilt für Tarife mit über- oder unterproportionalen Steigerungsbeiträgen während der Anwartschaftszeit. **588**

Bei überbetrieblichen Pensionskassen trifft man vereinzelt noch Tarife mit einer garantierten Rentenlaufzeit von fünf oder zehn Jahren an, die aber für Zusagen ab 2005 nicht mehr als betriebliche Altersversorgung anerkannt werden (BMF-Schreiben vom 24.7.2013, Rz. 288, s. H-BetrAV, Teil II, A. I. 262 Nr. 22). Anstelle einer lebenslänglichen Altersrente kann – im Wesentlichen bei vor 2002 eingeführten Tarifen – auch eine Kapitaloption vorgesehen werden. Zur Vermeidung einer missbräuchlichen Leistungsinanspruchnahme muss aber das Wahlrecht in einer angemessenen Frist (mind. drei Jahre) vor der Altersgrenze ausgeübt werden (GB BAV 1983, 57, Nr. 404 und Jahresbericht BaFin 2003 Teil A, 175). **589**

Die Tarife mit Hinterbliebenenrentenanwartschaften sehen analog zur ursprünglichen Hinterbliebenenleistung der gesetzlichen Rentenversicherung meist eine Ehegattenrente mit 60 % der Mitgliedsrente vor, auf die zum Zeitpunkt des Todes Anspruch oder Anwartschaft besteht. Die Risikobewertung erfolgt in solchen Fällen regelmäßig nach der „Kollektivmethode", die zum Zeitpunkt des Todes einen durchschnittlichen Altersunterschied der Ehegatten und eine Verheiratungswahrscheinlichkeit vorsieht (vgl. Rdnrn. 597 ff.). Es sind aber auch Tarife mit einem Optionsrecht auf **590** eine Ehegattenrente aufsichtsbehördlich genehmigungsfähig. Dieser sieht eine höhere Mitgliedsrente vor, wenn im Zeitpunkt des Versicherungsfalles (Alter, Invalidität) die Ehegattenrente abgewählt wird. Interessant ist ein solcher Tarif insbesondere für unverheiratete Kassenmitglieder (zu rechtlichen und versicherungstechnischen Einzelheiten vgl. K.-J. Bode BetrAV 1991 S. 126).

591 Alle risikorelevanten Kriterien zu den einzelnen Leistungsarten und -voraussetzungen sowie zur Leistungshöhe müssen im Technischen Geschäftsplan vollständig beschrieben und nach versicherungsmathematischen Grundsätzen bei der Tarifkalkulation berücksichtigt werden. Auch geringfügige Abweichungen müssen versicherungstechnisch näher begründet werden (vgl. Rdnrn. 267 ff.).

II. Rechnungsgrundlagen

592 Das Ergebnis einer versicherungsmathematischen Leistungs- und Beitragskalkulation sowie die Untersuchungen zur finanziellen Leistungsfähigkeit einer Pensionskasse hängen entscheidend von **der Wahl der Rechnungsgrundlagen** ab. Als solche bezeichnet man die nach wahrscheinlichkeitstheoretischen Grundsätzen aus der Erfahrung abgeleiteten Annahmen über den demographisch und wirtschaftsbedingten Risikoverlauf und damit das erwartete Ausmaß der künftigen Ausgaben und Einnahmen. Während die wirtschaftsbedingten Parameter die Dynamik des wirtschaftlichen Umfeldes widerspiegelt, fallen in die erste Gruppe alle biometrischen Annahmen, die mit dem Leben und der Gesundheit der Versicherten im weitesten Sinn im Zusammenhang stehen.

593 Aus methodischer Sicht bedient sich die Versicherungsmathematik weitgehend der **Wahrscheinlichkeitstheorie.** „Richtige" Rechnungsgrundlagen gibt es daher nicht. Jedes Tabellenwerk beruht vielmehr auf der Extrapolation der empirisch gewonnenen Risikoparameter in die Zukunft. Wenngleich auch eine vollkommene Übereinstimmung von Schätzung und Wirklichkeit des künftigen Leistungsbedarfs nie möglich sein wird, lässt sich nach dem wahrscheinlichkeitstheoretischen „Gesetz der großen Zahl" bei hinreichend großen Versichertenbeständen aber doch eine gewisse Regelmäßigkeit im Risikoverlauf feststellen.

594 Die in die Rechnungsgrundlagen aufgenommene empirische Gesetzmäßigkeit soll einerseits möglichst wirklichkeitsnah sein, oder mit anderen Worten: Sie soll dem künftigen Risikoverlauf bis auf eine tragbare Fehlergrenze nahe kommen. Andererseits müssen die einzelnen Wagnisannahmen der Forderung nach Sicherheit ausreichend Rechnung tragen.

595 Bei „**Rechnungsgrundlagen 1. Ordnung**" sind die verschiedenen Risikoparameter so vorsichtig gewählt, dass nachteilige finanzielle Auswirkungen beim Versicherer durch spätere Risikoabweichungen in der Praxis nahezu vollständig ausgeschlossen werden. Sie entsprechen somit dem gesetzlichen

Gebot der dauernden Erfüllbarkeit mit an Sicherheit grenzender Wahrscheinlichkeit (§§ 9 und 138 VAG).

Im Gegensatz dazu sind „**Rechnungsgrundlagen 2. Ordnung**" dem voraussichtlichen Risikoverlauf besser angepasst, ohne jedoch das die Versicherungsmathematik beherrschende Sicherheitsgebot vollständig zu vernachlässigen. Solche realitätsnäheren Rechnungsgrundlagen werden für langfristige Überschussbeteiligungspläne herangezogen. Die Belange der versicherten Mitglieder erfordern nämlich, dass die Beiträge, die sich im Laufe der Jahre als Überschüsse aus den in den Rechnungsgrundlagen 1. Ordnung enthaltenen Sicherheitsreserven ergeben, den einzelnen Versicherungen nach dem Verursachungsprinzip in geeigneter Weise und angemessen zugeordnet werden (§ 11 Abs. 1 Satz 1 Nr. 4a VAG).

596

1. Biometrische Rechnungsgrundlagen

Die biometrischen Rechnungsgrundlagen enthalten wahrscheinlichkeitstheoretische Annahmen u. a. über die Sterblichkeit und Erwerbsminderung (Invalidität) sowie den mittleren Altersrentenfall, über den durchschnittlichen Familienstand und Altersunterschied der Ehegatten im Zeitpunkt des Todes sowie über die Häufigkeit der Inanspruchnahme von Waisenrenten.

597

Im Zusammenhang mit der sog. langfristigen Erhöhung der Lebenserwartung und der doppelten Abhängigkeit des Invaliditätsrisikos vom Gesundheitszustand des Versicherten einerseits und von Konjunkturentwicklungen andererseits ist die Wahl der geschäftsplanmäßigen biometrischen Ausscheideordnungen schon immer in besonderer Weise problematisch gewesen. Grundsätzlich kann eine Pensionskasse die biometrischen Rechnungsannahmen auch aus eigenen Beobachtungen ableiten, was aber einen nicht unerheblichen Aufwand zur Folge hat und im Übrigen große Untersuchungsbestände und längere Beobachtungszeiträume voraussetzt. Die meisten Pensionskassen verwenden daher **veröffentlichte Standardtafeln**. Sie modifizieren erforderlichenfalls einzelne Ausscheideordnungen wie z. B. die Invalidisierungswahrscheinlichkeiten, wenn auf Grund des versicherten Personenkreises oder besonderer berufs- oder tätigkeitsbedingter Risikomerkmale mit einem abweichenden Verlauf gerechnet werden muss.

598

Auf Grundlage des Modells für die einzelnen Eintrittswahrscheinlichkeiten unterscheidet man die Sterbetafeln in **Generationentafeln** und **Periodentafeln**. Bei einer Generationentafel sind die einzelnen Eintrittswahrscheinlichkeiten abhängig vom Geburtsjahr, so dass damit die im Zeitablauf sinkende Sterblichkeit (= steigende Lebenserwartung) modelliert werden kann; bei Periodentafeln hingegen sind die einzelnen Eintrittswahrscheinlichkeiten unabhängig vom Geburtsjahr, jedoch enthalten sie eine sog. Projektivität, d. h. eine Fortschreibung des im Zeitraum der statistischen Erhebung erkennbaren Trends zur weiteren Veränderung der Risikohäufigkeiten. Eine Sterbetafel muss aktualisiert werden, wenn in der Gegenwart beobachtete

599

und die nach bester Schätzung für die Zukunft erwartete Sterblichkeitsverbesserung dazu führen, dass im Sterblichkeitsniveau der Tafel keine ausreichende Sicherheiten mehr enthalten sind. Bei der Entscheidung über die Verwendung einer Generationen- oder Periodentafel ist ggf. auch die arbeitsrechtliche Problematik der Gleichbehandlung bei der Leistungsplangestaltung zu beachten.

600 Seitens der deutschen Aktuarvereinigung (DAV) wurden für die Rententarife in der Lebensversicherung in 2004 Generationentafeln (DAV 2004 R) veröffentlicht. Für die betriebliche Altersversorgung, die regelmäßig neben der reinen Altersrente zusätzlich Invaliditäts- und Hinterbliebenenleistungen erbringt, wurde 2005 von *K. Heubeck* ebenfalls ein Tabellenwerk in Form einer Generationentafel (Richttafeln 2005 G) veröffentlicht. Verschiedentlich sind vor allem bei regulierten Pensionskassen noch die 1998 herausgegebenen „Richttafeln" von *K. Heubeck* in Gebrauch, allerdings meist nur in modifizierter Form.

601 Die Aufsichtsbehörde erhebt gegen die Anwendung einer Periodentafel keine Einwendungen, sofern nachgewiesen oder glaubhaft gemacht wird, dass für deren Verwendung als Rechnungsgrundlagen 1. Ordnung ausreichende Sicherheitsreserven vorliegen. Im Übrigen muss die Anwendung der biometrischen Rechnungsgrundlagen für jede Pensionskasse anhand eingehender versicherungsmathematischer Risikoanalysen nachgewiesen werden. Dies kann im Einzelfall zu größeren Schwierigkeiten führen. Es ist jedoch zulässig, dass in einem ersten Schritt aus den Bestandsstatistiken mehrerer Pensionskassen mit vergleichbaren Beständen biometrische Rechnungsgrundlagen hergeleitet werden, um dann mit ggf. kassenspezifischen Modifikationen für jede in der Untersuchung einbezogene Kasse Anpassungen vorzunehmen (vgl. GB VerBAV 1997 Teil A S. 50, 3.3). Für Kassengründungen werden daher regelmäßig zunächst Standardwahrscheinlichkeiten ohne konkreten Einzelnachweis herangezogen, sofern diese nach den allgemeinen Erfahrungen ausreichende Sicherheiten enthalten. Im Rahmen der im weiteren Geschäftsverlauf zu erstellenden versicherungsmathematischen Gutachten müssen aber die entsprechenden Risikountersuchungen nachgeholt werden (Rundschreiben der BaFin vom 27.8.2008 – R 9/2008 = H-BetrAV, Teil II, C. IV. 30. Nr. 8).

602 Für deregulierte Tarife von Pensionskassen (i. d. R. Tarife von nicht-regulierten Pensionskassen) hat die Aufsichtsbehörde im Zusammenhang mit der Veröffentlichung von neuen Sterbetafeln in 2004 (DAV-Sterbetafel 2004 R) verschiedene Verlautbarungen veröffentlicht (Rundschreiben der BaFin vom 29.10.2004 – R 9/2004 = H-BetrAV, Teil II, C. IV. 60. Nr. 22; Schreiben der BaFin vom 5.1.2005 – VerBaFin 1/2005 = H-BetrAV, Teil II, C. IV. 60. Nr. 23; Verlautbarung der BaFin von Juli 2005 – VerBaFin 8/2005 = H-BetrAV, Teil II, C. IV. 60. Nr. 24).

603 Von der DAV-Sterbetafel 2004 R kann abgewichen werden, wobei dann aber der Nachweis erbracht werden muss, dass für diesen Tarif andere Voraussetzungen als bei der Entwicklung der DAV-Sterbetafel 2004 R zugrunde liegen. Unter gewissen Voraussetzungen sind grundsätzlich auch Kombinationen von einzelnen Ausscheideordnungen aus verschiedenen Tabellenwerken genehmigungsfähig. Von praktischer Bedeutung kann dies vor allem bei der Konstruktion geschlechtsunabhängiger Tarife sein, so dass die nachfolgende Bewertung an die Tarifierung angelehnt ist. Voraussetzung für gemeinsame Ausscheideordnungen für Männer und Frauen ist jedoch eine exakt abgegrenzte Versichertengemeinschaft, die sich hinsichtlich der Zusammensetzung nach Geschlechtern – zumindest kurzfristig – nicht in einer für die Pensionskasse nachteiligen Weise verändern kann (GB BAV 1983 S. 57, Nr. 403) und dass genügend Sicherheitsreserven bei Betrachtung des gesamten versicherten Bestandes vorliegen.

Zu den biometrischen Rechnungsgrundlagen einer Pensionskasse gehört **604** schließlich noch die Festlegung, nach welcher Methode die Hinterbliebenenrentenanwartschaften bewertet werden sollen. **Im Allgemeinen** wird dies das sog. **Kollektivverfahren** sein. Nur **bei kleineren Beständen** muss die rechentechnisch aufwendigere **Individualbewertung** herangezogen werden, die im Einzelfall den konkreten Familienstand und Altersunterschied der Ehegatten erfasst. Die Kollektivmethode kann aber auch im Falle der Finanzierung der Kassenleistungen durch das versicherte Mitglied aus Gründen der Beitragsgerechtigkeit und einer möglichen negativen Risikoauslese nicht vertretbar sein.

Die Gewährung von Sterbegeldern macht unter Umständen die Wahl einer **605** eigenen Sterbetafel erforderlich. In dem Maße wie die Rechnungsgrundlagen für die Deckungsrückstellungen für die Rentenleistungen an die verlängerte Lebenserwartung angepasst werden müssen, sind auch die Rechnungsgrundlagen für die Todesfallleistungen einer Überprüfung zu unterziehen.

Ob und inwieweit die verwendeten Rechnungsgrundlagen einer Pensions- **606** kasse im Laufe der Jahre weiterhin zur Anwendung kommen können, hängt vornehmlich von dem Ergebnis der Risikoanalysen anlässlich der turnusmäßigen versicherungsmathematischen Gutachten ab. Erweisen sich die einzelnen verwendeten Rechnungsgrundlagen längerfristig als nicht mehr angemessen, weil sie keine ausreichenden Sicherheiten mehr enthalten, dann ist ein Übergang auf vorsichtigere Rechnungsgrundlagen unerlässlich. Während bei Generationentafeln dies für die einzelnen Geburtsjahrgänge überprüft wird, ist bei Periodentafeln die gesamte Versichertengemeinschaft Untersuchungsgegenstand (individuelles und kollektives Sicherheitsniveau). Mit einem sofortigen Übergang verbindet sich mitunter ein erheblicher Auffüllungsbedarf der Deckungsrückstellung mit einer entsprechenden Belastung des jeweiligen Geschäftsjahres und damit entsprechend reduzierter Überschussbeteiligung. Die Aufsichtsbehörde erlaubt in der Regel einen zeitlich gestreckten Übergang im Altbestand (genehmigter Tarif) mit zwischenzeitlich pauschalen Erhöhungen der Deckungsrückstellung. Ein Übergang auf vorsichtigere Rechnungsgrundlagen setzt im Altbestand allerdings ausnahmslos eine Änderung des Technischen Geschäftsplans voraus, die erst nach ihrer aufsichtsbehördlichen Genehmigung umgesetzt werden darf (vgl. Rdnrn. 267 ff.); im Neubestand ist nach § 143 VAG die Anzeige bei der Aufsichtsbehörde erforderlich.

2. Wirtschaftsbedingte Rechnungsgrundlagen

607 Zu den wirtschaftsbedingten Rechnungsgrundlagen gehören neben der Prognose über die künftigen Erträge aus der Anlage des Kassenvermögens auch Annahmen über die Häufigkeit einer vorzeitigen Vertragsauflösung (Storno oder Fluktuation). Von Einfluss auf den Verpflichtungsumfang einer Pensionskasse können aber auch dynamische Beitrags- oder Leistungsbemessungsgrundlagen (Einkommens- und/oder Rententrend) sein, so dass auch diese Risikoparameter ggf. im Technischen Geschäftsplan festgelegt werden müssen.

608 Die Vorhersage solcher Wirtschaftsfakten und die Festlegung auf ihre langfristige voraussichtliche Entwicklung ist ungleich risikobehafteter als die Wahl der biometrischen Rechnungsannahmen. Die Aufsichtsbehörde lässt daher nur äußerst vorsichtige Ansätze zu.

a) Rechnungszins

609 Der Rechnungszins ist eine **Annahme über die künftigen Vermögenserträge**; er soll unter Berücksichtigung der für versicherungsmathematische Langzeitprognosen gebotenen Vorsicht der langfristigen Durchschnittsrendite für die Vermögensanlagen der Pensionskasse entsprechen.

610 In die versicherungsmathematische Bewertung geht der Rechnungszins als **Diskontierungsfaktor** (Abzinsungsfaktor) ein, da nach dem Äquivalenzprinzip eine Vergleichbarkeit der künftigen Leistungen mit den künftigen Beiträgen auf einen bestimmten Bewertungsstichtag hergestellt werden muss **(Barwertvergleich)**.

611 Für Versicherungsverträge mit Zinsgarantie kann das BMF gemäß § 235 Abs. 1 Satz 1 Nrn. 4 bis 7 VAG einen (oder mehrere) Höchstrechnungszinssätze durch Rechtsverordnung festlegen. Die Festlegung des Höchstrechnungszinssatzes erfolgt in § 2 der Verordnung über Rechnungsgrundlagen für die Deckungsrückstellungen (DeckRV). Der Höchstrechnungszinssatz für neue Verträge wurde in den letzten Jahren wiederholt angepasst (bis 31.5.1995: 3,5 %; ab 1.6.1995: 4 %; ab 1.7.2000: 3,25 %; ab 1.1.2004: 2,75 %; ab 1.1.2007: 2,25 %; ab 1.1.2012: 1,75 %; ab 1.1.2015: 1,25 %) und beträgt ab dem 1.1.2017 0,90 %.

612 Der jeweils in der Deckungsrückstellungsverordnung festgelegte Höchstrechnungszinssatz gilt für deregulierte Tarife. Für alle regulierten Tarife muss der Rechnungszins von der Bundesanstalt für Finanzdienstleistungsaufsicht

(BaFin) genehmigt werden. Der Rechnungszins ist regelmäßig zu überprüfen und ggf. für die Zukunft anzupassen (vgl. Jahresbericht BaFin 2003 Teil A, 173, 174, zur jeweiligen Höhe des Rechnungszinssatzes für regulierte Tarife s. die Anordnung des BAV vom 31.5.1995 (Rechnungszins 3,25 %); Verlautbarung der BaFin vom August 2003 (Rechnungszins 2,75 %); Verlautbarung der BaFin vom 12.12.2006 (Rechnungszins 2,25 %); Verlautbarung der BaFin vom 25.7.2011 (Rechnungszins 1,75 %); Verlautbarung der BaFin vom 6.8.2014 (Rechnungszins 1,25 %); Verlautbarung der BaFin vom 21.6.2016 (Rechnungszins 0,90 %).

b) Storno/Fluktuation

Unter Storno versteht man bei einer Pensionskasse die vorzeitige Beendigung **613** der beitragspflichtigen Mitgliedschaft durch Auflösung des ihr zugrunde liegenden Arbeitsverhältnisses (Fluktuation) oder Ende einer mit eigenen Beiträgen fortgeführten Entgeltumwandlung. Die Folge ist eine Beitragsfreistellung des Versicherungsverhältnisses, die Zahlung der Beitragsrückerstattung bzw. des Rückkaufswertes/Abfindung der Anwartschaft in den Grenzen des § 3 BetrAVG oder die Übertragung (Portabilität) des gebildeten Kapitals im Zeitpunkt der Übertragung auf einen Pensionsfonds/Pensionskasse oder Direktversicherung (§ 4 BetrAVG).

Ein Arbeitsplatzwechsel ist abhängig entweder vom Willen des versicherten **614** Arbeitnehmers oder von der Kündigung durch den Arbeitgeber; er ist daher – insbesondere im Hinblick auf die jeweilige Arbeitsmarktsituation – auch kein zufälliges Ereignis im Sinne der Wahrscheinlichkeitstheorie. Bei Pensionskassen mit größeren Beständen können aber relative Stornohäufigkeiten und nach dem Dienst- und Lebensalter doppelt abgestufte Stornoausscheideordnungen abgeleitet werden.

Stornowahrscheinlichkeiten dürfen bei Pensionskassen wegen der damit **615** verbundenen wirtschaftlichen Unsicherheiten nur im **Ausnahmefall** berücksichtigt werden. So können etwaige Eintrittsverluste bei einer Finanzierung der Kassenleistungen nach dem kollektiven Äquivalenzprinzip dann hingenommen werden, wenn ihnen später regelmäßige Stornogewinne in ausreichender Höhe gegenüberstehen. Die vorzeitige Beendigung der Kassenmitgliedschaft durch einen Arbeitsplatzwechsel führt aber mitunter zu Stornoverlusten. Zur Deckung solcher späteren Bilanzverluste kann ggf. eine angemessen dotierte Stornorückstellung erforderlich werden (vgl. Jahresbericht BaFin 2003 S. 174).

3. Verwaltungskosten

Der Betrieb einer Pensionskasse verursacht in sachlicher und personeller **616** Hinsicht Verwaltungskosten. Als solche bezeichnet man alle Aufwendungen, die zur Erreichung und planmäßigen Abwicklung des Versicherungsbetriebs anfallen.

617 Im Gegensatz zu überbetrieblichen Pensionskassen kann das Trägerunternehmen sich zusätzlich zu den satzungsmäßigen Firmenbeiträgen zu einer Übernahme der Verwaltungskosten verpflichten. In solchen Fällen ist regelmäßig die Bildung einer Verwaltungskostenrückstellung nicht erforderlich.

618 Ist das Trägerunternehmen dagegen nicht bereit, die Verwaltungskosten laufend zu übernehmen, dann gelten für Kalkulationszwecke von der Systematik her die gleichen Grundsätze wie bei sonstigen Versicherungsunternehmen. Nach dem Mustergeschäftsplan für die Rentenversicherung (VerBAV 1988 S. 91, 95) wird zwischen einmaligen Verwaltungskosten bei der Mitgliedsaufnahme und laufenden Verwaltungskosten während der Anwartschafts- und Rentenzeit unterschieden.

619 Die rechnungsmäßigen Verwaltungskostensätze müssen im **Technischen Geschäftsplan** angemessen und in solcher Höhe festgelegt werden, dass stets ausreichende Bilanzrückstellungen gebildet werden können. Der im Vergleich zu sonstigen Unternehmen der Lebensversicherung normalerweise relativ niedrige Verwaltungsaufwand, aber auch die Tatsache, dass selbst überbetriebliche Pensionskassen nur im Ausnahmefall mit höheren Abschlusskosten belastet sind, führt regelmäßig zu niedrigen Verwaltungskostensätzen. Es ist nicht möglich, die Verwaltungskosten über die Rückstellung für Beitragsrückerstattung und damit aus künftigen Überschüssen zu finanzieren, weil ansonsten die Belange der Versicherten nicht ausreichend gewahrt und die Leistungsverpflichtungen als nicht dauernd erfüllbar nachgewiesen sind (§ 11 Abs. 1 Satz 1 Nr. 4a VAG). Verpflichtet sich jedoch der Arbeitgeber zur Übernahme der Verwaltungskosten, dann kann auf den Ausweis einer Verwaltungskostenrückstellung verzichtet werden.

620 Die Aufwendungen für den Versicherungsbetrieb einer Pensionskasse liegen durchschnittlich in der Größenordnung von 2 bis 5 % der Beitragseinnahmen. Allerdings sind darin die nicht vorausfinanzierungspflichtigen Kosten für die Vermögensverwaltung noch nicht enthalten.

III. Berechnung von Barwerten und Deckungsrückstellung

621 Das Äquivalenzprinzip erfordert nicht nur bei der Tarifkalkulation, sondern auch bei der Bewertung der Deckungsrückstellung eine Gegenüberstellung der versicherungsmathematischen Leistungs- und Beitragsbarwerte.

1. Renten- und Anwartschaftsbarwert

622 Mit Kapital- oder Barwert bezeichnet man den abgezinsten (diskontierten) Wert einer zu einem späteren Zeitpunkt fälligen einmaligen oder wiederholten Leistung. Sind die späteren Zahlungen im Gegensatz zu Zeitrenten der Dauer nach unbestimmt, weil biologische Ereignisse für den Zahlungsbeginn und das Zahlungsende vereinbart sind, dann ist die finanzmathematische Zinsrechnung um die entsprechenden versicherungsmathematischen Einflussfaktoren (u. a. Eintritt des Versicherungsfalles, erwartete Dauer der

Rentenzahlung [Lebenserwartung]) zu ergänzen. Dabei wird anhand der biometrischen Ausscheideordnungen zunächst festgestellt, mit welcher Wahrscheinlichkeit die von der Pensionskasse zu zahlenden Renten und die vom Arbeitgeber oder Arbeitnehmer zu tragenden Beiträge in den einzelnen Lebensaltern bereitzustellen sind. Die Abzinsung (Diskontierung) dieser Zeitreihen ergibt den versicherungsmathematischen Leistungs- bzw. Beitragsbarwert.

Bei dem versicherungsmathematischen Barwert einer von einem oder mehreren Leben abhängigen Rentenverpflichtung handelt es sich also um das Kapital, das bei einer verzinslichen Anlage im Mittel ausreicht, die späteren Zahlungen an den Rentenberechtigten oder seine Hinterbliebenen einschließlich der damit verbundenen Verwaltungskosten auf Dauer zu erfüllen. Analog stellt der Beitragsbarwert das auf der Basis der gewählten Rechnungsgrundlagen versicherungsmathematisch berechnete Kapital dar, welches den gleichen Wert hat, wie die Gesamtheit der künftig zahlbaren Beiträge einschließlich der hieraus resultierenden kalkulatorischen Zinserträge. **623**

Natürlich decken die versicherungsmathematischen Barwerte nicht konkret den Einzelfall ab, weil dieser mehr oder weniger vom statistischen Mittelwert abweichen kann. Aufgrund der wahrscheinlichkeitstheoretischen Grundlage der versicherungsmathematischen Ausscheideordnungen handelt es sich vielmehr um einen Durchschnittswert nach dem Gesetz der großen Zahl (vgl. Rdnr. 592 ff.); die Barwerte finden sich daher als Erwartungswerte nur bei hinreichend großen Versichertenbeständen bestätigt. **624**

Ist der Versicherungsfall noch nicht eingetreten, besteht auf die künftigen Rentenzahlungen noch eine Anwartschaft, dann bezeichnet man einen versicherungsmathematischen Barwert auch als Anwartschaftsbarwert. Befindet sich der Rentenberechtigte bereits im Ruhestand, dann ist der Barwert der bereits laufenden Rentenzahlung, also der sog. Rentenbarwert, zu ermitteln. Dieser erhöht sich ggf. noch um den Barwert der Anwartschaft auf Hinterbliebenenrente. **625**

2. Deckungsrückstellung

Während der Leistungsbarwert den Verpflichtungsumfang einer Pensionskasse ausweist, führen die künftigen Beiträge mit ihrem Barwert zu einer Entlastung. Leistungs- und Beitragsbarwert bestimmen daher beide gemeinsam mit ihrem Unterschied das Deckungskapitalerfordernis für die Pensionskasse. **626**

Durch Differenzbildung zwischen dem Leistungs- und Beitragsbarwert erhält man nach dem Äquivalenzprinzip auch die sog. Deckungsrückstellung. In dieser Höhe muss die Pensionskasse zur dauernden Leistungserfüllung unbelastete Vermögenswerte nachweisen (§ 125 VAG). **627**

Die Deckungsrückstellung entspricht also dem Kapital, das eine Pensionskasse zusammen mit den künftigen Beiträgen und Vermögenserträgen be- **628** nötigt, um ihre künftigen Leistungen auf Dauer erfüllen zu können. Neben dieser sog. prospektiven Berechnungsmethode durch Differenzbildung zwischen dem Leistungs- und Beitragsbarwert lässt sich die Deckungsrückstellung auch retrospektiv bestimmen. In diesem Fall werden die Einnahmen der Vergangenheit den Ausgaben der Vergangenheit gegenübergestellt. Mit anderen Worten: Die in den Beiträgen enthaltenen „Sparanteile" (vgl. Rdnrn. 568 ff.) werden verzinslich angesammelt. Beide Berechnungsverfahren führen bedingungsgemäß auf das gleiche Ergebnis. In der Praxis trifft man bis auf wenige Ausnahmen auf die prospektive Bewertungsmethode, weil dies die bevorzugte gesetzliche Methode ist (§ 341f HGB).

IV. Beitragsgrundsätze und kollektive Finanzierungsverfahren

629 Die Finanzierung der Kassenleistungen erfolgt über **Beiträge**, aus **Kapitalerträgen** und dem Ergebnis auf Grund Abweichungen zwischen tatsächlichen und erwarteten Schadensfällen (**Risikoergebnis**) und ggf. durch **sonstige Zuwendungen**. Die Beiträge sind in der Satzung oder den Allgemeinen Versicherungsbedingungen festgelegt und werden vom Arbeitgeber, vom Arbeitnehmer oder von beiden gemeinsam entrichtet.

630 Alle Finanzierungsverfahren sind – im Hinblick auf die Kostenbelastung der Beitragszahler bei einem vorgegebenen Leistungsumfang – untereinander insgesamt gleichwertig. Die Versicherungsmathematik kennt daher keine „teuren" oder „billigen" Finanzierungsverfahren. Die verschiedenen Methoden unterscheiden sich in der zeitlichen Aufbringung der Finanzierungsmittel. Zwischen den beiden für die betrieblichen Pensionskassen aufsichtsbehördlich zugelassenen Extremformen der Finanzierungsverlagerung in die Gegenwart (Einmalprämienverfahren) und der Aufbringung der Mittel mit Eintritt des Versicherungsfalles (Kapital- oder Rentendeckungsverfahren) gibt es unter Wahrung des Äquivalenzprinzips eine Vielzahl von versicherungsmathematischen Verteilungsmöglichkeiten. Der Begriff „teuer" ist daher auch im Zusammenhang mit den im Falle einer Finanzierungsverlagerung in die Zukunft zwischenzeitlich fehlenden Zinserträgen auf die noch nicht vorhandenen Deckungsmittel irreführend, weil der spätere Beitragsabfluss entsprechende Zinsvorteile bewirkt. Eine Verteuerung kann sich aus nachteiligen steuerlichen Finanzierungseffekten ergeben.

1. Beitragsgrundsätze

631 Die Pensionskasse als Einrichtung der betrieblichen Altersversorgung deckt regelmäßig einen Versorgungsbedarf ab dem Zeitpunkt des Wegfalls des Erwerbseinkommens zur Ergänzung der Leistungen aus der gesetzlichen Rentenversicherung ab. Erfüllt die Pensionskasse ein solches Leistungsversprechen, dann ist die Finanzierung stets nachgeordnet; die Beiträge leiten sich also aus dem vorgegebenen Leistungsplan ab. Man spricht auch hier von einem Leistungsprimat. Umgekehrt kann aber die Pensionskasse ihre Leistungen auch auf vorgegebene Beiträge abstellen (Beitragsprimat). Bei bei-

tragsorientierten Pensionskassen ist daher der Finanzierungs- und Beitragsaufwand von vorneherein definitionsgemäß abgegrenzt. Bei leistungsorientierten Pensionskassen mit dynamischen Bemessungsgrundlagen lassen sich dagegen überproportionale Beitragssteigerungen im Laufe der Jahre mitunter nicht vermeiden.

Die Beitrags- oder Tarifkalkulation basiert auf **versicherungsmathematischen Grundsätzen.** Nach dem Äquivalenzprinzip müssen der Barwert der Kassenleistungen einschließlich etwaiger Verwaltungskosten und der Beitragsbarwert bei Abschluss der Versicherung oder Zahlung des Beitrags (Einmalbeitrag) gleichwertig sein. Diese Bedingungsgleichung kann für jede Mitgliedschaft oder für einen bestimmten Personenkreis erfüllt sein. Dementsprechend wird zwischen Individual- und Kollektivbeiträgen unterschieden. Durchschnittsbeiträge lassen sich nach dem kollektiven Äquivalenzprinzip beispielsweise für bestimmte Eintrittsaltersgruppen oder Leistungsklassen begründen. Die kollektive Risikogemeinschaft kann aber auch nach Geschlechtern unterscheiden oder sogar den gesamten Versichertenbestand umfassen. **632**

Die Bemessung risikogerechter Individualbeiträge stößt in der Praxis auf keine besonderen Schwierigkeiten. Kollektivbeiträge setzen jedoch in aller Regel eine Mitfinanzierung oder ausschließliche Finanzierung des Arbeitgebers voraus, weil die vom Arbeitnehmer selbst finanzierten Kassenleistungen zzgl. der hierauf entfallenden Überschussbeteiligung die tatsächlichen Tarifleistungen nicht unterschreiten dürfen (GB BAV 1977 S. 54, Nr. 45). Dabei ist die beitragsgerechte Leistung für Arbeitnehmerbeiträge mittels Rechnungsgrundlagen 2. Ordnung, d. h. also unter Berücksichtigung vertretbarer künftiger Überschüsse, so zu bemessen, dass der versicherungsmathematische Leistungsbarwert dem Barwert der Arbeitnehmerbeiträge für das individuelle Eintrittsalter entspricht. Die Erhebung von Kollektivbeiträgen setzt ferner voraus, dass die einzelnen Tarifgruppen in sich stabil sind. Es dürfen sich also entwicklungsmäßig keine Strukturveränderungen abzeichnen, die die Äquivalenzgleichung im Laufe der Zeit stören können. **633**

2. Einmalbeiträge

Der Dauer der Beitragszahlung entsprechend unterscheidet man zwischen einer Einmalbeitragszahlung und der Entrichtung laufender Beiträge mit jährlicher oder monatlicher Fälligkeit. Der Einmalbeitrag ist nach dem versicherungsmathematischen Äquivalenzprinzip so ausgerichtet, dass er zusammen mit den künftigen Zinsen und Zinseszinsen alle Kassenleistungen einschließlich der anteiligen Verwaltungskosten deckt. Insoweit stimmt er daher im Zeitpunkt der Beitragszahlung mit dem versicherungsmathematischen Leistungsbarwert (vgl. Rdnrn. 622 ff.) überein. **634**

Bei **individueller Verrentung** von Einmalbeiträgen berechnen sich die Leistungsanwartschaften in Abhängigkeit vom jeweiligen Geschlecht und vom **635**

Lebensalter im Zeitpunkt der Beitragszahlung. Die versicherungsmathematisch gleichwertigen Verrentungsfaktoren (Umrechnungsfaktor von Beitrag in Leistung [= 1 geteilt durch Leistungsbarwert]) haben wegen des mit wachsendem Beitragsalter verbundenen erhöhten Leistungsrisikos (Invalidität, Sterblichkeit) und der kürzeren Zinsbindung bis zum voraussichtlichen Eintritt des Versicherungsfalles einen monoton fallenden Verlauf. Hieraus folgt: Gleich bleibende Einmalbeiträge führen zu fallenden Rentensteigerungen, weil das versicherungsmathematische Leistungsäquivalent für den einzelnen Beitrag mit zunehmendem Beitragsalter immer geringer wird. Statt der laufenden Verrentung der Beiträge kann auch während der Anwartschaftszeit ein fiktiver Kapitalwert aufgebaut werden, der im Leistungsfall in eine lebenslange Rente umgerechnet wird (Sparprinzip).

636   Es können auch periodisch wiederkehrende Einmalbeiträgen vereinbart werden, beispielsweise mit gleich bleibenden oder steigenden Nominalbeiträgen oder vom jeweiligen Einkommen abhängigen Beiträgen. Eine solche Finanzierung bezeichnet man auch als laufendes Einmalbeitragsverfahren. Dabei handelt es sich versicherungsrechtlich um laufende Beiträge, die lediglich nach einem versicherungstechnischen Einmalbeitragstarif verrentet werden.

637   Anstelle einer Individualfinanzierung kann auch ein **Gruppentarif** für einzelne Beitragsaltersklassen Anwendung finden. Die Gruppenbildung mit mittleren Beitragsaltern führt aber an den Nahtstellen zu mehr oder weniger großen Abstufungen. Unter bestimmten Voraussetzungen lässt sich auch ein einheitlicher alters- und geschlechtsunabhängiger Verrentungssatz nach dem kollektiven Äquivalenzprinzip begründen. Dies setzt allerdings verhältnismäßig stabile Bestands- und Beitragsstrukturen voraus.

3. Laufende Beiträge

638   Bei laufender Beitragszahlung wird der versicherungsmathematische Barwert der zugesagten Leistungsverpflichtung auf periodisch regelmäßige Finanzierungsraten innerhalb der beitragspflichtigen Zeit umgelegt. Gleich bleibende jährliche Beiträge liegen vor, wenn das Gleichverteilungsprinzip über die gesamte Aktivitätszeit beachtet wird. Grundsätzlich kann für die Beitragshöhe auch ein monoton steigender oder fallender Verlauf gewählt werden. Pensionskassen vermeiden aber allzu willkürliche Beitragsgestaltungen in der Praxis nicht zuletzt aus Verständnisgründen und der Notwendigkeit von verwaltungstechnischen Vereinfachungen. Bei der Kalkulation laufender Beiträge ist grundsätzlich zu beachten, dass bei einem Leistungsplan mit jährlichen Steigerungen die jeweils erworbenen Steigerungsbeträge bereits ausfinanziert sind, d. h. Deckungsmittel im Umfang des Barwerts der jeweils erworbenen Rentenanwartschaften vorhanden sind. Dies gilt auch für den ratierlichen Anspruch aus einer während der Aktivitätszeit gleich bleibenden Rentenanwartschaft. Dementsprechend soll auch die Beitragszahlungsdauer nicht über den Eintritt des Versicherungsfalles hinausgehen, eine

Forderung, die für die beitragspflichtigen Arbeitnehmer eigentlich selbstverständlich ist. Für die Beitragszahlung des Arbeitgebers ergibt sich die Notwendigkeit einer rechtzeitigen Ausfinanzierung der Leistungen wegen der dauernden Erfüllbarkeit (§ 9 VAG).

4. Rentendeckungsfinanzierung

Hierunter versteht man eine Kombination von laufenden Beiträgen mit einem **639** Einmalbeitrag für die Altersrente bei Erreichen der Altersgrenze. Während der Aktivitätszeit erhebt die Pensionskasse laufende Risikobeiträge für Rentenleistungen bei vorzeitigem Versicherungsfall durch Tod oder Invalidität. Die Risikobeiträge können entweder mit gleich bleibenden Beträgen oder einem mit dem Beitragsalter steigenden Betrag kalkuliert werden. Die Altersrentenleistung wird abschließend mit einem Einmalbeitrag ausfinanziert.

Die Rentendeckungsfinanzierung ist die **schwächste Form der Anwart-** **640** **schaftsdeckung** (u. U. liegt bis zum Rentenbezug keine Anwartschaftsdeckung vor). Wegen der fehlenden Sparbeiträge kommt es kaum zu einer Deckungsrückstellungsbildung; zumindest für die Altersleistung für die aktiven Kassenmitglieder. Voraussetzung für eine solche Rentendeckungsfinanzierung ist aber, dass die Pensionskasse während der Aktivitätszeit versicherungsrechtlich noch nicht zur Zahlung von Altersrenten verpflichtet sein darf. Der Arbeitgeber kann insoweit unter bestimmten Voraussetzungen Pensionsrückstellungen bilden, die bei Erreichen der Altersgrenze und Zahlung der Einmalprämie für die Altersrente wieder aufgelöst wird.

5. Technischer Durchschnittsbeitrag

Die der individuellen Äquivalenzbedingung entsprechenden Beitragskalku- **641** lationen führen ausnahmslos zu einer im Laufe der Anwartschaftszeit steigenden Deckungsrückstellung bis hin zur vollen Deckungskapitalbildung oder „Ausfinanzierung" bei Eintritt des Versicherungsfalles. Es liegt daher zu jedem Zeitpunkt eine ausreichende Anwartschaftsdeckung vor.

Pensionskassen können verschiedene kollektive Finanzierungsverfahren an- **642** wenden, sofern die damit verbundene Beitragsumverteilung auf den Arbeitgeberbeitragsanteil beschränkt bleibt.

Bei der Finanzierung mit technischen Durchschnittsbeiträgen wird die versi- **643** cherungsmathematische Gleichverteilung des Beitragsaufwands auf die Aktivitätszeit mit einer weiteren Gleichverteilungsbedingung auf bestimmte Gruppen von Versicherten oder auf alle aktiven Kassenmitglieder erweitert. Die technische Durchschnittsprämie berechnet sich hier als (gleich-)gewichtetes Mittel aus den jeweiligen Individualbeiträgen, sofern diese für die einzelnen Mitglieder bekannt sind. Ansonsten bestimmen sie sich aus der Wertgleichung von Leistungs- und Beitragsbarwert, jeweils bezogen auf den gesamten Aktivenbestand oder Teile hiervon, beispielsweise mit Unterscheidung nach Altersgruppen, Leistungsklassen oder dem Geschlecht der versicherten Mitglieder.

644 Die Äquivalenz von Durchschnittsbeiträgen und Leistungen gilt im Fall von Gruppenbildungen nur für das einzelne Kollektiv. Der technische Durchschnittsbeitrag entspricht hier einem Individualbeitrag für ein für die jeweilige Bestandsgruppe maßgebliches mittleres, das sog. kritische Eintrittsalter. Für die bereits bestehenden Mitgliedschaften gleichen sich die Überschreitungen bei jüngeren Eintrittsaltern mit den Unterschreitungen bei höheren Eintrittsaltern aus. Überschreitet jedoch der Neuzugang im Mittel das kritische Zugangsalter, dann entsteht ein bilanzieller Zugangsverlust. Sofern dieser nicht mit gleichzeitigen Gewinnen, beispielsweise aus der Vermögensanlage, ausgeglichen werden kann, wird eine Erhöhung des Durchschnittsbeitrages erforderlich.

645 Ein weiteres versicherungstechnisches Problem entsteht bei Mitgliedern mit jüngeren Eintrittsaltern, bei denen der technische Durchschnittsbeitrag den Individualbeitrag übersteigt. Dementsprechend liegt der versicherungsmathematische Leistungsbarwert unter dem Barwert des Durchschnittsbeitrages, was in den ersten Mitgliedsjahren – bei einer Individualbetrachtung – regelmäßig zu einer negativen Deckungsrückstellung führt. Insoweit ist auch die Gesamtdeckungsrückstellung niedriger. Bei der damit verbundenen vermögensmäßigen Überdeckung handelt es sich aber nicht um einen realisierten Bilanzgewinn. Verlässt nämlich ein Mitglied während der Zeit solcher „negativer Reserven" die Pensionskasse, dann erhöht sich die Gesamtdeckungsrückstellung. Es entsteht daher nicht nur in dieser Höhe ein Austrittsverlust, sondern darüber hinaus ein Liquiditätsabfluss durch die Zahlung einer Beitragsrückerstattung bzw. des geschäftsplanmäßigen Rückkaufswertes/Abfindung oder Übertragung auf einen anderen Versorgungsträger der betrieblichen Altersversorgung. Bei der Verteilung eines auf negativen Deckungsrückstellungen beruhenden Gewinnes muss infolgedessen äußerst vorsichtig vorgegangen werden. Bei solchen Verhältnissen muss sorgfältig die Bildung einer Stornorückstellung (vgl. Rdnrn. 607 ff.) geprüft werden. Hierfür können die negativen Reserven ganz oder teilweise auf null gestellt werden (sog. Ausnullen).

6. Deckungsbeitragsverfahren

646 Das versicherungsmathematische Äquivalenzprinzip erfordert definitionsgemäß nur noch die weitere Ausfinanzierung der nicht schon durch das vorhandene Vermögen gedeckten Anwartschaften. Vermindert man daher für jeden Bilanzstichtag, für den satzungsgemäß die Deckungsrückstellung versicherungsmathematisch neu berechnet werden muss, den Leistungsbarwert um das vorhandene Nettovermögen, dann erhält man nach der Methode des technischen Durchschnittsbeitrages den jeweils für die Zukunft maßgeblichen sog. Deckungsbeitrag.

647 Im Gegensatz zum technischen Durchschnittsbeitrag ist der Deckungsbeitrag stets für das **gesamte Versichertenkollektiv maßgeblich**, weil das Deckungskapital nicht nur das vorhandene Vermögen für Anwärter, sondern auch dasjenige der Rentner enthält. Da die laufenden Rentenverpflichtungen aber im Allgemeinen ausfinanziert sein müssen, entfällt der Deckungsbeitrag i. a. R. auf die Aktivenbestände.

Der Deckungsbeitrag kann, ebenso wie der technische Durchschnittsbeitrag, **648** nach bestimmten Kriterien gestaffelt oder für alle beitragspflichtigen Mitglieder gleich sein. Letzteres ist beispielsweise dann von Bedeutung, wenn für die pauschale Lohnbesteuerung der Arbeitgeberbeiträge weiterhin nach § 40b EStG der auf das einzelne Mitglied entfallende durchschnittliche Beitrag herangezogen wird; die Anwendung des § 3 Nr. 63 EStG ist dann nicht möglich (BMF-Schreiben vom 24.7.2013, Rz. 306 – s. H-BetrAV, Teil II, A. I. 262 Nr. 22).

Bei dem Deckungsbeitragsverfahren entspricht die Deckungsrückstellung **649** definitionsgemäß dem jeweils vorhandenen Nettovermögen. Dieses beinhaltet aber auch die zwischenzeitlich realisierten überrechnungsmäßigen Vermögenserträge und die sonstigen technischen Gewinne. Die in der Vergangenheit bereits entstandenen Risiko- und Zinsgewinne führen somit praktisch automatisch zu einer Minderung des künftigen Deckungsbeitrages. Grundsätzlich können bei der Deckungsbeitragsmethode Fehlbeträge in der Bilanz nicht entstehen, weil sie unmittelbar durch eine entsprechende Beitragserhöhung ausgeglichen werden. So lösen auch etwaige Leistungserhöhungen bereits automatisch einen entsprechenden Anstieg des Deckungsbeitrags aus.

Der auf das jeweilige **Nettovermögen** abstellende Deckungsbeitrag kann **650** natürlich erst nach Vorliegen der kaufmännischen Bilanzpositionen bestimmt werden. Bis zu diesem Zeitpunkt steht er für nach dem Bilanzstichtag fällige Beiträge noch nicht endgültig fest, sodass insoweit Probleme mit der Dotierung des Sicherungsvermögens auftreten können. Solche Schwierigkeiten lassen sich aber in der Praxis dadurch ausräumen, dass der neue Deckungsbeitrag geschäftsplanmäßig erst mit einem halben oder ganzen Jahr zeitversetzt wirksam wird.

7. Bedarfsdeckungsverfahren

Das sog. Bedarfsdeckungsverfahren ist eine Variante des Deckungsbeitrags- **651** verfahrens. Das Deckungsbeitragsverfahren verbraucht die bis zum Bilanzstichtag bereits erwirtschafteten überrechnungsmäßigen Nettoerträge automatisch, und zwar unter Verteilung auf die künftigen Aktivitätszeiten. Berücksichtigt man zusätzlich die Gewinne, die mit hoher Wahrscheinlichkeit für einen überschaubaren Zeitraum, erwartet werden können, und verrechnet man diese in vorausbestimmter Höhe mit dem sonst notwendigen Deckungsbeitrag (= Bedarfsdeckungsbeitrag), so erhält man den effektiven Bedarfsbeitrag innerhalb des Bedarfsdeckungsverfahrens.

Wegen des häufig erheblichen Abstandes zwischen Bedarfsdeckungsbeitrag **652** und effektiven Bedarfsbeitrag ist es aus Sicherheitsgründen regelmäßig geboten, die noch nicht realisierten überrechnungsmäßigen Erträge ausnahmslos vorsichtig anzusetzen und diese erforderlichenfalls auch auf die besser kalkulierbaren Zinsgewinne zu beschränken. Dennoch können die jährlichen Bedarfsdeckungsbeiträge bei einem extremen Risikoverlauf mitunter nicht unbeträchtlich variieren. Die Festlegung eines angemessenen, bis auf weiteres, absolut oder relativ konstanten effektiven Bedarfsbeitrags im Technischen Geschäftsplan erweist sich vor allem als vorteilhaft, wenn der Arbeitgeber den Beitragsaufwand für die Pensionskasse bei der kurz- und mittelfristigen Finanzplanungen berücksichtigen muss.

8. Bilanzausgleichsverfahren

653 Bei unverändertem Vortrag der dem Deckungsbeitrags-/Bedarfsdeckungsverfahren zugrunde liegenden Deckungsbeiträge/effektiven Bedarfsbeiträge entstehen jeweils am Ende des Geschäftsjahres zunächst Überschüsse oder Fehlbeträge in dem Ausmaß, wie die tatsächlichen technischen Gewinne von dem vorausbestimmten Verrechnungsbetrag abweichen. Bei dem Bilanzausgleichsverfahren erfolgt dann auf einer weiteren Berechnungsstufe eine entsprechende Korrektur des Deckungsbeitrags bzw. effektiven Bedarfsbeitrags. Vereinfachend kann man aber auch direkt so vorgehen, das vorhandene Nettovermögen zum Jahresschluss mit einem Pauschalbeitrag in dem Umfang aufzufüllen, dass die Deckungsrückstellung auf Grundlage eines definierten künftigen Beitrags exakt erreicht wird.

654 Bei Anwendung des Bilanzausgleichsverfahrens bestehen – wie auch der Name schon sagt – in der Bilanz der Pensionskasse weder Fehlbeträge noch Überschüsse. Allerdings besteht eine Planungsunsicherheit dahingehen, dass je kleiner die Gewinne sind, desto größer wird die Finanzierungslücke und damit auch die Ausgleichsverpflichtung für den Arbeitgeber. Man ist daher letztlich bei dieser Finanzierungsmethode vor unliebsamen Überraschungen nicht sicher. Das Bilanzausgleichsverfahren verbietet sich infolgedessen insbesondere für solche Unternehmen, denen keine flexiblen Mittel zur Verfügung stehen. Vorsicht ist aber auch bei der pauschalen Lohnversteuerung geboten, weil die größeren Schwankungen unterliegenden durchschnittlichen Firmenbeiträge gegebenenfalls die steuerlichen Grenzbeträge von § 40b EStG überschreiten können; die Anwendung des § 3 Nr. 63 EStG ist bei einer kopfzahlgewichteten Verteilung nach der Anzahl der Versicherten ausgeschlossen (BMF-Schreiben vom 24.7.2013, Rz. 306 – s. H-BetrAV, Teil II, A. I. 262 Nr. 22). Im Übrigen muss bei dem Bilanzausgleichsverfahren auch sichergestellt werden, dass dem Sicherungsvermögen unterjährig Finanzmittel in dem Umfang zugeführt werden, wie es der voraussichtlichen Entwicklung der Deckungsrückstellung entspricht (§ 125 VAG).

V. Kapitalausstattung/Sicherungsvermögen

655 Die Pensionskassen müssen ausreichende unbelastete Eigenmittel ansammeln, damit die Kassenleistungen auch dann auf Dauer erbracht werden

können, wenn gegenüber den im Technischen Geschäftsplan bestimmten versicherungsmathematischen Ausscheidewahrscheinlichkeiten und sonstigen Rechnungsannahmen ein ungünstiger Risikoverlauf eintritt (sog. Solvabilitätsspanne; gem. Kapitalausstattungs-Verordnung [KapAusstV]). Die Solvabilitätsspanne beträgt 4 % der Deckungsrückstellung plus 0,3 % des Risikokapitals, wobei Pensionskassen bis 2006 vereinfachend das zwanzigfache der Summe der Jahresrenten für Anwärter und das zehnfache der laufenden Renten für Rentner als Risikokapital ansetzen konnten. Insgesamt beträgt die Solvabilitätsspanne rd. 5 % der Deckungsrückstellung. Den besonderen Verhältnissen im Einzelfall ist insbesondere dann Rechnung zu tragen, wenn verhältnismäßig kleine Versichertenbestände vorliegen oder auch hohe Anfangsrisiken versichert werden. Das insoweit „riskierte Kapital" muss durch zusätzliche Sicherheiten abgedeckt werden.

Die Solvabilitätsspanne kann durch den Gründungsstock bei VVaG's bzw. **656** durch die eingezahlten Aktien bei Pensionskasen in Form einer Aktiengesellschaft, der Kapitalrücklage und den Gewinnrücklagen, der Rückstellung für Beitragsrückerstattung und bis zu einem gewissen Umfang durch Genussrecht oder ein nachrangiges Darlehen erfüllt werden.

1. Verlustrücklage

Die Aufsichtsbehörde stellt es den Pensionskassen anheim, Bestimmungen in **657** die Satzung aufzunehmen, die eine verstärkte Eigenkapitalbildung (Verlustrücklage bei VVaG's) zur Folge haben. Die Verlustrücklage kann durch Überschüsse oder durch eine direkte lohnsteuerfreie Zuwendung des Arbeitgebers erfolgen, wobei in diesem Falle eine Erhöhung der Verlustrücklage aufsichtsrechtlich angezeigt ist.

Für Pensionskassen, bei denen keine außergewöhnlichen Verhältnisse vorliegen, hat die Aufsichtsbehörde für die Satzung folgende Musterbestimmung über die Bildung und Auflösung der Verlustrücklage veröffentlicht (Verlautbarung des BAV vom November 1998 – II 4 – 7/St – A – 27/98 = H-BetrAV, Teil II, C. IV. 125. Nr. 2): **658**

„Zur Deckung von Fehlbeträgen ist eine Verlustrücklage zu bilden. Dieser Rücklage ist ein sich ergebender Überschuss zuzuführen, bis sie mindestens...[2]3 vom Hundert der Deckungsrückstellung erreicht oder nach Inanspruchnahme wieder erreicht hat."

Im Normalfall ist mit einer solchen Satzungsbestimmung den gesetzlichen und aufsichtsbehördlichen Anforderungen an die Kapitalausstattung ausreichend Rechnung getragen.

Liegen dagegen außerordentliche Verhältnisse in Bezug auf das „riskierte Kapital" vor, dann muss zur Abdeckung von Fehlbeträgen im Zweifelsfall

---

3 Genehmigungsfähig ist ein Betrag zwischen 1,5 und 5, wenn durch ihn eine ausreichende Eigenkapitalausstattung gewährleistet ist.

anhand risikotheoretischer Untersuchungen festgestellt werden, ob und in welchem Umfang die Bildung einer zusätzlichen Verlustrücklage erforderlich ist (vgl. zu technischen Einzelheiten etwa *Altendorf* VerBAV 1984 S. 319 und 365).

2. Sicherungsvermögen

659 Zur vermögensmäßigen Sicherung der Kassenleistung muss die Pensionskasse ein Sicherungsvermögen (125 VAG) bilden, dessen Vermögenswerte bestimmten Anlagevorschriften unterliegen (§ 235 Abs. 1 Nr. 10 VAG i. V. m. AnlV).

660 Der Umfang des sog. Sicherungsvermögens wird durch die Deckungsrückstellung, die Spätschadenrückstellung, die Rückstellung für noch nicht abgewickelte Versicherungsfälle und Rückkaufswerte sowie durch die innerhalb der Rückstellung für Beitragsrückerstattung enthaltenen gutgeschriebenen Überschussanteile der Mitglieder und der sonstigen Verbindlichkeiten aus dem selbst abgeschlossenen Versicherungsgeschäft bestimmt. Dem Sicherungsvermögen sind auch unterjährig ausreichende Vermögenswerte zuzuführen, die dem voraussichtlichen Anwachsen des Mindestumfangs entsprechen (§ 125 VAG).

661 Die Vermögensgegenstände des sog. Sicherungsvermögens sind gesondert zu verwalten und aufzubewahren. Sie sind einzeln im Vermögensverzeichnis aufzuführen und laufend fortzuschreiben. Zur Überwachung des Sicherungsvermögens muss ein Treuhänder bestellt werden (§ 128 VAG). Der Treuhänder hat die einzelnen Bestände des Sicherungsvermögens unter Mitverschluss zu verwahren (§ 129 VAG) und unter der Bilanz zu bestätigen, dass das Sicherungsvermögen vorschriftsmäßig angelegt und aufbewahrt ist (§ 128 VAG).

VI. Versicherungsmathematische Vermögensüberprüfung

662 Oberstes Gebot für die Pensionskasse ist die dauernde Erfüllbarkeit der Leistungen. Der Nachweis erfolgt im Rahmen eines umfangreichen versicherungsmathematischen Gutachtens über die jeweils turnusmäßig durchgeführte Vermögensüberprüfung. Eine zentrale Rolle sowohl bei der Feststellung der Deckungsrückstellung wie bei angemessenen Beteiligung der Versicherten am Überschuss übernimmt dabei der **Verantwortliche Aktuar** (§ 141 Abs. 5 VAG).

1. Versicherungsmathematisches Gutachten

663 Das versicherungsmathematische Gutachten hat den Charakter eines Prüfungsberichts (§ 234 Abs. 5 i. V. m. § 210 VAG); es ist für die Aufsichtsbehörde – gerade unter dem Aspekt der den Pensionskassen in der Rechtsform des kleineren Vereins zugebilligten Erleichterungen bei der Rechnungslegung – von besonderer Wichtigkeit.

Der Einheitlichkeit und besseren Nachprüfbarkeit wegen hat die Aufsichtsbe- **664**
hörde Mindestanforderungen an den Aufbau und den Inhalt des versicherungsmathematischen Gutachtens in Richtlinien zusammengestellt (Rundschreiben der BaFin vom 27.8.2008 – R 9/2008 = H-BetrAV, Teil II, C. IV. 30.
Nr. 8; abgelöste Rundschreiben R 2/2001 vom 25.9.2001 bzw.R 8/1975; zu
letzterem s. *K.-J. Bode* BetrAV 1975 S. 214). Bei Pensionskassen, die keinen
eigenen Technischen Geschäftsplan haben, ersetzt diesen der Inhalt des
letzten versicherungsmathematischen Gutachtens (vgl. Rdnrn. 267 ff.).

Nach den Rechnungslegungsvorschriften ist das versicherungsmathemati- **665**
sche Gutachten innerhalb von sieben Monaten nach Schluss des Geschäftsjahres in doppelter Ausfertigung der Aufsichtsbehörde einzureichen (§ 17
BerVersV).

2. Versicherungstechnische Bilanz

Pensionskassen, die als rechtlich **kleinere Vereine** zum Geschäftsbetrieb **666**
zugelassen sind, müssen im Allgemeinen nach Maßgabe ihrer Satzung in
Abständen von höchstens drei Jahren und auf Verlangen der Aufsichtsbehörde auch in kürzeren Abständen durch einen versicherungsmathematischen Sachverständigen die Vermögenslage anhand einer versicherungstechnischen Bilanz prüfen lassen (§ 17 BerVersV). Für „bestimmte kleinere
Vereine", das sind wirtschaftlich kleine Pensionskassen mit einer jährlichen
Bruttobeitragseinnahme bis 3 Mio Euro und einer Bilanzsumme bis 30 Mio
Euro (§ 21 BerVersV i. V. m. § 22 BerVersV) gelten erleichternde Vorschriften.

Einigen wirtschaftlich großen Pensionskassen hat die Aufsichtsbehörde die **667**
Erstellung jährlicher versicherungstechnischer Bilanzen mit einem stichtags-
gerechten Ausweis der Deckungsrückstellung vorgeschrieben. Verschiedene
Pensionskassen bilanzieren die Deckungsrückstellung ebenfalls stichtagsgerecht auf freiwilliger Grundlage, weil die in den Zwischenbilanzen ansonsten
auszuweisenden passiven Ausgleichsposten nicht ausreichend transparent
sind. Das Rundschreiben der BaFin vom vom 27.8.2008 – R 9/2008 (s. H-
BetrAV, Teil II, C. IV. 30. Nr. 8) für die Erstellung des versicherungsmathematischen Gutachtens (vgl. Rdnrn. 663 ff.) gilt grundsätzlich auch in diesen
Fällen. Über das Ergebnis der umfangreichen Vermögensüberprüfung be-
richtet der versicherungsmathematische Sachverständige allerdings aus
Gründen der Verwaltungsvereinfachung gutachtlich in aller Regel nur im
dreijährigen Abstand.

Für **Pensionskassen** in der Rechtsform des **großen Vereins** gibt es keine **668**
Vereinfachung der Rechnungslegungsvorschriften. Diese müssen die Deckungsrückstellung und die sonstigen versicherungstechnischen Bilanzpositionen jährlich neu berechnen und von dem verantwortlichen versicherungsmathematischen Sachverständigen unter der Bilanz bestätigen lassen (§ 65
VAG).

3. Versicherungstechnische Bilanzpositionen

669 Die verschiedenen versicherungstechnischen Bilanzpositionen müssen bei jeder Vermögensüberprüfung **stichtagsgerecht** nach **Maßgabe** des **Technischen Geschäftsplanes** bewertet werden. Hierzu gehören insbesondere die **Deckungsrückstellung** einschließlich einer etwaigen **Verwaltungskosten- und Stornorückstellung** sowie die **Spätschadenrückstellung**.

670 Die Bewertungsgrundsätze für die versicherungstechnischen Bilanzpositionen sind im Technischen Geschäftsplan festgelegt und für den versicherungsmathematischen Sachverständigen bindend. Sie müssen formelmäßig zusammen mit einer auszugsweisen Darstellung des satzungsmäßigen Leistungs- und Beitragsrechts im versicherungsmathematischen Gutachten in allgemein gültiger Bezeichnungsweise beschrieben werden. Das in den aufsichtsbehördlichen Richtlinien festgelegte Gliederungsschema für die Berechnung der Deckungsrückstellung erweist sich aber bei verschiedenen Pensionskassen als nicht praktikabel bzw. für die praktische Umsetzung als zu kostenaufwendig. Es kann in solchen Fällen an die jeweiligen geschäftsplanmäßigen Gegebenheiten angepasst werden, wenn sich die Zielsetzung einer aussagefähigen Ergebnisaufbereitung auch auf andere Weise sicherstellen lässt (GB BAV 1982 S. 61, Nr. 47).

671 Anlässlich der Berechnung der versicherungstechnischen Bilanzpositionen sind die geschäftsplanmäßigen Rechnungsgrundlagen im Rahmen des versicherungsmathematischen Gutachtens auf ihre weitere Anwendbarkeit zu überprüfen. Sollte sich aus einem etwaigen negativen Risiko- und/oder Kostenverlauf die Notwendigkeit einer Geschäftsplanänderung ergeben, dann sollte die daraus resultierende Erhöhung der Deckungsrückstellung zum nächstmöglichen Bilanzstichtag auf Basis eines geänderten Technischen Geschäftsplan durchgeführt werden. Bleiben die zusätzlichen Belastungen dagegen noch unberücksichtigt, weil formalrechtlich die Genehmigung des geänderten Technischen Geschäftsplanes noch nicht vorliegt, dann weist die versicherungstechnische Bilanz gegebenenfalls zwar einen entsprechenden Überschuss aus. Eine satzungsgemäße Gewinnzuteilung auf die einzelnen Versicherungsverhältnisse ist aber insoweit nicht vertretbar und aufsichtsbehördlich nicht unbedenklich, als es sich um wirtschaftlich noch nicht realisierte Gewinne handelt. Andererseits kann aber der Bilanzausweis dieses „Überschusses" zu einer partiellen Körperschaftsteuer führen (§ 5 Abs. 1 Nr. 3d KStG).

672 Die Bildung einer **Stornorückstellung** kommt normalerweise nur bei solchen Pensionskassen in Betracht, deren Leistungen nach einem kollektiven Beitragsverfahren finanziert werden. Außerdem müssen besondere Verhältnisse vorliegen, wie z. B. „negative Prämienreserven" (vgl. Rdnrn. 641 ff.) in erheblichem Ausmaß oder ein unverhältnismäßig hohes „riskiertes Kapital" (vgl. Rdnrn. 657 ff.). Da die Stornorückstellung funktionell sehr eng mit der Deckungsrückstellung zusammenhängt, erfolgt anstelle eines besonderen

Bilanzausweises regelmäßig eine Verstärkung der Deckungsrückstellung in dem Umfang, dass zum einen hieraus die Leistungen bei vorzeitiger Beendigung der Kassenmitgliedschaft (Storno) erbracht und zum anderen etwaige Bilanzverluste vermieden werden.

Bei der **Spätschadenrückstellung** handelt es sich ebenfalls um eine besondere versicherungstechnische Bilanzposition. Hiermit erfolgt eine nachträgliche Berichtigung der geschäftsplanmäßigen Deckungsrückstellung für solche Versicherungsfälle, die vor dem Bilanzstichtag bereits eingetreten, aber erst zwischen dem Stichtag der Bestandserfassung und dem Stichtag der Bilanzerstellung bekannt geworden sind. Das Erfordernis zur Bilanzierung der Spätschadenrückstellung ergibt sich aus den aufsichtsbehördlichen Rechnungslegungsvorschriften.   673

Die Spätschadenrückstellung wird mit dem unter Risiko stehenden Betrag bewertet. Darunter versteht man den Leistungsbarwert nach Abzug des geschäftsplanmäßig bereits vorhandenen Deckungskapitals (Hinweis des BAV vom 30.6.1977 – VI 1 – A 9 30 24 3 – 1043/77 = H-BetrAV, Teil II, C. IV. 140. Nr. 1).   674

Die **Bestands-** und **Anspruchserfassung** für die Bewertung der Deckungsrückstellung muss grundsätzlich nach den Verhältnissen zum Bilanzstichtag erfolgen. Dies stößt mitunter auf Schwierigkeiten, vor allem dann, wenn der Jahresabschluss und das versicherungsmathematische Gutachten über die Vermögensprüfung möglichst zeitnah vorgelegt werden sollen. Für einen reibungslosen und vor allem zeit- und kostensparenden Ablauf sind daher an die Inventurarbeiten bei Pensionskassen grundsätzlich keine höheren Anforderungen zu stellen als an sonstige bilanzierungspflichtige Unternehmen. Dementsprechend kann die Inventur der Versichertenbestände von Pensionskassen auch innerhalb eines Zeitraumes von drei Monaten vor oder von zwei Monaten nach dem Bilanzstichtag mit einer wertmäßigen Fortschreibung oder Rückrechnung auf die Verhältnisse zum Bilanzstichtag erfolgen (zu Einzelheiten der Wertfortschreibungsmethoden vgl. K.-J. *Bode* DB 1975, 1661). Die Verlegung des Inventurstichtags bedarf aber einer entsprechenden Festlegung im Technischen Geschäftsplan (GB BAV 1983, 58, Nr. 405).   675

4. Kontrolle der Rechnungsgrundlagen

Das versicherungsmathematische Gutachten muss darüber berichten, ob und in welchem Umfang Abweichungen zwischen dem tatsächlichen Verlauf und den geschäftsplanmäßigen Rechnungsannahmen vorliegen und die Rechnungsgrundlagen einer dementsprechenden Anpassung bedürfen (Rundschreiben der BaFin vom 27.8.2008 – R 9/2008 = H-BetrAV, Teil II, C. IV. 30. Nr. 8). Gleichzeitig sind die Auswirkungen auf das Leistungs- und Beitragsrecht und die versicherungstechnischen Bilanzrückstellungen zu prüfen.   676

Bezüglich der biologisch bedingten Risiken stößt die Kontrolle der Rechnungsgrundlagen normalerweise auf keine Schwierigkeiten, da die heute   677 üblichen Tafelwerke ausreichende Sicherheitsreserven beinhalten bzw. regelmäßig angepasst aktualisiert werden (vgl. Rdnrn. 597 ff.). Strukturelle Risikoverschiebungen zeichnen sich daher nur bei Vorliegen besonderer Verhältnisse ab (z. B. Arbeitsplätze mit erhöhtem Gefährdungspotential).

678 Im Allgemeinen kommt der **Sterblichkeit** der aktiven Bestände nur eine untergeordnete Bedeutung zu, vor allem dann, wenn sich das Todesfallrisiko (weniger Hinterbliebenenrenten) mit dem Erlebensfallrisiko (mehr Altersrenten) weitgehend ausgleicht. Größeren Einfluss hat dagegen die Entwicklung der Lebensdauer bei den Rentnerbeständen; hier löst eine Untersterblichkeit unmittelbar Risikoverluste aus.

679 Ein **Risiko besonderer Art** ist die **Invalidität**. Die Erfahrungen bei größeren Versichertenbeständen bestätigen, dass die Invalidisierungsquote in Zeiten einer wirtschaftlichen Rezession – also außerhalb rein biologisch bedingter Kriterien – höher ist als in der Hochkonjunktur. Bei der Überprüfung der Invalidisierungswahrscheinlichkeiten anhand der tatsächlich eingetretenen Frühpensionierungsfälle ist außerdem zu beachten, dass vorzeitige Alterspensionierungen unberücksichtigt bleiben müssen. Andernfalls ist eine Überprüfung auf Invalidität in diesem Altersbereich nicht möglich.

680 Sofern bei Erstellung der Unisex-Tafel das Mischungsverhältnis der Geschlechter explizit berücksichtigt wurde, ist auch eine Überprüfung dieser Annahme erforderlich.

681 Für die biometrischen Risikountersuchungen können z. B. die einzelnen Bestände nach Geschlecht und Geburtsjahren bzw. Altersklassen und ggf. nach der Leistungshöhe aufbereitet werden. Den unter einjährigem Risiko stehenden Untersuchungsbestand erhält man entsprechend der Altersdefinition des verwendeten Tafelwerks bspw. aus dem Ausgangsbestand gleichartiger Versicherter zu Beginn des Beobachtungsjahres zzgl. halbem Zugang und abzgl. halbem Abgang während des Beobachtungsjahres. Das Verhältnis der im Beobachtungsjahr eingetretenen gleichartigen Risikofälle zur Personenzahl im Untersuchungsbestand bestimmt die relative Häufigkeit des untersuchten biologischen Ereignisses. Zur Ausschaltung zufälliger Risikoschwankungen zieht man regelmäßig auch die Beobachtungswerte früherer Untersuchungen heran. Erst eine solche Zusammenfassung über einen mehrjährigen Zeitraum lässt erkennen, ob und in welchen Untersuchungsbereichen längerfristige Risikoveränderungen erwartet werden müssen und welche Anpassungserfordernisse sich daraus ableiten.

682 Die wirtschaftsbedingten Rechnungsgrundlagen wie Zins und Verwaltungskosten haben sich lange Zeit bei den Nachkontrollen regelmäßig als ausreichend sicher dargestellt. Aufgrund der Kapitalmarktentwicklungen seit Ende der 90er Jahre (Zunahme der Volatilität der Aktienmärkte und Absinken der Umlaufrendite für festverzinsliche Wertpapiere) sind jedoch die überrechnungsmäßigen Erträge und die stillen Reserven der Unternehmen

gesunken, so dass die Aufsichtsbehörde verstärkt die erzielten Erträge und das Ertragspotenzial beobachten wird (vgl. Jahresbericht BaFin 2003 Teil A S. 173). Der maßgebliche Rechnungszinssatz für eine Pensionskasse setzt sich aus den Rechnungszinssätzen für die jeweiligen Versicherungen zusammen, da der jeweilige reduzierte Rechnungszinssatz (vgl. Rdnr. 609) i. d. R. nur für neu abgeschlossene Verträge/Mitgliedschaften zur Anwendung kommt; bei regulierten Pensionskassen i. S. d § 233 Abs. 1 VAG war lange Zeit nur ein Rechnungszinssatz vorzufinden; auf Grund des gesunkenen Zinsniveaus sind auch diese Pensionskassen dazu übergegangen, für den Neuzugang neue Tarife mit einem anderen Rechnungszins anzubieten.

Die Gefahren aus einem ungünstigen Risikoverlauf können weniger kritisch **683** eingeschätzt werden bei Pensionskassen, die bilanzausgleichende Deckungs- oder Bedarfsdeckungsbeiträge erheben. Allerdings müssen hier zusätzlich zu den biologischen Risiken auch noch die kollektiven Kalkulationsgrundlagen einer eingehenden Kontrolle unterzogen werden. Liegt beispielsweise das durchschnittliche Eintrittsalter des Neuzugangs längerfristig über dem für den Durchschnittsbeitrag maßgeblichen technisch richtigen Eintrittsalter (sog. kritisches Alter), dann ist eine Beitragserhöhung angezeigt.

5. Analyse der Gewinn- und Verlustquellen

Pensionskassen in der Rechtsform des großen Vereins haben im Jahresbericht **684** den Einfluss der wesentlichen Gewinn- und Verlustquellen auf das Bilanzergebnis darzustellen (§ 17 BerVersV). **Pensionskassen**, die als **kleinere Vereine** im Sinne von § 210 VAG zugelassen sind, sollen nach den aufsichtsbehördlichen Richtlinien das Bilanzergebnis auf die verschiedenen Risikoursachen aufteilen (Rundschreiben der BaFin vom 27.8.2008 – R 9/2008 = H-BetrAV, Teil II, C. IV. 30. Nr. 8).

Als Gewinn- und Verlustquellen kommen zum einen die biologischen Risi- **685** koverhältnisse und zum anderen die wirtschaftsbedingten Rechnungsannahmen in Betracht, wie Vermögenserträge und Verwaltungskosten. Ansonsten beeinflussen das Bilanzergebnis Storno, Neuzugang oder veränderte Bemessungsgrundlagen im Beitrags- und Leistungsrecht.

Die **Gewinn- und Verlustanalyse** geht im **Normalfall** vom **Bruttoergebnis** **686** vor den satzungsmäßigen Zuweisungen zur Verlustrücklage und/oder zur Rückstellung für Beitragsrückerstattung (Überschussbeteiligung der Mitglieder) aus. Sofern der Technische Geschäftsplan für Teilbestände der Pensionskasse eigene Vermögensabrechnungsverbände vorsieht, muss das Bruttoergebnis zunächst dementsprechend aufgeteilt und innerhalb eines solchen Abrechnungsverbandes verursachungsgerecht aufgeteilt werden. Eigene Abteilungen im Sicherungsvermögen sind jedoch bei Pensionskassen die Ausnahme. Sie können insbesondere nach Einführung neuer Beitrags- oder Leistungstarife, Umstellung auf andere Rechnungsgrundlagen oder Bestandsübernahmen von anderen Pensionskassen notwendig werden. Aber auch in diesen Fällen sind die Pensionskassen regelmäßig bestrebt, die getrennte Vermögensabrechnung aus Kostengründen nur übergangsweise zu führen und ansonsten die dabei gewonnenen Erfahrungen bei der späteren Überschussbeteiligung nach Zusammenlegung der Teilbestände in angemessener Weise zu berücksichtigen.

687 Im Geschäftsbericht muss eine Pensionskasse nur über die Ergebnisse aus dem Risiko-, Zins- und Kostenverlauf berichten. Die weiteren Entstehungsursachen sind im versicherungsmathematischen Gutachten zu analysieren.

688 Die ergiebigste Gewinnquelle ist bei Pensionskassen seit eh und je der Rechnungszins. Gegenüber der geschäftsplanmäßigen Rechnungsannahme erzielen die Pensionskassen überrechnungsmäßige Vermögenserträge.

689 Auch über den Risikoverlauf können die Pensionskassen zumeist positiv berichten. Ein negativer Einfluss kann aus dynamischen Leistungs- und Beitragsbemessungsgrundlagen oder aus dem Neuzugang resultieren. Im Vergleich zu den Zinsgewinnen fallen sie jedoch in aller Regel nachgeordnet ins Gewicht. Das Gleiche gilt für die Verwaltungskosten.

6. Überschussverwendung

690 Die Behandlung von Überschüssen muss in der **Satzung/Allgemeine Versicherungsbedingungen** der Pensionskasse geregelt sein. Die vorzeitige Zuteilung erst künftig entstehender Überschüsse ist nicht zulässig. Auch rechnerisch nachweisbare künftige Überschüsse können zu Leistungserhöhungen grundsätzlich nicht herangezogen werden. Verteilungsfähig ist ein Überschuss nur dann, wenn er zuvor im Jahresabschluss der Pensionskasse ordnungsgemäß festgestellt ist (GB BAV 1963 S. 39).

691 Der **Bruttoüberschuss** wird satzungsgemäß zunächst mit einem Teil (vgl. Rdnrn. 200 ff.) der Verlustrücklage zugewiesen; der **restliche Überschuss** fließt in die Rückstellung für Beitragsrückerstattung. Er muss auf Vorschlag des versicherungsmathematischen Sachverständigen (Rundschreiben der BaFin vom 27.8.2008 – R 9/2008 = H-BetrAV, Teil II, C. IV. 30. Nr. 8) verursachungsgerecht und unter Beachtung des versicherungsrechtlichen Gleichbehandlungsgrundsatzes (§ 177 VAG) den einzelnen Versicherungsverhältnissen in dem Umfang zugeordnet werden, wie er durch sie erzeugt ist. Die Zuteilung bedarf eines Beschlusses des obersten Organs und der Unbedenklichkeitserklärung durch die Aufsichtsbehörde. Da die Ergebnisanalyse in unmittelbarem Zusammenhang mit dem Vorschlag des versicherungsmathematischen Sachverständigen zur Verlustdeckung bzw. Gewinnverwendung steht, soll die Ergebnisanalyse für die Aufsichtsbehörde erkennen lassen, ob die vorgeschlagenen Maßnahmen unter Beachtung des Verursachungsprinzips und unter Beachtung des Gleichbehandlungsgrundsatzes als gerecht und zweckdienlich eingestuft werden können.

692 Ein **konkreter Gewinnverteilungsmaßstab** kann aber auch in der Satzung, in den Allgemeinen Versicherungsbedingungen oder im Technischen Ge-

schäftsplan festgelegt sein. In diesem Fall bedarf es keiner weiteren Beschlüsse. Die Überschussverteilung erfolgt dann geschäftsplanmäßig mit Feststellung des Jahresabschlusses. Die Kassenmitglieder sollen jedoch hierüber in geeigneter Weise informiert werden.

Eine verursachungsgerechte, rechnerisch sehr aufwendige Verteilung des Überschusses auf die einzelnen Risikogruppen bzw. die einzelnen Gewinn- und Verlustquellen kann aber in der Praxis auch dann unterbleiben, wenn eine Gewinnquelle dominiert, wie das bei den Vermögenserträgen zumeist der Fall ist. Eine geeignete Bemessungsgrundlage für die Gewinnzuteilung ist daher regelmäßig das vorhandene Deckungskapital.   **693**

Die meisten Pensionskassensatzungen/Allgemeine Versicherungsbedingungen sehen vor, dass der für das einzelne Versicherungsverhältnis vorhandene Überschuss entweder zur Erhöhung der Leistungen, zur Ermäßigung der Beiträge oder für beide Zwecke zugleich verwendet werden kann. Dies schließt eine Barauszahlung der Überschussanteile grundsätzlich nicht aus; sie ist aber bei Pensionskassen völlig ungebräuchlich. Eine solche, sehr allgemein gehaltene Bestimmung hat jedoch den Vorteil, dass sie zunächst alle Möglichkeiten der Gewinnverteilung zulässt, sofern diese mit dem Verursachungsprinzip vereinbar sind.   **694**

Die **Überschussverwendung** in Form der Beitragsermäßigung kommt nur für den beitragspflichtigen Aktivenbestand in Betracht. Allerdings wäre eine Herabsetzung aller künftigen Beiträge mit einem einheitlichen Prozentsatz keine verursachungsgerechte Gewinnverwendung, da sie wegen der individuell unterschiedlichen restlichen Beitragszahlungsdauer mit dem versicherungsrechtlichen Gleichbehandlungsgrundsatz nicht vereinbar ist. Keine Bedenken bestehen jedoch für den Sonderfall, dass eine zur Beseitigung von Fehlbeträgen vorausgegangene Beitragserhöhung ganz oder teilweise wieder rückgängig gemacht wird.   **695**

Im Zusammenhang mit der Beitragsermäßigung aus der Überschussverwendung müssen folgende steuerliche Konsequenzen beachtet werden: Soweit der Überschuss dem Arbeitgeber zusteht, würde die Pensionskasse zunächst partiell steuerpflichtig (§ 6 Abs. 1 KStG), wenn nicht das steuerpflichtige Vermögen – nämlich der entstandene Überschuss – innerhalb von 18 Monaten nach dem Schluss des Wirtschaftsjahres, für das es festgestellt worden ist, mit Zustimmung der Aufsichtsbehörde an das Trägerunternehmen ausgezahlt oder zur Verrechnung mit Zuwendungen, also zur Beitragsermäßigung, verwendet wird (§ 6 Abs. 2 KStG).   **696**

Die meisten Pensionskassen bevorzugen bei der **Überschussverwendung** die **direkte Leistungserhöhung**, um auf diese Weise dem steigenden Versorgungsbedarf ihrer Mitglieder Rechnung zu tragen. Sofern der Arbeitgeber die Kassenleistungen mitfinanziert, kann der Verteilungsplan auch übergeordnete Überlegungen zur arbeitsrechtlichen Gleichbehandlung der Kassenmitglieder berücksichtigen. So besteht z. B. die Möglichkeit, den Überschuss   **697** schwerpunktmäßig für die arbeitsrechtliche Verpflichtung des Arbeitgebers zur Anpassung der laufenden Renten nach § 16 BetrAVG heranzuziehen. Eine ausschließliche oder überwiegende Überschussverwendung zugunsten der Rentner verstößt dann nicht gegen den versicherungsrechtlichen Gleichbehandlungsgrundsatz, wenn den Aktivenbeständen zumindest eine den Mitgliedsbeiträgen gerechte Leistungsanwartschaft auf der Basis von Rechnungsgrundlagen 2. Ordnung zusteht (GB BAV 1977 S. 54, Nr. 45). In solchen Fällen muss die Satzung allerdings aus formalrechtlichen Gründen bei der Überschussverwendung die Möglichkeit der Beitragsermäßigung vorsehen, weil die Verpflichtung zur Rentenanpassung eine solche des Arbeitgebers ist und nicht der Pensionskasse (GB BAV 1980 S. 59, Nr. 46).

698 Einigen Pensionskassen ist auch die **Überschussbeteiligung** der Versicherten in Form des **sog. Gewinnzuschlags** genehmigt. Dabei handelt es sich i. d. R. um einen für alle Leistungsbezieher einheitlichen, prozentualen Zuschlag auf die satzungsmäßige Kassenleistung, mitunter sogar einschließlich bereits zugeteilter Leistungserhöhungen aus früheren Überschüssen. Auf diesen Gewinnzuschlag wird zwar kein lebenslänglicher Rechtsanspruch eingeräumt. Er ist vielmehr auf einen bestimmten Zeitraum, z. B. ein Jahr oder bis zur nächsten versicherungsmathematischen Vermögensüberprüfung befristet, sodass die vorhandenen Überschüsse nur in geringem Umfang in Anspruch genommen werden müssen. Die Rentner können aber mit hoher Wahrscheinlichkeit weitere Prolongierungen dieser Gewinnrente erwarten, weil in einer Vergleichsrechnung die versicherungstechnische Bilanz auf der Basis von Rechnungsgrundlagen 2. Ordnung und einer Deckungsrückstellung, die einen lebenslänglichen Gewinnzuschlag berücksichtigt, ausgeglichen ist. Der Gewinnzuschlag kann jedoch auch für die Übernahme von befristeten Leistungen (z. B. Gewährung einer leistungserhöhenden Zurechnungszeit bei verminderter Erwerbsfähigkeit) verwendet werden.

699 Der Gewinnzuschlag ist also eine spezielle Art der Überschussbeteiligung. Er hat den besonderen Vorteil, dass schon mit relativ geringen Mitteln aus der Rückstellung für Beitragsrückerstattung (Überschussrückstellung) eine u. U. erhebliche Erhöhung der satzungsmäßigen Rentenzahlungen möglich ist. Der Nachteil des Gewinnzuschlags besteht aber – abgesehen von den fehlenden Deckungsmitteln – insbesondere darin, dass aus Sicht der Rentner die Jahr für Jahr gewährten Gewinnzuschläge – fälschlicherweise – nicht als Dynamisierung der Renten empfunden werden, weil der eigentliche Zahlbetrag sich nicht mehr erhöht. Aus diesen Gründen hat auch die Aufsichtsbehörde diesen Pensionskassen nahe gelegt, auf ein Überschussbeteiligungssystem überzugehen, das regelmäßig angemessene Erhöhungen der laufenden Renten vorsieht (GB BAV 1983 S. 58, Nr. 408).

7. Fehlbetragsdeckung

700 Die Abdeckung eventueller Fehlbeträge muss in der Satzung festgelegt sein. Die Pensionskassen in Form des Versicherungsvereins auf Gegenseitigkeit haben eine **Satzungsvorschrift** gleichen oder ähnlichen Inhalts, wie sie die aufsichtsbehördliche Musterfassung vorsieht (vgl. hierzu auch die Mustersatzung für Sterbekassen, VerBAV 1998 S. 75).

Besondere Bedeutung hat die **sog. Sanierungsklausel.** Sie sieht – soweit der Fehlbetrag durch Inanspruchnahme der Verlustrücklage nicht gedeckt werden kann und auch die Rückstellung für Beitragsrückerstattung für ein solches Vorgehen nicht ausreicht – die Möglichkeit einer Herabsetzung der Leistungen oder die Erhöhung der Beiträge oder eine Kombination beider Maßnahmen vor. Die entsprechenden Beschlüsse des obersten Kassenorgans bedürfen der Unbedenklichkeitserklärung durch die Aufsichtsbehörde und haben auch Wirkung für bestehende Versicherungsverhältnisse. Die Herabsetzung der Leistungen betrifft daher auch die Rentenbezieher. Voraussetzung für eine Sanierungsklausel ist, dass in der Satzung Nachschüsse ausgeschlossen sind (§ 179 Abs. 2 VAG). **701**

Die in den geschäftsplanmäßigen Rechnungsgrundlagen enthaltenen **Sicherheitsreserven** ebenso wie die auch für Pensionskassen nach dem VAG maßgeblichen strengen Vermögensanlagevorschriften lassen normalerweise das Entstehen von bilanziellen Fehlbeträgen nicht befürchten. Dennoch können im Ausnahmefall Entwicklungen bei den biometrischen oder wirtschaftsbedingten Risikoverhältnissen eintreten, die den Übergang auf andere Rechnungsgrundlagen oder entsprechende Aufstockungen der Verwaltungskostenrückstellung mit der Folge von Fehlbeträgen erfordern. Ursächlich für das Entstehen solcher Fehlbeträge sind aber auch unvorhergesehene Änderungen von Leistungs- und/oder Beitragsbemessungsgrundlagen. **702**

Sofern ein Ausgleich des Fehlbetrages über Sonderzuwendungen oder Beitragserhöhungen des Trägerunternehmens nicht in Betracht kommt, müssen zunächst die Entstehungsursachen analysiert werden (vgl. Rdnrn. 676 ff.). Die Umlegung der Fehlbeträge erfolgt analog zur Überschussbeteiligung nach dem Verursachungsprinzip. **703**

Verfahrenstechnisch kommt – ebenso wie bei der Beitragsermäßigung durch Überschussverwendung – auch für eine Beitragserhöhung als Mittel zur Verlustabdeckung ein linearer Sanierungsaufschlag für die restliche Aktivitätszeit aus Gründen der versicherungsrechtlichen Gleichbehandlung nicht in Betracht. Anders kann dies gegebenenfalls bei satzungsmäßigen Einheitsbeiträgen gesehen werden, wobei auch eine zeitliche Befristung des Beitragsaufschlags denkbar ist. Im Falle einer Leistungskürzung als Sanierungsmaßnahme erweist es sich als notwendig, zwischen den bereits ausfinanzierten und den über künftige Beiträge noch zu finanzierenden Anwartschaften zu unterscheiden. Auf diese Weise kann unter Umständen die – auch aus Gründen der arbeitsrechtlichen Besitzstandswahrung – bereits erworbene (partielle) Anwartschaft ganz oder zumindest teilweise aufrechterhalten bleiben. **704**

Ein vorhandener Fehlbetrag muss aber nicht immer unmittelbar beseitigt werden. Von einer Sanierungsmaßnahme kann – mit Zustimmung der Auf- **705** sichtsbehörde – beispielsweise dann abgesehen werden, wenn die Überschusskraft der Pensionskasse für die Tilgung des Fehlbetrages in einem überschaubaren Zeitraum mit hoher Wahrscheinlichkeit ausreicht. Daher empfiehlt es sich z. B. bei einem anstehenden Wechsel der Rechnungsgrundlagen zunächst zu prüfen, ob versicherungsmathematisch auch eine zeitlich gestreckte Auffüllung der Deckungsrückstellung vertretbar ist, sodass der Fehlbetrag im Rechnungsabschluss der Pensionskasse erst gar nicht in Erscheinung tritt.

D. Versicherungsaufsichtsrecht
(Herrmann)

706 Pensionskassen unterliegen gemäß § 1 Abs. 1 VAG der staatlichen Aufsicht durch die Versicherungsaufsichtsbehörden. Die Staatsaufsicht ist unmittelbare Folge der Pensionskasseneigenschaft als Versicherungsunternehmen. Die Pensionskasse unterliegt dem Grunde nach allen aufsichtsrechtlichen Regelungen, wie sie auch für andere Versicherungsunternehmen gelten.

I. Wesen der Staatsaufsicht

707 Bei dem vom Gesetzgeber verfolgten Zweck der materiellen Staatsaufsicht steht – wie schon in der Begründung zum VAG im Jahre 1901 nachzulesen ist – die Erkenntnis im Vordergrund, dass mit dem Betrieb von Versicherungsgeschäften besondere Gefahren verbunden sind, die einen besonderen Schutz des Publikums verlangen. Insbesondere bei den langfristigen Verträgen, wie sie Pensionsversicherungen darstellen, steht der Pflicht des Versicherten zur Prämienzahlung zunächst lediglich das Versprechen des Versicherers gegenüber, in einem vielleicht sehr viel späteren Zeitpunkt die Versicherungsleistungen zu bewirken. Zu beurteilen, ob dieses Versprechen auch erfüllt werden kann, mag der einzelne Versicherte nur schwer in der Lage sein. Hier greift dann die Staatsaufsicht ein. Der Versicherte soll sich darauf verlassen können, dass diese Aufsicht auf die dauernde Erfüllbarkeit der Verträge achtet. Dabei wird die Aufsichtsbehörde nicht im Interesse des einzelnen Versicherten tätig, sondern ausschließlich im öffentlichen Interesse (§ 294 Abs. 2 Satz 2 VAG). Die Aufsichtsbehörde will sicherstellen, dass ein Versicherungsunternehmen nicht gegen die Belange der Versicherten verstößt und die Versicherungsversprechen auch tatsächlich erfüllen kann. Der einzelne Versicherte ist hiervon nur reflexartig begünstigt. Bei fehlerhaftem Aufsichtshandeln kann er daher keinen Schadensersatzanspruch gegen die Aufsichtsbehörde geltend machen.

708 Die Versicherungsaufsicht achtet darauf, dass sich das Versicherungsgewerbe in Deutschland im Rahmen von Recht und Gesetz bewegt und die Belange der Versicherten nicht gefährdet. Die Versicherungsaufsicht ist dem Wesen nach Gewerbepolizei, die ganz überwiegend der Gefahrenabwehr dient.

709 Das Aufsichtsrecht hat in den letzten Jahren eine Reihe von strukturellen Änderungen erfahren. Die Zusammenlegung der Bankenaufsicht mit der

Versicherungsaufsicht zur neuen Bundesanstalt für das Finanzdienstleistungsaufsicht (BaFin) hat eine Reihe organisatorischer Veränderungen nach sich gezogen. Das Wesen der Versicherungsaufsicht ist hierbei aber unberührt geblieben.

Auch die Neuordnung der Europäischen Finanzmarktaufsicht hat das Wesen **710** der Versicherungsaufsicht prinzipiell nicht verändert, sie ist nur „europäischer" geworden. Die europäische Aufsichtsbehörde „EIOPA" (European Insurance and Occupational Pensions Authority) mit Sitz in Frankfurt am Main hat seit Januar 2011 ihre Arbeit aufgenommen und soll dafür sorgen, dass europaweit problematische Entwicklungen in diesem Gebiet erkannt und vermieden werden. Hierbei soll EIOPA nicht nur die nationalen Aufsichtsbehörden entsprechend informieren, sondern kann grundsätzlich auch Weisungen erteilen. Selbst direkte Überwachungsaufgaben und Eingriffsrechte gegenüber nationalen Unternehmen sind prinzipiell denkbar. Es kann erwartet werden, dass die Eigenständigkeit der nationalen Aufsichtsbehörden zugunsten von EIOPA weitere Abstriche erfahren wird. Wie im Einzelnen die Zusammenarbeit zwischen EIOPA und den nationalen Aufsichtsbehörden, insbesondere also der BaFin, sich künftig entwickeln wird, bleibt abzuwarten.

Eine weitere „Europäisierung" – unter Beibehaltung ihres Wesens – hat die **711** Versicherungsaufsicht mit der seit Jahrzehnten größten Reform des Versicherungsaufsichtsrechts durch das Gesetz zur Modernisierung der Finanzaufsicht über Versicherungen vom 1.4.2015 erfahren, das am 1.1.2016 in Kraft getreten ist. Mit diesem Gesetz wurde die europäische Solvency II-Richtlinie in deutsches Recht umgesetzt. Solvency II ist der Name eines europäischen Projekts, durch das das Versicherungsaufsichtsrecht in Europa grundlegend reformiert wurde. Ziel war es, einheitliche Aufsichtsstandards für Versicherungsunternehmen in Europa zu schaffen und damit eine konsistente Aufsichtspraxis einzuführen. Gleichzeitig sollte es dem Schutz der Versicherten dienen, indem das Insolvenzrisiko von Versicherungsunternehmen und Rückversicherungsunternehmen reduziert und die Versicherungsaufsicht gestärkt werden soll. Organisatorische Änderungen wurden nicht vorgenommen. Gleichwohl wird die BaFin – wie auch die anderen nationalen Aufsichtsbehörden – wesentlich stärker in das europäische System der Finanzaufsicht eingebunden sein.

II. Inhalt der Versicherungsaufsicht

Die Versicherungsaufsicht erstreckt sich auf den **gesamten Geschäftsbetrieb** **712** **eines Versicherungsunternehmens**. Die Aufsicht beschränkt sich also nicht allein auf die reine Finanzaufsicht, sondern von der Gründung eines Versicherungsunternehmens bis zur Liquidation, von der Erstellung eines Geschäftsplans bis zum Vertrieb, von der Beachtung gesellschaftsrechtlicher Pflichten bis zur Qualifikation der Vorstandsmitglieder übt die Versicherungsaufsicht Überwachungsfunktionen aus.

713 In ihrem Aufsichtshandeln orientiert sich die Aufsichtsbehörde an der „Wahrung der Belange der Versicherten". Es handelt sich hierbei um einen unbestimmten Rechtsbegriff, den zu konkretisieren die Rechtsprechung trotz 100-jähriger Existenz der Versicherungsaufsicht nur selten Gelegenheit gehabt hatte. Die Aufsichtsbehörde darf den Begriff „Belange der Versicherten" nicht zu extensiv auslegen. Nach der Entscheidung des *BVerwG* (VerBAV 1981/80) ist es der Aufsichtsbehörde verwehrt, die jeweils bestmögliche Problemlösung für den Versicherten beim Versicherungsunternehmen durchzusetzen, sondern sie darf lediglich Gefährdungen der Versicherteninteressen verhindern. Maßstab bei Entscheidungen der Aufsichtsbehörde ist daher nicht das eigene Ermessen der Aufsichtsbehörde, wie sie selbst die Interessen der Versicherten am besten gewahrt sieht, sondern sie muss grundsätzlich die Entscheidungen des Versicherungsunternehmens respektieren, es sei denn, sie verletzen die Belange der Versicherten.

714 Dies hat vor allem bei beabsichtigten Änderungen von Satzung und Versicherungsbedingungen große Bedeutung, die bei regulierten Pensionskassen nach wie vor genehmigungspflichtig sind. Das *BVerwG* (a.a.O.) hat hierzu ausgeführt:

„Die Vorschrift des § 8 Abs. 1 VAG[4] ermächtigt das Bundesaufsichtsamt für das Versicherungswesen nicht, die Interessen der Versicherten an deren Stelle wahrzunehmen. Sie bindet die Erteilung der Genehmigung nicht daran, dass die zur Genehmigung gestellten Allgemeinen Versicherungsbedingungen die Belange der Versicherten optimal wahren, sondern lässt die Ablehnung der erforderlichen Genehmigung nur zu, wenn die Belange der Versicherten nicht mehr ausreichend gewahrt und deswegen unangemessen beeinträchtigt sind. Diese Ablehnungsvoraussetzung soll verhindern, dass der Versicherer seine strukturbedingte Überlegenheit gegenüber den Versicherten missbräuchlich durch Allgemeine Versicherungsbedingungen ausnutzt, die einseitig seine Interessen verwirklichen, und dass er dadurch die Versicherten unangemessen benachteiligt. Die Genehmigung einer Änderung der Allgemeinen Versicherungsbedingungen darf daher erteilt werden, wenn die geänderte Fassung der Allgemeinen Versicherungsbedingungen berechtigten Interessen des Versicherers dient – ist dies nicht der Fall, so sind schon aus diesem Grunde die Belange der Versicherten nicht ausreichend gewahrt – und wenn schutzwürdige Belange der Versicherten nicht unangemessen benachteiligt werden. Die Genehmigungsbehörde hat dagegen bei Anwendung des § 8 VAG[5] nicht darüber zu wachen, dass – positiv – die Interessen der Versicherten die denkbar beste oder auch nur eine möglichst gute Berücksichtigung erfahren. Sie hat – negativ – eine unangemessene Beeinträchtigung der Belange der Versicherten zu verhüten."

Zu selbigem Ergebnis kam auch das *BVerfG* in seiner Entscheidung vom 26.7.2005 – 1 BvR 782/94, s. E-BetrAV 232 Nr. 2.

---

4 Anm. der Redaktion: heute § 11 VAG.
5 S. Fußnote 4

Vor diesem Hintergrund hat die Aufsichtsbehörde für Geschäftsplanänderungen, insbesondere hinsichtlich der durch den Arbeitgeber finanzierten Leistungen, arbeitsrechtliche Bedürfnisse und Notwendigkeiten des Arbeitgebers zu berücksichtigen.

Ob ein Unternehmen Versicherungsgeschäfte betreibt und der Versicherungsaufsicht unterliegt, entscheidet gemäß § 4 VAG mit Bindungswirkung für andere Verwaltungsbehörden die Aufsichtsbehörde selbst. Gegen die Entscheidung sind selbstverständlich Rechtsmittel gegeben (vgl. Rdnrn. 760 ff.). Die frühere Regelung, dass die Entscheidung der Aufsichtsbehörde auch die Gerichte bindet, ist als Verstoß gegen Art. 19 Abs. 4 GG angesehen worden, sodass diese Bindungswirkung nicht mehr gegeben ist. Gerichte können also bei Verträgen von Unternehmen mit „Versicherten" das Vorliegen von Versicherungsgeschäften bejahen, auch wenn die Aufsichtsbehörde entschieden hat, dass ein Unternehmen gerade keine Versicherungsgeschäfte betreibt. Für Pensionskassen hat dies in der Vergangenheit keine praktische Relevanz gehabt, obgleich die Aufsichtbehörde sehr häufig zu entscheiden gehabt hatte, ob eine Einrichtung der betrieblichen Altersversorgung als Pensionskasse und damit als Versicherungsunternehmen oder als aufsichtsfreie Unterstützungskasse betrieben wurde. **715**

Im Zuge der europäischen Harmonisierung des Aufsichtsrechts für Versicherungsunternehmen hat sich nach Transformation verschiedener EU-Versicherungsrichtlinien in das deutsche Recht unter dem Oberbegriff der Deregulierung der Schwerpunkt der Aufsichtstätigkeit von der konkreten Genehmigung einzelner Geschäftspläne der Versicherungsunternehmen verlagert auf Vorgaben und Überwachung, welches Risikocontrolling die Versicherungsunternehmen einrichten und wie möglichst nach einheitlichen Kriterien der Versicherungsbetrieb durchgeführt wird. Der Versuch, Transparenz sicherzustellen und auf einheitliche Wettbewerbsbedingungen zu achten, prägt zunehmend den Blick der Aufsichtsbehörde. Die Belange der Versicherten stehen zwar nach wie vor im Fokus der Aufsichtstätigkeit; in starkem Maße wird allerdings auch dem Kriterium der Wettbewerbsverzerrung unter den jeweiligen Versicherungsunternehmen aufsichtsbehördliche Aufmerksamkeit gewidmet. **716**

Diese Entwicklung des Aufsichtsrechts wurde im neuen, seit dem 1.1.2016 geltenden VAG fortgesetzt. Die Neuerungen auf Grund der Umsetzung der Solvency II-Richtlinie dienen zwar auch dem Versichertenschutz. Der Schwerpunkt liegt aber auf der Einführung weiterentwickelter Solvabilitätskapitalanforderungen für Versicherungsunternehmen, denen eine ganzheitliche Risikobetrachtung zugrunde liegt, auf der Einführung risikobasierter Bewertungsvorschriften für Vermögenswerte und Verbindlichkeiten, höherer (risikobasierter) Anforderungen an die Unternehmensorganisation, weiterer Anforderungen an aufsichtsbehördliche Überprüfungsverfahren sowie zusätzlicher Berichtspflichten der Versicherungsunternehmen gegenüber der Bafin und der Öffentlichkeit. **717**

718 Ein weiterer wesentlicher Inhalt der konstitutiven Neufassung des VAG liegt im Wandel von einem regelbasierten zu einem prinzipienbasierten Aufsichtssystem. Bislang gab das Gesetz feste Kriterien vor, deren Einhaltung die Aufsichtsbehörde überwachte. Dieser regelbasierte Ansatz ließ der BaFin relativ wenig Ermessensspielräume. Mit der Neugestaltung der europäischen Versicherungsaufsicht wird dieser Ansatz durch einen prinzipienbasierten Ansatz abgelöst. Hierbei gibt das Gesetz im Wesentlichen nur noch das Aufsichtsziel vor und überlässt es der Aufsicht, dieses im Einzelfall zu konkretisieren. Damit erhöht sich die Verantwortung der laufenden Aufsicht. Verfahrensvorschriften, insbesondere Regelungen über die Verhältnismäßigkeit (§ 296 VAG) und Ermessensausübung (§ 297 VAG) gewinnen an Bedeutung und sind deshalb erstmals ausdrücklich in das Gesetz aufgenommen.

III. Versicherungsaufsicht über Pensionskassen

719 Die Versicherungsaufsicht hat in der Vergangenheit in ihrer Aufsichtspraxis die Besonderheiten der Pensionskasse als Trägerin der betrieblichen Altersversorgung des Arbeitgebers stets berücksichtigt und versucht, praxisnahe Lösungsmöglichkeiten für jede einzelne Pensionskasse zu finden. Sie hat dabei auf starre Richtlinien ebenso verzichtet wie sie das Aufstellen von Musterbedingungen und Mustersatzungen nicht für erforderlich gehalten hat. Im Gegensatz zu den Wettbewerbsunternehmen der übrigen Versicherungswirtschaft, bei denen insbesondere aus Transparenzgründen die Einhaltung von Aufsichtsrichtlinien und die Verwendung von Mustergeschäftsplänen und Musterbedingungen für aufsichtsbehördlich wünschenswert gehalten wurde, ist bei Pensionskassen, die weitgehend im unmittelbaren Wettbewerb gestanden hatten, das Transparenzerfordernis unbedeutender und das möglichst flexible Eingehen auf die jeweiligen Erfordernisse der Versorgungszusage des Arbeitgebers von größerer Bedeutung gewesen.

720 Nach Einführung der **nachgelagerten Besteuerung für Pensionskassenzuwendungen**, der daraufhin erfolgten Neugründung von Pensionskassen durch Lebensversicherungsunternehmen und der seit dem 2.9.2005 im VAG festgelegten Trennung zwischen regulierten, betrieblichen Pensionskassen gemäß § 233 VAG (§ 118b Abs. 3 VAG a. F.) und den deregulierten Pensionskassen, die nur unter § 232 VAG (§ 118a VAG a. F.) fallen, hat sich auch die aufsichtsbehördliche Grundlage zum Teil geändert. Mit der Trennung hat der Gesetzgeber gewollt, dass die traditionellen Pensionskassen vom Grundsatz in der Art weiter betrieben werden, wie sie jahrzehntelang in Deutschland die Pensionskassenlandschaft geprägt haben. Der Gesetzgeber hat die **regulierten Pensionskassen** dabei bewusst von den Bestimmungen des VAG ausgenommen, die als aufsichtsbehördliches Regulativ für den Wegfall der Genehmigungsfreiheit von Geschäftsplan und Versicherungsbedingungen vorgesehen waren. Dieses Regulativ schien dem Gesetzgeber aus Transparenzgründen und zur Vermeidung von Wettbewerbsverzerrungen erforderlich. Insoweit ähneln die aufsichtsrechtlichen Bestimmungen für die regulierten Pensionskassen dem alten, vor dem 2.9.2005 geltenden Aufsichtsrecht. Seitdem hat die Aufsichtsbehörde regulierte Pensionskassen tatsächlich entsprechend den alten Aufsichtsgrundsätzen „behandelt", und Wertungen der deregulierten Aufsichtspraxis haben bislang keinen gravierenden Einfluss auf die Entscheidungen der Aufsichtsbehörde auch gegenüber regulierten Pensionskassen gehabt. Insoweit bleibt die weitere Entwicklung – insbesondere auch im Hinblick auf Solvency II, vgl. nachfolgende Ausführungen – abzuwarten.

Seit dem 1.1.2016 gibt es eine weitere – einschneidende – Trennung im VAG. **721** Die Umsetzung von Solvency II hat ein Aufsichtsrecht mit zwei Systemen geschaffen. Zum einen gibt es das Aufsichtssystem für Unternehmen, die unter den Anwendungsbereich von Solvency II fallen. Für diese Unternehmen gelten die oben in Rdnr. 717 geschilderten Neuerungen. Zum anderen gibt es das Aufsichtssystem für Einrichtungen der betrieblichen Altersversorgung, für die die Solvency II-Richtlinie keine Anwendung findet, namentlich Pensionskassen und Pensionsfonds. Für diese besteht das bisherige Aufsichtsrecht nach Intention des Gesetzgebers (vgl. die Gesetzesbegründung zu Teil 4 des VAG, BT Drs. 18/2956, S. 278) und nach Aussage der BaFin ohne wesentliche materielle Änderungen fort.

Auch in den auf der Grundlage des VAG erlassenen Verordnungen findet **722** sich die neue Zweiteilung wieder. Die nach dem bis zum 31.12.2015 geltenden VAG erlassenen Verordnungen wurden aufgehoben. Neue Verordnungen werden – nur soweit erforderlich – erlassen. So gilt z. B. die neue Anlageverordnung vom 18.4.2016 nur für Pensionskassen, Sterbekassen und kleine Versicherungsunternehmen, nicht aber für so genannte Solvency II Unternehmen, da für diese die entsprechenden neuen Bestimmungen im VAG einschlägig sind.

Der Tatsache, dass Pensionskassen und Pensionsfonds die Solvency II **723** Anforderungen nicht erfüllen müssen, soll im neuen VAG dadurch Rechnung getragen werden, dass für sie eigener Teil mit Sonderregelungen geschaffen wurde. Überwiegend erfolgt die Ausnahme von „Solvency II-Bestimmungen" über Verweisungen auf Normen für kleine Versicherungsunternehmen und Sterbekassen, wodurch intransparent wird, welche Bestimmungen für Pensionskassen und Pensionsfonds tatsächlich gelten.

Andererseits finden einzelne „Solvency II-Normen" im neuen VAG dennoch **724** bereits heute Anwendung auf Einrichtungen der betrieblichen Altersversorgung und damit auch auf regulierte Pensionskassen. So haben auch sie z. B. die erweiterten Anforderungen an die Geschäftsorganisation (§ 23 VAG) und an das Risikomanagement (§ 26 VAG) zu erfüllen. Zudem gelten für sie die Anlagegrundsätze nach § 124 VAG. Unabhängig davon, dass damit den Unterschieden zwischen Versicherungsunternehmen und Einrichtungen der betrieblichen Altersversorgung, insbesondere regulierten Pensionskassen, nicht genügend Rechnung getragen wird, bleibt die weitere Entwicklung abzuwarten. Denn Pensionskassen sollen anders als kleine Versicherungsunternehmen nicht die Möglichkeit haben, sich freiwillig per Antrag der Anwendung der Solvency II-Richtlinie zu unterwerfen, um der weiteren Entwicklung auf EU-Ebene nicht vorzugreifen. Dort wird gegenwärtig noch beraten, inwieweit Regelungen der Solvency II-Richtlinie oder ähnliche Regelungen auf Grund einer eigenen Richtlinie für Pensionskassen und Pensionsfonds auch auf diese Unternehmen Anwendung finden sollen (BT Drs. 18/2956, S. 278 f.).

725 Nach dem vorliegenden Entwurf der EbAV-II-Richtlinie (Überarbeitung der europäischen Pensionsfondsrichtlinie RL 2003/41/EG) aus Juni 2016 werden die quantitativen Anforderungen, wie sie für Unternehmen gelten, die unter den Geltungsbereich von Solvency II fallen, nicht zur Anwendung gelangen. Gleichwohl sieht der aktuelle Entwurf vor, dass bestimmte qualitative Anforderungen, wie z. B. Berichts- und Informationspflichten, für Einrichtungen der betrieblichen Altersversorgung gelten werden. Dies wird bei regulierten Pensionskassen zu erhöhtem Aufwand führen. Die EU-Kommission behält sich vor, die EbAV-II-Richtlinie nach Ablauf einer entsprechenden Frist zu ändern. Vor diesem Hintergrund sollten die regulierten Pensionskassen weiterhin darauf beharren, dass die aufsichtsbehördlichen Maßnahmen einerseits und die europäischen Normgebungen andererseits den Willen des Aufsichtsgesetzes, die traditionelle Pensionskassenlandschaft zu erhalten und auszubauen, nicht konterkarieren. Die Wahrung der Belange der Versicherten steht nach wie vor im Zentrum der Versicherungsaufsicht. Befürchtungen, dass einzelne Unternehmen Wettbewerbsnachteile sehen, wenn regulierte Pensionskassen entsprechend ihrer eigenen Risikosituation die arbeitsrechtliche Versorgungszusage flexibler abbilden, darf bei regulierten Pensionskassen kein aufsichtsrechtliches Kriterium sein.

IV. Zuständige Aufsichtsbehörde

726 Die zuständige Versicherungsaufsichtsbehörde ist nach Maßgabe von §§ 320 und 321 VAG die Bundesanstalt für Finanzdienstleistungsaufsicht (BaFin)

Graurheindorfer Str. 108
53117 Bonn
Postfach 1253
53003 Bonn
Tel.: 0228/41 08-0
Fax: 0228/41 08-15 50

E-Mail: poststelle@bafin.de

V. Aufsichtsbehördliche Maßnahmen

727 Das aufsichtsbehördliche Handeln vollzieht sich im Rahmen des VAG. Die Versicherungsaufsichtsbehörde überwacht den gesamten Geschäftsbetrieb und beseitigt eventuelle Missstände. Hierbei stehen ihr auch Zwangsmaßnahmen zu.

Mit dem neuen VAG sind der BaFin neue Überwachungsinstrumente an die Hand gegeben worden, um die Einhaltung der Solvency II Anforderungen überprüfen zu können. Da diese für regulierte Pensionskassen in der Regel keine Anwendung finden, konzentrieren sich die nachfolgenden Ausführungen auf die für regulierte Pensionskassen geltenden Maßnahmen. **728**

1. Überwachungstätigkeit

Bei der Überwachung des Geschäftsbetriebs bedient sich die Aufsichtsbehörde folgender Maßnahmen: **729**

a) Aufsichtsbehördliche Genehmigung

Die für die Unternehmen bedeutendste Maßnahme der laufenden Aufsicht sind die Genehmigungen. Ganz wesentliche Bereiche der Geschäftstätigkeit einer regulierten Pensionskasse bedürfen der vorherigen Erlaubnis. Man spricht in diesem Zusammenhang von dem Verbot mit Erlaubnisvorbehalt. Bereits die Zulassung zum Geschäftsbetrieb bedarf der Erlaubnis durch die Aufsichtsbehörde. Ohne eine derartige Erlaubnis wird verbotenes Versicherungsgeschäft betrieben. **730**

Auch für den Geschäftsplan und für jede Änderung des Geschäftsplans ist die Genehmigung der Aufsichtsbehörde erforderlich. **731**

Die aufsichtsbehördliche Genehmigung hat allein öffentlich-rechtliche Bedeutung. Dies heißt, dem Unternehmen ist es verwehrt, ohne eine derartige Genehmigung Versicherungsverträge abzuschließen. Dennoch stellt das insoweit verbotene Versicherungsgeschäft kein gesetzliches Verbot i. S. v. § 134 BGB dar, sodass die zivilrechtliche Wirksamkeit der abgeschlossenen Verträge von der Genehmigung nicht abhängt. Dies ist – zumindest vom theoretischen Ansatz – durchaus mit rechtlichen Gefahren verbunden. Werden nämlich Versicherungsverträge auf Grund eines Geschäftsplans abgeschlossen, der von der Aufsichtsbehörde zum Schutz der Versichertengemeinschaft nicht genehmigt wurde, ist das Versicherungsunternehmen trotzdem an diese Versicherungsverträge gebunden und muss ggf. Leistungen erbringen, die die Versichertengemeinschaft gefährden. Schon aus diesem Grund ist daher die Pensionskasse gehalten, Geschäftspläne erst umzusetzen, wenn die aufsichtsbehördliche Genehmigung vorliegt. **732**

b) Vorlagepflichten

Schwächer als die Genehmigung, aber trotzdem von nicht zu unterschätzender Bedeutung sind Vorlagepflichten. So sind z. B. Verträge zur Ausgliederung wichtiger Funktionen oder wichtiger Versicherungstätigkeiten vorzulegen (vgl. Rdnr. 278). Auch müssen bei Vorstandswechseln genaue Angaben über das neue Vorstandsmitglied gemacht werden. Das Gleiche gilt bei Aufsichtsratswahlen in Bezug auf das neue Aufsichtsratsmitglied. **733**

734 Im Gegensatz zu dem genehmigungspflichtigen Teil des Geschäftsbetriebs einer Pensionskasse bedarf es bei dem vorlagepflichtigen Bereich keiner Erlaubnis, nicht einmal einer Rückantwort im Einzelfall; die Aufsichtsbehörde behält sich nur vor, bei erkannten Missständen einzugreifen.

c) Berichtspflichten

735 Versicherungsunternehmen und damit auch Pensionskassen haben der Aufsichtsbehörde gegenüber regelmäßige Berichtspflichten zu erfüllen. Die Berichtspflicht vollzieht sich auf dem Gebiet der Rechnungslegung und hat auf von der Aufsichtsbehörde vorgegebenen Formblättern zu erfolgen (s. im Einzelnen Rdnrn. 492 ff.).

d) Teilnahmerecht bei Aufsichtsratssitzungen und in Mitgliederversammlungen

736 Gemäß § 306 Abs. 1 Nr. 4 VAG kann die Aufsichtsbehörde durch eigene Mitarbeiter an Aufsichtsratssitzungen und an Mitgliederversammlungen teilnehmen. Die Vertreter der Aufsichtsbehörde müssen in diesen Sitzungen gehört werden.

e) Örtliche Prüfung

737 Gemäß § 306 Abs. 1 Nr. 1 VAG soll die Aufsichtsbehörde Prüfungen in den Geschäftsräumen des Versicherungsunternehmens regelmäßig vornehmen.

738 Die örtliche Prüfung wird regelmäßig von der Aufsichtsbehörde **mindestens sechs Wochen vor Beginn der Prüfung der Pensionskasse angekündigt.** Damit soll sichergestellt werden, dass entsprechende Auskunftspersonen auch tatsächlich anwesend sind. Der Prüfungszeitraum beträgt in der Regel zwei Wochen und umfasst den gesamten Geschäftsbetrieb. Dementsprechend besteht das Prüfungsteam aus Vertretern des juristischen, mathematischen und kaufmännischen Bereichs der Finanzaufsicht. Pensionskassen müssen den Prüfern auf Verlangen sämtliche Bücher, Belege und Schriftstücke vorlegen, die für die Beurteilung des Geschäftsbetriebs und der Vermögenslage bedeutsam sind.

739 Nach der Prüfung fertigt die Aufsichtsbehörde einen **Prüfungsbericht.** Im Gegensatz zur Steuerprüfung wird dieser Prüfungsbericht allerdings nur intern für die Aufsichtsbehörde verwendet und den Unternehmen nicht zur Kenntnis gegeben. Nur soweit die Prüfung Beanstandungen ergeben hat, erhalten die Pensionskassen ein so genanntes **Beanstandungsschreiben** der Aufsichtsbehörde. Für das Abstellen der Beanstandungen setzt die Aufsichtsbehörde angemessene Fristen.

f) Beschwerden von Versicherten

740 Ohne dass es hierfür einer besonderen gesetzlichen Normierung bedarf, nimmt die BaFin individuelle Beschwerden von Versicherten entgegen. Sie versucht dabei, dem Anliegen des Beschwerdeführers nachzugehen; vor allem kann sie aus diesen Beschwerden Rückschlüsse auf die Geschäftstätigkeit und auf Problembereiche des Geschäftsplans gewinnen.

Die Beschwerdebearbeitung hat die Aufsichtsbehörde im Rundschreiben der **741** BaFin R 1/2006 (VA) festgelegt. Danach muss innerhalb von vier Wochen in zweifacher Ausfertigung (eine Ausfertigung für den Beschwerde führenden Versicherten) zu der Beschwerde Stellung genommen werden.

Auch soweit der Petitionsausschuss des Bundestags oder auch der Landes- **742** parlamente angerufen wird, bearbeitet im Ergebnis die Aufsichtsbehörde auch diese Petitionen in der dargestellten Weise.

2. Aufsichtsbehördliche Maßnahmen zur Durchsetzung der Aufsichtsbelange

Erkennt die Aufsichtsbehörde auf Grund der von ihr gewonnenen Informa- **743** tionen, dass sie Maßnahmen zur Wahrung der Belange der Versicherten ergreifen muss, steht ihr ein im VAG genannter Maßnahmenkatalog zur Verfügung.

a) Genehmigungsversagung

Die in der Praxis vielleicht unspektakulärste, aber bedeutendste aufsichts- **744** behördliche Maßnahme ist die Genehmigungsversagung. Soweit die Aufsichtsbehörde bei genehmigungspflichtigen Vorgängen nicht davon überzeugt werden kann, dass die Belange der Versicherten hierbei nicht gefährdet sind, versagt sie die Genehmigung. In diesem Fall ist die Pensionskasse von Rechts wegen gehindert, entsprechend dem nicht genehmigten Geschäftsplan zu handeln.

b) Widerspruch bei vorlagepflichtigen Vorgängen

Bei vorlagepflichtigen Vorgängen kann die Aufsichtsbehörde den von der **745** Pensionskasse beabsichtigten Maßnahmen widersprechen. Verstößt etwa der vorgelegte Vertrag zur Ausgliederung wichtiger Funktionen oder wichtiger Versicherungstätigkeiten gegen aufsichtsbehördliche Grundsätze, widerspricht die Aufsichtsbehörde diesem Vertrag und er kann nicht geschlossen werden. Ähnliches gilt etwa bei Vorstandsbestellungen. Auch hier kann die Aufsichtsbehörde die Qualifikation des designierten Vorstandsmitglieds bestreiten und damit im Ergebnis seine Bestellung verhindern.

c) Aufsichtsbehördliche Anordnungen

Die Aufsichtsbehörde kann weiterhin gemäß § 298 Abs. 1 VAG Anordnungen **746** treffen, um generell oder im Einzelfall von der Aufsichtsbehörde erkannte Missstände zu beseitigen. Einen Missstand wird die Aufsichtsbehörde bei Pensionskassen vor allem dann erkennen, wenn nicht entsprechend dem genehmigten Geschäftsplan gehandelt wird.

747 Diskussionen gibt es gelegentlich dann, wenn die Aufsichtsbehörde auf Grund **neuerer Entwicklungen und Erkenntnisse** festzustellen glaubt, dass der genehmigte Geschäftsplan mit diesen neuen Erkenntnissen nicht mehr im Einklang steht und sie auf Änderung des Geschäftsplans dringt. Hier stellt sich dann die Frage, ob die Aufsichtsbehörde auf einer derartigen Änderung bestehen kann. Dies wird – soweit die damalige Genehmigung des Geschäftsplans rechtmäßig war – nicht der Fall sein (Rücknahme eines rechtmäßigen begünstigenden Verwaltungsakts). Andererseits empfiehlt es sich auch hier, zu einer vernünftigen Regelung mit der Aufsichtsbehörde zu kommen, um auf Dauer ein Auseinanderfallen der derzeitigen Rechtsauffassung mit dem geltenden Geschäftsplan zu verhindern.

748 Problematischer ist der Fall, dass die Pensionskasse wegen **geänderter Rechtsauffassung** etwa durch die Rechtsprechung oder auf Grund einer Gesetzesänderung (z. B. steuerrechtliche Regelungen, Gleichbehandlungsgrundsätze o. Ä.) Änderungen im Geschäftsplan auch für den Bestand vornehmen will, die für Teile des Bestands Verschlechterungen bedeuten. Die Aufsichtsbehörde wird regelmäßig bei Änderungen für den Bestand auf die Zumutbarkeit der Änderungen achten, wobei Verschlechterungen nur ausnahmsweise als zumutbar angesehen werden. Trotz Verschlechterung liegt aber eine zumutbare Änderung im Geschäftsplan vor, wenn andererseits die Pensionskasse Gefahr läuft, rechtliche Auseinandersetzungen zu verlieren und Zahlungsansprüche bedienen zu müssen, die bedingungsgemäß und im Geschäftsplan nicht vorgesehen sind. So muss es z. B. möglich sein, unterschiedliche Regelungen zwischen Männern und Frauen bei gleich bleibendem Gesamtaufwand zu vereinheitlichen, da anderenfalls die jeweils Benachteiligten im Klagewege die jeweils günstigste Regelung für sich durchsetzen könnten. Um eine derartige Schädigung der Versichertengemeinschaft zu verhindern, sind entsprechende Eingriffe auch für den Einzelnen als zumutbar zu betrachten.

d) Änderung des Geschäftsplans

749 Gemäß § 300 VAG kann die Aufsichtsbehörde zur Wahrung der Belange der Versicherten Eingriffe in den Geschäftsplan vornehmen. Und zwar sowohl für nur neu abzuschließende Versicherungsverträge wie auch für den Altbestand. Hierzu bedarf es gewichtiger Gründe.

e) Zahlungsverbot; Herabsetzung von Leistungen

750 Gemäß § 314 VAG können bei Pensionskassen, die auf Dauer nicht mehr im Stande sind, ihre Verpflichtungen zu erfüllen, zur Vermeidung der Insolvenz von der Aufsichtsbehörde die Leistungen herabgesetzt werden.

f) Sonderbeauftragte

751 Die Aufsichtsbehörde kann auch gemäß § 307 VAG einen Sonderbeauftragten für jedes Kassenorgan bestellen. Der Sonderbeauftragte kann die Funktionen

mehrerer Organe (z. B. also von Mitgliederversammlung und Vorstand) gleichzeitig wahrnehmen. Es handelt sich um einen sehr weitgehenden Eingriff, der nur gerechtfertigt ist, wenn die entsprechenden Organe praktisch handlungsunfähig oder unwillig sind bzw. in rechtswidriger Weise gegen die Interessen der Versicherten und des Vereins handeln (krimineller Vorstand).

g) Widerruf der Erlaubnis zum Geschäftsbetrieb

Die wohl weitestgehende Maßnahme der Aufsichtsbehörde ist der Widerruf   752
der Erlaubnis zum Geschäftsbetrieb gemäß § 304 VAG. Ein solcher Widerruf ist bei Pensionskassen zumindest nach dem Zweiten Weltkrieg nicht vorgekommen.

3. Grenzüberschreitende Tätigkeit

Nach §§ 242, 241 VAG dürfen Pensionskassen nunmehr auch grenzüber-   753
schreitend tätig sein und unter vereinfachten Voraussetzungen ihre Leistungen in anderen Staaten der EU anbieten. Eine ausdrückliche Zulassung zum Geschäftsbetrieb in dem anderen Land ist nicht mehr erforderlich.

Voraussetzung für die grenzüberschreitende Tätigkeit ist zunächst, dass der   754
Geschäftsplan der Pensionskasse ein derartiges Geschäft zulässt. Hierfür ist regelmäßig eine entsprechende Bestimmung in die Satzung aufzunehmen, die von der BaFin zu genehmigen ist.

Soweit Pensionskassen beabsichtigen, in einem anderen Mitglieds- oder Ver-   755
tragsstaat für einen Arbeitgeber die betriebliche Altersversorgung durchzuführen, müssen sie dies nach § 242 Abs. 2 VAG der Aufsichtsbehörde anzeigen. Welche Informationen der Aufsichtsbehörde mit der Anzeige über das Unternehmen und über das Geschäft gegeben werden müssen, ergibt sich aus dem sog. Budapester Protokoll (Protocol Relating to the Collaboration of the Relevant Competent Authorities of the Member States of the European Union in Particular in the Application of the Directive 2003/41/EC of the European Parliament and of the Council of 1 March 2008 on the Activities and Supervision of Institutions for Occupational Retirement Provision [IORPs] Operating Cross-Border, www.ceiops.org).

Danach sind anzugeben: 756

Das Land, in dem das Geschäft betrieben wird und der Name des Unternehmens, für das die betriebliche Altersversorgung durchgeführt werden soll.

Gleichzeitig sind die Hauptmerkmale des Altersversorgungssystems zu nennen, also

–   Unternehmensdetails (Adresse, Telefon, Rechtsform, Anzahl der Versicherten, Geschäftsgebiet),
–   Informationen zum Geschäftsbetrieb (z. B. Geschäftsstelle, Beschreibung des Versorgungssystems mit Art der Leistungen, Leistungsvoraussetzungen, Art der Beiträge),

– Kapitalanlagemanager,
– Angaben zur Separierung des Geschäfts (z. B. eigener Abrechnungsverband),
– Angaben zur Verwaltungsstruktur, Finanzlage und Geschäftsleitung.

Die Aufsichtsbehörde wird diese Informationen an die Aufsichtsbehörde des Mitgliedsstaates versenden, in dem das Geschäft betrieben werden soll. Diese wiederum antwortet an die deutsche Aufsichtsbehörde und teilt die zu beachtenden inländischen arbeits- und sozialrechtlichen Bestimmungen mit. In der Praxis besteht dieser Hinweis oft nur aus allgemeinen Quellenangaben, z. B. den Internetseiten der Aufsichtsbehörde.

757 Nach Durchführung dieses eher formalisierten Prozesses kann die grenzüberschreitende Tätigkeit aufgenommen werden. Die Pensionskasse ist hierbei gehalten, den Schriftverkehr nicht in Deutsch, sondern in der Landessprache abzuwickeln. Die grenzüberschreitende Tätigkeit kann auch damit verbunden sein, dass die Pensionskasse eigene Meldepflichten gegebenenfalls sogar Abgabepflichten an die Steuerbehörden des Mitgliedsstaates erfüllen muss.

VI. Zwangsmittel

758 Die Aufsichtsbehörde kann ihre Verfügungen, die sie innerhalb ihrer gesetzlichen Befugnisse trifft, mit Zwangsmitteln nach den Bestimmungen des Verwaltungs-Vollstreckungsgesetzes durchsetzen (§ 17 FinDAG).

VII. Bußgeld und Strafvorschriften

759 Verstöße gegen aufsichtsbehördliche Vorschriften sind bußgeld- und zum Teil auch strafbewehrt (vgl. §§ 331 ff. VAG).

VIII. Rechtsmittelverfahren gegen aufsichtsbehördliche Maßnahmen

760 Die konkrete aufsichtsbehördliche Maßnahme ist als **Verwaltungsakt** zu qualifizieren. Als Rechtsmittel gegen den Verwaltungsakt ist der Widerspruch zulässig. Gegen den Widerspruchsbescheid ist Klage beim Verwaltungsgericht möglich.

761 Nach Aufhebung des BAVG ist mit der Gründung der BaFin das bisherige Beschlusskammerverfahren, das quasi ein kollegiales Widerspruchsverfahren war mit der daran anschließenden Folge, dass gegen die Beschlusskammerentscheidung sofort beim Bundesverwaltungsgericht Klage erhoben werden konnte, ersetzt worden durch das übliche Verwaltungsstreitverfahren. Die bisherige Besonderheit des verkürzten Rechtswegs gegen Entscheidungen der Versicherungsaufsichtsbehörde hat sich damit „normalisiert".

762 **Widerspruch und Anfechtungsklage** haben nach § 310 Abs. 2 VAG in den dort genannten Fällen keine aufschiebende Wirkung.

IX. Kosten der Aufsichtsbehörde

Die BaFin finanziert ihre Ausgaben vollständig durch eigene Einnahmen. Sie **763** erhält keine Zuschüsse aus dem Bundeshaushalt. Vielmehr zieht die BaFin zur Kostentragung die von ihr beaufsichtigten Unternehmen heran. Grundlagen dafür sind das Finanzdienstleistungsaufsichtsgesetz (FinDAG) und die dazu erlassene Kostenverordnung (FinDAGKostV).

Danach setzt sich die Finanzierung der Bafin insbesondere aus Gebühren, **764** gesonderten Erstattungen und Umlagen zusammen. Gebühren werden für die Inanspruchnahme von Verwaltungsleistungen, wie z. B. die Erteilung von Genehmigungen erhoben. Eine gesonderte Erstattung wird für die Kosten einer besonders aufwendigen Tätigkeit, hauptsächlich für Vor-Ort-Prüfungen, fällig. Soweit die Kosten der BaFin nicht durch Gebühren und gesonderte Erstattungen gedeckt werden, sind sie anteilig auf alle beaufsichtigten Unternehmen umzulegen. Das einzelne Versicherungsunternehmen, also auch eine Pensionskasse, wird nach dem Verhältnis seines Geschäftsumfangs daran beteiligt.

X. Sicherungsfonds

Nach § 221 VAG müssen Lebensversicherungsunternehmen einem Siche- **765** rungsfonds angehören. Dieser Sicherungsfonds dient dem Schutz der Versicherungsnehmer, versicherten Personen, der Bezugsberechtigten und sonstigen aus dem Lebensversicherungsvertrag begünstigten Personen. Die Protektor Lebensversicherungs-AG ist vom BMF durch Rechtsverordnung mit den Aufgaben und Befugnissen des Sicherungsfonds für die Lebensversicherer betraut worden.

Pensionskassen können dem Sicherungsfonds freiwillig beitreten. Nach den **766** Internen Richtlinien des Sicherungsfonds zur Aufnahme von Pensionskassen muss unter anderem die Bedingung erfüllt sein, dass es sich jedoch um eine deregulierte Pensionskasse handelt. Regulierten Pensionskassen ist somit der Beitritt verwehrt.

Bei regulierten Pensionskassen bestand für den Beitritt zum Sicherungsfonds **767** bislang auch kein materieller Grund. Bei wirtschaftlich erheblichen Problemen kann die regulierte Pensionskasse durch Leistungskürzungen oder Beitragserhöhungen die Voraussetzungen für eine wirtschaftliche Genesung schaffen, um dann ggf. wieder im Rahmen der Überschussbeteiligung zu einem höheren Leistungsniveau zurückzukehren. Es bleibt abzuwarten, welche Bedeutung der Sicherungsfonds in der Praxis in einem anhaltenden Niedrigzinsumfeld künftig haben wird. Es wird dann weiterhin abzuwarten sein, ob die vom Gesetzgeber bewusst getroffene Entscheidung, Pensionskassen von der Verpflichtung zum Beitritt zum Sicherungsfonds auszunehmen, noch Bestand haben wird.

XI. Europäische Entwicklungen

Pensionsfondsrichtlinie (EbAV-II-Richtlinie):

768 Im Dezember 2014 hat sich der Rat der Europäischen Union auf den seinerzeit unter der italienischen Ratspräsidentschaft erarbeiteten Entwurf einer neuen Pensionsfondsrichtlinie geeinigt. Dieser Entwurf wird sowohl aus Sicht der Einrichtungen der betrieblichen Altersversorgung als auch aus Sicht der angeschlossenen Trägerunternehmen als akzeptabler Kompromiss und damit grundsolide Basis für die weiteren Entwicklungen gewertet. Die europäische Aufsichtsbehörde EIOPA arbeitet dennoch weiterhin an dem Konzept eines ganzheitlichen – holistischen – Bilanzansatzes und damit an einem an Solvency II angelehnten Eigenkapitalregime für Einrichtungen der betrieblichen Altersversorgung.

769 Es ist nun Aufgabe des Europäischen Parlaments, die europäische Gesetzgebung voranzutreiben. Mittlerweile liegt ein weitestgehend konsolidierter Text eines Richtlinienentwurfs vor, der noch vom Ausschuss der Ständigen Vertreter anzunehmen ist. Die Vertreter der Einrichtungen der betrieblichen Altersversorgung, die unter den Geltungsbereich der Richtlinie fallen, sprechen sich weiterhin klar gegen die Einführung eines Solvency II-Eigenkapitalregimes und damit auch deutlich gegen die Implementierung eines holistischen Bilanzansatzes aus.

E. Arbeitsrechtliches Umfeld der Pensionskassen
(Herrmann)

770 Pensionskassen sind Versicherungsunternehmen und unterliegen insoweit den versicherungsrechtlichen Vorschriften. Zu nennen sind hierbei vor allem das Versicherungsvertragsgesetz und das Versicherungsaufsichtsgesetz.

771 Gleichzeitig sind sie ein **Durchführungsweg der betrieblichen Altersversorgung**. Betriebliche Altersversorgung ist vor allem Ausfluss arbeitsrechtlicher Bestimmungen. Dieses arbeitsrechtliche Umfeld bleibt nicht ohne Einfluss auf die Rechtsgestaltung der Pensionskasse. Die Pensionskasse bewegt sich also im Spannungsfeld zwischen Versicherungs- und Arbeitsrecht. In der Praxis heißt dies, dass bei der arbeitsrechtlichen Versorgungszusage die versicherungsrechtliche Ausgestaltung des Pensionskassenanspruchs zu berücksichtigen ist. Die Versorgungszusage kann keinen Inhalt bekommen, der versicherungsrechtlich nicht darstellbar ist. Soweit andererseits versicherungsrechtliche Grundsätze dem nicht widersprechen, kann, wird und muss die Pensionskasse im Arbeitsrecht fußende Verpflichtungen geschäftsplanmäßig aufnehmen und entsprechend ihrem Versicherungsanspruch gestalten.

772 Das Arbeitsrecht hat daher zum Teil direkten Einfluss auf die Pensionskasse. Arbeitsrechtliche Regeln gelten dann unmittelbar auch bei ihr. Zum Teil besteht der Einfluss indirekt. Der Arbeitgeber muss dabei darauf bedacht sein, den Geschäftsplan der Pensionskasse mit den Verpflichtungen aus seiner Versorgungszusage in Deckung zu bringen.

In der Praxis wird häufig die Versorgungszusage mit einer sog. **dynamischen** **773** **Verweisung** auf die jeweiligen Satzungs- und Versicherungsbedingungen verbunden. In der Versorgungszusage wird daher dem Arbeitnehmer gegenüber dargestellt, dass er eine Zusage über eine Pensionskasse erhält, die Einzelheiten sich dann aber aus den Satzungs- und Versicherungsbedingungen der Pensionskasse ergeben. Die jeweiligen Leistungsbedingungen werden damit auch Gegenstand der Versorgungszusage. Änderungen in den Versicherungsbedingungen ändern dann grundsätzlich auch die Versorgungszusage. Die Frage der Rechtmäßigkeit und des Wirkungsgrades solcher dynamischen Verweisungen war in der letzten Zeit immer wieder Gegenstand höchstrichterlicher Entscheidungen. Diese sind wie folgt zusammenzufassen:

Eine Klausel, die lediglich darauf verweist, dass eine betriebliche Altersversorgung bspw. im Durchführungsweg der Pensionskasse erfolgt, ist regelmäßig als dynamische Inbezugnahme der jeweiligen Regularien des Versorgungsträgers zu verstehen.

Ein derartiger Verweis ist in der Regel dahingehend auszulegen, dass nur solche Änderungen vorbehalten werden, die sich im Rahmen der Grundsätze des Vertrauensschutzes und der Verhältnismäßigkeit halten.

Seit der ersten „PKDW-Entscheidung" vom 19.6.2012 (3 AZR 408/10, s. E-BetrAV 180 Nr. 15 = ArbRAktuell 2012, 588) differenziert das *BAG* zwischen denjenigen Bestimmungen, welche die für das arbeitsrechtliche Grundverhältnis maßgeblichen Versorgungsbedingungen festlegen und solchen Bestimmungen, die ausschließlich die Durchführung der betrieblichen Altersversorgung regeln und festlegen, unter welchen Voraussetzungen ein sich aus der Satzung und den Versorgungsrichtlinien ergebender Anspruch auf laufende Versorgungsleistungen durch den externen Versorgungsträger eingeschränkt werden kann.

Die jeweils gültige Satzung und die jeweils gültigen Bedingungen sind maßgeblich für das arbeitgeberseitige Versorgungsversprechen. Allerdings sind rein mitgliedschaftsrechtliche Bestimmungen wie das Leistungsherabsetzungsrecht von der Inbezugnahme ausgeschlossen.

Die Verwendung einer dynmischen Verweisung bedeutet damit keine Freizeichnung des Arbeitgebers für sämtliche Änderungen. Änderungen unterliegen wie ausgeführt einer Billigkeitskontrolle. Sollte also z. B. eine Pensionskasse – etwa im Rahmen einer Sanierung – durch Änderung der Versicherungsbedingungen Eingriffe in bestehende Leistungsanwartschaften vornehmen, ist dies durch eine Verweisungsklausel nicht gedeckt. Der Arbeitgeber kann sich insoweit nicht seiner Subsidiärverpflichtung nach § 1

Abs. 1 Satz 3 BetrAVG entziehen (vgl. auch *BAG* vom 10.2.2015 – 3 AZR 65/14, s. E-BetrAV 180 Nr. 17; vom 30.9.2014 – 3 AZR 617/12, s. E-BetrAV 180 Nr. 16a; vom 30.9.2014 – 3 AZR 613/12; vom 18.9.2012 – 3 AZR 415/10, s. E-BetrAV 280.1 Nr. 34; vom 19.6.2012 – 3 AZR 408/10, s. E-BetrAV 180 Nr. 15; vom 16.2.2010 – 3 AZR 181/08, s. E-BetrAV 240 Nr. 48; vom 11.12.2001 – 3 AZR 512/00, s. E-BetrAV 240 Nr. 42).

I. Betriebsrentengesetz

774 Kodifiziertes Recht zur betrieblichen Altersversorgung findet sich im Betriebsrentengesetz (BetrAVG). Das Gesetz enthält nicht nur allgemeine Regelungen zur betrieblichen Altersversorgung, sondern auch spezifische Normen für Pensionskassen. Eine Unterscheidung zwischen regulierten und deregulierten Pensionskassen macht das BetrAVG dabei allerdings nicht. Die Besonderheiten der regulierten Pensionskasse sind allein aufsichtsrechtlich begründet und beziehen sich auf deren geschäftsplanmäßige Ausrichtung und unternehmerische Gestaltung. Als Durchführungsweg der betrieblichen Altersversorgung hat diese Unterscheidung jedoch keine Bedeutung.

1. Betriebliche Altersversorgung

775 Pensionskassen sind ein Durchführungsweg für die betriebliche Altersversorgung des Arbeitgebers. In § 1 Abs. 2 BetrAVG ist festgelegt, dass die sog. **beitragsorientierte Leistungszusage** in die Definition der betrieblichen Altersversorgung gehört. Danach verpflichtet sich der Arbeitgeber, Beiträge in die Pensionskasse zu zahlen. Die aus diesen Beiträgen erwachsenden Leistungen ergeben sich aus dem Geschäftsplan der Pensionskasse. Hierbei handelt es sich um die übliche Form der Beitrags-/Leistungsgestaltung bei Pensionskassen. Inhalt der Versorgungszusage bleibt aber auch bei diesen sog. Rentenbausteinsystemen die sich im Ergebnis errechnende Rentenleistung. Der Arbeitgeber wird insoweit nicht von seiner Eintrittspflicht frei, wenn er zwar alle Beiträge vertragsgemäß gezahlt hat, die Pensionskasse ggf. aber die sich aus ihrem Geschäftsplan ergebende Leistung nicht erbringen kann. Beitragsorientierte Leistungszusage ist also keine Beitragszusage, wonach sich die Haftung des Arbeitgebers ausschließlich auf die Zahlung des Beitrags bezieht.

776 Der Beitragszusage ähnlich ist die ebenfalls über Pensionskassen mögliche sog.e **Beitragszusage mit Mindestleistung** (§ 1 Abs. 2 Nr. 2 BetrAVG). Hier steht der Arbeitgeber dafür ein, dass mindestens die eingezahlten Beiträge zur Verfügung stehen. Insoweit handelt es sich auch bei dieser über Pensionskassen möglichen Versorgungsform im Rechtssinne um eine Leistungszusage. Im wirtschaftlichen Sinne sind jedoch die Beitragszusagen mit Mindestleistung wie aber auch die beitragsorientierten Leistungszusagen wie Beitragszusagen zu behandeln. Der Arbeitgeber vertraut – zu Recht – darauf, dass mit seiner Beitragszahlung die ihn treffende Verpflichtung aus der Versorgungszusage abgegolten wird.

Auch die **Entgeltumwandlung** ist gesetzlich als Form der betrieblichen Al- **777** tersversorgung anerkannt (§ 1 Abs. 2 Nr. 3 BetrAVG). Hier finanziert zwar der Arbeitnehmer die Beiträge aus seinem von ihm zu beanspruchenden Arbeitsentgelt; in der wirtschaftlichen Gesamtbetrachtung macht es aber keinen Unterschied, ob das Kostenvolumen für den Arbeitgeber aus Barlohn plus zusätzlichen Beiträgen in die Pensionskasse oder aus einem – entsprechend höherem – Barlohn besteht, den der Arbeitnehmer selbst in Beitragszahlung umwandelt. Insoweit ist die gesetzgeberische Akzeptanz der Entgeltumwandlung logische Folge dieser Lohnkostenbetrachtung. In der Praxis ist die Entgeltumwandlung wesentliche Triebfeder zur Ausweitung betrieblicher Altersversorgung in Deutschland geworden. Insbesondere auch bei den deregulierten Pensionskassen der Lebensversicherungsbranche findet die Finanzierung der Versorgungszusage in erster Linie über Entgeltumwandlung statt. Bei den klassischen regulierten Pensionskassen dürfte aber nach wie vor der originäre Beitrag des Arbeitgebers eine wesentliche Rolle spielen. Personalpolitisch dürfte es aus Sicht des Arbeitnehmers durchaus einen Unterschied machen, ob er selbst die betriebliche Altersversorgung finanziert oder er diese Leistungen als zusätzliche Leistungskomponente wahrnehmen kann.

Auch wenn der Arbeitnehmer originär eigene Beiträge in die Pensionskasse **778** zahlt, kann betriebliche Altersversorgung vorliegen. Dies ist dann der Fall, wenn die Arbeitgeberzusage auch diese Beiträge umfasst (§ 1 Abs. 2 Nr. 4 BetrAVG). Dies wird dann der Fall sein, wenn z. B. auf Grund tarifvertraglicher oder innerbetrieblicher Vereinbarung eine derartige Regelung besteht (zur Umfassungszusage s. *BAG* vom 15.3.2016 – 3 AZR 827/14).

2. Unverfallbarkeit

Gemäß § 1b BetrAVG sind die von der Pensionskasse gewährten Ansprüche **779** unter den dort genannten Voraussetzungen unverfallbar. Unverfallbarkeit ist gegeben, wenn der Arbeitnehmer mindestens das 25. Lebensjahr vollendet hat und die Versorgungszusage für ihn mindestens fünf Jahre bestanden hat. Die Altersgrenze, aber auch die Dauer der Versorgungszusage werden durch die Umsetzung der Mobilitätsrichtlinie (Richtlinie 2014/50/EU; im Folgenden Mobilitätsrichtlinie genannt) in deutsches Recht reduziert (vgl. Rdnrn. 804 ff.).

Sofortige Unverfallbarkeit tritt bei **Entgeltumwandlung** ein. Damit soll **780** sichergestellt sein, dass ein Arbeitnehmer nicht auf Entgeltbestandteile zum Ausbau von betrieblicher Altersversorgung verzichtet hat und beim vorzeitigen Ausscheiden aus dem Arbeitsverhältnis diese ggf. verliert. Liegen diese Voraussetzungen vor, darf ein Ausscheiden des Versicherten aus dem Trägerunternehmen nicht zur Beendigung des Versicherungsverhältnisses in der Pensionskasse führen. Der Versicherte muss seine Anwartschaft behalten. Die Pensionskasse darf in ihrem Geschäftsplan also nicht vorsehen, dass stets mit dem Ausscheiden aus dem Trägerunternehmen die Ansprüche gegen die

Pensionskasse – ggf. nach Zahlung eines Rückkaufs – erlöschen. Sie darf den Versicherten auch keine Möglichkeit einräumen, statt der Aufrechterhaltung des Anspruchs gegen die Pensionskasse die Beitragserstattung (Rückkauf) zu wählen. Die arbeitsrechtliche Regelung zur Unverfallbarkeit greift insoweit unmittelbar in den Geschäftsplan der Pensionskasse ein.

781 In der Praxis sehen viele Pensionskassen auch eine sofort beginnende Unverfallbarkeit ohne Altersgrenze vor. Entstehende Kleinstansprüche werden dann abgefunden.

3. Wartezeit

782 Viele Pensionskassen sehen Wartezeiten vor. Gewöhnlich kann nur mit **beitragsbelegten Zeiten** die Wartezeit erfüllt werden. Auch bei dieser Regelung ist § 1b BetrAVG zu beachten. Danach kann die Wartezeit auch außerhalb der Betriebszugehörigkeit erfüllt werden.

783 Für Pensionskassen heißt dies, dass die Wartezeit auch nach Beendigung des Arbeitsverhältnisses erfüllt werden kann. Ist die Wartezeit also höher als die Unverfallbarkeitsfrist, muss die Pensionskasse die Anwartschaft auf Pensionskassenleistung aufrechterhalten und akzeptieren, dass die Wartezeit auch nach dem Ausscheiden aus dem Trägerunternehmen erfüllt werden kann.

784 Verlangt die Pensionskasse die Erfüllung von beitragspflichtigen Zeiten, zahlt der Versicherte nach dem Ausscheiden aber keine Beiträge mehr, muss die Pensionskasse auch beitragslose Zeiten, die außerhalb des Trägerunternehmens erbracht werden, als Wartezeit voll anerkennen.

4. Höhe des unverfallbaren Anspruchs

785 Die Höhe des unverfallbaren Anspruchs ergibt sich aus § 2 BetrAVG. Er richtet sich nach dem Verhältnis der insgesamt erreichbaren zur tatsächlichen Betriebszeit (sog.er **ratierlicher Anspruch**). Ist dieser Anspruch höher als der Versicherungsanspruch gegen die Pensionskasse (z. B. weil die Leistungszusage der Pensionskasse für das Altersruhegeld sich nach jährlichen Steigerungsbeträgen in unterschiedlicher Höhe errechnet), braucht die Pensionskasse gemäß § 2 Abs. 3 BetrAVG den über dem bei ihr erreichten Anspruch liegenden höheren Teil nicht selbst zu finanzieren. Dieser erhöhte Teilanspruch ist dann vom Arbeitgeber direkt zu gewähren.

786 In der Praxis kommt es zu einer derartigen Verpflichtung des Arbeitgebers jedoch nicht. Der Arbeitgeber kann nach § 2 Abs. 3 Satz 2 und 3 BetrAVG verlangen, dass die von der Pensionskasse auf Grund ihres Geschäftsplans zu erbringende Leistung (erreichte Anwartschaft) an Stelle des ratierlichen Anspruchs tritt (sog. versicherungsrechtliche Lösung, dazu *BAG* vom 18.2.2014 – 3 AZR 542/13, s. E-BetrAV 180 Nr. 16). Voraussetzung für dieses Verlangen ist die Erfüllung der sog. „sozialen Auflagen". Diese sozialen

Auflagen sehen vor, dass die entstehenden Überschüsse bei der Pensionskasse nur zur Leistungsverbesserung bzw. Anwartschaftserhöhung verwendet werden und der ausgeschiedene Versicherte das Recht zur Fortsetzung der Versicherung mit eigenen Beträgen hat. Diese Regelungen bestehen bei vielen Pensionskassen. Das Recht zur Fortsetzung mit eigenen Beiträgen beinhaltet dabei zwar grundsätzlich nicht das Recht, im bisherigen Tarif zu bleiben. Insbesondere bei Pensionskassen mit Durchschnittsbeitragssystem kann sich das Erfordernis ergeben, für Versicherte, die nicht mehr zur Arbeitnehmerschaft des Trägerunternehmens gehören, einen Individualtarif anzubieten. Nach Einschätzung der BaFin erfüllt jedoch der Abschluss einer neuen Versicherung (mit vom Ausgangsvertrag abweichenden Rechnungsgrundlagen) nicht mehr die Voraussetzungen des § 2 Abs. 3 Satz 2 BetrAVG.

5. Abfindung

Nach § 3 BetrAVG dürfen unverfallbare Anwartschaften ohne Zustimmung des Arbeitnehmers nur abgefunden werden, wenn der Monatsbetrag der laufenden Leistung ein Prozent der monatlichen Bezugsgröße nach § 18 SGB IV nicht übersteigen würde. Damit soll die kostenaufwändige Zahlung von Kleinstrenten vermieden werden. Die Bestimmung gilt auch für laufende Rentenzahlungen. Auch hier ist die Abfindung nur in diesen engen Grenzen zulässig.

787

Für Pensionskassen hat diese Regelung im BetrAVG durchaus praktische Bedeutung. Insbesondere die Ausweitung des Abfindungsverbots auch für laufende Rentenleistung hat dazu geführt, dass die früher bei Pensionskassen bestehenden – wesentlich großzügigeren – von der Aufsichtsbehörde zugelassenen Abfindungsmöglichkeiten nicht mehr tragen. Das weitgehende Abfindungsverbot für Leistungen aus der betrieblichen Altersversorgung soll im Ergebnis sicherstellen, dass – auch bei kleineren Renten – diese im Rentenfall den Berechtigten tatsächlich zur Verfügung stehen.

788

6. Entgeltumwandlung

Nach § 1a BetrAVG hat der Arbeitnehmer einen Rechtsanspruch auf Entgeltumwandlung. Er kann Entgeltansprüche bis zu 4 % der jeweiligen Beitragsbemessungsgrenze (BBG) der allgemeinen Rentenversicherung in betriebliche Altersversorgung umwandeln. Wird die betriebliche Altersversorgung des Arbeitgebers über eine Pensionskasse durchgeführt, kann der Arbeitgeber verlangen, dass die umgewandelten Entgeltbestandteile in die Pensionskasse gezahlt werden. Die Pensionskasse bietet also dem Arbeitgeber die Möglichkeit, die von seinen Arbeitnehmern geltend gemachten Entgeltumwandlungen einheitlich in die Pensionskasse zu führen.

789

7. Weiterführung der Versicherung

Nach § 1a Abs. 4 BetrAVG hat ein Arbeitnehmer das Recht, bei Wegfall seines Entgelts trotz fortbestehenden Arbeitsverhältnisses die Versicherung mit

790

eigenen Beiträgen fortzusetzen. Gemeint sind hier z. B. Fälle der Elternzeit oder andere Fälle der Freistellung. Das Arbeitsverhältnis ist hier nicht beendet, sondern es ruhen nur die gegenseitigen Leistungsverpflichtungen (Arbeitsleistung – Entgeltverpflichtung).

791 Mit dieser Bestimmung soll sichergestellt werden, dass ein Arbeitnehmer, der im Ergebnis seine betriebliche Altersversorgung mit Eigenmitteln finanziert, die Versicherung beitragspflichtig trotz Wegfalls des Arbeitseinkommens fortführen kann. Die Bestimmung richtet sich daher formal an die selbst finanzierten Versorgungszusagen.

792 Materiell ähnelt die Bestimmung der im Zusammenhang mit der Definition der Höhe der unverfallbaren Anwartschaft beschriebenen Voraussetzung, dass ein Arbeitnehmer nach Beendigung des Arbeitsverhältnisses seine Versicherung beitragspflichtig fortführen kann. Pensionskassen, die – wie üblich – bei der Definition der Höhe der unverfallbaren Anwartschaft die versicherungsrechtliche Lösung gewählt haben, kennen bereits einen derartigen Fortsetzungsanspruch. Es empfiehlt sich, hier ähnliche rechtliche und organisatorische Strukturen zu wählen. Oft wird die individuelle Weiterführung durch den Arbeitnehmer dann als sog. freiwillige Weiterversicherung bezeichnet und strukturiert. Der Arbeitnehmer wird alleiniger Versicherungsnehmer und Beitragsschuldner. Es schadet dabei grundsätzlich nicht, wenn der die Versicherung fortführende Arbeitnehmer die Fortführung nur in einem anderen Tarif durchführen kann (vgl. hierzu aber Rdnr. 786). Dies könnte z. B. dann erforderlich sein, wenn die zu Grunde liegende Versicherung eine reine Kollektivversicherung ist und aus Risikogründen das einheitliche Kollektiv voraussetzt oder wenn z. B. der Arbeitgeber laufende Nachfinanzierung leisten muss (z. B. Durchschnittsbeitragssystem, Bedarfsdeckungssystem, Bilanzausgleichsverfahren).

793 Ist die Pensionskassenzusage nicht allein arbeitnehmerfinanziert, sondern auch mit originären Arbeitgeberbeiträgen unterlegt (**matching contribution**), sollte dennoch dem versicherten Arbeitnehmer das Recht gegeben werden, die gesamte Versorgung mit eigenen Beiträgen fortzuführen. Von der Beitrags- und Leistungsstruktur wird es auch abhängen, ob eine Pensionskasse bei reiner Arbeitgeberfinanzierung im ruhenden Arbeitsverhältnis dem Arbeitnehmer das Recht zur Fortführung einräumt, obgleich die Bestimmung des § 1a BetrAVG diesen Fall nicht erfasst. Insbesondere bei Rentenbausteintarifen ist es jedenfalls tariflich unproblematisch, die Eigenfinanzierung der Arbeitnehmer zuzulassen. Inwieweit hier allerdings Verwaltungsstrukturen entsprechend aufgebaut werden müssen, sollte die Pensionskasse untersuchen. Im Ergebnis dürfte es jedenfalls dem Ziel einer modernen Pensionskassenzusage entsprechen, wenn der versicherte Arbeitnehmer, der in der Regel schließlich auch Mitglied des Versicherungsvereins ist, bei Ausfall der Arbeitgeberbeiträge – z. B. bei ruhendem Arbeitsverhältnis – die Versicherung selbst fortführen kann. Der Rechtsanspruch auf Entgeltumwandlung, der Fortführungsanspruch der Versicherung wie auch die versicherungstechnischen Lösungen bei der unverfallbaren Anwartschaft machen die Zielrichtung des Gesetzgebers deutlich, auch die Eigenverantwortlichkeit des Arbeitnehmers zu stärken. Pensionskassen sollten vor diesem Hintergrund den Fortsetzungsanspruch nicht zu eng auslegen.

8. Auskunftsanspruch

Nach § 4a BetrAVG hat die Pensionskasse auf Verlangen des Arbeitnehmers **794** Auskunft zu erteilen, wie hoch die bereits erworbenen unverfallbaren Anwartschaften sind und in welcher Höhe die Rente bei Erreichen der Altersgrenze ausfallen wird. Es ist außerdem anzugeben, wie hoch der Übertragungswert gemäß § 4 Abs. 3 BetrAVG (Portabilität s. Rdnrn. 796 ff.) ist.

Mit Ausnahme des nachstehenden Übertragungswerts korrespondieren diese **795** Auskunftsansprüche im Ergebnis mit den schon nach versicherungsrechtlichen Grundsätzen zu gebenden regelmäßigen Auskünften nach § 144 VAG. Pensionskassen werden daher regelmäßig mit diesen Auskunftsansprüchen keine Probleme haben. Bereits auf Grund der laufenden Informationspflichten mit der jährlichen Unterrichtung der Versicherten wird dem im Betriebsrentengesetz normierten Auskunftsanspruch Genüge getan werden. In der Praxis wird daher lediglich der Übertragungswert außerhalb der regelmäßigen Information im konkreten Bedarfsfall auf Verlangen des Versicherten gerechnet werden müssen.

9. Übertragung von Versorgungsanwartschaften; Portabilität

§ 4 BetrAVG verfolgt das Ziel, dem Arbeitnehmer zu ermöglichen, seine **796** erworbenen unverfallbaren Anwartschaften „mitzunehmen" und in seiner – ggf. von Mobilität gekennzeichneten Erwerbsbiografie – auf einen Versorgungsträger zu bündeln. Er soll nicht am Ende seines Arbeitslebens mit einer Vielzahl von Anwartschaften gegenüber verschiedenen Arbeitgebern sich auseinander setzen müssen.

Exkurs: **797**

Diese Zielrichtung des Gesetzes wird auch ohne Übertragung erreicht, wenn z. B. bei Branchen- oder anderen überbetrieblichen Pensionskassen beim Wechsel des Arbeitgebers die neue Versorgung bei dieser Pensionskasse weitergeführt wird. Auch hier hat dann trotz verschiedener Arbeitgeberwechsel der Arbeitnehmer am Ende seines Berufslebens einen einheitlichen Anspruch gegen einen Versorgungsträger.

Der Arbeitnehmer hat einen Anspruch, innerhalb eines Jahres nach Be- **798** endigung des Arbeitsverhältnisses von seinem ehemaligen Arbeitgeber zu verlangen, dass der Übertragungswert auf die Pensionskasse überführt wird. Der Übertragungswert entspricht dem Deckungskapital der erreichten Anwartschaft. Die übernehmende Pensionskasse wird aus diesem Deckungskapital eine wertgleiche Zusage erteilen müssen. In der Praxis wird dieses Deckungskapital quasi als Einmalbeitrag gemäß dem geltenden Geschäftsplan verwendet werden. Der bisherige Arbeitgeber wird von seiner Haftung für die bisherige Anwartschaft befreit.

799 Dem Anspruch des Arbeitnehmers auf Übertragung folgt zwingend, dass die Pensionskasse, bei der die bisherige unverfallbare Anwartschaft geführt wird, verpflichtet ist, den zum Zeitpunkt des Ausscheidens bestehenden Übertragungswert – in der Regel also das Deckungskapital – auf eine neue Pensionskasse oder Lebensversicherung herauszugeben.

800 Die Übertragung zwischen zwei regulierten Pensionskassen dürfte dabei unproblematisch sein. Die Errechnung der neuen Leistung auf Grund des übertragenen Deckungskapitals dürfte regelmäßig wertgleich i. S. d. Gesetzes sein.

801 Probleme könnten auftreten, wenn von deregulierten Pensionskassen oder Ansprüchen aus einer Direktversicherung das vorhandene Deckungskapital als Übertragungswert in eine regulierte Pensionskasse gezahlt wird. Soweit hier auf Grund gezillmerter Verträge nur ein geringes Deckungskapital vorhanden ist, wird die regulierte Pensionskasse aus dem geringen Deckungskapital auch nur eine geringe Leistung errechnen können. Auch diese Leistung entspricht zwar wertgleich dem Übertragungskapital; dennoch ist die Leistung wesentlich niedriger, als sie den bisher gezahlten Beiträgen entsprochen hat.

802 Regulierte Pensionskassen sind nicht dem **Übertragungsabkommen des GdV** beigetreten. In diesem Abkommen wird im Ergebnis geregelt, dass bei der Übertragung (Portabilität) die neue Pensionskasse oder Lebensversicherungsunternehmen keine erneuten Abschlusskosten in den Wert einrechnet und insoweit die Versicherung wie die bisherige Versicherung fortführt. Es wird weiterhin auf eine erneute Gesundheitsprüfung verzichtet. Bei regulierten Pensionskassen spielen diese Kriterien in der Regel keine Rolle. Da ohnehin keine Abschlusskosten geltend gemacht werden, wird bei Übertragung der Übertragungswert auch nicht durch derartige Kosten belastet. Individuelle Gesundheitsprüfungen finden bei Pensionskassen regelmäßig ebenfalls nicht statt. Die anstelle von Gesundheitsprüfungen bei Pensionskassen vorgesehene Wartezeit wird in der Regel dadurch erfüllt, dass die beim bisherigen Arbeitgeber verbrachte Dienstzeit als Wartezeit angerechnet wird.

803 Bei Pensionskassen mit verschiedenen Rechnungszinsgenerationen bzw. unterschiedlichen biometrischen Grundlagen bei den Tarifgenerationen stellt sich die Frage, in welchem Tarif die zu übertragende Versorgung geführt werden muss. Grundsätzlich wird davon auszugehen sein, dass ein Rechtsanspruch des Arbeitnehmers auf eine Tarifgeneration, die dem Versorgungsbeginn beim alten Arbeitgeber zeitlich entsprechen würde, nicht besteht. Die

Pensionskasse ist lediglich verpflichtet, den Übertragungswert wertgleich im Rahmen ihres Geschäftsplans abzubilden. Welche Tarife sie hierfür verwendet, ist in ihrem Geschäftsplan zu regeln. Dabei sind beide Konstellationen möglich: Zu Gunsten der Versicherten kann die jeweils dem Versorgungsbeginn entsprechende Tarifgeneration angewendet werden, aus Risikobegrenzungsgründen für den neuen Arbeitgeber kann aber auch die jeweils aktuelle Tarifgeneration angewendet werden. Eine wertgleiche Zusage auf Grund des Übertragungswerts ist in jedem Fall gegeben, da ein aufsichtsbehördlich genehmigter Geschäftsplan stets wertgleiche Umrechnungsfaktoren sicherstellt.

10. Die Umsetzung der Mobilitätsrichtlinie in die Praxis ab dem 1.1.2018

Das Gesetz zur Umsetzung der EU-Mobilitätsrichtlinie vom 21.12. 2015 ist am 30.12.2015 im BGBl. I veröffentlicht worden und tritt zum 1.1.2018 in Kraft. Das Gesetz hat einige Änderungen im Betriebsrentengesetz zur Folge, die durch steuer- und aufsichtsrechtliche Folgeänderungen begleitet werden. **804**

a) Absenkung der Unverfallbarkeitsfristen und des Unverfallbarkeitsalters

Für Zusagen ab dem 1.1.2018 werden die Unverfallbarkeitsfristen von bisher 5 Jahren auf 3 Jahre abgesenkt; das Mindestalter beim Ausscheiden sinkt von 25 Jahren auf 21 Jahre. **805**

b) Wahrung ruhender Anwartschaften

Die Anwartschaften von Mitarbeitern, die vor Eintritt des Versorgungsfalles ausgeschieden sind, sollen aus Gleichbehandlungsgründen grundsätzlich dynamisiert werden. Dies gilt für Beschäftigungszeiten ab 2018 bis zum Eintritt des Versorgungsfalles, soweit die Leistungszusage eine Anwartschaftsdynamik beinhaltet. **806**

c) Abfindungen von Anwartschaften

Bisher konnten Anwartschaften in geringer Höhe vom Arbeitgeber abgefunden werden, ohne dass eine Zustimmung des Arbeitnehmers erforderlich war. Wenn der Arbeitnehmer jedoch ein neues Arbeitsverhältnis in einem anderen Mitgliedstaat der Europäischen Union begründet, bedarf es in diesem Fall nun der Zustimmung des Arbeitnehmers. Voraussetzung ist, dass der Arbeitnehmer das neue Arbeitsverhältnis in einem EU-Mitgliedstaat seinem ehemaligen Arbeitgeber innerhalb von drei Monaten nach Beendigung des Arbeitsverhältnisses mitteilt. **807**

d) Auskunftspflichten

Die Auskunftsansprüche des Arbeitnehmers werden durch den geänderten § 4a BetrAVG erheblich erweitert. Damit hat der Arbeitgeber oder der **808**

Versorgungsträger dem Arbeitnehmer auf dessen Verlangen nun auch mitzuteilen:

– ob und wie eine Anwartschaft auf betriebliche Altersversorgung erworben wird,
– wie hoch der Anspruch auf betriebliche Altersversorgung aus der bisher erworbenen Anwartschaft ist und bei Erreichen der in der Versorgungsregelung vorgesehenen Altersgrenze voraussichtlich sein wird,
– wie sich eine Beendigung des Arbeitsverhältnisses auf die Anwartschaft auswirkt und
– wie sich die Anwartschaft nach einer Beendigung des Arbeitsverhältnisses entwickeln wird.

Außerdem haben nun auch Ausgeschiedene und Hinterbliebene einen Anspruch auf Auskünfte zur Höhe der Anwartschaft auf betriebliche Altersversorgung.

11. Liquidation

809　Nach § 4 Abs. 4 BetrAVG können Zusagen eines Unternehmens, das liquidiert wird, von einer Pensionskasse auch ohne Zustimmung des Arbeitnehmers übernommen werden. Die Übernahme der Pensionszusagen ist oft Voraussetzung dafür, dass das Unternehmen überhaupt den Liquidationsvorgang beenden kann. Die Entpflichtung des Unternehmens von den Pensionszusagen ist somit Teil des Liquidationsverfahrens.

810　Auch bei der Übernahme bei Liquidation wird ein Übertragungswert der Pensionskasse zur Verfügung gestellt, der von ihr als Einmalbeitrag gemäß ihrem Geschäftsplan für die Berechnung der Versorgungszusagen verwendet werden wird. Sie muss sicherstellen, dass alle Überschussanteile ab Rentenbeginn den Versicherten zur Verfügung gestellt werden.

811　Da § 4 Abs. 4 BetrAVG im Falle der Liquidation nur von einer **Übertragung der Zusage** spricht und nicht auf den Übertragungswert abstellt ist strittig, ob eine veränderte Zusage, wie sie sich zwangsläufig aus einer Umrechnung des Übertragungswerts in die geschäftsplanmäßige Leistung der Pensionskasse ergibt, keiner Zustimmung des Arbeitnehmers bedarf. In der Praxis wird schon aus Risikogründen in derartigen Fällen die Zustimmung der Arbeitnehmer eingeholt werden. Mit der entsprechenden Zustimmung, die eine logische Sekunde vor Übertragung die bisherige Arbeitgeberzusage verändert, kann die Pensionskasse dann die Zusage im Falle der Liquidation übernehmen.

12. Vorzeitiges Altersruhegeld

812　Gemäß § 6 BetrAVG hat ein Arbeitnehmer, der von der gesetzlichen Rentenversicherung vorgezogenes Altersruhegeld erhält (Vollrente, nicht Teilrente) auch Anspruch auf die Betriebsrente – die Erfüllung der Leistungsvoraussetzungen wie Wartezeit usw. einmal unterstellt. Diese Bestimmung gilt unmittelbar auch für Pensionskassen. Pensionskassen haben daher in ihrem Geschäftsplan das vorgezogene Altersruhegeld vorzusehen.

13. Rentenanpassung

Gemäß § 16 BetrAVG müssen Betriebsrenten **alle drei Jahre angepasst** **813** werden. Grundsätzlich ist hierbei der volle Teuerungsausgleich zu geben. Für die Pensionskasse selbst gilt diese Anpassungsverpflichtung nicht. Die Anpassung trifft allein den Arbeitgeber, nicht aber die Pensionskasse.

Mit dem zum 1.1.1999 neu eingefügten § 16 Abs. 3 Nr. 2 BetrAVG normierte **814** der Gesetzgeber, dass die Anpassungsprüfungspflicht des Arbeitgebers insbesondere dann entfällt, wenn die Versorgungszusage über eine Pensionskasse durchgeführt wird, ab Rentenbeginn sämtliche auf den Rentenbestand entfallenden Überschussanteile zur Leistungserhöhung verwendet werden und zur Berechnung der garantierten Leistung der gesetzliche Höchstzinssatz zur Berechnung der Deckungsrückstellung nicht überschritten wird (sog. Escapeklausel).

Da regulierte Pensionskassen mit aufsichtsbehördlich genehmigten Ge- **815** schäftsplänen arbeiten und insoweit auch mit ausdrücklicher Genehmigung der Aufsichtsbehörde ggf. mit einem vom gesetzlichen Höchstzinssatz abweichenden Zins kalkulieren, stellte sich die Frage, ob diese Abweichung zum Ausschluss der Escapeklausel führt. Dies wurde – zu Recht – sowohl von der Aufsichtsbehörde als auch ganz überwiegend in der Fachliteratur verneint. Die Genehmigung der Aufsichtsbehörde stellt sicher, dass die Kalkulationsgrundlagen die dauernde Erfüllbarkeit der Verträge gewährleisten. Die Akzeptanz eines höheren Rechnungszinses durch die Aufsichtsbehörde erfolgt auch nur, wenn aus der gesamten Anlagestruktur der Pensionskasse auch hinsichtlich des Zinses entsprechende Sicherheitsmargen erkannt werden. Die Genehmigung des Höchstrechnungszinses durch die BaFin ist damit identisch mit dem im Betriebsrentengesetz genannten Höchstzinssatz. Entspricht damit der Rechnungszins einer Pensionskasse seinem genehmigten Geschäftsplan ist grundsätzlich die Escapeklausel anwendbar.

Entgegen der bis dahin h. M. hatte das *BAG* (Urteile vom 30.9.2014 – **816** 3 AZR 613 – 620/12, s. E-BetrAV 180 Nr. 16a) nunmehr entschieden, dass der Anwendungsbereich des § 16 Abs. 3 Nr. 2 BetrAVG für Versorgungen, die über regulierte Pensionskassen durchgeführt werden, regelmäßig nicht eröffnet ist. Diese Interpretation des *BAG* zur Frage der Anpassungsprüfungspflicht hat sowohl bei Arbeitgebern als auch bei externen Versorgungseinrichtungen zu erheblicher Verunsicherung und Sorge geführt. Die Auslegung der Norm, wie sie sich aus den Entscheidungen des *BAG* ergab, hätte unüberschaubare materielle und administrative Auswirkungen. Die betriebliche Altersversorgung würde sich als unkalkulierbares Risiko für die Arbeitgeber darstellen und die zu erwartenden, weiteren juristischen Einzelfallklärungen zu einem dauernden Vertrauensbruch in der betrieblichen Altersversorgung führen.

817 Es entsprach dem materiellen Zweck der gesetzlichen Regelung des § 16 Abs. 3 Nr. 2 BetrAVG in seiner bis zum 21.12.2015 geltenden Fassung, dass die Vorgabe eines Höchstrechnungszinses nicht nur auf Basis der Deckungsrückstellungsverordnung (DeckRV) erfolgen kann, sondern auch – soweit diese nicht zur Anwendung kommt – durch sonstige aufsichtsbehördliche Genehmigung möglich ist. Daher sollte allein die aufsichtsbehördliche Genehmigung des Rechnungszinses den Anforderungen des § 16 Abs. 3 Nr. 2 BetrAVG genügen. Dies gilt insbesondere für Zusagen, die vor dem Jahr 1996 erteilt wurden, da in den Zeiten vor diesem Datum der aufsichtsbehördlich genehmigte Geschäftsplan die Rolle der noch nicht existierenden DeckRV zur Festlegung eines vorsichtigen Rechnungszinses erfüllte.

818 Bis zu den Entscheidungen des *BAG* war es h. M., dass allein die Tatsache der Verwendung eines aufsichtsbehördlich genehmigten Rechnungszinses die Anwendung der Escape-Klausel nicht versagt. Die Entscheidungen des BAG widersprachen somit den Zielsetzungen des Gesetzgebers, der den Arbeitgebern mit der Implementierung der Escape-Klausel im Rahmen des Rentenreformgesetzes 1999 Kalkulations- und Planungssicherheit verschaffen wollte und insgesamt den Zweck verfolgte, die betriebliche Altersversorgung zu erhalten und deren Verbreitung zu fördern.

819 Der Gesetzgeber hat daher die Entscheidungen des *BAG* vom 30.9.2014 zum Anlass genommen, seinen ursprünglichen Willen bezogen auf § 16 Abs. 3 Nr. 2 BetrAVG klarzustellen. Das heißt, dass der Anwendungsbereich der Escapeklausel selbstverständlich auch für Versorgungen eröffnet ist, die über regulierte Pensionskassen durchgeführt werden. Folgerichtig ist nunmehr der Verweis auf den Höchstzinssatz nach der DeckRV in § 16 Abs. 3 Nr. 2 BetrAVG ersatzlos gestrichen worden. Die Klarstellung des § 16 Abs. 3 Nr. 2 BetrAVG ist bereits am Tag nach der Verkündung des Gesetzes zur Umsetzung der EU-Mobilitätsrichtlinie, mithin am 22.12.2015, in Kraft getreten. Eine zeitliche Einschränkung der Regelung ist nicht vorgesehen. Dabei handelt es sich keineswegs um ein Redaktionsversehen. Jede Änderung des BetrAVG wurde in der Vergangenheit vom Gesetzgeber gewissenhaft, hinsichtlich der Begrenzung des Umfangs der Rückwirkung, geregelt. Während das Gesetz bei anderen Änderungen im Zuge der Umsetzung der Mobilitätsrichtlinie eigenständige Übergangsregelungen enthält, wurde die Rückwirkung bei der Änderung des § 16 Abs. 3 Nr. 2 BetrAVG bewusst nicht begrenzt. Nach der Gesetzesbegründung gilt die Klarstellung der Norm ausnahmslos für alle bestehenden und künftigen Zusagen.

820 Es bleibt damit festzuhalten, dass die Klarstellung des § 16 Abs. 3 Nr. 2 BetrAVG sowohl auf Rentenanpassungszeiträume der Zukunft als auch auf solche der Vergangenheit Anwendung findet (so auch *AG Hamburg* vom

2.6.2016 – 7 Ca 602/15 sowie die Ausführungen von *Diller/Zeh,* BetrAV 2016 S. 92 ff.). Im Kern hat der Gesetzgeber letztlich eine offene Rechtsfrage geklärt, eine – ggf. verfassungsrechtlich bedenkliche – echte rückwirkende Änderung der Rechtslage hat somit nicht stattgefunden.

14. Insolvenzsicherung

Die durch das BetrAVG eingeführte Insolvenzversicherung gilt nicht für **821** Pensionskassenzusagen. Bei Pensionskassen hat es der Gesetzgeber nicht für erforderlich gehalten, sie dem Insolvenzschutz zu unterziehen. Aufgrund der Unterstellung der Pensionskasse unter die Versicherungsaufsicht ist eine Insolvenzgefahr nicht gesehen worden. Der Arbeitgeber braucht daher für seine Zuwendungen an die Pensionskasse keine Insolvenzsicherungsbeiträge an den PSV abzuführen.

Hierbei ist zu beachten, dass die Insolvenzsicherung nach §§ 7 ff. BetrAVG **822** **nur die Insolvenz des Arbeitgebers absichert**. Bei Insolvenz des Arbeitgebers kann dieser keine Beiträge mehr an die Pensionskasse abführen und keine künftigen Versorgungszusagen für die Arbeitnehmer mehr aufbauen. Diese künftigen Versorgungszusagen sind generell nicht Gegenstand der Insolvenzsicherung. Die bereits in der Pensionskasse finanzierten Anwartschaften und laufenden Renten stehen den Anwärtern und Rentnern durch die Pensionskasse uneingeschränkt zur Verfügung. Sie sind vollständig ausfinanziert. Insoweit bedarf es keines zusätzlichen Schutzes. Es bleibt abzuwarten, ob gegebenenfalls aus politischen Gründen auch für Pensionskassen eine – wie auch immer geartete – Insolvenzsicherung eingeführt werden wird. Als Ausfluss der Finanzmarkt- und Wirtschaftskrise der Jahre 2008/2009 wurde generell im Europäischen Kontext die Existenz von Versorgungseinrichtungen, die keiner externen Insolvenzsicherung angehören, aus wohl grundsätzlichen Erwägungen für problematisch gehalten.

Hiervon zu unterscheiden ist die Frage, dass die Pensionskasse selbst auf **823** Grund falschen Wirtschaftens, falscher Anlagepolitik o. Ä. die Leistungen nicht erfüllen kann. In diesen Fällen haftet der Arbeitgeber nach § 1 Abs. 1 Satz 3 BetrAVG für die zugesagten Leistungen. Diese subsidiäre Einstandspflicht des Arbeitgebers ist gesetzlich normiert und gilt für sämtliche Durchführungswege. Da schon wegen der laufenden Versicherungsaufsicht generell sichergestellt ist, dass die Versicherungsverträge einer Pensionskasse auch dauerhaft erfüllbar bleiben, hatte die Einstandspflicht bei regulierten Pensionskassen in der Regel keine praktische Bedeutung gehabt. Im Rahmen der Finanzkrise und dem sich anschließenden Niedrigzinsumfeld historischen Ausmaßes hatten allerdings einige wenige Pensionskassen ihre Leistungen kürzen müssen, was grundsätzlich die Subsidiärhaftung des Arbeitgebers auslöst (vgl. *BAG* vom 19.6.2012 – 3 AZR 408/10, s. E-BetrAV 180 Nr. 15 = ArbRAktuell 2012, 588; vom 30.9.2014 – 3 AZR 617/12, s. E-BetrAV 180 Nr. 16a sowie vom 10.2.2015 – 3 AZR 65/14, s. E-BetrAV 180 Nr. 17).

II. Mitbestimmung

824 Gemäß § 87 Abs. 1 Nr. 8 BetrVG besteht bei Form, Ausgestaltung und Verwaltung von Sozialeinrichtungen ein Mitbestimmungsrecht. Pensionskassen zählen zu diesen **Sozialeinrichtungen**. Insoweit sind also auch Pensionskassen Gegenstand von Mitbestimmungsrechten.

825 Das Mitbestimmungsrecht bezieht sich allerdings nur auf Sozialeinrichtungen, deren Wirkungsbereich auf das Trägerunternehmen (oder den Konzern bei Konzernpensionskassen) beschränkt ist. Da überbetriebliche Pensionskassen Gruppeneinrichtungen sind, die mehreren konzernunabhängigen Trägerunternehmen offen stehen, kommt ein Mitbestimmungsrecht nach § 87 Abs. 1 Nr. 8 BetrVG nicht in Betracht.

826 Dies bedeutet jedoch nicht, dass der Betriebsrat eines Betriebs, der Mitglied einer überbetrieblichen Pensionskasse geworden ist, keinerlei Mitbestimmungsrechte ausüben kann. Schließlich ist mit der Entscheidung des Unternehmens, dieser überbetrieblichen Pensionskasse beizutreten und Beiträge für seine Unternehmen abzuführen, die grundsätzlich mitbestimmungspflichtige Frage der Lohngestaltung angesprochen (§ 87 Abs. 1 Nr. 10 BetrVG). Entscheidungen der Pensionskasse zu einer Ausgestaltung (Beitrags-/Leistungsverhältnis) und zu seiner Verwaltung treffen das einzelne Mitgliedsunternehmen der überbetrieblichen Pensionskasse und sind insoweit auch dem Betriebsrat des Mitgliedsunternehmens vorzustellen. Eine andere Frage ist die Konsequenz der in diesem Zusammenhang ausgeübten Mitbestimmungsrechte. Bei einer überbetrieblichen Pensionskasse hat das einzelne Unternehmen gerade keinen bedeutenden Einfluss auf die Pensionskasse, Entscheidungen des Betriebsrats können also über den Arbeitgeber weder rechtlich noch faktisch gegenüber der Pensionskasse durchgesetzt werden. Der Betriebsrat kann also zwar die Einflussnahme des Unternehmens auf die Pensionskasse erzwingen und ggf. bei Beschlüssen in den Organen der Pensionskasse ein entsprechendes Beschlussverhalten des dort beteiligten Mitgliedsunternehmens verlangen; berücksichtigt die Pensionskasse auf Grund anderer Mehrheitsverhältnisse jedoch diese Einflussnahme bzw. das Abstimmungsverhalten im Ergebnis nicht, liegt kein Verstoß gegen das Mitbestimmungsrecht vor. In diesem Sinne sind bei überbetrieblichen Pensionskassen Mitbestimmungsrechte in der Praxis deutlich eingeschränkt.

1. Inhalt des Mitbestimmungsrechts

827 Inhalt des Mitbestimmungsrechts ist es, dass zu einer mitbestimmungspflichtigen Maßnahme des Arbeitgebers die vorherige Zustimmung des Betriebsrats erforderlich ist. Ohne eine derartige Zustimmung wäre die beabsichtigte Arbeitgebermaßnahme unwirksam.

828 Welche Arbeitgebermaßnahmen mitbestimmungspflichtig sind, ergibt sich aus dem BetrVG.

Das Mitbestimmungsrecht erstreckt sich aber nicht auf die grundsätzliche **829** Entscheidung, ob eine Pensionskasse überhaupt eingerichtet wird. Diese Entscheidung des Arbeitgebers ist mitbestimmungsfrei. Es erstreckt sich weiterhin nicht auf die Frage, in welcher Höhe der Arbeitgeber die Pensionskasse mit finanziellen Mitteln ausstatten will, in welcher Höhe also das Beitrags-/Leistungsverhältnis ausgestaltet sein soll (sog. **Dotierungsrahmen**, den zu entscheiden allein Sache des Arbeitgebers ist). Änderungen im Beitrags-/Leistungsverhältnis selbst gehen über die Entscheidung zum Dotierungsrahmen hinaus und sind mitbestimmungspflichtig.

Der Mitbestimmung unterliegt die **Entscheidung über die Form der Einrichtung**. Hiermit ist lediglich die Rechtsform gemeint, also etwa die Entscheidung, ob eine Unterstützungskasse als GmbH oder als Verein organisiert sein soll. Mitbestimmungsfrei ist dagegen die Entscheidung über den Durchführungsweg der betrieblichen Altersversorgung selbst. Ob der Arbeitgeber also eine Pensionskasse oder eine Unterstützungskasse gründen möchte, unterliegt nicht dem Mitbestimmungsrecht des Betriebsrats. Da Pensionskassen weiterhin nur in der Rechtsform des VVaG von der Versicherungsaufsichtsbehörde zum Geschäftsbetrieb zugelassen werden, verschiedene Rechtsformen in der Ausgestaltung der Pensionskasse also praktisch nicht vorkommen, hat der Betriebsrat bei der Einrichtung der Pensionskasse kein Mitbestimmungsrecht. Ebenso ist der Wechsel des Durchführungswegs mitbestimmungsfrei. **830**

Neben dem Dotierungsrahmen ist auch die Entscheidung für den Personenkreis, der Leistungen von der Pensionskasse erhalten soll, mitbestimmungsfrei. **831**

Der Mitbestimmung durch den Betriebsrat unterliegt bei einer Pensionskasse **832** die Ausgestaltung des Beitrags-/Leistungsverhältnisses bei einem vom Arbeitgeber vorgegebenen Dotierungsrahmen. Die Höhe des Leistungsumfangs ist also mitbestimmungsfrei, während die konkrete Ausgestaltung, welche Art von Leistungen von den Arbeitgeberzuwendungen an die Pensionskasse gezahlt werden sollen, der Mitbestimmung unterliegen. Soll die Pensionskasse also nur Altersruhegeld zahlen oder auch Berufsunfähigkeitsrente, mit Zurechnungszeit oder ohne Zurechnungszeit, sollen Hinterbliebenenrenten gewährt werden usw. ist grundsätzlich von der Zustimmung des Betriebsrats abhängig.

Schließlich gehört zum Inhalt des Mitbestimmungsrechts auch die Mitbe- **833** stimmung über die **Verwaltung der Pensionskasse**. Hierzu zählen vor allem auch Fragen der Vermögensanlage und die Verwaltungsorganisation der Pensionskasse selbst, soweit diese Verwaltungsorganisation nicht durch den vorgegebenen Dotierungsrahmen bestimmt ist (z. B. kann nicht mehr Personal für die Pensionskasse gefordert werden, um etwa eine schnellere Leistungsbearbeitung zu gewährleisten, wenn der vorgegebene Dotierungsrahmen Mehrkosten für weiteres Personal nicht vorsieht).

2. Grenzen der Mitbestimmung bei Pensionskassen

834 Bei der Ausübung von Mitbestimmungsrechten müssen selbstverständlich die gesetzlichen Rahmenbedingungen der Pensionskasse beachtet werden. Da Pensionskassen in ihrem gesamten Geschäftsbetrieb, insbesondere hinsichtlich ihrer Vermögensanlage und ihres Beitrags-/Leistungsverhältnisses strengen gesetzlichen und aufsichtsbehördlichen Vorschriften unterliegen, sind Einflussnahmen auf Grund des Mitbestimmungsrechts naturgemäß beschränkt. Werden auf Grund aufsichtsbehördlicher Vorgaben Entscheidungen bei der Pensionskasse getroffen, muss auch der Betriebsrat diese Vorgaben akzeptieren.

3. Durchführung des Mitbestimmungsrechts

835 Für die konkrete Ausübung des Mitbestimmungsrechts haben sich zwei Formen entwickelt, die auch kombiniert werden können.

a) Zweistufige Lösung

836 Bei der sog. „zweistufigen Lösung" ist der Betriebsrat direkt bei mitbestimmungspflichtigen Vorgängen zu hören. Er übt sein Mitbestimmungsrecht dadurch aus, dass er auf den Arbeitgeber einwirkt, in der Pensionskasse für die Durchsetzung der verabredeten Maßnahmen zu sorgen. Unmittelbar kann der Betriebsrat auf die Pensionskasse nicht einwirken. Konkret bedeutet dies, dass bei allen Entscheidungen der Pensionskasse, die Mitbestimmungsrechte des Betriebsrats tangieren, der Arbeitgeber zunächst den Betriebsrat hören und seine Auffassung bzw. Zustimmung einholen muss. Die Übereinkunft muss nicht zwingend in einer Betriebsvereinbarung enthalten sein (*BAG* vom 10.9.2002 – 3 AZR 635/01, s. E-BetrAV 240 Nr. 44). Der Arbeitgeber muss dann in einem zweiten Schritt sein Abstimmungsverhalten innerhalb der Entscheidungsgremien der Pensionskasse an der gefundenen Übereinkunft ausrichten. Diese Form der Mitbestimmung ist eher unpraktikabel und wird oft durch die gerade auf Grund der korporativen Verfassung der Pensionskasse sich anbietende sog. „organschaftliche Lösung" ersetzt.

b) Organschaftliche Lösung

837 Bei der „organschaftlichen Lösung" sind die Arbeitnehmer bzw. der Betriebsrat unmittelbar in den Organen beteiligt. Mitbestimmungsrechte werden dann vom Betriebsrat durch seine Beteiligung an den Entscheidungen der Kassenorgane verwirklicht. Gesonderte Vorlagen an den Betriebsrat sind nicht mehr erforderlich.

838 Bei der organschaftlichen Lösung sind **mehrere Formen** denkbar. Der Betriebsrat kann im obersten Organ entsprechend vertreten sein, indem etwa bei Vertreterversammlungen Betriebsratsmitglieder, die gleichzeitig Mitglieder der Pensionskasse sind, als Vertreter gewählt werden. Betriebsratsmitglieder können auch entsprechendes Stimmrecht im Aufsichtsrat einer Pen-

sionskasse haben. Ob allein diese Beteiligungsform der Mitbestimmungspflicht genügt, ist allerdings nicht völlig geklärt, da der Aufsichtsrat schließlich nur Überwachungsfunktion über den Vorstand hat und keine Entscheidungen zur Tätigkeit der Pensionskasse selbst treffen kann. Häufig sind auch Betriebsratsmitglieder im Vorstand einer Pensionskasse vertreten, und zwar als geborene oder gekorene Vorstandsmitglieder (vgl. Rdnrn. 129 ff.).

Bei der organschaftlichen Lösung ist darauf zu achten, dass die **Beteiligung** 839 **des Betriebsrats in den Organen paritätisch** erfolgt, der Betriebsrat also nicht bei Entscheidungen der Organe ohne weiteres überstimmt werden kann. Es liegt also keine organschaftliche Lösung vor, die eine direkte (zweistufige) Mitbestimmung ersetzt, wenn der Arbeitgeber in den Organen ein personelles Übergewicht hat oder – etwa durch Mehrstimmrechte – bei Abstimmungen das Abstimmungsergebnis stets zu seinen Gunsten entscheiden kann. Möglich dürften unter mitbestimmungsrechtlichen Gesichtspunkten Mehrstimmrechte, Stichentscheidsrechte usw. wohl nur bezüglich mitbestimmungsfreier Beschlussvorlagen sein oder wenn durch in der Satzung verlangte qualifizierte Mehrheiten ein Beschluss gegen den Willen der Arbeitnehmervertreter in den Organen ausgeschlossen ist.

c) „Mischform"

Häufig werden beide Mitbestimmungslösungen auch kombiniert. So sind 840 z. B. in den Organen der Pensionskasse die zu versichernden Arbeitnehmer zumindest paritätisch besetzt. Oft können sie auch den Vorstand bestimmen. Hier kann und wird der Betriebsrat mit dem Arbeitgeber eine Regelungsabrede treffen, wonach zum einen durch die paritätische Besetzung der Organe mit Arbeitnehmervertretern alle Mitbestimmungsrechte hinsichtlich der von der Pensionskasse zu treffenden Einzelmaßnahmen gewährleistet ist, zum anderen grundsätzliche Änderungen im mitbestimmungspflichtigen Bereich der vorherigen Einbeziehung des Betriebsrats bedürfen.

III. Arbeitsrechtliches Gleichbehandlungsgebot

Auch der arbeitsrechtliche Gleichbehandlungsgrundsatz, der im Rahmen 841 mehrerer höchstinstanzlicher Entscheidungen immer stärker im Fokus der Rechtsprechung steht, hat auf Pensionskassen teils unmittelbaren, teils mittelbaren Einfluss.

Grundsätzlich unterliegen Pensionskassen bereits schon aus versicherungs- 842 rechtlichen Gründen (§ 177 VAG) dem **Gleichbehandlungsgebot**. Danach dürfen für gleiche Beiträge nur gleiche Leistungen gewährt werden. Diese Beitrags-/Leistungsäquivalenz besagt aber lediglich, dass die richtige Leistung für den eingezahlten Beitrag gewährt wird. Sie schließt nicht aus, dass zwischen Frauen und Männern unterschiedliche Tarife hinsichtlich der Beitrags- und Leistungshöhe oder auch hinsichtlich der Leistungsbreite oder hinsichtlich weiterer Leistungsvoraussetzungen bestehen können. Bis zur

Entscheidung des sog. Witwerrentenurteils des *BAG* vom 5.9.1989 (VersR 1990 S. 70) war es bei Pensionskassen z. B. üblich, dass für Frauen keine Hinterbliebenen- bzw. keine unbedingte Hinterbliebenenrente im Gegensatz zu männlichen Versicherten gewährt wurde. Auch unterschiedliche Altersgrenzen für den Bezug von Altersruhegeld oder in Bezug auf ein Höchsteintrittsalter haben keinen Einfluss auf die Beitrags-/Leistungsäquivalenz.

843 Geklärt ist die Frage, dass unterschiedliche Regelungen zwischen Männern und Frauen grundsätzlich gegen das Lohngleichheitsgebot verstoßen. Hierbei ist das versicherungstechnische Äquivalenzprinzip gerade nicht entscheidend, sondern es muss auch eine Bedingungsgleichheit vorhanden sein. Die Bedingungsgleichheit ist in der grundlegenden Entscheidung des *EuGH* vom 17.5.1990 – Rs. C 262/88 = E-BetrAV 110.3 Nr. 34, BetrAV 1990 S. 203 (sog. *Barber*-Urteil) vor allem auch aus Transparenzgründen gefordert worden.

844 Weiterhin ist vom *EuGH* entschieden worden, dass Ansprüche aus dem arbeitsrechtlichen Lohngleichheitsgebot auch direkt gegen die Pensionskasse geltend gemacht werden können mit der Folge, dass die Pensionskasse selbst haftet.

845 Grundsätzlich sind die von der Pensionskasse zugesagten Leistungen durch die Beitragszahlungen unterlegt, zusätzliche Leistungen sind hierbei nicht finanziert. Soll daher bei gleichem Beitragsvolumen eine Vereinheitlichung der Leistungen zwischen Frauen und Männern herbeigeführt werden, bedeutet eine Leistungssteigerung für die eine Versichertengruppe eine Leistungskürzung bei der anderen Versichertengruppe. Derartige Leistungseingriffe sind Gegenstand der Versicherungsbedingungen und müssen von der Aufsichtsbehörde genehmigt werden. Hierbei ist zu beachten, dass Eingriffe in die Leistungsstruktur auch für den Bestand von der Aufsichtsbehörde – die formalen Voraussetzungen des Änderungsvorbehalts in der Satzung unterstellt – nur genehmigt werden, wenn diese Kürzung zumutbar ist. In der Vergangenheit hatte die Aufsichtsbehörde Leistungskürzungen ohne entsprechendes Äquivalent für den betroffenen Versicherten als nicht zumutbar behandelt. In Anerkennung der neuen Rechtsprechung und zur Vermeidung von nicht finanzierten Haftungsrisiken wird daher die Versichertengemeinschaft künftig auch Leistungsansprüche für Teile der Versichertengemeinschaft als zumutbar akzeptieren müssen. Eine Genehmigungsverweigerung für entsprechende Bedingungsanpassungen würde anderenfalls zum unmittelbaren Haftungsrisiko der Pensionskasse führen.

846 Wesentlich für die Haftungsfrage ist der Zeitpunkt, zu dem die Angleichung der Versicherungsbedingungen an die Rechtsprechung zum Diskriminierungsverbot zu erfolgen hat. In der sog. *Barber*-Entscheidung des *EuGH* vom 17.5.1990 (a.a.O.) wurde die Umsetzung von gleichen Altersgrenzen zwischen Männern und Frauen erst nach dem Zeitpunkt der Entscheidung des *EuGH*, also erst ab dem 17.5.1990 verlangt. Der *EuGH* hatte anerkannt, dass eine weitergehende Rückwirkung zu erheblichen Belastungen geführt hätte. Hier

wurde der Schluss gezogen, dass Versicherungsbedingungen, die vor diesem Zeitpunkt zwar versicherungstechnisch äquivalente aber bedingungsunterschiedliche Leistungen zwischen Männern und Frauen vorgesehen hatten, bis zur Entscheidung des *EuGH* wirksam blieben. Erst für Ansprüche, die nach diesem Zeitpunkt erwachsen waren, musste die volle Bedingungsgleichheit umgesetzt sein. Dies betraf insbesondere die Korrellation in den Versicherungsbedingungen von Pensionskassen zwischen dem vorgezogenen Altersruhegeld für Frauen, das – anders als für Männer – abschlagsfrei in Anspruch genommen werden konnte, und einem fehlenden Witwerrentenanspruch. Hier waren die Versicherungsbedingungen zwischen Männern und Frauen unterschiedlich, der versicherungstechnische Wert aber identisch. Beiträge und Leistungen waren äquivalent. Das BAG hat in seiner Entscheidung vom 11.12.2007 – 3 AZR 249/06 (s. E-BetrAV 120 Nr. 45a, BetrAV 2008 S. 108) festgelegt, dass allein die Diskriminierung im Bereich der Hinterbliebenenleistung als Verstoß gegen den Gleichheitsgrundsatz zu werten sei; auf die höhere Leistung beim vorgezogenen Altersruhegeld käme es nicht an. Damit wird im Ergebnis zur Herstellung der Gleichbehandlung erst eine wertmäßige Ungleichbehandlung durchgesetzt. Die Klägerin erhält eine höhere Leistung als es dem versicherungstechnischen Äquivalenzprinzip entspricht und damit eine höhere Leistung als der entsprechende Männerbestand. Die zeitliche Zäsur der *Barber*-Entscheidung gilt jedenfalls nur noch für die unterschiedlichen Altersgrenzen.

Getroffene Leistungsdifferenzierungen zwischen Männern und Frauen bei Pensionskassen betreffen vor allem unterschiedliche Höchsteintrittsalter, unterschiedliche Rentenbeginnalter, unterschiedliche Regelungen zur Hinterbliebenenversorgung und unterschiedliche Abschlagszahlungen bei vorzeitigem Rentenbeginn. Hier müssen Pensionskassen derartige Unterschiede – soweit nicht versicherungstechnisch, z. B. bei den versicherungsmathematischen Abschlägen, bedingt sind – vereinheitlichen. **847**

Mit Inkrafttreten des **AGG** sind mögliche Diskriminierungsmerkmale noch erweitert worden auf das Merkmal Alter, Behinderung und auch sexuelle Identität. Pensionskassen sind jedenfalls aufgefordert, ihr Bedingungswerk auf derartige Unterscheidungen zu untersuchen. Betroffen sind hier vor allem Höchsteintrittsalter, Hinterbliebenenrentenregelungen und ggf. auch unterschiedliche Gesundheitsprüfungen. Gleichzeitig ist aber auch im AGG ausdrücklich anerkannt, dass Differenzierungen möglich sind, soweit sie sachlich geboten sind. Insbesondere bei versicherungstechnischen Merkmalen wie Gesundheitszustand für die Versicherung von Erwerbsminderung/Berufsunfähigkeit müssen unterschiedliche Regelungsmöglichkeiten erlaubt bleiben. **848**

Am 1.3.2011 hat der *EuGH* (Rs. – C 236/09, s. E-BetrAV 110.5 Nr. 12) entschieden, dass Artikel 5 Abs. 2 der Richtlinie 2004/113/EG nicht mit dem Grundsatz der Gleichbehandlung von Männern und Frauen vereinbar sei. Im Bereich der privaten Versicherungen werden daher geschlechtsabhängige **849**

Tarife als Verstoß gegen den Gleichbehandlungsgrundsatz angesehen, mit der Folge, dass in der Regel nur noch **Unisex-Tarife** zur Anwendung kommen können. Formal hatte sich der *EuGH* in der genannten Entscheidung zwar nur mit der Richtlinie 2004/113/EG auseinander gesetzt, die für die betriebliche Altersversorgung keine Geltung hat. Materiell besteht jedoch das Risiko, dass die Geschlechtsabhängigkeit eines Tarifs als Verstoß gegen den Gleichbehandlungsgrundsatz gewertet wird. Insofern haben viele Pensionskassen – bei denen traditionell vielfach bereits mit Unisex-Tarifen gearbeitet wurde – ihre wenigen geschlechtsabhängigen Tarife umgestellt. Neben der grundsätzlichen Anwendbarkeit der Entscheidung auf die betriebliche Altersversorgung sind weitere Aspekte nicht abschließend geklärt. Fraglich ist beispielsweise, ob Unisex-Tarife nur für Neuzugänge oder auch für den Bestand Bedeutung haben. Ungeklärt ist ferner, wie bei Unisex-Tarifen mit einer gegebenenfalls geschlechtsabhängig berechneten Deckungsrückstellung umzugehen ist. Insbesondere wenn diese individualisiert dem Versicherten zur Verfügung gestellt wird (z. B. bei Abfindungen, Portabilität, Versorgungsausgleich), könnte hier eine geschlechtsunabhängige Umrechnung erforderlich werden. Dennoch bleibt wohl zusammenzufassen, dass ab dem 21.12.2012 auch Pensionskassen nur noch Unisextarife anbieten dürfen.

850 Hiervon unabhängig ist festzuhalten, dass gerade auch unter Mitwirkung der Aufsichtsbehörde Pensionskassen auch in der Vergangenheit bestrebt waren, ihre Geschäftspläne im Einklang mit wesentlichen Grundsätzen der Rechtsprechung zur betrieblichen Altersversorgung zu wissen. So war es für Pensionskassen als zwingend erforderlich angesehen worden, geänderte Einstellungen zur Gleichbehandlungsproblematik auch in die Versicherungsbedingungen einfließen zu lassen. Das BAV hatte z. B. nach der Entscheidung des *BAG* vom 31.8.1978 (VersR 1979 S. 555), nach der unterschiedliche feste Höchsteintrittsalter zwischen Männern und Frauen und unterschiedliche feste Altersgrenzen als Verstoß gegen den Gleichbehandlungsgrundsatz angesehen wurden, Pensionskassen aufgefordert, entsprechende Versicherungsbedingungsänderungen vorzunehmen. Pensionskassen haben auch nach dem Witwerrentenurteil des *BAG* die unbedingte Witwerrente in ihre Bedingungen aufgenommen. Ebenfalls haben sie sich auch für Teilzeitbeschäftigte geöffnet. Voraussetzung für derartige Geschäftsplanänderungen war aber stets die Finanzierung dieser Änderung. Ohne Lösung der Finanzierungsfrage sind derartige Änderungen auch nicht unter Hinweis einer arbeitsrechtlichen Verpflichtung umsetzbar.

IV. Sozialversicherungsrecht

1. Beitragspflicht von Versorgungsbezügen in der Kranken- und Pflegeversicherung

851 Seit ihrer Einführung zum 1.1.2004 durch das GKV-Modernisierungsgesetz ist die Verbeitragung von Versorgungsbezügen der betrieblichen Altersversorgung in der Diskussion. In der Vergangenheit insbesondere deshalb, weil private Vorsorgeleistungen im Gegensatz zu denen der betrieblichen Altersversorgung von der Beitragspflicht gänzlich ausgenommen sind. In jüngerer Zeit gilt dies umso mehr, weil nun sogar innerhalb der betrieblichen Altersversorgung hinsichtlich der Beitragspflicht zu differenzieren sein soll. Hintergrund ist der Beschluss des *BVerfG* vom 28.9.2010 (1 BvR 1660/08, s. E-BetrAV 210.2.2 Nr. 13), wonach Leistungen aus Direktversicherungen, die der Beschäftigte nach Ausscheiden aus dem Arbeitsverhältnis mit eigenen Beiträgen fortgeführt hat, nicht der Beitragspflicht zur Krankenversicherung der Rentner (KVdR) unterliegen. Während die Instanzgerichte die Beitragspflicht durchaus gegensätzlich beurteilten, vertritt der Spitzenverband der gesetzlichen Krankenkassen (GKV-Spitzenverband) die Auffassung, dass die Einschätzung des *BVerfG* zu privat fortgeführten Direktversicherungen nicht auf privat fortgeführte Pensionskassenversorgungen übertragbar ist. Mit seinen Entscheidungen vom 23.7.2014 hat das *BSG* die Auffassung des GKV-Spitzenverbands bestätigt (s. u. a. *BSG* vom 23.7.2014 – B 12 KR 28/12 R, s. E-BetrAV 210.2.2 Nr. 22).

Das *BSG* nennt dafür im Wesentlichen drei Gründe: **852**

- zum einen werde der institutionelle Rahmen des Betriebsrentenrechts im Durchführungsweg Pensionskasse auch bei freiwilliger Fortführung der Versorgung nie verlassen,
- zum anderen sei – anders als bei Lebensversicherungsunternehmen – der Zweck einer Pensionskasse immer auf die betriebliche Altersversorgung beschränkt und
- schließlich sei es die autonome Entscheidung eines jeden Versicherten, seine Altersversorgung über eine Pensionskasse zu gestalten.

Gegen diese Entscheidungen des *BSG* wurden Verfassungsbeschwerden vor dem *BVerfG* eingelegt. Die Verfahren vor dem *BVerfG* werden unter den Aktenzeichen 1 BvR 100/15 und 1 BvR 249/15 geführt. Dabei geht es um die von Verfassung (Art. 3 GG) wegen gebotene Gleichstellung von Leistungen aus Pensionskassen und Direktversicherungen im Rahmen der betrieblichen Altersversorgung. In Deutschland sind nach Angaben des Sozialverband *VdK* Deutschland e. V. etwa 1,2 Millionen Menschen betroffen, die nach dem Ausscheiden aus dem Betrieb freiwillig in eine Pensionskasse einzahlten und auf die daraus erwachsenen Leistungen aus der Pensionskasse den vollen KVdR-Beitrag zahlen sollen. Dies stellt eine systemwidrige Schlechterstellung der betroffenen Personen gegenüber denjenigen mit einer Betriebsrente aus einer Direktversicherung dar. In diesem Zusammenhang wird regelmäßig auch das Verbot der sog. „Doppelverbeitragung" diskutiert.

Demgegenüber schreibt der Gesetzgeber aktuell die im Koalitionsvertrag **853** formulierte Absicht, die betriebliche Altersversorgung in klein- und mittelständischen Unternehmen auszubauen, weiter fort. Sachverständige sprechen bezüglich der KVdR-Pflicht von einem komplexen System mit vielen unterschiedlichen Fallkonstellationen, das hinsichtlich der Sozialbeiträge inkonsistent und intransparent geregelt sei. Die unterschiedlichen Regelungen seien den Beitragszahlern und Rentnern zudem nur schwer vermittelbar. Am 15.4.2016 wurden ein vom BMAS in Auftrag gegebenes Gutachten zum Sozialpartnermodell und ein weiteres vom BMF in Auftrag gegebenes Gutachten zur „Optimierung der steuer- und sozialversicherungsrechtlichen Rahmenbedingungen in der betrieblichen Altersversorgung" veröffentlicht, die sich unter anderem auch mit der Verbeitragung von Versorgungsbezügen auseinandersetzen. Hier bleiben weitere Entwicklungen und tatsächliche gesetzgeberische Umsetzungen abzuwarten.

2. Historie und gesetzliche Grundlagen

854 Die gesetzliche Grundlage der KVdR-Beitragspflicht bilden die §§ 237, 229 SGB V, wonach eine solche Beitragspflicht auch für der gesetzlichen Rente vergleichbare Einnahmen besteht, also auch solche aus der betrieblichen Altersversorgung. Schon der historische Gesetzgeber von 1973 wollte bei der Schaffung des Betriebsrentengesetzes eine Gleichbehandlung von Direktversicherungen und Pensionskassen erreichen, da Pensionskassen ihrer Art nach ebenfalls Lebensversicherungsunternehmen sind (BT-Drs. 7/1281, S. 26). Das *BSG* richtet sich bei der Betrachtung der betrieblichen Altersversorgung nicht nach den Regelungen des Betriebsrentengesetzes, sondern grenzt den Begriff der betrieblichen Altersversorgung nach eigener Definition allein nach Zweck und Systematik des Beitragsrechts ab.

855 Politisch begründet wird die Heranziehung der auf betrieblicher Altersversorgung beruhenden Versorgungsbezüge mit höheren Einnahmen für die Krankenkassen sowie der Förderung der Solidarität zwischen den Rentnern und insgesamt mehr Beitragsgerechtigkeit. Es existiert ein Leitbild, wonach alle aus früherer Berufstätigkeit stammenden Versorgungseinnahmen gleich zu behandeln seien. Die Beitragspflicht soll in Anknüpfung an die Struktur der gesetzlichen Krankenversicherung als Beschäftigtenversicherung auf solche Einnahmen beschränkt sein, die typischerweise mit einer Berufstätigkeit in Zusammenhang stehen. Das *BSG* prüft dies im Rahmen einer typisierenden Betrachtung. Anknüpfungspunkte hierfür sind entweder die Institution, seitens derer die Altersversorgung gezahlt wird oder aber der Versicherungstyp. Das *BVerfG* hat mit seinem Beschluss vom 28.9.2010 die typisierende Betrachtung des *BSG* grundsätzlich nicht beanstandet, jedoch einen Verstoß gegen das Gleichbehandlungsgebot nach Art. 3 Abs. 1 GG festgestellt, wenn die Typisierung dazu führt, dass Leistungen aus Beiträgen, die ein Arbeitnehmer selbst in eine auf ihn übertragene Direktversicherung eingezahlt hat, beitragspflichtig sind, obwohl der Gesetzgeber Leistungen privater Lebensversicherungen von der KVdR-Beitragspflicht generell ausnimmt.

Im Ergebnis hat das *BVerfG* folgende Voraussetzungen formuliert, bei deren 856
Vorliegen Leistungen aus privat fortgeführten Direktversicherungen nicht
der KVdR-Beitragspflicht unterliegen:

– Beendigung des Arbeitsverhältnisses, unter

  • Einrücken des ausgeschiedenen Arbeitnehmers in die alleinige Stellung
    des Versicherungsnehmers, bei

  • alleiniger Beitragszahlung durch den ausgeschiedenen Arbeitnehmer.

F. Steuerrechtliches Umfeld der Pensionskasse
   (Wolf)

I. Steuerliche Rahmenbedingungen für Zuwendungen der Trägerunternehmen an Pensionskassen

1. Betriebsausgabenabzug nach § 4c EStG

Gemäß § 4c Abs. 1 EStG dürfen Zuwendungen (Prämienzahlungen/Beiträge) 857
von dem Unternehmen, dass die Zuwendungen an die Pensionskasse leistet
(Trägerunternehmen) als Betriebsausgaben abgezogen werden, soweit sie auf
einer in der Satzung oder im Geschäftsplan der Pensionskasse festgelegten
Verpflichtung oder auf einer Anordnung der Versicherungsaufsichtsbehörde
beruhen oder der Abdeckung von Fehlbeträgen bei der Pensionskasse dienen.

§ 4c Abs. 2 EStG stellt einschränkend klar, dass Zuwendungen nicht als 858
Betriebsausgaben abgezogen werden dürfen, soweit die Leistungen der Kasse, wenn sie vom Trägerunternehmen unmittelbar erbracht würden, bei
diesem nicht betrieblich veranlasst wären. Ohne diese Einschränkung wäre
nach § 4c Abs. 1 EStG auch ein Betriebsausgabenabzug bei Zuwendung für
Personen ableitbar gewesen, bei denen keine betriebliche Veranlassung
vorliegt (z. B. Mitunternehmer i. S. v. § 15 Abs. 1 Nr. 2 Satz 1 EStG). Die bei
den Pensionskassen üblichen individuell versteuerten Eigenbeiträgen des
Arbeitnehmers gelten nicht als Zuwendung i. S. v. § 4c Abs. 1 EStG.

a) Pensionskassen

Als Pensionskassen sind sowohl rechtsfähige Versorgungseinrichtungen 859
i. S. v. § 1b Abs. 3 Satz 1 BetrAVG als auch rechtlich selbstständige Zusatzversorgungseinrichtungen des öffentlichen Dienstes i. S. d. § 18 BetrAVG anzusehen, die den Leistungsberechtigten (Arbeitnehmer und Personen i. S. d.
§ 17 Abs. 1 Satz 2 BetrAVG) sowie deren Hinterbliebene auf ihre Leistung
einen Rechtsanspruch gewähren. Auch eine nicht rechtsfähige Zusatzver-
sorgungseinrichtung des öffentlichen Dienstes ist eine Pensionskasse i. S. v.
§ 4c EStG (*BFH* vom 22.9.1995 – BStBl. II 1996 S. 136 ff.).

b) Finanzierungsverfahren

860 Die Zuwendungen müssen zusammen mit den Beiträgen der Versicherten, den Vermögenserträgen und dem vorhandenen Vermögen die Leistungsverpflichtungen sicherstellen. Es ist gem. R 4c Abs. 2 EStR dem Trägerunternehmen freigestellt, sowohl laufende als auch einmalige Zuwendungen zu tätigen.

c) Abdeckung von Fehlbeträgen

861 Fehlbeträge innerhalb einer Pensionskasse treten auf, wenn das Kassenvermögen niedriger ist als das erforderliche versicherungsmathematische Deckungskapital. Fehlbeträge können sich z. B. ergeben, wenn

– der tatsächliche Verlauf der biometrischen Risiken (Sterblichkeit, Invalidität, Verheiratungswahrscheinlichkeit, Pensionierungsgewohnheiten) ungünstiger ist als der rechnungsmäßig unterstellte,

– sich unterrechnungsmäßige Zinserträge ergeben oder

– Vermögensverluste im Anlagevermögen entstehen.

Gemäß R 4c Abs. 3 EStR sind Zuwendungen zur Abdeckung von Fehlbeträgen auch dann abzugsfähig, wenn sie nicht auf einer entsprechenden Anordnung der Versicherungsaufsichtsbehörde beruhen. Es genügt daher die Feststellung durch den beauftragten Sachverständigen. Dieser muss für die Frage, ob und in welcher Höhe ein Fehlbetrag vorliegt, das Vermögen der Kasse nach handelsrechtlichen Grundsätzen ordnungsmäßiger Buchführung unter Berücksichtigung des von der Versicherungsaufsichtsbehörde genehmigten Geschäftsplans bzw. anhand der allgemeinen Versicherungsbedingungen, der fachlichen Geschäftsunterlagen, der Tarife und der Grundsätze für die Berechnung der Prämien, der mathematischen Rückstellung einschließlich der verwendeten Rechnungsgrundlagen, mathematischen Formeln, kalkulatorischen Herleitungen beurteilen.

d) Bilanzierung von Zuwendungsverpflichtungen

862 Nach R 4c Abs. 5 EStR ist für Zuwendungen, die vom Trägerunternehmen nach dem Bilanzstichtag geleistet werden, bereits zum Bilanzstichtag ein Passivposten zu bilden, sofern zu diesem Zeitpunkt eine entsprechende Verpflichtung besteht. Maßgebend hierfür sind die Bestimmungen in der Satzung oder im Geschäftsplan der Kasse sowie Anordnungen der Aufsichtsbehörde. Werden die Fehlbeträge der Kasse abgedeckt, ohne dass hierzu eine Verpflichtung des Trägerunternehmens besteht, so kann in analoger Anwendung des § 4d Abs. 2 EStG zum Bilanzstichtag eine Rückstellung gebildet werden, wenn innerhalb eines Monats nach Aufstellung oder Feststellung der Bilanz des Trägerunternehmens die Zuwendung geleistet oder die Abdeckung des Fehlbetrags verbindlich zugesagt wird. Diese Regelung in Anlehnung an § 4d EStG eröffnet dem Trägerunternehmen eine Möglichkeit der Anpassung der Finanzierung an seine Ertragslage.

e) Einzelfälle

aa) Finanzierung eines Gründungsstocks

Die Zahlung des Trägerunternehmens zur Finanzierung eines Gründungs- **863** stocks sind keine Zuwendungen i. S. d. § 4c EStG. Solche Zuwendungen sind beim Trägerunternehmen nach den allgemeinen steuerlichen Bilanzierungsgrundsätzen zu aktivieren. Der aktivierte Gründungsstock darf erst nach dem zweckentsprechenden Verbrauch, etwa zur Deckung von Verlusten der Pensionskasse seitens des Trägerunternehmens abgeschrieben werden. Entfällt bzw. verzichtet das Trägerunternehmen auf den Rückforderungsanspruch bzgl. des Gründungsstocks, entsteht in dieser Höhe eine ergebniswirksame Betriebsausgabe nach den allgemeinen Regeln des § 4 Abs. 4 EStG.

bb) Zahlung zur Verbesserung der Eigenmittelausstattung der Kasse (Solvabilitätsspanne und Garantiefonds)

Die Pensionskasse muss die Solvabiliätserfordernisse und die Abdeckung des **864** Garantiefonds nicht unbedingt aus eigener Kraft erbringen. Das Trägerunternehmen kann durch Zahlung an die Kasse deren Eigenmittelausstattung in den vorgenannten Punkten verbessern. In diesem Zusammenhang vertritt das BMF (BMF-Schreiben vom 26.2.1996, IV B2 – S 2144b – 2/96) die Auffassung, dass die Kapitalzuführung eines Trägerunternehmens an eine Pensionskasse unter den Voraussetzungen des § 4c EStG als Betriebsausgaben abzugsfähig sind. Danach muss es sich um Zuwendungen handeln, die auf der Satzung, dem Geschäftsplan der Pensionskasse oder auf einer Anordnung der Versicherungsaufsichtsbehörde beruhen. Nicht abzugsfähig sind danach Kapitalzuführungen, wenn damit ein Rückforderungsanspruch des Trägerunternehmens verbunden ist. Die vorgenannten Grundsätze gelten dabei auch, soweit die Zuwendung ihre Ursache in §§ 213, 214 VAG, §§ 17, 18 KapAusstV haben.

2. Gewerbesteuer

Die bei der Einkommen- bzw. Körperschaftsteuer als Betriebsausgaben i. S. v. **865** § 4c EStG abzugsfähigen Zuwendungen des Trägerunternehmens reduzieren gleichermaßen den Gewerbeertrag. Zinsen aus Darlehensverpflichtungen der Trägerunternehmen gegenüber der Pensionskasse sind ggf. als Dauerschuld gem. § 8 Nr. 1 GewStG dem Gewerbeertrag hälftig hinzuzurechnen.

3. Erbschaft-/Schenkungsteuer

Gem. R 46 Abs. 1 ErbStR unterliegen Zuwendungen des Trägerunternehmens **866** an die Pensionskasse, die als Betriebsausgaben abzugsfähig sind, nicht der Erbschaft-/Schenkungsteuer.

4. Umsatzsteuer

Zuwendungen des Trägerunternehmens an die Pensionskasse sind gem. § 4 **867** Nr. 10b UStG umsatzsteuerfrei, da es sich hierbei um die Verschaffung von

Versicherungsschutz für geleistete Dienste des Arbeitnehmers handelt. Eine Option zur Mehrwertsteuerpflicht gem. § 9 Abs. 1 UStG ist nicht möglich, da die Steuerbefreiungsvorschrift nach § 4 Nr. 10b UStG nicht von dem dort genannten Optionsrecht umfasst ist.

5. Aufzeichnungs-, Mitteilungs- und Aufbewahrungspflichten des Arbeitgebers

a) Aufzeichnungspflichten

868 Für die betriebliche Altersversorgung sind die Aufzeichnungs-, Mitteilungs- und Aufbewahrungspflichten des Arbeitgebers im Rahmen des Jahressteuergesetzes 2007 (JStG 2007 vom 13.12.2006, BGBl. I S. 2878) angepasst worden.

869 Durch den neuen § 5 LStDV werden die geltenden Regelungen zu den Aufzeichnungs- Mitteilungs- und Aufbewahrungspflichten des Arbeitgebers an die durch das Alterseinkünftegesetz geänderten steuerlichen Rahmenbedingungen bei der betrieblichen Altersversorgung angepasst. Die Ausweitung der Steuerfreiheit nach § 3 Nr. 63 EStG und der Beschränkung der Pauschalbesteuerung nach § 40b EStG hat zur Folge, dass die auf steuerfreien Beiträgen beruhenden Versorgungsleistungen in der Auszahlungsphase vollständig versteuert werden müssen. Die Mitteilungen des Arbeitgebers über die steuerliche Behandlung der Beitragsleistungen in der Ansparphase sind daher für die Versorgungseinrichtung von besonderer Bedeutung.

870 Seit 1.1.2007 hat der Arbeitgeber bei Inanspruchnahme der Steuerbefreiung nach § 3 Nr. 63 EStG deshalb gesondert für jede Versorgungszusage und für jeden Arbeitnehmer – ergänzend zu § 4 Abs. 2 LStDV – Folgendes aufzuzeichnen:

– den Zeitpunkt der Versorgungszusage,
– den Zeitpunkt der Übertragung einer Direktversicherung in eine Pensionskasse oder einen Pensionsfonds (z. B. bei Arbeitgeberwechsel),
– die Änderungen einer vor dem 1.1.2005 erteilten Versorgungszusage nach dem 31.12.2004.

871 Bei Anwendung der **Lohnsteuerpauschalierung nach § 40b EStG a. F.** hat der Arbeitgeber Folgendes aufzuzeichnen:

– den Inhalt der am 31.12.2004 bestehenden Versorgungszusage, die erforderliche Erklärung bei Verzicht auf die Anwendung der Steuerbefreiung nach § 3 Nr. 63 EStG und
– bei der Übernahme einer Versorgungszusage oder Übertragung auf einen neuen Arbeitgeber die Erklärung des ehemaligen Arbeitgebers, dass die Versorgungszusage vor dem 1.1.2005 erteilt wurde und dass diese bis zur Übernahme nicht als Versorgungszusage i. S. d. § 3 Nr. 63 EStG (sog. Neuzusage) behandelt wurde.

b) Mitteilungspflichten

Die bisher in § 6 Abs. 1 AltvDV enthaltenen besonderen Mitteilungspflichten **872** wurden im Rahmen des Jahressteuergesetzes 2007 in den neuen § 5 Abs. 2 LStDV übernommen. Der Arbeitgeber hat der Pensionskasse, die für ihn die betriebliche Altersversorgung durchführt, spätestens zwei Monate nach Ablauf des Kalenderjahres oder nach Beendigung des Dienstverhältnisses im Laufe des Kalenderjahres gesondert je Versorgungszusage für den einzelnen Arbeitnehmer geleisteten und

- nach § 3 Nr. 56 und 63 EStG steuerfrei belassenen,
- nach § 40b EStG a. F. pauschal besteuerten oder
- individuell besteuerten

Beiträge mitzuteilen. Die Mitteilungspflicht kann auch durch einen Auftragnehmer (z. B. Steuerberater oder Besoldungsstelle) wahrgenommen werden.

c) Aufbewahrungspflichten

Im Zuge der Änderungen des Jahressteuergesetzes 2007 war geplant, die **873** Aufbewahrungsfrist für Unterlagen zur betrieblichen Altersversorgung über die bisherige 6-Jahres-Frist (§ 41 Abs. 1 Satz 10 EStG) hinaus in einem neuen § 5 Abs. 4 LStDV erheblich zu verlängern. Dieses Vorhaben wurde sachgerechterweise nicht umgesetzt.

II. Steuerliche Rahmenbedingungen der Begünstigten

Mit dem Altersvermögensgesetz vom 26.6.2001 (AVmG; BGBl. 2001 I S. 1310) **874** sowie mit dem Alterseinkünftegesetz vom 5.7.2004 (AltEinkG; BGBl. 2004 I S. 1427) und dem Jahressteuergesetz 2007 vom 18.12.2006 (JStG 2007; BGBl. 2006 I S. 2878) hat der Gesetzgeber einen weitgehenden Paradigmenwechsel in der Besteuerung der Alterseinkünfte vollzogen. Die Altersversorgung soll – unabhängig davon ob sie im privaten, betrieblichen oder gesetzlichen Rahmen organisiert wird – nachgelagert besteuert werden, also erst dann, wenn das Alterseinkommen bezogen wird. Die steuerliche Förderung soll sich zudem nur noch auf Leistungen beschränken, die zwingend der Altersvorsorge dienen. Sparpläne oder beispielsweise auch Kapitallebensversicherungen werden vom Gesetzgeber dabei als frei verfügbare Kapitalanlagen gewertet und damit nicht mehr gefördert. Bei den extern finanzierten Formen der betrieblichen Altersversorgung über Pensionskassen kommen als Fördermöglichkeiten je nach Ausgestaltung die Steuerfreiheit gem. § 3 Nr. 56 EStG, § 3 Nr. 63 EStG, die Pauschalversteuerung gem. § 40b EStG, die sog. *Riester*-Förderung gem. § 10a und Abschnitt XI EStG sowie die sog. *Rürup*-Förderung gem. § 10 Abs. 1 Nr. 2b EStG in Betracht. Durch das Steueränderungsgesetz 2007 vom 19.7.2006 (StÄndG; BGBl. 2006 I S. 1652) kommt es zudem für Versorgungszusagen ab dem 1.1.2007 zu Einschränkungen bei der steuerlichen Zulässigkeit einer Waisenrente.

1. Allgemeine Begriffsdefinitionen

875 Um beurteilen zu können, welche einzelnen bzw. Kombinationen von steuer-lichen Fördermöglichkeiten bei Pensionskassen Anwendung finden, sind zunächst einige allgemeine Begriffsbestimmungen vorzunehmen. Zum einen fördert der Gesetzgeber in erster Linie nur Beitragszahlungen im Rahmen der betrieblichen Altersversorgung. Daher muss zunächst festgestellt werden, ob es sich bei der jeweils vorliegenden Altersversorgung um eine betriebliche Altersversorgung i. S. d. Steuerrechts handelt. Zum anderen ist zu unter-scheiden, ob es sich bei der Versorgungszusage um eine sog. Altzusage, die vor dem 1.1.2005 erteilt wurde oder um eine sog. Neuzusage, die nach dem 31.12.2004 erteilt wurde, handelt.

a) Betriebliche Altersversorgung i. S. d. Steuerrechts

876 Im Rahmen einer Verwaltungsanweisung – die ihren Ursprung im Jahr 2004 hat – definiert die Finanzverwaltung den Begriff betriebliche Altersversor-gung speziell für das Steuerrecht (BMF-Schreiben vom 24.7.2013, Rz. 284–290, s. BStBl 2013 I S. 1022 = H-BetrAV, Teil II, A. I. 262 Nr. 22).

877 Eine betriebliche Altersversorgung i. S. d. Steuerrechts liegt danach vor, wenn dem Arbeitnehmer aus Anlass seines Arbeitsverhältnisses vom Arbeitgeber Leistungen zur Absicherung mindestens eines biometrischen Risikos (Alters-versorgung, Hinterbliebenenversorgung, Invaliditätsversorgung) zugesagt werden und Ansprüche auf diese Leistungen erst mit Eintritt des biologi-schen Ereignisses (altersbedingtes Ausscheiden aus dem Erwerbsleben, Tod des versicherten Arbeitnehmers, Eintritt der Invalidität) fällig werden (§ 1 BetrAVG).

878 Da die Altersversorgung aus Anlass eines Arbeitsverhältnisses zwischen Arbeitgeber und Arbeitnehmer zugesagt werden muss, handelt es sich um keine betriebliche Altersversorgung, wenn der Arbeitgeber oder eine Ver-sorgungseinrichtung dem nicht beim Arbeitgeber beschäftigten Ehegatten eines Arbeitnehmers eine Versorgungsleistung zur Absicherung seiner biometrischen Risiken des Ehegatten verspricht.

879 Als Untergrenze für betriebliche Altersversorgungsleistungen bei alters-bedingtem Ausscheiden aus dem Erwerbsleben gilt im Regelfall die Voll-endung des 60. bzw. 62. Lebensjahres, bei Versorgungszusagen, die nach dem 31.12.2011 erteilt werden die Vollendung des 62. Lebensjahres (BMF-Schrei-ben vom 24.7.2013, Rz. 286 – s. H-BetrAV, Teil II, A. I. 262 Nr. 22; RV-Al-tersgrenzenanpassungsgesetz vom 20.4.2007, BGBl. I S. 554). Hat der Arbeit-nehmer im Zeitpunkt der Auszahlung der Versorgungsleistung das 60. Lebensjahr vollendet und ist dennoch berufstätig und somit nicht aus dem Erwerbsleben ausgeschieden, so ist dies für den Begriff der betrieblichen Altersversorgung i. S. d. Steuerrechts unerheblich. In Ausnahmefällen kann die betriebliche Altersversorgungsleistung auch vor dem 60. bzw. 62. Le-bensjahr gewährt werden, wenn dies bei der jeweiligen Berufsgruppe, z. B.

bei Piloten, üblich ist. Solche Ausnahmefälle müssen sich jedoch aus Gesetzen, Tarifverträgen oder sonstigen kollektivrechtlichen Regelungen, z. B. Betriebsvereinbarungen, Sprecherausschussvereinbarungen ergeben.

Die Versorgungsleistung darf nicht vererblich sein. Um den Begriff der betrieblichen Altersversorgung i. S. d. Steuerrechts nicht zu gefährden, darf daher eine Hinterbliebenenversorgung nur an die Witwe, den Witwer, den früheren Ehegatten, den eingetragenen Lebenspartner/Lebenspartnerin, die Waisen – soweit diese dem Kindbegriff gem. § 32 Abs. 3 und Abs. 4 Satz 1 Nr. 1 bis 3 EStG erfüllen – sowie die Lebensgefährtin, den Lebensgefährten i. S. d. BMF-Schreibens vom 25.7.2002 (BStBl. I S. 706) gewährt werden. Für die Gewährung einer Hinterbliebenenversorgung an die Lebensgefährtin/ den Lebensgefährten, ist es regelmäßig ausreichend, wenn neben der geforderten namentlichen Benennung des/der Lebensgefährten in der schriftlichen Vereinbarung gegenüber dem Arbeitgeber auch versichert wird, dass eine gemeinsame Haushaltsführung besteht. Alleine die Möglichkeit, andere als die vorgenannten Personen als Begünstigte für den Fall des Todes des Arbeitnehmers zu benennen, führt steuerrechtlich dazu, dass von einer Vererblichkeit der Anwartschaften auszugehen ist, mit der Folge, dass steuerlich der Begriff der betrieblichen Altersversorgung nicht mehr erfüllt ist. Lediglich die Möglichkeit, ein einmaliges angemessenes Sterbegeld (§ 2 KStDV, max. 7 669 Euro) an andere als die vorgenannten Personen auszuzahlen, führt nicht zur Versagung der Anerkennung einer betrieblichen Altersversorgung i. S. d. Steuerrechts. Mit der Änderung des § 32 EStG im Rahmen des Steueränderungsgesetzes 2007 wird die Altersgrenze für die Gewährung von Kindergeld bzw. kindbedingte Freibeträge für Kinder ab dem Geburtsjahrgang 1983 von vor Vollendung des 27. Lebensjahres auf vor Vollendung des 25. Lebensjahres abgesenkt, für Kinder des Geburtsjahres 1982 auf vor Vollendung des 26. Lebensjahres. **880**

Bei den Voraussetzungen zur Gewährung einer Waisenrente ist daher für Versorgungszusagen ab 1.1.2007 zwingend darauf zu achten, dass diese neue Höchstaltersgrenze gilt. Würden für Versorgungszusagen ab dem 1.1.2007 die Versicherungsbedingungen bzgl. der Waisenrente weiterhin das 27. Lebensjahr vorsehen, wäre der Tatbestand der betrieblichen Altersversorgung i. S. d. Steuerrechts gefährdet. **881**

Nach den vorgenannten Grundsätzen sind Beitragserstattungsmöglichkeiten bzw. Abfindungsmöglichkeiten grundsätzlich steuerlich als schädlich anzusehen. Im BMF-Schreiben vom 24.7.2013, Rz. 289 (a.a.O.) regelt die Finanzverwaltung drei Sachverhalte, die aus Sinn- und Zweckmäßigkeitserwägungen von diesem Grundsatz auszunehmen waren. Danach führt allein die Möglichkeit einer Beitragserstattung einschließlich der gutgeschriebenen Erträge bzw. einer entsprechenden Abfindung **882**

– für den Fall des Ausscheidens aus dem Dienstverhältnis vor Erreichen der gesetzlichen Unverfallbarkeit und/oder

- für den Fall des Todes vor Ablauf einer arbeitsrechtlich vereinbarten Wartezeit und/oder
- der Abfindung einer Witwenrente/Witwerrente für den Fall der Wiederheirat sowie

vertraglich unverfallbarer Anwartschaften (sowohl bei Beendigung als auch während des bestehenden Arbeitsverhältnisses)noch nicht dazu, der Versorgungsvereinbarung die Anerkennung als betriebliche Altersversorgung i. S. d. Steuerrechts zu versagen. Kommt es auf Grund dieser Möglichkeiten zu einer entsprechenden Auszahlung, ist diese nach den Grundsätzen des § 22 Nr. 5 EStG zu besteuern.

883 Im BMF-Schreiben vom 24.7.2013, Rz. 290, hat die Finanzverwaltung zudem eine Vertrauensschutzregelung für vor dem 1.1.2005 erteilte Versorgungszusagen (Altzusagen) geschaffen. Danach wird es bei Altzusagen ausnahmsweise nicht beanstandet, wenn in der Versorgungsordnung eine Abweichung zu den o. g. Grundsätzen auch die Möglichkeit einer sog. Elternrente oder einer Beitragserstattung an Hinterbliebene (s. o.) im Fall des Versterbens vor Erreichen der Altersgrenze enthalten ist. Versorgungszusagen, die nach dem 31.12.2004 erteilt wurden (sog. Neuzusagen) sind von dieser Vertrauensschutzregelung nicht umfasst.

b) Steuerliche Abgrenzung von Alt-/Neuzusage

884 Für die Anwendung von § 3 Nr. 63 Satz 3 EStG (Aufstockungsbetrag in Höhe von 1 800 Euro) sowie § 40b Abs. 1 und Abs. 2 EStG a. F. (in der Fassung bis zum 31.12.2004) sowie für die Anwendbarkeit der sog. *Rürup*-Förderung gem. § 10 Abs. 1 Nr. 2b EStG, kommt es darauf an, ob die entsprechenden Beiträge auf Grund einer Versorgungszusage geleistet werden, die vor dem 1.1.2005 (Altzusage) oder nach dem 31.12.2004 (Neuzusage) erteilt wurde.

885 Für die **Abgrenzung zwischen Alt- und Neuzusage** hat die Finanzverwaltung mit BMF-Schreiben vom 24.7.2013, Rz. 349–358 (a.a.O.) folgende Abgrenzungskriterien aufgestellt:

- Zu welchem Zeitpunkt eine Versorgungszusage erteilt wurde, entscheidet sich grundsätzlich nach den zu einem Rechtsanspruch führenden arbeitsrechtlichen bzw. betriebsrentenrechtlichen Verpflichtungserklärungen des Arbeitgebers (z. B. Einzelvertrag, Betriebsvereinbarung oder Tarifvertrag). Nicht relevant ist danach, wann die Mittel an eine Versorgungseinrichtung fließen.

- Bei kollektiven, rein arbeitgeberfinanzierten Versorgungsregelungen ist die Zusage daher in der Regel mit Abschluss der Versorgungsregelung bzw. mit Beginn des Dienstverhältnisses des Arbeitnehmers erteilt. Ist die erste Dotierung durch den Arbeitgeber erst nach dem Ablauf von einer von vornherein arbeitsrechtlich festgelegten Wartezeit vorgesehen, so wird der Zusagezeitpunkt dadurch nicht verändert.

- Im Falle einer ganz oder teilweise durch Entgeltumwandlung finanzierten Zusage, gilt diese regelmäßig mit Abschluss der erstmaligen Gehaltsänderungsvereinbarung als erteilt. Um hier einem Gestaltungsmissbrauch vorzubeugen, hat die Finanzverwaltung zudem festgelegt, dass, wenn sich zwischen der Gehaltsänderungvereinbarung und erstmaligen Herabsetzung des Arbeitslohns mehr als 12 Monate liegen, die Versorgungszusage erst mit Zeitpunkt der erstmaligen Gehaltsherabsetzung als erteilt gilt.

Nicht immer im Einklang mit den arbeitsrechtlichen Rahmenbedingungen **886** hat die Finanzverwaltung zudem geregelt, dass die Änderung einer Versorgungszusage aus steuerrechtlicher Sicht eine **Neuzusage** darstellt,

- soweit die bereits erteilte Versorgungszusage um zusätzliche biometrische Risiken erweitert wird und dies mit einer Beitragserhöhung verbunden ist,
- im Fall der Übertragung der Versorgungszusage beim Arbeitgeberwechsel nach § 4 Abs. 2 Nr. 2 und Abs. 3 BetrAVG (nicht schuldbefreiende Übernahme der Versorgungsverpflichtung durch den neuen Arbeitgeber).

Unter dem Grundsatz der Einheit der Versorgung, geht die Finanzverwal- **887** tung bei Änderung einer Versorgungszusage weiterhin von einer Altzusage aus, wenn bei ansonten unveränderter Versorgungszusage:

- die Beiträge und/oder die Leistung erhöht oder vermindert werden,
- die Finanzierungsform ersetzt oder ergänzt wird (z. B. von rein arbeitgeberfinanziert hin zur Entgeltumwandlung),
- der Versorgungsträger/Durchführungsweg gewechselt wird,
- die zugrunde liegende Rechtsgrundlage gewechselt wird (z. B. von bisher tarifvertraglicher Regelung hin zur einzelvertraglichen Regelung),
- eine befristete Entgeltumwandlung (z. B. auf Grund Tarifvertrag) erneut befristet oder unbefristet fortgesetzt wird (auch einzelvertraglich).

Ohne das Vorliegen weiterer Voraussetzungen geht die Finanzverwaltung in **888** den folgenden Fällen von einer **Altzusage** aus:

- wenn eine schuldbefreiende Übernahme der Versorgungszusage nach § 4 Abs. 2 Nr. 1 BetrAVG durch den neuen Arbeitgeber erfolgt,
- bei einem Betriebsübergang gem. § 613a BGB,
- bei einer Übertragung einer Altzusage unter Anwendung des „Abkommens zur Übertragung zwischen den Durchführungswegen Direktversicherung, Pensionskassen oder Pensionsfonds bei Arbeitgeberwechsel" oder vergleichbaren Regelungen (BMF-Schreiben vom 24.7.2013, Rz. 356),
- wenn der Alt-Versicherungsvertrag zunächst auf den Arbeitnehmer übertragen und von ihm weitergeführt wird (z. B. während der Arbeitslosigkeit) und erst zu einem späteren Zeitpunkt auf den neuen Arbeitgeber übertragen wird,

Pensionskassen

– wenn Leistungskomponenten der betrieblichen Altersversorgung verringert, erhöht oder erstmals aufgenommen werden, wobei es hierbei nicht zu einer Beitragserhöhung kommen darf,

– wenn sich bedingt durch die Vervielfältigungsregelung nach § 40b EStG a. F. Beitrags- und/oder Leistungserhöhungen ergeben und die Versorgungszusage ansonsten unverändert bleibt.

2. Steuerliche Rahmenbedingungen in der Beitragsphase

a) Grundsätzliche Steuerpflicht gem. § 19 Abs. 1 Nr. 3 EStG

889 Laufende Beiträge und laufende Zuwendungen des Arbeitgebers an eine Pensionskasse, einen Pensionsfonds oder eine Direktversicherung, die bereits vor dem 1.1.2007 grundsätzlich steuerpflichtig waren, werden nunmehr im Rahmen des Jahressteuergesetzes 2007 klarstellend ausdrücklich in den Katalog der Einkünfte aus nichtselbstständiger Arbeit aufgenommen (§ 19 Abs. 1 Satz 1 Nr. 3 EStG). Unter den Voraussetzungen und in den Höchstgrenzen des § 3 Nr. 56, Nr. 63, Nr. 66 EStG sowie der §§ 10, 10a EStG und XI. Abschnitt EStG sind sie bekanntlich steuerfrei gestellt, so dass die daraus resultierenden Leistungen dann insoweit der nachgelagerten Besteuerung unterliegen.

b) Besteuerung von Sonderzahlungen an nicht kapitalgedeckte Pensionskassen (z. B. ZVK oder VBL) nach § 19 Abs. 1 Nr. 3 S. 2 EStG

890 Der im Rahmen des Jahressteuergesetzes 2007 neu eingefügte § 19 Abs. 1 Nr. 3 Satz 2 EStG ist ein weiteres Beispiel für ein „Nichtanwendungsgesetz" zur Rechtsprechung des BFH. Der BFH hatte in seinem Urteil vom 14.9.2005 – VI R 32/04 – (s. E-BetrAV 70.3.1 Nr. 51) überzeugend dargelegt, dass solche Sonderzahlungen nicht zu einem geldwerten Vorteil der aktiven Arbeitnehmer führen, da der Arbeitgeber dem Arbeitnehmer nichts zuwendet, was über die bereits erworbene Versorgungsanwartschaft hinausgeht. Als Reaktion des Gesetzgebers wurde nunmehr in § 19 Abs. 1 Nr. 3 Satz 2 EStG geregelt, dass ab dem 23.8.2006 auch Sonderzahlungen an eine Zusatzversorgungskasse im Zusammenhang mit der Schließung des Umlagesystems zu besteuern sind. Vorgelagert besteuert werden dabei grundsätzlich alle Sonderzahlungen, die der Arbeitgeber neben den laufenden Beiträgen und Zuwendungen nach dem 23.8.2006 leistet. Für diese Beiträge und Zuwendungen hat der Arbeitgeber die Lohnsteuer mit einem Pauschalsteuersatz in Höhe von 15 % zu erheben (§§ 40b Abs. 4 EStG). Die Überwälzung der pauschalen Lohnsteuer auf den Arbeitnehmer ist (wie bei allen pauschalen Lohnsteuern) zulässig. Steuerpflichtige Sonderzahlungen sind z. B. sog. Gegenwertzahlungen bei Ausscheiden aus einer umlagefinanzierten Pensionskasse (z. B. VBL oder ZVK) oder auch Zahlungen des Arbeitgebers an eine Pensionskasse anlässlich seines Ausscheidens aus einer nicht im Wege der Kapitaldeckung finanzierten betrieblichen Altersversorgung sowie

grundsätzlich auch anlässlich des Wechsels in ein ebenfalls nicht kapitalge-
decktes System (BMF-Schreiben vom 24.7.2013, Rz. 297).

Ausdrücklich im Gesetz – auch für kapitalgedeckte Pensionskassen – gere- **891**
gelte nicht steuerpflichtige Sonderzahlungen sind hingegen:

- Sanierungsgelder (VBL, ZVK),
- Zahlungen des Arbeitgebers zum Aufbau der Solvabilitätsspanne bei
  Pensionskassen (§§ 213, 214 VAG) sowie
- Zahlung ab dem 30.12.2014 zur Wiederherstellung einer angemessen
  Kapitalausstattung nach unvorhersehbaren Verlusten oder zur Finanzie-
  rung der Verstärkung der Rechnungsgrundlagen auf Grund einer unvorhersehbaren und nicht nur vorübergehenden Änderung der Verhältnisse,
  wobei die Sonderzahlung nicht zu einer Beitragsabsenkung führen bzw.
  durch eine solche ausgelöst werden darf (ZollkodexAnpG „JStG 2015",
  BGBl. I 2014 S. 2417). Mit dieser Regelung kann durch einen „steuerfreien"
  Sponsor-Support des Arbeitgebers ggf. ein Sanierungsfall der Pensionskasse abgewendet werden. Ein solcher Sponsor-Support sollte allerdings
  vorab im Rahmen einer Anrufungsauskunft mit dem Betriebsstättenfinanzamt abgestimmt werden, da einige der vorgenannten Voraussetzungen rechtlich nicht hinreichend bestimmt sind.

c) Steuerfreiheit/Sozialversicherungsfreiheit von Beiträgen an eine kapitalgedeckte Pensionskasse nach § 3 Nr. 63 EStG

Ab dem 1.1.2002 sind Beiträge an eine Pensionskasse im Rahmen der Vo- **892**
raussetzungen und Höchstbeträge des § 3 Nr. 63 EStG steuerfrei gestellt § 1
Abs. 1 Nr. 9 SvEV folgt dieser Steuerfreiheit nach § 3 Nr. 63 EStG in Höhe von
bis zu 4 % der Beitragsbemessungsgrenze in der allgemeinen Rentenversicherung (West) auch die Sozialversicherungsfreiheit.

Der ab 1.1.2005 für Neuzusagen ggf. zu gewährende zusätzliche Steuerfreibe- **893**
trag gem. § 3 Nr. 63 Satz 3 EStG i. H. v. 1 800 Euro führt hingegen nicht zu
einer korrespondierenden Sozialversicherungsfreiheit. Daher ist für diesen
Aufstockungsbetrag gem. § 1 Abs. 1 Nr. 9 SvEV Sozialversicherungspflicht
gegeben, und zwar unabhängig davon, ob es sich um Entgeltumwandlung
oder um vom Arbeitgeber finanzierte Beiträge handelt.

aa) Begünstigter Personenkreis

Zu dem nach § 3 Nr. 63 EStG begünstigten Personenkreis gehören alle Ar- **894**
beitnehmer im Sinne von § 1 LStDV, und zwar unabhängig davon, ob sie in
der gesetzlichen Rentenversicherung pflichtversichert sind oder nicht. Somit
können auch Beiträge für beherrschende Gesellschafter Geschäftsführer,
geringfügig Beschäftigte oder in einem berufsständischen Versorgungswerk
Versicherte gem. § 3 Nr. 63 EStG begünstigt sein. Beiträge aus einer ver-
deckten Gewinnschüttung gem. § 8 Abs. 3 Satz 2 KStG können hingegen
nicht unter § 3 Nr. 63 EStG subsumiert werden.

895 Die Steuerfreiheit setzt ein erstes Dienstverhältnis (auch geringfügiges Beschäftigungsverhältnis oder Aushilfstätigkeit) voraus. Soweit einem Arbeitnehmer die Steuerklasse VI zugeordnet wurde, ist daher nicht mehr von einem ersten Dienstverhältnis auszugehen und die Steuerfreiheit gem. § 3 Nr. 63 EStG kommt nicht in Betracht.

bb) Begünstigte Aufwendungen

896 Die nachstehenden Voraussetzungen müssen kumulativ vorliegen, damit die Steuerfreiheit nach § 3 Nr. 63 EStG zur Anwendung kommen kann.

(1) Aufbau einer betrieblichen Altersversorgung

897 Diese Voraussetzung für die Anwendbarkeit des § 3 Nr. 63 EStG wurde durch das Alterseinkünftegesetz ab dem 1.1.2005 gesetzlich normiert. Die Auffassung der Finanzverwaltung, dass diese Voraussetzung entsprechend der gesetzlichen Begründung zum Alterseinkünftegesetz eine deklaratorische Eigenschaft zugeschrieben werden kann, so dass diese bereits ab dem 1.1.2002 mit der Einführung des § 3 Nr. 63 EStG im Rahmen des Altersvermögensgesetzes vorliegt, erscheint nicht ohne Bedenken. Vielmehr wird wohl von einer konstitutiven Wirkung ab dem 1.1.2005 auszugehen sein. Zu dem Begriff der betrieblichen Altersversorgung i. S. d. Steuerrechts wird auf die Ausführungen in den Rdnrn. 876 ff. verwiesen. Ein wesentlicher Punkt hierbei ist, dass die nach § 3 Nr. 63 EStG begünstigten Beiträge nicht vererblich gestaltet werden dürfen. Eine generelle Erstattungsfähigkeit der Beiträge bei Tod des Versicherungsnehmers ist daher im Sinne von § 3 Nr. 63 EStG als steuerschädlich anzusehen.

(2) Erhebung der Beiträge im Kapitaldeckungsverfahren

898 Diese Regelung trifft insbesondere die umlagefinanzierten Pensionskassen des öffentlichen Dienstes. Werden die Beiträge nicht im Kapitaldeckungsverfahren, sondern in einem Umlageverfahren erhoben, kommt die Anwendbarkeit des § 3 Nr. 63 EStG nicht in Betracht. Werden die Beiträge sowohl im Umlageverfahren als auch im Kapitaldeckungsverfahren erhoben, gehören nur die im Kapitaldeckungsverfahren erhobenen Beiträge zu den begünstigten Aufwendungen im Sinne von § 3 Nr. 63 EStG, wenn eine getrennte Verwaltung und Abrechnung der Vermögensmassen möglich ist (Trennungsprinzip). Im BMF-Schreiben vom 24.7.2013, Rz. 306 führt die Finanzverwaltung zur Abgrenzung diesbezüglich aus, dass die Beiträge nur dann im Kapitaldeckungsverfahren erhoben werden, wenn der vom Arbeitgeber zur Finanzierung der zugesagten Versorgungsleistung gezahlte Beitrag nach bestimmten individuellen Kriterien den einzelnen Arbeitnehmern zugeordnet werden kann. Bei einer Verteilung eines vom Arbeitgeber gezahlten Gesamtbeitrags nach der Anzahl der begünstigten Arbeitnehmer ist hingegen – mangels individueller Kriterien – nicht von einen nach § 3 Nr. 63 EStG begünstigten Kapitaldeckungsverfahren auszugehen.

(3) Höchstbetrag – Aufstockungsbetrag

Die Steuerfreiheit gem. § 3 Nr. 63 EStG ist auf 4 % der BBG in der allgemeinen **899**
Rentenversicherung (West) begrenzt (in 2016: 2 976 Euro p. a.). Zusätzlich zu
diesem Höchstbetrag können Beiträge, die vom Arbeitgeber auf Grund einer
nach dem 31.12.2004 erteilten Neuzusage (vgl. Ausführungen unter den
Rdnrn. 966 ff.) geleistet werden, bis zur Höhe von 1 800 Euro steuerfrei be-
lassen werden (Aufstockungsbetrag). Dieser Aufstockungsbetrag kann jedoch
nicht in Anspruch genommen werden, wenn für den Arbeitnehmer im
Kalenderjahr Beiträge nach § 40b Abs. 1 und Abs. 2 EStG a. F. pauschal besteuert werden.

Es ist daher zu überlegen, ob, wenn die Pauschalversteuerung nach § 40b **900**
EStG nur im geringen Umfang beansprucht wird (z. B. in Höhe von 10 Euro),
es dann nicht günstiger ist, dass der Arbeitgeber auf die Anwendung des
§ 40b EStG in diesem Jahr für den betreffenden Arbeitnehmer komplett
verzichtet, um dem Arbeitnehmer damit die Möglichkeit zu geben, für eine
evtl. Neuzusage den Aufstockungsbetrag nutzen zu können.

Eine zeitanteilige Kürzung der Höchstbeträge ist nicht vorzunehmen, auch **901**
wenn das Arbeitsverhältnis nicht während des ganzen Kalenderjahres bestanden hat oder nicht für das ganze Kalenderjahr Beiträge gezahlt wurden.
Daher können die Höchstbeträge bei einem unterjährigen Arbeitgeberwechsel beim neuen Arbeitgeber erneut in voller Höhe in Anspruch genommen
werden (dies gilt nicht bei einem Betriebsübergang nach § 613a BGB).

(4) Vorrang der rein arbeitgeberfinanzierten Beiträge

Gem. BMF-Schreiben vom 24.7.2013, Rz. 310–311 ist zu beachten, dass rein **902**
arbeitgeberfinanzierte Beiträge, die zusätzlich zum ohnehin geschuldeten
Arbeitslohn entrichtet werden, vorrangig zu etwaigen Beiträgen des Arbeitnehmers aus Entgeltumwandlung gegen die o. g. Höchstbeträge (4 % der
BBG in der allgemeinen Rentenversicherung (West) sowie 1 800 Euro) zu
verrechnen sind. In der Praxis ist somit bei unterjährigem Ausscheiden des
Arbeitnehmers aus dem Dienstverhältnis bzw. spätestens mit der Dezember-
Entgeltabrechnung sicherzustellen, dass evtl. genutzte steuerfreie bzw. pau-
schalversteuerte Beiträge aus Entgeltumwandlung zugunsten der rein arbeit-
geberfinanzierten Beiträge in die pauschale bzw. individuelle Versteuerung
umzuschichten sind. Einschränkend wurde mit Wirkung ab 24.7.2013 (BMF-
Schreiben vom 24.7.2013, Rz. 439) neu geregelt, dass, sofern neben einer
Altzusage auch eine Neuzusage besteht, der Höchstbetrag des § 3 Nr. 63
Satz 1 EStG (4 % der BBG in der allgemeinen Rentenversicherung) zunächst
durch alle Beiträge auf Grund der Altzusage ausgeschöpft wird. Soweit die
Steuerfreiheit dadurch nicht voll ausgeschöpft wurde, sind die Beiträge auf
Grund der Neuzusage zu berücksichtigen.

903 Mithin gilt in diesen Fällen die folgende Reihenfolge:

1. Bei der **Altzusage** zuvorderst die rein arbeitgeberfinanzierten Beiträge, danach – aber noch vor Berücksichtigung der Neuzusage – die arbeitnehmerfinanzierten Beiträge.

2. Bei der **Neuzusage** zuvorderst die rein arbeitgeberfinanzierten Beiträge danach die arbeitnehmerfinanzierten Beiträge.

Sofern diese Regelung greift, ist sie in der Praxis der Entgeltabrechnung nur schwer handhabbar. Warum die bisherige, in der Praxis bewährte Regelung wegen einer Einzelfallgerechtigkeit in wenigen Ausnahmefällen derart verkompliziert und eingeschränkt werden musste, ist unverständlich. Eine Rückkehr zur bisherigen Verfahrensweise wäre daher wünschenswert. Da jedoch nur in seltenen Fällen neben einer arbeitgeberfinanzierten Altzusage eine zusätzliche arbeitgeberfinanzierte Neuzusage bzw. neben einer arbeitnehmerfinanzierten Altzusage eine rein arbeitgeberfinanzierte Neuzusage besteht, konnte in vielen Fällen die bisherige Praxis in der Entgeltabrechnung beibehalten werden.

(5) Zulässige Auszahlungsformen

904 Vom 1.1.2002 bis zum 31.12.2004 hatte § 3 Nr. 63 EStG bzgl. der Auszahlungsformen keinerlei einschränkende Regelungen. Mithin konnte die Versicherungsleistung in jeglicher Form – also auch als Einmalzahlung – gewährt werden.

905 Durch das Alterseinkünftegesetz hat der Gesetzgeber ab 1.1.2005 die diesbzgl. Voraussetzungen für die Anwendbarkeit des § 3 Nr. 63 EStG enger gefasst. Danach sind ab 1.1.2005 nur noch folgende Auszahlungsvarianten für die zugesagte Alters-, Invaliditäts- oder Hinterbliebenenversorgungsleistungen zulässig:

– lebenslange Leibrente,

– Auszahlungsplan mit anschließender lebenslanger Teilkapitalverrentung (§ 1 Abs. 1 Satz 1 Nr. 4 AltZertG),

– zeitlich befristete Rente bzw. Auszahlungsplan im Hinblick auf die ganz oder teilweise entfallende Versorgungsbedürftigkeit bei der Invaliditäts- und Hinterbliebenenversorgung (z. B. Vollendung des 25. Lebensjahres des Kindes (bei Versorgungszusagen, die vor dem 1.1.2007 erteilt wurden, ist das 27. Lebensjahr maßgebend), Wiederheirat der Witwe bzw. des Witwers, Wegfall der Erwerbsminderungsgründe) sowie

– Einmalzahlung in Höhe von max. 30 % des zu Beginn des Auszahlungsplans bzw. der Rente zur Verfügung stehenden Kapital (BMF-Schreiben vom 24.7.2013, Rz. 312, 373).

Allein die Möglichkeit, anstelle der o. g. Auszahlungsformen eine Einmalkapitalauszahlung (100 % des zu Beginn der Auszahlungsphase zur Verfügung stehenden Kapitals) zu wählen, steht der Steuerfreiheit noch nicht entgegen. Dieses Wahlrecht gilt auch für die Invaliditäts- oder Hinterbliebenenversorgung. Zu beachten ist dabei aber, dass dem Zeitpunkt der Entscheidung des Arbeitnehmers zugunsten einer Einmalkapitalauszahlung die Voraussetzungen für eine Anwendbarkeit des § 3 Nr. 63 EStG nicht mehr vorliegen, so dass weitere Beitragsleistungen pauschal bzw. individuell zu besteuern wären. Von diesem Grundsatz kann aus Vereinfachungsgründen abgewichen werden, wenn die Ausübung dieses Wahlrechts innerhalb des letzten Jahres vor dem altersbedingten Ausscheiden aus dem Erwerbsleben getroffen wurde. In diesem Fall kann § 3 Nr. 63 EStG ausnahmsweise noch bis zum altersbedingten Ausscheiden angewendet werden. Für die o. g. Einmalkapitalauszahlung kann eine Steuerermäßigung für außerordentliche Einkünfte gem. § 34 Abs. 2 EStG im Rahmen der sog. 1/5tel Regelung nicht in Anspruch genommen werden (BMF-Schreiben vom 24.7.2013, Rz. 312, 373).

906 Zu beachten ist hierbei zudem eine Vertrauensschutzregelung für Altzusagen, die die Finanzverwaltung im BMF-Schreiben vom 24.7.2013, Rz. 290 geschaffen hat. Hiernach ist es für Altzusagen (Versorgungszusage vor dem 1.1.2004, vgl. Ausführungen unter den Rdnrn. 884 ff.) ausreichend, dass abweichend von den oben dargestellten Grundsätzen, nur für die zugesagte Altersversorgung, nicht aber für die Hinterbliebenen- oder Invaliditätsversorgung, die Auszahlung in Form einer Rente oder eines Auszahlungsplans vorgesehen ist.

907 Für sog. Neuzusagen (Versorgungszusage nach dem 31.12.2004, vgl. Ausführungen in den Rdnrn. 884 ff.) müsste eine Versorgungsordnung, die die Einmalkapitalauszahlungen im Rahmen der Hinterbliebenen- oder Invaliditätsversorgung vorsieht, vor dem 1.1.2005 angepasst worden sein, da nur dann, wenn eine Rente bzw. ein Auszahlungsplan vorgesehen ist, die steuerliche Förderung gem. § 3 Nr. 63 EStG gewährt werden kann.

(6) Vervielfältigungsregelung gem. § 3 Nr. 63 Satz 4 EStG

908 Diese Regelung wurde durch das Alterseinkünftegesetz ab dem 1.1.2005 neu geschaffen und soll den Wegfall der Vervielfältigungsregelung gem. § 40b Abs. 2 Satz 3 und 4 EStG für sog. Neuzusagen kompensieren.

909 Der maximale steuerfreie Betrag errechnet sich nach der neu geschaffenen Vervielfältigungsregelung nach § 3 Nr. 63 Satz 4 EStG wie folgt:

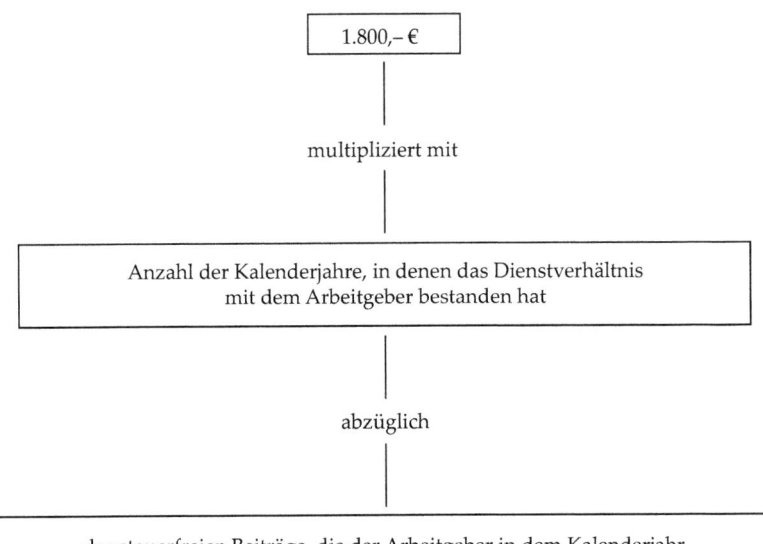

Anders als bei der Vervielfältigungsregelung gem. § 40b Abs. 2 Satz 3 und 4 EStG sind bei dieser Berechnung jedoch nur Dienstjahre zu berücksichtigen, die ab dem Kalenderjahr 2005 geleistet wurden. Durch diese Einschränkung wird klar, dass durch die geschaffene Vervielfältigungsregelung in § 3 Nr. 63 Satz 4 EStG kein vergleichbarer Ersatz für die Vervielfältigungsregelung nach § 40b Abs. 2 Satz 3 und 4 EStG geschaffen wurde, da dort die Dienstjahre ohne zeitliche Begrenzung zu berücksichtigen sind. Mithin wird die neu geschaffene Vervielfältigungsregelung in § 3 Nr. 63 Satz 4 EStG erst langfristig an praktischer Bedeutung gewinnen.

910 Sozialversicherungsrechtlich sind die nach § 3 Nr. 63 Satz 4 EStG im Rahmen der neu geregelten Vervielfältigungsregelung steuerfreien Beiträge sozialversicherungspflichtiges Entgelt, da § 1 Abs. 1 Nr. 9 SvEV nur die in § 3 Nr. 63 Satz 1 und 2 EStG geregelten steuerfreien Tatbestände von der Sozialversicherungspflicht ausnimmt.

911 Handelt es sich jedoch bei den Beiträgen, die im Rahmen der Vervielfältigungsregelung geleistet werden, um eine Abfindung für den Verlust des Arbeitsplatzes, ist nach der Rechtsprechung des *BSG* vom 21.2.1990 – 12 RK 20/88 (s. USK9010) – nicht von sozialversicherungspflichtigem Entgelt auszugehen.

d) Pauschalversteuerung nach § 40b EStG bei Altzusage

Beiträge, die zum Aufbau einer kapitalgedeckten betrieblichen Altersver-   **912**
sorgung für eine Pensionskasse geleistet werden, sind nur noch bei Vorliegen
einer Altzusage (Versorgungszusage vor dem 1.1.2005, vgl. Ausführungen in
den Rdnrn. 964 f.) im Rahmen der Pauschalbesteuerung nach § 40b EStG in
der Fassung bis zum 31.12.2004 (a. F.) begünstigt.

aa) Allgemeine Rahmenbedingungen gem. § 40b EStG

Danach kann der Arbeitgeber die Lohnsteuer von den Zuwendungen an eine   **913**
Pensionskasse anstelle der individuellen Versteuerung mit einem Pausch-
steuersatz von 20 % der Zuwendung erheben. Dies gilt jedoch nach § 40b
Abs. 2 Satz 1 EStG nicht, soweit die zu besteuernden Zuwendungen des
Arbeitgebers für den Arbeitnehmer 1 752 Euro im Kalenderjahr übersteigen
oder nicht aus seinem ersten Dienstverhältnis bezogen werden. § 40b EStG
kann sowohl für Beiträge aus Entgeltumwandlung als auch für originäre
Arbeitgeberbeiträge die zusätzlich zum ohnehin geschuldeten Arbeitslohn
erbracht werden, angewendet werden.

bb) Durchschnittsbildung gem. § 40b Abs. 2 Satz 2 EStG

Gem. § 40b Abs. 2 Satz 2 EStG ist eine Durchschnittsbildung möglich. Danach   **914**
gilt als Zuwendung für den einzelnen Arbeitnehmer der Teilbetrag, der sich
bei einer Aufteilung der gesamten Zuwendung durch die Zahl der begünstigten Arbeitnehmer ergibt, wenn dieser Teilbetrag 1 752 Euro nicht übersteigt.
Hierbei sind Arbeitnehmer, für die Zuwendungen von mehr als 2 148 Euro
im Kalenderjahr geleistet werden, nicht mit einzubeziehen.

cc) Vervielfältigungsregelung gem. § 40b Abs. 2 Satz 3 und 4 EStG

Für Zuwendungen, die der Arbeitgeber für den Arbeitnehmer aus Anlass der   **915**
Beendigung des Dienstverhältnisses erbracht hat, ist die Vervielfältigung
gem. § 40b Abs. 2 Satz 3 und 4 EStG wie folgt zu berechnen:

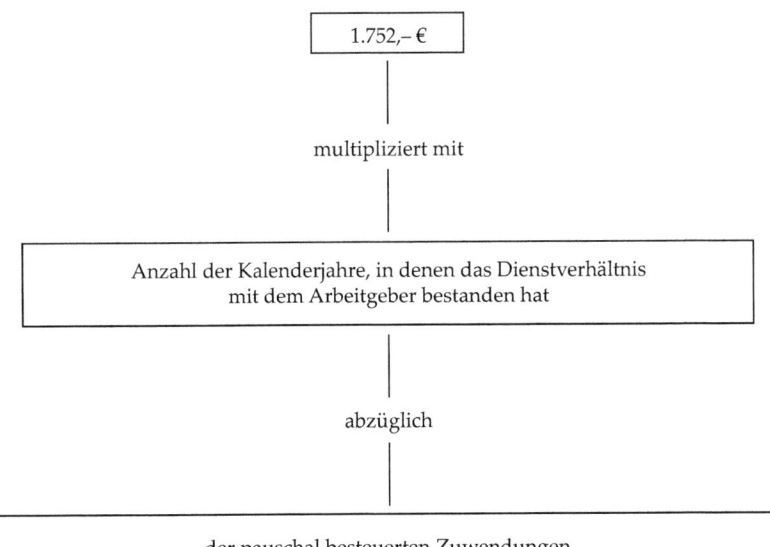

dd) Abwälzung pauschaler Lohnsteuer und Annexsteuer (Solidaritätszuschlag und Kirchensteuer) auf den Arbeitnehmer

916 Die Abwälzung pauschaler Lohnsteuer und Annexsteuer auf den Arbeitnehmer ist arbeitsrechtlich zulässig. Im Fall der Abwälzung bleibt zwar der Arbeitgeber Schuldner der pauschalen Lohnsteuer, im wirtschaftlichen Ergebnis wird sie jedoch vom Arbeitnehmer getragen. Die Verlagerung der Belastung, darf dabei weder zu einer Minderung des individuell nach den Merkmalen der Lohnsteuerkarte zu versteuernden Arbeitslohns, noch zu einer Minderung der Bemessungsgrundlage für die pauschale Lohnsteuer führen.

917 Mithin vermindert die abgewälzte Lohnsteuer in der Regel den Nettolohn des Arbeitnehmers. Eine Abwälzung kann sich dabei beispielsweise aus dem Arbeitsvertrag selbst, aus einer Zusatzvereinbarung zum Arbeitsvertrag ergeben oder aus dem wirtschaftlichen Ergebnis einer Gehaltsumwandlung oder Gehaltsänderungsvereinbarung. Das ist der Fall, wenn die pauschale Lohnsteuer als Abzugsbetrag in der Gehaltsabrechnung ausgewiesen wird.

Die o. g. Aussagen gelten gleichermaßen für die Abwälzung von Annex-steuern, wie Kirchensteuer oder Solidaritätszuschlag (BMF-Schreiben vom 10.1.2000, BStBl. I S. 138).

e) Pauschalversteuerung nach § 40b EStG bei Neuzusage

Beiträge, die zum Aufbau einer umlagefinanzierten betrieblichen Altersver- **918** sorgung für eine Pensionskasse geleistet werden, sind sowohl bei Vorliegen einer Altzusage (siehe oben) als auch bei Vorliegen einer Neuzusage (Versorgungszusage nach dem 31.12.2004, vgl. Ausführungen unter den Rdnrn. 884 ff.) im Rahmen der Pauschalbesteuerung nach § 40b EStG in der Fassung ab dem 1.1.2005 (n. F.) steuerrechtlich zu behandeln. Hiervon sind vor allem Zusatzversorgungseinrichtungen des öffentlichen Dienstes be-troffen, soweit diese im Umlageverfahren finanziert werden.

Werden von einer Versorgungseinrichtung sowohl umlagefinanzierte Bei- **919** träge als auch Beiträge im Kapitaldeckungsverfahren erhoben, ist § 40b EStG n. F. ausnahmsweise auch auf die im Kapitaldeckungsverfahren erhobenen Beiträge anzuwenden, wenn eine getrennte Verwaltung und Abrechnung beider Vermögensmassen nicht erfolgt (s. BMF-Schreiben vom 24.7.2013, Rz. 303, 338, 342 und 347).

Für eine umlagefinanzierte betriebliche Altersversorgung kann der Auf- **920** stockungsbetrag nach § 3 Nr. 63 Satz 3 EStG in Höhe von 1 800 Euro auch bei Vorliegen einer Neuzusage nicht in Anspruch genommen werden. Die Übergangsregelung, wonach für eine kapitalgedeckte betriebliche Altersver-sorgung der Aufstockungsbetrag gem. § 3 Nr. 63 Satz 3 EStG in Höhe von 1 800 Euro nicht angewendet werden kann, wenn Beiträge nach § 40b EStG a. F. pauschal besteuert werden, greift für die umlagefinanzierte betriebliche Altersversorgung nicht, da die pauschale Besteuerung in diesem Fall nach § 40b EStG n. F. erfolgt und somit die Sperrwirkung für den Aufstockungsbe-trag nicht greift. Die zusätzliche Inanspruchnahme des Aufstockungsbetrages in Höhe von 1 800 Euro nach § 3 Nr. 63 Satz 3 EStG für im Kapitaldeckungs-verfahren erhobenen Beiträge ist somit durch § 40b EStG n. F. nicht ausge-schlossen (BMF-Schreiben vom 24.7.2013, Rz. 364).

Nach § 40b Abs. 2 Satz 5 EStG n. F. besteht zudem ab 1.1.2005 die Möglichkeit **921** der Pauschalversteuerung ohne betragsmäßige Begrenzungen für Zahlungen, die der Arbeitgeber infolge seines Ausscheidens aus einer umlagefinanzier-ten Pensionskasse an diese für die dort bestehenden und verbleibenden Versorgungsverpflichtungen und Versorgungsanwartschaften zu leisten hat. Dies betrifft z. B. die Gegenwertzahlung nach § 23 Abs. 2 VBLS. Bzgl. der Neuregelungen ab 1.1.2008 wird auf die Ausführungen in der Rdnr. 922 ver-wiesen.

f) Steuerfreiheit nach § 3 Nr. 56 EStG bzw. Pauschalversteuerung nach § 40b EStG von Umlagen an nicht kapitalgedeckte (umlagefinanzierte) Pensionskassen

922 Mit der im Rahmen des Jahressteuergesetzes 2007 neu eingefügten Vorschrift des § 3 Nr. 56 EStG werden ab 1.1.2008 auch umlagefinanzierte Versorgungssysteme partiell nachgelagert besteuert, um auf diese Weise langfristig eine Vereinheitlichung mit der kapitalgedeckten betrieblichen Altersversorgung im Rahmen der versicherungsförmigen Durchführungswege zu erreichen. Die Regelung des neuen § 3 Nr. 56 EStG entspricht daher im Wesentlichen der Vorschrift des § 3 Nr. 63 EStG zur steuerfreien Beitragsleistung an einen Pensionsfonds, eine Pensionskasse oder eine Direktversicherung im Rahmen einer kapitalgedeckten betrieblichen Altersversorgung. Allerdings wird die Steuerfreiheit von maximal 4 % der Beitragsbemessungsgrenze in der allgemeinen Rentenversicherung (West) (BBG/RV) beginnend ab dem Jahr 2008 erst stufenweise bis zum Jahr 2025 hergestellt. So sollen Zahlungen ab dem 1.1.2008 bis maximal 1 % der BBG/RV steuerfrei sein. Ab dem 1.1.2014 wird die Steuerfreiheit auf 2 % der BBG/RV und ab dem 1.1.2020 dann auf 3 % der BBG/RV angehoben. Ab dem 1.1.2025 soll schließlich ein Steuerfreibetrag in Höhe von maximal 4 % der BBG/RV bestehen. Zu beachten ist insoweit, dass der in § 3 Nr. 63 Satz 3 EStG für den Fall der kapitalgedeckten betrieblichen Altersversorgung verankerte zusätzliche Höchstbetrag von 1 800,00 Euro hier nicht vorgesehen wurde, da für mögliche übersteigende Zuwendungen des Arbeitgebers weiterhin die Pauschalbesteuerung nach § 40b EStG zur Anwendung kommen kann.

923

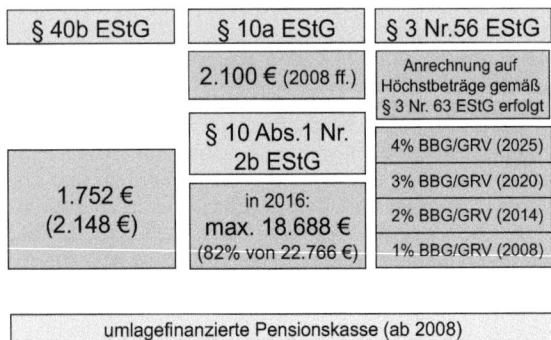

Steuerliche Förderung der Beiträge an eine umlagefinanzierte Pensionskasse

§ 40b EStG	§ 10a EStG	§ 3 Nr.56 EStG
	2.100 € (2008 ff.)	Anrechnung auf Höchstbeträge gemäß § 3 Nr. 63 EStG erfolgt
	§ 10 Abs.1 Nr. 2b EStG	4% BBG/GRV (2025)
		3% BBG/GRV (2020)
1.752 € (2.148 €)	in 2016: max. 18.688 € (82% von 22.766 €)	2% BBG/GRV (2014)
		1% BBG/GRV (2008)

umlagefinanzierte Pensionskasse (ab 2008)

g) Riester-Förderung gem. § 10a und Abschnitt XI EStG

Ab dem 1.1.2002 wurde mit dem Altersvermögensgesetz ein zusätzlicher **924** Steuerabzugsbetrag für bestimmt Altersvorsorgeaufwendungen eingeführt (Sonderausgabenabzug gem. § 10a EStG). Da ein Sonderausgabenabzug lediglich die steuerliche Bemessungsgrundlage mindert und sich somit bei Geringverdienern kaum bzw. nicht auswirkt, wurde korrespondierend zu dem Sonderausgabenabzug eine progressionsunabhängige Zulage geschaffen (Abschnitt XI EStG). Liegen förderfähige Beitragszahlungen vor, erhält der Förderberechtigte im ersten Schritt die beantragte Altersvorsorgezulage auf seinen Altersvorsorgevertrag überwiesen. Die Zulage wirkt dabei wie ein Beitrag. Wird darüber hinausgehend der Sonderausgabenabzug gem. § 10a EStG in der Einkommensteuererklärung geltend gemacht, prüft das Finanzamt, ob für den Begünstigten der zusätzlich beantragte Sonderausgabenabzug für die Altersvorsorgeverwendung (geleistete Beiträge und staatliche Zulagen) günstiger ist als die gewährte Zulage. Ist dies der Fall, erhält der Förderberechtigte über seinen Einkommensteuerbescheid die über die Zulage hinausgehende Steuerermäßigung auf Grund des Sonderausgabenabzugs gem. § 10a EStG erstattet.

aa) Persönliche Voraussetzung für die Riester-Förderung

Die sog. *Riester*-Förderung steht grundsätzlich all denjenigen zu, die Leis- **925** tungsminderungen in ihrer gesetzlichen Altersversorgung hinnehmen mussten und individuelle Ansprüche auf eine zusätzliche Altersversorgung im Rahmen der gesetzlichen Gegebenheiten weiter aufbauen müssen.

Dies sind u. a. folgende Personengruppen: **926**

– die Pflichtversicherten in der gesetzlichen Rentenversicherung
– die Pflichtversicherten in der Alterssicherung der Landwirte
– Beamte und die Empfänger von Amtsbezügen

Um förderberechtigt im Sinne der sog. *Riester*-Rente zu sein, ist es ausreichend, wenn die Voraussetzung für die Zugehörigkeit zu dem o. g. begünstigten Personenkreis während eines Teils des Kalenderjahres – d. h. z. B. nur für einen Tag – vorgelegen hat.

Zudem ist Voraussetzung, dass die Begünstigten unbeschränkt steuerpflichtig **927** sind, d. h. ihren Wohnsitz oder ihren gewöhnlichen Aufenthalt in Deutschland haben (§ 79 EStG).

Gehört bei Ehegatten einer zu der o. g. begünstigten Personengruppe (un- **928** mittelbar zulageberechtigt), dann erhält der andere – eigentlich nicht begünstigte – Ehegatte nur dann eine abgeleitete Zulageberechtigung, wenn ein auf seinen Namen lautender zertifizierter Altersvorsorgevertrag abgeschlossen wird (mittelbar Zulageberechtigter). Das Bestehen einer betrieblichen Altersversorgung, z. B. über eine Pensionskasse, ist als Kriterium für eine unmittelbare Zulageberechtigung zwar ausreichend, für eine mittelbare Zulageberechtigung mangels Zertifizierung gilt dies jedoch nicht.

bb) Produktkriterien für Beiträge an Pensionskassen im Rahmen der betrieblichen Altersversorgung

929 In der Praxis unterscheidet man bei der sog. *Riester*-Förderung zwischen privaten und betrieblichen Altersvorsorgeverträgen. Während die privaten Altersvorsorgeverträge nach den Vorschriften des Altersvorsorgezertifizierungsgesetzes (AltZertG) zu zertifizieren sind (§ 82 Abs. 1 EStG), können Beiträge an Pensionskassen zugunsten einer betrieblichen Altersversorgung auch ohne die vorgenannte Zertifizierung steuerlich gefördert werden (§ 82 Abs. 2 EStG).

930 Der Gesetzgeber hat für die betriebliche Altersversorgung auf eine zusätzliche Zertifizierung verzichtet, da durch das BetrAVG für die Anlageprodukte bereits hinreichende Qualitätskriterien sichergestellt sind. Gem. § 82 Abs. 2 EStG sind die Beitragsleistungen jedoch nur begünstigt, wenn sie aus dem individuell versteuerten Arbeitslohn des Arbeitnehmers an eine Pensionskasse zum Aufbau einer kapitalgedeckten betrieblichen Altersversorgung geleistet werden und die zugesagte Altersvorsorgeleistung in Form einer lebenslangen Altersversorgung (vgl. Rdnrn. 904 ff.) im Sinne von § 1 Abs. 1 Satz 1 Nr. 4 AltZertG vorgesehen sind.

cc) Ausgestaltung des Förderumfangs

931 Die Ausgestaltung des Förderumfangs (Sonderausgabenabzug gem. § 10a EStG und Altersvorsorgezulage gem. XI. Abschnitt EStG) sowie die Beiträge, die zur Erlangung einer vollen Riesterförderung mindestens zu leisten sind, ergeben sich aus der nachfolgenden Darstellung:

	2002/2003	2004/2005	2006/2007	Ab 2008
Sonderausgabenabzug (§ 10a EStG)	525 € inkl. Zulagen[1]	1 050 € inkl. Zulagen[1]	1 575 € inkl. Zulagen[1]	2 100 € inkl. Zulagen[1]
Grundzulage (§ 84 EStG)	38 €	76 €	114 €	154 €
Kinderzulage je Kind (§ 85 EStG)	46 €	92 €	138 €	185 € bzw. 300 €[4]
Mindesteigenbeitrag[2] bzw. Sockelbetrag (§ 86 EStG)	1 %[3] abzüglich Zulagen	2 %[3] abzüglich Zulagen	3 %[3] abzüglich Zulagen	4 %[3] abzüglich Zulagen

	2002/2003	2004/2005	2006/2007	Ab 2008
Maximal	525 € abzüglich Zulagen	1 050 € abzüglich Zulagen	1 575 € abzüglich Zulagen	2 100 € abzüglich Zulagen
Mindestens aber				
ohne Kind	45 €	45 €/60 €	60 €	60 €
mit 1 Kind	38 €	38 €/60 €	60 €	60 €
bei 2 und mehr Kindern	30 €	30 €/60 €	60 €	60 €

1 Da die Zulage Bestandteil des Beitrags ist, muss der Förderberechtigte nur einen um die Zulage verminderten Höchstbetrag leisten, um den vollen Sonderausgabenabzug zu erhalten (dies sind z. B. für einen Förderberechtigten ohne Kind in 2016 2 100 Euro abzgl. 154 Euro = 1 946 Euro und für einen Förderberechtigten mit 2 Kindern (geboren 2006 und 2010) 2 100 Euro abzgl. 154 Euro abzgl. 185 Euro abzgl. 300 Euro = 1 461 Euro). Zulageberechtigte, die das 25. Lebensjahr zu Beginn des Beitragsjahres noch nicht vollendet haben, erhalten einen einmaligen Starterbonus i. H. von 200 Euro.

2 Wird der Mindesteigenbeitrag nicht erreicht, wird der Sonderausgabenabzug bzw. die Grund- und Kinderzulage nur anteilig gewährt.

3 Vom Vorjahreseinkommen (Beitragspflichtige Einnahmen bzw. Besoldung der Beamten).

4 Die Kinderzulage beträgt 300 Euro für nach dem 31.12.2007 geborene Kinder.

dd) Schädliche Verwendung

932 Wird das geförderte Altersvorsorgevermögen nicht unter den in § 1 Abs. 1 Satz 4 Nr. 4 AltZertG genannten Bedingungen an den Förderberechtigten ausgezahlt (zulässig sind: Rente, Auszahlungsplan mit Restverrentung, 30 % Teilkapitalauszahlung, variable Auszahlung der in der Auszahlungsphase anfallenden Zinsen und Erträge, Abfindung von Kleinbetragsrenten), dann handelt es sich hierbei um eine sog. schädliche Verwendung gem. § 93 Abs. 1 EStG. Damit das angesparte Altersvorsorgevermögen auch tatsächlich im Alter zur Verstärkung der Rente zu Verfügung steht, hat der Gesetzgeber verfügt, dass in diesen Fällen, die auf das ausgezahlte Kapital entfallenden Zulagen und der nach § 10 Abs. 4 EStG gesondert festgestellte Steuervorteil auf Grund des Sonderaufgabenabzugs von dem Förderberechtigten zurückzuzahlen ist. Zudem sind die im ausgezahlten Kapital erhaltenen Erträge und Wertsteigerungen gem. § 22 Nr. 5 Satz 4 EStG im Rahmen der sonstigen Einkünfte zu versteuern.

933 Wird nicht das gesamte geförderte Altersvorsorgevermögen schädlich verwendet, ist eine Aufteilung vorzunehmen. Keine schädliche Verwendung liegt vor, soweit das geförderte Altersvorsorgevermögen auf einen Altersvorsorgevertrag übertragen wird, der auf den jeweiligen Namen des Ehegatten lautet und die Ehegatten zum Zeitpunkt des Todes des Förderberechtigten die Voraussetzung der steuerlichen Zusammenveranlagung gem. § 26 Abs. 1 EStG erfüllt haben (§ 93 Abs. 1 Satz 3 Buchst. b) EStG). Im Rahmen des Alterseinkünftegesetzes ist zudem die Möglichkeit der steuerunschädlichen

Abfindung von Kleinstrenten eingeführt worden (§ 93 Abs. 3 EStG). Demnach können Anwartschaften auch als Einmalbetrag abgefunden werden, wenn der Monatsbetrag der aus der Anwartschaft resultierenden laufenden Leistung 1 % der monatlichen Bezugsgröße (§ 18 SGB IV) nicht übersteigt. Im Jahr 2010 kann daher eine Kleinbetragsrente in Höhe von bis zu mtl. 25,55 Euro steuerunschädlich abgefunden werden.

934 Des Weiteren wurde auf Grund der durch das Alterseinkünftegesetz neu geregelten Portabilität geregelt, dass ein Arbeitnehmer bei einem Wechsel des Arbeitgebers Versorgungszusagen, die nach dem 31.12.2004 erteilt wurden, gem. § 4 Abs. 3 BetrAVG zu einem festgelegten Übertragungswert (§ 4 Abs. 5 BetrAVG) auf eine Versorgungseinrichtung des neuen Arbeitgebers übertragen kann. Diese Übertragung ist dann keine schädliche Verwendung, wenn auch nach der Übertragung die Förderkriterien für eine sog. *Riester*-Rente gewährleistet sind.

935 Bei Beendigung der unbeschränkten Einkommensteuerpflicht des Anspruchsberechtigten, z. B. durch einen Wohnsitzwechsel in das nicht europäische Ausland (Wohnsitz außerhalb der EU-EWR-Staaten), sind die Vorschriften über eine schädliche Verwendung entsprechend anzuwenden (§ 93, § 94 und § 95 Abs. 1 EStG). Beitragszahler können hier im Gegensatz zu Leistungsempfängern einen Antrag auf Stundung des Rückforderungsbetrages stellen, der sich auf Grund der schädlichen Verwendung ergibt (§ 95 Abs. 2 Satz 1 und 3 EStG). Die Stundung endet spätestens mit dem aus dem geförderten Altersvorsorgevermögen resultierenden Leistungsbezug. Kehrt der Anspruchsberechtigte wieder in das Inland zurück, wird der gestundete Rückforderungsbetrag auf Grund der erneut begründeten unbeschränkten Steuerpflicht erlassen (§ 95 Abs. 3 EStG). Diese Regelung, die einen massiven Eingriff in die persönliche Lebensplanung der Betroffenen darstellt, macht die sog. *Riester*-Förderung im Vergleich zu anderen Vorsorgeformen eher unattraktiv.

936 Durch das Gesetz zur Verbesserung zur verbesserten Einbeziehung der selbst genutzten Wohnimmobilie in die geförderte Altersvorsorge vom 31.7.2008 (Eigenheimrentengesetz – EigRentG; BGBl. 2008 I S. 1509) wurde der sog. „Wohn-Riester" eingeführt. Die Auszahlung eines Altersvorsorge-Eigenheimbetrages sowie die Tilungsförderung für eine wohnwirtschaftliche Verwendung sind nur für zertifzierte Altersvorsorgeverträge möglich und wurde nicht für die betriebliche Altersversorgung vorgesehen (BMF-Schreiben vom 24.7.2013, Rz. 232). Insofern wird auf weitere Ausführungen hierzu verzichtet.

ee) Vereinfachung der Riester-Rente ab dem 1.1.2005

937 Durch das Alterseinkünftegesetz wurde mit Wirkung ab 1.1.2005 im Bereich der sog. *Riester*-Förderung die nachstehenden Regelungen zur Vereinfachung und Entbürokratisierung geschaffen, die dem Förderberechtigten die Beantragung der Zulage erleichtern und für die Anbieter die Anzahl der fehlerhaften Zulageanträge vermindern soll.

(1) Dauerzulageantrag (§ 89 Abs. 1a EStG)

Bei dem Dauerzulageantrag kann der Förderberechtigte in einem einmaligen **938** Vorgang seinen Anbieter bevollmächtigen, die Zulage für ihn bis auf Widerruf auch für die Folgejahre zu beantragen. Der Zulageberechtigte ist dann nur noch verpflichtet, Änderungen, die sich auf den Zulageanspruch auswirken (z. B. Familienstand, Zuordnung/Anzahl der Kinder, Wegfall der Zulageberechtigung), dem Anbieter unverzüglich mitzuteilen. Ansonsten ist von dem Förderberechtigten in dem Folgejahr nichts mehr zu veranlassen, um die Altersvorsorgezulage zu erhalten.

(2) Datenerhebung direkt bei der gesetzlichen Rentenversicherung (§ 91 Abs. 1 EStG)

Die für die Auszahlung der *Riester*-Förderung zuständige Behörde, die Zu- **939** lagenstelle für Altersvermögen (ZfA), ist berechtigt, die ab 1.1.2005 für die Zwecke der Berechnung des Mindesteigenbeitrages das notwendige beitragspflichtige Vorjahreseinkommen des Förderberechtigten edv-technisch abzufragen. Die korrekte Angabe dieses Betrages durch den Antragsteller selbst war bisher die größte Fehlerquelle bei der Zulagenbeantragung. Durch den Datenabgleich zwischen ZfA und der gesetzlichen Rentenversicherung ist diese für die Berechnung der Zulage notwendige Angabe durch den Förderberechtigten im Zulageantrag ab dem 1.1.2005 noch eine freiwillige Angabe. Es kann daher empfehlenswert sein, dieses Feld im Zulagenantrag nicht auszufüllen, um den o. g. automatisierten Datenabgleich auszulösen.

(3) Einheitlicher Sockelbetrag (§ 86 Abs. 1 Satz 4 EStG)

Bis zum 31.12.2004 wurde der Sockelbetrag, d. h. der Betrag, der ohne eige- **940** nen oder nur sehr geringen Arbeitslohn mindestens von dem Förderberechtigten zu zahlen ist, in Abhängigkeit von dem Vorhandensein bzw. der Anzahl der Kinder festgelegt. Ab dem 1.1.2005 beträgt der Sockelbetrag einheitlich 60 Euro p. a.

(4) Abfindung von Kleinbetragsrenten (§ 93 Abs. 3 EStG)

Die Abfindungsmöglichkeit von Kleinbetragsrenten analog § 3 BetrAVG **941** führt nicht zu einer schädlichen Verwendung. Eine Kleinbetragsrente ist eine Rente, die bei gleichmäßiger Verrentung des gesamten zu Beginn der Auszahlungsphase zur Verfügung stehenden Kapitals eine monatliche Rente ergibt, die 1 % der monatlichen Bezugsgrößen nach § 18 SGB IV (in 2016 ist das eine Rentenhöhe bis zu mtl. 29,05 Euro) nicht übersteigt.

ff) Vereinfachung der Riester-Rente ab 1.1.2007

Durch das Jahressteuergesetz 2007 wurden mit Wirkung ab 1.1.2007 im Be- **942** reich der sog. *Riester*-Förderung weitere Regelungen zur Vereinfachung und Endbürokratisierung geschaffen, die den Förderberechtigten die Beantragung der Zulage erleichtern und für die Anbieter die Anzahl der fehlerhaften Anträge vermindern soll.

(1) Zuordnung der Kinderzulage zum Vater (§ 85 Abs. 2 EStG)

943 Für die förderberechtigten Kinder steht die Kinderzulage der Mutter und nur auf Antrag beider Eltern dem Vater zu. Bis zum 31.12.2006 konnte der Antrag auf Zuordnung der Kinderzulage zum Vater nur für **ein Beitragsjahr** gestellt werden. Diese gesetzliche Regelung stand im Widerspruch zum Dauerzulageantrag gem. § 89 Abs. 1a EStG (vgl. Rdnr. 938), da in diesem Fall trotz gestelltem Dauerzulageantrag der Kinderergänzungsbogen weiter an den Zulageberechtigten verschickt werden musste.

944 Mit Wirkung ab 1.1.2007 wurde § 85 Abs. 2 EStG im Rahmen des Jahressteuergesetzes 2007 dahingehend neu geregelt, dass es eines solchen Antrags nicht mehr bedarf und der Antrag auf Zuordnung der Kinderzulage zu dem Vater für ein abgelaufenes Beitragsjahr nicht mehr zurückgenommen werden darf. Hierdurch wurde erfreulicherweise der Einklang mit dem Dauerzulageantrag hergestellt.

(2) Widerruflicher Verzicht auf die sog. Riester-Förderung (§ 6 Abs. 3 AltvDV)

945 Diese Vorschrift kommt insbesondere den Anbietern von sog. *Riester*-Verträgen im Rahmen der betrieblichen Altersversorgung zugute, da durch die kollektive Ausgestaltung der betrieblichen Altersversorgung nicht alle Zulageberechtigten auch tatsächlich die *Riester*-Förderung in Anspruch nehmen.

946 Nach § 6 Abs. 3 AltvDV kann der Arbeitnehmer gegenüber der Versorgungseinrichtung für die individuell besteuerten Beiträge insgesamt auf die Förderung nach § 10a EStG bzw. Abschnitt XI EStG widerruflich verzichten. Hierdurch kann für die Anbieter ein erhebliches Einsparpotential an Verwaltungskosten erreicht werden, da in diesen Fällen der für das sog. *Riester*-Verfahren notwendige verwaltungstechnische Aufwand und insbesondere die Zusendung von Zulageanträgen und sonstigen erforderlichen Bescheinigungen unterbleiben kann.

gg) Veränderungen bei der Riester-Rente ab 1.1.2010

947 Durch das Gesetz zur verbesserten steuerlichen Berücksichtigung von Vorsorgeaufwendungen – Bürgerentlastungsgesetz Krankenversicherung vom 16.7.2009 (BGBl. I S. 1959) wurde mit Wirkung ab 1.1.2010 die ausnahmslos maschinelle Bescheinigung von jährlich förderfähigen Beiträgen gemäß § 10a Abs. 5 EStG eingeführt. Danach haben auch die Anbieter einer riestergeförderten betrieblichen Altersversorgung bei Vorliegen einer Einwilligung des Zulageberechtigten nach § 10a Abs. 2a EStG die Altersvorsorgebeiträge, das Datum der Einwilligung sowie die Steueridentifikationsnummer per amt-

lich vorgeschriebenem Datensatz an die ZfA bis zum 28. Februar des jeweiligen Folgejahres zu melden. Eine Papierbescheinigung ist ab dem Beitragsjahr 2010 gesetzlich nicht mehr vorgesehen.

Für Anbieter der betrieblichen Altersversorgung ist eine Übermittlung der **948** maschinellen Bescheinigung gem. § 10a Abs. 5 EStG bis zum 28. Februar des Folgejahres problematisch, da die Beitragszahlung i. d. R. über die Entgeltabrechnung der Trägerunternehmen erfolgt und somit im ersten Quartal des Folgejahres noch Korrekturabrechnungen für das Vorjahr erfolgen. Verwaltungsaufwändige Korrekturmeldungen werden die Folge sein.

h) „Rürup"-Förderung gem. § 10 Abs. 1 Nr. 2b EStG

Seit dem 1.1.2005 ist mit dem Alterseinkünftegesetz neben der *Riester*-För- **949** derung eine weitere Form der staatlich geförderten Altersvorsorge, die sog. *Rürup*-Förderung, benannt nach dem Ökonomen *Bert Rürup*, eingeführt worden. Nach der Systematik im Alterseinkünftegesetz ist die sog. *Rürup*-Rente der ersten Schicht (Basisversorgung), der auch die gesetzliche Rentenversicherung angehört, zuzuordnen und entspricht auch in ihrem Leistungskriterium der gesetzlichen Rente. Die *Rürup*-Rente ist allerdings nicht umlagefinanziert, sondern kapitalgedeckt.

Im Unterschied zur klassischen Rentenversicherung oder zur *Riester*-Rente **950** gibt es bei der *Rürup*-Rente kein Kapitalwahlrecht, d. h. der angesparte Betrag darf nicht in einer Summe ausgezahlt werden, sondern wird lebenslang verrentet.

aa) Produktkriterien/steuerliche Behandlung

Die Beiträge zum steuerlichen Aufbau einer *Rürup*-Rente sind im Rahmen **951** der gesetzlichen Höchstbeträge und unter folgenden Voraussetzungen als Sonderausgaben gem. § 10 Abs. 1 Nr. 2 Buchst. b EStG abziehbar:

- Der Versicherungsbetrag darf nur die Zahlung einer monatlichen lebenslangen Leibrente vorsehen. Teilkapitalisierung, Auszahlungspläne oder Beitragserstattungen wie sie ausnahmsweise bei der *Riester*-Förderung möglich sind, sind hier ausgeschlossen.
- Die Rente darf nicht vor Vollendung des 60. Lebensjahres beginnen Bei Verträgen ab 2012 erst ab dem vollendeten 62. Lebensjahr.
- Die Ansprüche aus dem Versicherungsvertrag dürfen nicht vererbbar, nicht beleihbar, nicht veräußerbar und nicht kapitalisierbar sein.

Wegen der Besonderheiten bei der betrieblichen Altersversorgung über Pen- **952** sionskassen sind folgende Voraussetzungen im Rahmen des § 10 Abs. 1 Nr. 2 Buchst. b EStG zusätzlich besonders zu beachten:

- Nur Beiträge des Steuerpflichtigen zum Aufbau einer eigenen Altersversorgung sind begünstigt. Somit können nach § 10 Abs. 1 Nr. 2 Buchst. b

EStG rein arbeitgeberfinanzierte oder Beiträge aus Entgeltumwandlung keine steuerliche Berücksichtigung finden.

- Beiträge, die nach § 3 Nr. 63 EStG steuerfrei waren oder nach § 40b EStG a. F. pauschal besteuert wurden, können nicht im Rahmen des § 10 Abs. 1 Nr. 2 Buchst. b EStG als Sonderausgaben geltend gemacht werden, da diese Beiträge nicht individuell anhand der Merkmale der Lohnsteuerkarte besteuert wurden.

- Als Sonderausgaben abzugsfähig sind nur Beiträge zum Aufbau einer kapitalgedeckten Altersvorsorge. Umlagefinanzierte Beiträge sind nicht abzugsfähig.

- Der Sonderausgabenabzug kann nur für Beiträge gewährt werden, die auf Grund einer Neuzusage (vgl. Rdnrn. 966 ff.) geleistet wurden. Für Altzusagen scheidet der Sonderausgabenabzug mithin aus (§ 10 Abs. 1 Nr. 3 Buchst. b EStG).

- Erfüllt eine Altersversorgung sowohl die Kriterien der sog. *Rürup*-Förderung als auch die Kriterien der sog. *Riester*-Förderung, entscheidet der Förderberechtigte, über die Art der Förderung, indem er die *Riester*-Förderung beantragt oder nicht. Beantragt er die *Riester*-Förderung nicht, greift automatisch und zwingend die sog. *Rürup*-Förderung.

953 Gemäß § 2 Abs. 1 und § 2a AltZertG sind Basisrentenverträge („*Rürup*") ab 1.1.2014 zu zertifizieren. Dementsprechend kann die *Rürup*-Förderung nur in Anspruch genommen werden, wenn ein solches Zertifikat beim Bundeszentralamt für Steuern beantragt und von der Behörde gewährt wurde.

954 Der Sonderausgabenabzug gem. § 10 Abs. 1 Nr. 2 Buchst. b EStG betrug ab 2005 für Ledige 20 000 Euro p. a. bzw. für zusammen veranlagte Verheiratete 40 000 Euro p. a. Im Jahr 2005 sind davon 60 % steuerlich absetzbar. Bis 2025 steigt dieser Anteil um 2 %-Punkte jährlich auf 100 %. Bei Arbeitnehmern wird der so ermittelte steuerliche abzugsfähige Sonderausgabenbetrag um die steuerfreien Arbeitgeberanteile zur gesetzlichen Rentenversicherung gekürzt. Seit 2015 ist der Sonderausgabenhöchstbetrag für Beiträge zu einer *Rürup*-Rente an den Maximalbetrag der knappschaftlichen Rentenversicherung gekoppelt. Bein einem Beitragssatz, der in 2016 24,8 % und einer Beitragsbemessungsgrenze, welche in 2016 91 800 Euro beträgt, ergibt sich ein Sonderausgabenhöchstbetrag in 2016 i. H. v. 22 766 Euro. Der maximale Beitrag, der steuerlich angerechnet werden kann, wächst demzufolge in 2016 auf 18 668 Euro an (82 % von 22 766 Euro). Verheiratete können die doppelte Summe, also in 2016 bis zu 37 336 Euro, steuerlich geltend machen. Auf die Ausführungen zur Leistungsbesteuerung in den Rdnrn. 963 ff. wird verwiesen.

bb) Altersvorsorge-Produktinformationsblattverordnung (AltvPIBV)

955 Die Altersvorsorge-ProduktinformationsblattV vom 27.7.2015 (BGBl I S. 1413) tritt am 1.1.2017 in Kraft. Das BMF-Schreiben vom 22.1.2016 – IVC 3 – S 2030/ 11/10001 :065 – nimmt zur AltvPIBV Stellung.

Die Verpflichtungen nach der AltvPIBV gelten nur für die **zertifizierten** 956
Riester- und Basisrentenverträge („*Rürup*"). Da für Pensionskassen – als
Durchführungsweg der betrieblichen Altersversorgung – gemäß § 82 Abs. 2
EStG keine Zertifizierungspflicht für sog. *Riester*-Rentenverträge, wohl aber
eine gemäß § 2 Abs. 1 und § 2a AltZertG für Basisrentenverträge („*Rürup*")
besteht, ist eine Pensionskasse von der Altersvorsorge-ProduktinformationsblattV nur betroffen, soweit sie Baisrentenverträge („*Rürup*") anbietet und
sich diesbzgl. nach dem AltZertG zertifizieren lässt.

Durch die Altersvorsorge-ProduktinformationsblattV soll dem Verbraucher 957
eine individuell vom Anbieter vergebene Produktbezeichnung sowie ein
Produkttyp genannt werden. Um eine eindeutige Einordnung des Produkts
und einen Wiedererkennungseffekt bei den Begrifflichkeiten beim Verbraucher zu erreichen, werden die möglichen Produkttypbezeichnungen fest vorgegeben. Durch ein Logo wird dargestellt, für welche Förderung die Anlage-
form die entsprechenden produktbezogenen Fördervoraussetzungen erfüllt.
Beim Logo sind als Förderarten zu unterscheiden: *Riester*-Rente, Wohn-
Riester, Basisrente (Alter) und Basisrente (Erwerbsminderung).

Daneben werden noch folgende Punkte in dem BMF-Schreiben kommentiert: 958

- Produktbeschreibung,
- Darstellung der wesentlichen Bestandteile des Vertrags,
- Chancen-Risiko-Klassen,
- effektiver Jahreszins,
- Kostenangabe,
- Angaben zum Preis-Leistungs-Verhältnis,
- Annahmen für die Angaben zum Preis-Leistungs-Verhältnis,
- Berechnungen für die Angaben zum Preis-Leistungs-Verhältnis,
- Informationen zum Anbieterwechsel und zur Kündigung des Vertrags,
- Informationen bei Zusatzabsicherungen,
- Form des Produktinformationsblatts,
- Muster-Produktinformationsblatt,
- Information vor der Auszahlungsphase des Altersvorsorgevertrags sowie
- Berechnungen für die Information vor der Auszahlungsphase des Alters-
  vorsorgevertrags.

i) Steuerfreiheit nach § 3 Nr. 55 EStG (Portabilität)

Seit dem 1.1.2005 kann im Rahmen des Alterseinkünftegesetzes nach Be- 959
endigung des Arbeitsverhältnisses gem. § 4 Abs. 2 Nr. 2 BetrAVG im Einver-
nehmen des ehemaligen Arbeitgebers mit dem neuen Arbeitgeber sowie dem
Arbeitnehmer der Wert der vom Arbeitnehmer erworbenen Altersversorgung (Übertragungsbetrag nach § 4 Abs. 5 BetrAVG) auf den neuen Arbeitgeber übertragen werden, wenn dieser eine wertgleiche Zusage erteilt. Der
Arbeitnehmer hat darüber hinaus das Recht, gem. § 4 Abs. 3 BetrAVG, inner-

halb eines Jahres nach Beendigung des Arbeitsverhältnisses von seinem ehemaligen Arbeitgeber zu verlangen, dass der Übertragungswert auf den neuen Arbeitgeber übertragen wird. Dieses Recht des Arbeitnehmers besteht nur für eine nach dem 31.12.2004 erteilte Neuzusage.

960 Der geleistete Übertragungswert nach § 3 Nr. 55 EStG ist nur dann steuerfrei, wenn die betriebliche Altersversorgung sowohl beim ehemaligen als auch beim neuen Arbeitgeber über einen Pensionsfonds, eine Pensionskasse oder eine Direktversicherung (externe Durchführungswege) durchgeführt wird. Eine Übertragung von einem externen Durchführungsweg auf einen internen Durchführungsweg (wie z. B. eine Unterstützungskasse oder eine Direktzusage) oder auch umgekehrt, ist im Rahmen des § 3 Nr. 55 EStG nicht begünstigt. In § 3 Nr. 55 Satz 3 EStG ist wiederum die Übertragung zwischen zwei internen Durchführungswegen, d. h. z. B. von einer Unterstützungskasse an eine Direktzusage des neuen Arbeitgebers begünstigt. § 3 Nr. 55 Satz 3 EStG regelt zudem, dass die auf den Übertragungswert beruhende Versorgungsleistung trotz Übertragung weiterhin zu den Einkünften gehören, zu denen sie gehört hätten, wenn die Übertragung nicht stattgefunden hätte. Hierdurch wird eine steuerliche Rückabwicklung der historisch geleisteten Beiträge vermieden.

961 Da § 3 Nr. 55 EStG lediglich die Übertragung zwischen zwei externen oder zwischen zwei internen Durchführungswegen der betrieblichen Altersversorgung regelt, kommt dieser Vorschrift eher eine klarstellende Wirkung zu, da hierbei die jeweilige steuerliche Systematik nicht verlassen wird.

962

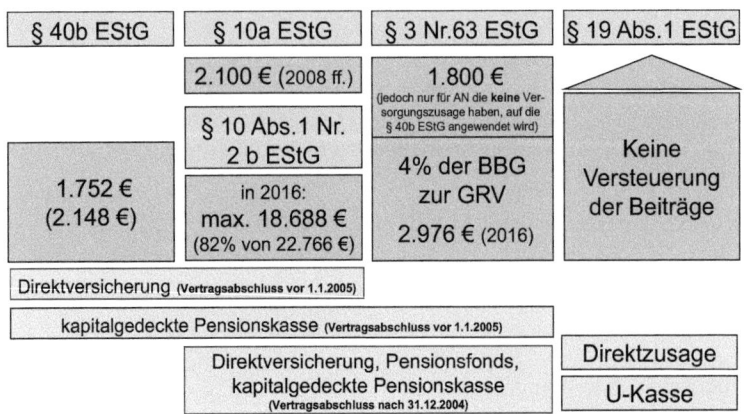

3. Steuerliche Rahmenbedingungen in der Leistungsphase

a) Ertragsanteilsversteuerung der Leistungen (vorgelagerte Besteuerung)

Bei Versorgungsleistungen aus Pensionskassen, die auf Kapital beruhen, **963**
welches nicht steuerlich gefördert wurde, muss nach Leistungen differenziert
werden, die auf Grund einer vor dem 1.1.2005 erteilten Altzusage oder nach
dem 31.12.2004 erteilten Neuzusage ausgezahlt werden. Im Ergebnis betrifft
dies individuell versteuerte Beiträge, die nicht nach § 10a EStG sowie
Abschnitt XI EStG (sog. *Riester*-Förderung) gefördert wurden oder individuell
versteuerte Beiträge, die die Voraussetzungen der sog. *Rürup*-Rente nach § 10
Abs. 1 Nr. 2 Buchst. b EStG erfüllen.

aa) Leistungen auf Grund von Altzusagen

Handelt es sich um Altzusagen, die ausschließlich auf nicht gefördertem **964**
Kapital beruhen, sind die Leibrentenzahlungen mit dem Ertragsanteil nach
§ 22 Nr. 5 Satz 2 Buchst. a EStG i. V. m. § 22 Nr. 1 Satz 3 Buchst. a Doppelbuchst. bb EStG bzw. bei abgekürzten Leibrenten (Invaliditätsrenten / Waisenrente) mit dem Ertragsanteil gemäß § 55 EStDV zu besteuern. Bei einer
lebenslangen Leibrente, die zu Beginn des 60./65. Lebensjahres erstmals
bezogen wird, gilt daher ab dem 1.1.2005 ein Ertragsanteil in Höhe von 22 % /
18 %.

Erfolgt die Kapitalauszahlung in einem Einmalbetrag sind die rechnungs- **965**
mäßigen und außerrechnungsmäßigen Zinsen als Einkünfte aus Kapitalver-
mögen grundsätzlich im Rahmen des § 22 Nr. 5 Satz 2 Buchst. b EStG
steuerpflichtig, soweit nicht unter den Voraussetzungen des § 20 Abs. 1 Nr. 6
Satz 2 EStG von der Besteuerung Abstand zu nehmen ist. Danach ist keine
Besteuerung vorzunehmen, wenn es sich um einen vor dem 1.1.2005
abgeschlossenen Vertrag (Altvertrag) handelt, der die Voraussetzung des
§ 10 Abs. 1 Nr. 2 Buchst. b Doppelbuchst. dd EStG a. F. (in der am 31.12.2004
geltenden Fassung) erfüllt. Nach dieser Vorschrift sind Kapitalversicherungen gegen laufende Beitragsleistungen mit Sparanteil, wenn der Vertrag für
die Dauer von mindestens 12 Jahren abgeschlossen worden ist, von der
Besteuerung ausgenommen. Handelt es sich um einen nach dem 31.12.2005
abgeschlossenen Neuvertrag, der grundsätzlich die Voraussetzung des § 20
Abs. 1 Nr. 6 EStG erfüllt, ist ein steuerpflichtiger Betrag nach der sog.
Differenzmethode (Unterschiedsbetrag zwischen der Versicherungsleistung
und der Summe der auf sie entrichteten Beiträge) zu ermitteln. Erfolgt dabei
die Auszahlung erst nach Vollendung des 60. Lebensjahres und hat der
Vertrag zum Zeitpunkt der Auszahlung mindestens 12 Jahre bestanden, ist
nur die Hälfte dieses Unterschiedsbetrags der Besteuerung zu Grunde zu
legen (§ 20 Abs. 1 Nr. 6 EStG n. F., BMF-Schreiben vom 24.7.2013, Rz. 376
i. V. m. Rz. 140). Die oben genannte Übergangsregelung ergibt sich aus § 52
Abs. 36 Satz 5 EStG.

bb) Leistungen auf Grund von Neuzusagen

966 Bei sog. Neuzusagen ist zu prüfen, ob die Voraussetzungen der sog. *Rürup*-Förderung gemäß § 10 Abs. 1 Nr. 2 Buchst. b EStG n. F. vorliegen. Ist dies der Fall, ist die Besteuerung nach § 22 Nr. 1 Satz 3 Buchst. a Doppelbuchst. aa EStG zwingend vorzunehmen. Bei diesem sog. Kohorten-System erfolgt ein gleitender Übergang zur nachgelagerten Besteuerung von 2005–2040. Die Besteuerung beginnt zunächst für 2005 mit einem Besteuerungsanteil in Höhe von 50 %. Für neu hinzukommende Rentnerjahrgänge von 2006–2020 wird der Besteuerungsanteil jährlich um jeweils 2 % angehoben. Von 2020–2040 steigt der Besteuerungsanteil dann jährlich um 1 % Punkt, so dass in 2040 eine 100 %-ige Besteuerung erreicht ist. Künftige Rentenanpassungen (Erhöhungen) die in dem Zeitraum von 2005–2040 erfolgen, werden jeweils zu 100 % besteuert. Insbesondere Rentenjahrgänge die im oder um das Jahr 2040 in den Ruhestand gehen, müssen dann ihre Renten vollständig versteuern, obwohl die korrespondierenden Beiträge nur teilweise im Rahmen des Sonderausgabenabzugs steuerfrei gestellt wurden (vgl. Ausführungen unter den Rdnrn. 949 ff.). Es könnte in diesen Fällen daher von einer verfassungswidrigen Doppelbesteuerung auszugehen sein.

967 Liegen die Voraussetzungen für die *„Rürup“*-Förderungen nicht vor (z. B. wegen einer Kapitalisierungsmöglichkeit), werden die Rentenleistungen mit dem Ertragsanteil gem. § 22 Nr. 5 Satz 2 EStG i. V. m. § 22 Nr. 1 Satz 3 Buchst. a Doppelbuchst. bb EStG bzw. § 55 EStDV versteuert (vgl. Rdnrn. 960 f.).

968 Anders als bei den Altzusagen unterliegt eine einmalige Kapitalauszahlung bei einer Neuzusage immer in Höhe des Unterschiedsbetrags zwischen der Versicherungsleistung und der Summe der auf sie entrichteten Beiträge unter den Voraussetzungen des § 20 Abs. 1 Nr. 6 EStG der Besteuerung (Differenzmethode). Erfolgt die Auszahlung nach Vollendung des 60. Lebensjahres und einer Vertragslaufzeit von mindestens 12 Jahren zum Zeitpunkt der Auszahlung, ist dagegen nur die Hälfte des Unterschiedsbetrags steuerpflichtig (BMF-Schreiben vom 24.7.2013, Rz. 376 i. V. m. Rz. 140).

b) Volle Versteuerung der Leistungen (nachgelagerte Besteuerung)

969 Leistungen aus Pensionskassen werden als sonstige Einkünfte nach § 22 Nr. 5 Satz 1 EStG voll besteuert, soweit die Leistungen auf Beiträgen beruhen, die nach § 3 Nr. 56 EStG, § 3 Nr. 63 EStG oder im Rahmen der sog. *Riester*-Förderung nach § 10a sowie Abschnitt XI EStG gefördert wurden. Eine Differenzierung in eine Alt- bzw. Neuzusage ist insoweit nicht erforderlich.

c) Aufteilung in vor- bzw. nachgelagerte Besteuerung

970 Bei Mischfällen einer vor- bzw. nachgelagert zu versteuernden betrieblichen Altersversorgung ist eine Aufteilung der Leistung in gefördertes und nicht gefördertes Kapital vorzunehmen. Daher hat die Pensionskasse gem. § 22 Nr. 5 Satz 7 EStG (ab 1.1.2007: § 22 Nr. 5 Satz 5 EStG) mit Wirkung ab 1.1.2002 dem Steuerpflichtigen jeweils nach Ablauf des Kalenderjahres nach amtlich vorgeschriebenem Vordruck bei Bezug der erstmaligen Altersvorsorgeleistung zu bescheinigen, welche Rentenleistungen in voller Höhe bzw. entsprechend günstiger mit dem Ertragsanteil oder auch nach dem Kohortensystem zu versteuern sind. Dabei gilt, dass steuerfreie bzw. über die sog. *Riester*-Förderung geförderte Beiträge dazu führen, dass die daraus resultierende Rentenleistung in voller Höhe zu versteuern ist. Soweit die Beiträge individuell bzw. pauschalversteuert und nicht als sog. „Riester-Rente" gefördert wurden, erfolgt eine Versteuerung der Rentenleistung mit dem Ertragsanteil. Im Rahmen der sog. *Rürup*-Rente ist eine Versteuerung der Leistung nach dem sog. Kohorten-System vorzunehmen.

Durch das BMF-Schreiben vom 24.7.2013, Rz. 379 i. V. m. dem BMF-Schreiben **971** vom 11.11.2004 (BStBl. I S. 1061) i. V. m. BMF-Schreiben vom 14.3.2012 (BStBl. I S. 311), hat die Finanzverwaltung verschiedene Berechnungsmethoden der Aufteilung der Rentenleistungen aufgezeigt:

– Aufteilung anhand von individualisierten Beiträgen und Leistungen/ Versorgungsbausteinen;

– Aufteilung mittels versicherungsmathematischem Näherungsverfahren mit Berücksichtigung von Zinseffekten;

– beitragsproportionale Aufteilung (gemäß o. g. BMF-Schreiben vom 14.3.2012 unzulässig, wenn dies zu einem offensichtlich unzutreffenden Ergebnis führt – in diesem Fall ist nach versicherungsmathematischen Grundsätzen aufzuteilen);

– weitere Verfahren in Abstimmung mit dem Betriebsstättenfinanzamt der Versorgungseinrichtung.

d) Versorgungsleistungen aus umlagefinanzierten Pensionskassen

Altersversorgungsleistungen, soweit sie aus umlagefinanzierten Systemen **972** stammen, werden nach § 22 Nr. 1 Satz 3 Buchst. a Doppelbuchst. bb EStG mit dem Ertragsanteil besteuert, soweit die Beiträge pauschal nach § 40b EStG bzw. individuell versteuert wurden. Für nach § 3 Nr. 56 EStG ab 1.1.2008 steuerfrei geleisteten Beiträge ist die Altersversorgungsleistung in voller Höhe nach § 22 Nr. 5 EStG zu versteuern. Mischfälle sind entsprechend aufzuteilen (vgl. Rdnrn. 970 f.).

e) Neugestaltung des § 22 Nr. 5 EStG ab 1.1.2007

Der bisherige § 22 Nr. 5 EStG wurde im Rahmen des Jahressteuergesetzes **973** 2007 einfacher und übersichtlicher gestaltet und zur Generalvorschrift für die Leistungsbesteuerung der betrieblichen Altersversorgung und der Altersvorsorgeverträge weiterentwickelt. Dabei wurden die folgenden Zielvorgaben umgesetzt:

– die Einbeziehung der umlagefinanzierten Altersvorsorge,

- eine optische Strukturierung,
- die Beseitigung von Regelungsunklarheiten sowie
- die Gestaltung als abschließende, spezialgesetzliche Regelung aller in § 22 Nr. 5 EStG aufgeführten Altersvorsorgeprodukte. Daher wirkt die Vorschrift vorrangig gegenüber dem Investmentsteuergesetz. Darüber hinaus kommt der Sparerfreibetrag nicht zur Anwendung und es besteht ab dem 1.1.2007 keine Verpflichtung mehr zur Einbehaltung und Abführung von Kapitalertragsteuer (BR-Drs. 622/06 vom 1.9.2006 – Gesetzesbegründung zu § 22 Nr. 5 EStG).

974 Der § 22 Nr. 5 Satz 1 EStG zählt die Produkte auf, deren Leistungen grundsätzlich der nachgelagerten Besteuerung unterworfen werden, und zwar unabhängig davon, ob es sich dabei um umlagefinanzierte oder kapitalgedeckte Versorgungssysteme handelt:

- Altersvorsorgeverträge
- Pensionsfonds
- Pensionskassen
- Direktversicherungen

975 § 22 Nr. 5 Satz 2 EStG definiert die Ausnahmen vom Grundsatz der nachgelagerten Besteuerung. Diese Ausnahmen gelten, soweit die Leistungen auf Beiträgen beruhen, die nicht gefördert sind. Deshalb grenzt Satz 2 negativ von geförderter Vorsorge ab und führt alle Förderarten einzeln auf:

- § 3 Nr. 63 EStG (Steuerbefreiung für Beiträge zu Pensionskassen, Pensionsfonds und Direktversicherungen),
- § 10a EStG und Abschnitt XI EStG (*Riester*-Förderung, Zulage und Sonderausgabenabzug),
- § 3 Nr. 66 EStG (Steuerbefreite Übertragung von internen Versorgungswegen auf einen Pensionsfonds),
- und neu: § 3 Nr. 56 EStG (Steuerbefreiung für Zuwendungen an umlagefinanzierte Versorgungssysteme).

976 Die Regelungen zu den „*Riester*-Störfällen" (bisher Satz 4 und 6) wurden in § 22 Nr. 5 Satz 3 EStG neu gefasst:

Bei schädlicher Verwendung des Altersvorsorgekapitals im Rahmen der sog. *Riester*-Rente (§ 93 EStG), z. B. bei Vertragskündigung, werden Zulagen und Steuervorteil zurückgefordert. Satz 3 macht durch den Verweis auf Satz 2 jetzt deutlich, dass in diesen Fällen durch Rückforderung der Förderung der über die Eigenbeiträge hinausgehende Auszahlungsbetrag als ungefördert zu behandeln ist.

977 § 95 EStG, die fiktive schädliche Verwendung durch Wegzug ins Ausland, ist als Besteuerungstatbestand aus § 22 Nr. 5 EStG entfernt worden. Die Vorschrift ging bislang ins Leere, denn nach Ende der unbeschränkten Steuerpflicht unterliegen nur inländische Einkünfte (§ 49 EStG) der beschränkten Steuerpflicht; Einkünfte nach § 22 Nr. 5 EStG gehören nicht zu den inländischen Einkünften.

Der bisherige § 22 Nr. 5 Satz 5 EStG wurde zu Satz 4 und ist inhaltlich **978** unverändert.

Der Inhalt des bisherigen § 22 Nr. 5 Satz 7 EStG, die Regelung zur Leistungs- **979** mitteilung und Leistungsaufteilung, findet sich nach redaktionellen Änderungen jetzt in Satz 5. Eine Mitteilungspflicht besteht nach dem Wortlaut der Vorschrift nur bei erstmaligem Bezug oder bei Änderung des Jahresbetrags der Leistung.

Eine ausdrückliche Regelung für die Fälle, in denen Betriebsrenten seit einem **980** Zeitpunkt vor dem 1.1.2002, also vor dem Inkrafttreten des § 22 Nr. 5 EStG im Rahmen des Altersvermögensgesetzes, in unveränderter Höhe geleistet werden, fehlt nach wie vor. Es dürfte aber im Interesse aller Beteiligten liegen, sämtliche Empfänger von Betriebsrenten mit einer Leistungsmitteilung auszustatten. Ohne Leistungsmitteilung ist das Ausfüllen der Anlage R zur Einkommensteuererklärung kaum möglich. Die Erklärungsformulare nehmen auf die Eintragungsfelder der Leistungsmitteilung jeweils Bezug. Um Rückfragen der Versorgungsempfänger zu vermeiden, empfiehlt sich daher unabhängig vom auslegungsbedürftigen Wortlaut der Vorschrift auch in diesen Fällen die Ausstellung einer Leistungsmitteilung.

981

Besteuerung der Leistung

Direkt-zusage	Unter-stützungs-kasse	Direktver-sicherung	Pensions-kasse	Pensions-fonds	
Lohnsteuerpflichtiger Versorgungsbezug (§ 19 Abs. 2 EStG)		Soweit Beiträge steuerfrei nach § 3 Nrn. 56, 63 EStG oder gefördert nach § 10a / XI. Abschnitt EStG:			Mischfälle werden aufgeteilt (§ 22 Nr.5 S.2 EStG)
		<u>volle Versteuerung</u> der Leistungen (§ 22 Nr. 5 EStG)			
Versorgungsfreibetrag und Werbungskostenpauschbetrag werden bis 2040 auf 102 € abgeschmolzen		Soweit Beiträge pauschal nach § 40b EStG oder individuell versteuert und <u>nicht</u> gefördert:			
		Ertragsanteilsversteuerung(§ 22 Nr.1 Satz 3 Buchst. a Doppelbuchst. bb EStG)			
Nach § 10 Abs.1 Nr.2b EStG geförderte Beiträge: <u>Kohortenbesteuerung</u> (§ 22 Nr.1 Satz 3 Buchst. a Doppelbuchst. aa EStG)					

f) Rentenbezugsmitteilung gem. § 22a EStG

982 Für eine Mehrzahl der Rentner wurde bis zum 31.12.2004 die Steuerakte nach Eintritt in den Ruhestand geschlossen. Doch auf Grund des Alterseinkünftegesetzes werden ab 2005 zunehmend mehr Rentner wieder von der Besteuerung erfasst. Der Gesetzgeber hat in diesem Zusammenhang mit der Rentenbezugsmitteilung ein neues Melde- und Kontrollverfahren über alle Rentenbezüge der Ruheständler geschaffen.

983 Mit Wirkung ab 1.1.2005 müssen alle Rentenzahlstellen, also auch die Pensionskassen, sämtliche Rentenzahlungen der „Zentralen Zulagenstelle für Altersvermögen" (ZfA) – einer Behörde der deutschen Rentenversicherung unter Aufsicht des Bundesministeriums der Finanzen – bis zum 1. März des Folgejahres auf elektronischem Wege melden. Eine solche Rentenbezugsmitteilung ist gesondert für jeden Vertrag und für jede Rente zu erteilen. Die ZfA leitet die gesammelten Informationen dann an die Finanzämter weiter.

984 Den Zeitpunkt, ab wann die Rentenzahlstellen, also auch die Pensionskassen, die Rentenbezüge erstmals melden müssen, wurde vom Bundeszentralamt für Steuern mit gesondertem Schreiben bekannt gegeben (BStBl 2008 Teil I S. 955). Danach müssen die Mitteilungspflichtigen Rentenzahlstellen im Zeitraum vom 1.10. bis 31.12.2009 die Rentenbezugsmitteilungen für die Kalenderjahre 2005 – 2008 an die ZfA übermitteln. Für die Kalenderjahre 2009 ff. hat die Meldung jeweils bis zum 1. März des Folgejahres zu erfolgen.

aa) Verpflichtete Rentenzahlstellen

985 Diese Rentenzahlstellen sind zur Meldung von Rentenbezügen verpflichtet:

- Träger der gesetzlichen Rentenversicherung,
- Gesamtverband der landwirtschaftlichen Alterskassen,
- berufsständische Versorgungseinrichtungen,
- Pensionskassen,
- Pensionsfonds,
- private Versicherungsunternehmen,
- Unternehmen, die sog. *Rürup*-Rente anbieten,
- Unternehmen, die die sog. *Riester*-Rente anbieten.

Zur Meldung verpflichtet sind nicht nur Versicherungsunternehmen mit Sitz in Deutschland, sondern auch Versicherungsunternehmen **außerhalb** Deutschlands, sofern sie das Versicherungsgeschäft hier betreiben dürfen oder ihnen die Erlaubnis zum Geschäftsbetrieb in Deutschland erteilt ist (BMF-Schreiben vom 24.2.2005, BStBl. I S. 429, Tz. 141).

bb) Verfahren

986 Mittels Rentenbezugsmitteilungen melden die Rentenzahlstellen alle Rentenzahlungen an die ZfA (§ 22a Abs. 1 EStG). Über die erfolgte Meldung muss die Rentenzahlstelle auch den Leistungsempfänger informieren. Es ist allerdings nicht gesetzlich vorgesehen, dass der Leistungsempfänger eine Kopie der Rentenbezugsmitteilung bekommt.

Diese Rentenzahlungen und deren Höhe müssen die Rentenzahlstellen, also auch die Pensionskassen, jeweils gesondert melden: **987**

- Betrag der Leibrenten aus unversteuertem Einkommen, die mit dem Besteuerungsanteil steuerpflichtig sind, z. B. gesetzliche Renten, *Rürup*-Renten, Renten aus berufsständischen Versorgungswerken (nach § 22 Nr. 1 Buchst. a Doppelbuchst. aa EStG).
- Betrag der lebenslänglichen Leibrenten aus versteuertem Einkommen, die mit dem Ertragsanteil steuerpflichtig sind, z. B. Renten aus privaten Rentenversicherungen (nach § 22 Nr. 1 Buchst. a Doppelbuchst. bb EStG).
- Betrag der abgekürzten Leibrenten aus versteuertem Einkommen, die mit dem besonderen Ertragsanteil nach § 55 EStDV steuerpflichtig sind, z. B. Waisen-, Berufs-/Erwerbsunfähigkeitsrenten (nach § 22 Nr. 1 Buchst. a Doppelbuchst. bb Satz 5 EStG).
- Leistungen aus Altersvorsorgeverträgen, die gem. § 22 Nr. 5 EStG in voller Höhe steuerpflichtig sind. Dies betrifft vor allem staatlich geförderte *Riester*-Rentenverträge, die mit Altersvorsorgezulage und ggf. ergänzendem Sonderausgabenabzug gefördert wurden, sowie die schädliche Verwendung solcher Verträge.
- Leistungen gem. § 3 Nr. 63 EStG aus geförderter betrieblicher Altersversorgung (die gem. § 22 Nr. 5 EStG) in voller Höhe steuerpflichtig sind.

Werden mehrere Renten bezogen, müssen alle Renten einzeln aufgeführt werden. Ebenfalls sind gesondert die Anteile einer Rente zu nennen, die nach unterschiedlichen Regeln zu versteuern sind, z. B. eine sog. *Riester*-Rente, die teilweise auf geförderten Beiträgen (voll zu versteuern) und teilweise auf nicht geförderten Beiträgen beruht (nur mit dem Ertragsanteil zu versteuern). **988**

Bei sog. *Rürup*-Renten, die nach dem sog. Kohorten-System (2016: 72 %) steuerpflichtig sind, müssen die Rentenzahlstellen nicht nur den Jahresbetrag der Rente angeben, sondern gesondert auch den Erhöhungsbetrag auf Grund regelmäßiger Rentenanpassungen im Vergleich zu dem ersten Jahr nach Rentenbeginn (BMF-Schreiben vom 24.2.2005, BStBl. I, S. 429, Tz. 152). **989**

Außer den Rentenzahlungen müssen die Rentenzahlstellen, also auch die Pensionskassen, der ZfA Folgendes melden: **990**

- Steuer-Identifikationsnummer, Familienname, Vorname, Geburtsdatum und Geburtsort des Rentenempfängers,
- Beginn und Ende der jeweiligen Rentenzahlungen,
- Bezeichnung und Anschrift der Rentenzahlstelle.

Damit die Rentenzahlstellen die neue Steuer-Identifikationsnummer melden können, muss der Rentenempfänger diese der Rentenzahlstelle mitteilen. Tut er dies trotz Aufforderung nicht, kann die Rentenzahlstelle die Nummer beim Bundesamt für Finanzen abfragen. Mit der Identifikationsnummer (nach § 139b AO) lassen sich die Rentenbezugsmitteilungen künftig eindeutig zuordnen und können automatisiert ausgewertet werden.

cc) Folgen der Rentenbezugsmitteilung

991 Bei der ZfA werden die Daten aus den Rentenbezugsmitteilungen zusammengefasst und an das Finanzamt übermittelt. Über die Meldung müssen die Rentenzahlstellen, also auch die Pensionskassen, den Rentenempfänger informieren, z. B. im Rentenbescheid oder in der Rentenanpassungsmitteilung (§ 22a Abs. 3 EStG).

992 Mit der Meldung der Renten an das Finanzamt könnten Fragen nach früheren Steuerpflichten auftauchen, wenn das Finanzamt nun feststellt, dass weitere Einkünfte vorliegen.

993 Bei den Nachforschungen ist das Finanzamt an den Grundsatz der Verhältnismäßigkeit gebunden. Danach ist auch bei Vorliegen einer Rentenbezugsmitteilung zu berücksichtigen, inwieweit der Ermittlungsaufwand beim Finanzamt, aber auch bei den Steuerpflichtigen durch das voraussichtliche Ergebnis gerechtfertigt wäre (BMF-Schreiben vom 24.2.2005, BStBl. I S. 429, Rz. 162).

994 Der Finanzausschuss des Deutschen Bundestages hat sich auch mit der Problematik befasst, dass durch die vorgesehene Einführung von Rentenbezugsmitteilungen ab 2005 Fälle aufgedeckt werden, in denen Rentenbezieher auch in früheren Jahren eine Steuererklärung hätten abgeben müssen. Denn Rentenbezieher hielten ihre Renten in der Vergangenheit vielfach nicht für steuerpflichtig. Meistens dürfte allenfalls eine leichtfertige und außerdem auch nur geringfügige Steuerverkürzung für vergangene Jahre anzunehmen sein.

995 Der Finanzausschuss weist auf Folgendes hin, was damit bei der Auslegung des Gesetzes zwingend zu beachten ist (BT-Drucks. 15/3004 vom 29.4.2004, S. 9):

– Bereits nach geltendem Recht sind die Finanzämter bei der Ermittlung der steuererheblichen Sachverhalte an den Grundsatz der Verhältnismäßigkeit gebunden. Danach ist zu berücksichtigen, inwieweit der Ermittlungsaufwand bei der Finanzbehörde, aber auch bei den Steuerpflichtigen durch das voraussichtliche steuerliche Ergebnis gerechtfertigt wäre. Der Belastung für die – häufig hoch betagten – Rentenbezieher muss dabei angemessen Rechnung getragen werden.

– Die gesetzliche Neuregelung der Besteuerung der Alterseinkünfte soll auch nicht dazu dienen, unterbliebene Steuerfestsetzungen für die Vergangenheit zu ermöglichen, sondern die möglichst einfache Durchführung der Besteuerung von Renten in der Zukunft gewährleisten. Der Finanzausschuss geht davon aus, dass diese Zielsetzung des Gesetzes von den Finanzbehörden angemessen berücksichtigt werden wird.

– Aus den beiden vorgenannten Gründen ist davon auszugehen, dass sich nur in relativ wenigen Fällen Probleme für die Vergangenheit ergeben dürften. Der Finanzausschuss hält deshalb eine Amnestie für Altfälle im Ergebnis für nicht erforderlich.

dd) Abstandnahme von der Rentenbezugsmitteilung

Rentenbezugsmitteilungen werden nicht erstellt für Renten und Leistungen, die steuerfrei sind. Ebenfalls erfolgt keine Mitteilung, wenn die Rentenansprüche, z. B. wegen der Höhe der eigenen Einkünfte, ruhen und daher im Ganzen Jahr keine Zahlungen geleistet wurden. Gleiches gilt, wenn gewährte Leistungen im selben Jahr zurückgezahlt wurden. **996**

Leistungen aus Pensionskassen sind i. d. R. von den nachstehenden Steuerbefreiungsgründen nicht betroffen: **997**

- Beitragserstattungen bzw. Kapitalabfindungen von der gesetzlichen Rentenversicherung und auf Grund der Beamten-Pensionsgesetze (§ 3 Nr. 3 EStG),
- Leistungen aus einer Kranken- oder Pflegeversicherung (§ 3 Nr. 1a EStG),
- Renten aus der gesetzlichen Unfallversicherung (§ 3 Nr. 1a EStG). Verschiedene Leistungen, wie Verletztengeld, Übergangsgeld und vergleichbare Entgeltersatzleistungen, unterliegen jedoch dem Progressionsvorbehalt und führen somit zu einem höheren Steuersatz für das übrige Einkommen (§ 32b Abs. 1 Nr. 1b EStG),
- Übergangsgelder von der Rentenversicherung (§ 3 Nr. 1c EStG),
- Schadensersatzrenten an HIV-infizierte oder an AIDS erkrankte Personen (§ 3 Nr. 69 EStG; BMF-Schreiben vom 27.12.1994, BStBl. I S. 886),
- Rentenzahlungen an Personen, die mit dem Hepatitis-C-Virus infiziert sind (§ 3 Nr. 68 EStG),
- Entschädigungen nach dem Infektionsschutzgesetz (§ 3 Nr. 25 EStG),
- Renten auf Grund gesetzlicher Vorschriften aus öffentlichen Mitteln, die versorgungshalber an Kriegs-, Wehrdienst- oder Zivildienstbeschädigte oder ihre Hinterbliebene gezahlt werden (§ 3 Nr. 6 EStG),
- Renten nach dem Entschädigungsrentengesetz (§ 3 Nr. 8 EStG),
- Renten als „Leistung für Kindererziehung", die für jedes lebend geborene Kind an Mütter gezahlt werden, die vor dem 1.1.1921 geboren sind (§ 3 Nr. 67 EStG) sowie
- Schadensersatzrenten zum Ausgleich vermehrter Bedürfnisse nach § 843 Abs. 1 BGB: Hierbei handelt es sich um einen Ausgleich für die Verletzung höchstpersönlicher Güter im Bereich der privaten Vermögenssphäre (*BFH* vom 25.10.1994, BStBl. 1995 II S. 121; BMF-Schreiben vom 8.11.1995, BStBl. I S. 705). Schadensersatzrenten, die als Ersatz für entgangenen Unterhalt nach § 844 Abs. 2 BGB (Ersatzansprüche wegen Tötung einer unterhaltspflichtigen Person) und § 845 BGB (Ersatzansprüche für entgangene Dienste des Verletzten) gezahlt werden, sind nach Auffassung

der Finanzverwaltung wiederkehrende Bezüge und daher in voller Höhe als sonstige Einkünfte nach § 22 EStG steuerpflichtig (BMF-Schreiben vom 8.11.1995, BStBl. I S. 705).

ee) Änderungen durch das Bürgerentlastungsgesetz vom 16.7.2009

998 Mit Wirkung ab 1.1.2010 sind die Rentenzahlstellen zudem durch § 22a Abs. 1 Nr. 5 EStG verpflichtet worden etwaige abgeführte Kranken- und Pflegeversicherungsbeiträge im Rahmen der Rentenbezugsmitteilung elektronisch mit an die ZfA zu melden.

ff) Änderungen durch das Jahressteuergesetz 2010 (JStG 2010)

999 Im Jahressteuergesetz 2010 vom 8.12.2010 (BGBl. I S. 1768) wird unter § 22a Abs. 5 EStG i. V. m. § 50f EStG ein Verspätungsgeld bzw. eine Bußgeld im Rahmen der Rentenbezugsmitteilung geregelt. Wird eine Rentenbezugsmitteilung nicht bis zum 1. März des auf die Beitragszahlung folgenden Jahres übermittelt, so wird i. d. R. automatisch für jeden angefangenen Monat, in dem die Rentenbezugsmitteilung noch aussteht ein Betrag in Höhe von 10 Euro für jede ausstehende Rentenbezugsmitteilung an die Zentrale Stelle fällig, der im Rahmen der Anbieterprüfung durch die ZfA erhoben wird. Das von einem Mitteilungspflichtigen zu entrichtende Verspätungsgeld darf insgesamt 50 000 Euro für alle in einem Kalenderjahr zu übermittelnden Rentenbezugsmitteilungen nicht übersteigen. In den Bußgeldvorschriften (§ 50f EStG) ist zudem geregelt, dass es sich zusätzlich noch um eine Ordnungswidrigkeit handelt, wenn hierbei vorsätzlich oder leichtfertig (lt. Auskunft des BMF muss mindestens eine grobe Fahrlässigkeit vorliegen) die in § 22a Abs. 1 Satz 1 und 2 EStG genannten Daten nicht, nicht richtig, nicht vollständig oder nicht rechtzeitig übermittelt oder eine Mitteilung nicht, nicht richtig, nicht vollständig oder nicht rechtzeitig gemacht wurde oder entgegen § 22 Abs. 2 Satz 9 EStG die Identifikationsnummer für andere als die dort genannten Zwecke verwendet wird. Dieses Bußgeld kann zusätzlich zum Verspätungsentgelt erhoben werden und beträgt fallbezogen bis zu 50 000 Euro.

1000 Insbesondere für Anbieter der betrieblichen Altersversorgung kann es äußerst problematisch werden die gesetzlich vorgegebenen Fristen für die Datenübermittlung einzuhalten, da die betriebliche Altersversorgung im Gegensatz zur privaten Altersversorgung i. d. R. kein Bankabbuchungsverfahren verwendet, bei dem die Versicherungsgelder sofort feststehen, sondern die Finanzierung über die Entgeltabrechnung der Trägerunternehmen erfolgt und sich daher Rück- und Korrekturrechnungen noch im Folgejahr **ergeben können**.

1001 In der Gesamtbewertung und insbesondere bei Anbietern im Rahmen der betrieblichen Altersversorgung wird diese sanktionierende Regelung für einigen Unmut sorgen. Durch das Verspätungsgeld und das Bußgeld wird eine Machtverschiebung vorgenommen, die das bislang kooperative Verhältnis zwischen Anbietern und ZfA extrem belastet wird. Es ist kritisch zu sehen, wenn der Staat immer mehr dazu übergeht, eigentlich dem hoheitlichen Bereich zuzuordnende staatliche Aufgaben auszulagern, um diese – wie hier nach § 22a EStG – im Rahmen der Rentenbezugsmitteilungen auf privatrechtlich organisierte Versorgungseinrichtungen zu verlagern. Zudem sind noch die steuerrechtlichen Rahmenbedingungen und Verfahrensweisen hoch komplex gestaltet worden, so dass selbst die Finanzverwaltung für die Umsetzung des Rentenbezugsmitteilungsverfahrens fast 5 Jahre gebraucht hat. Mit Blick auf die vorgenannten Sanktionsmöglichkeiten wird die rechtliche Zulässigkeit sowie die Ausgestaltung dieser Aufgabenverlagerung rechtlich zu prüfen sein.

g) Strukturreform des Versorgungsausgleichs – Steuerrechtliche Folgewirkung für die Pensionskassen

Für die nach dem 31.8.2009 eingeleiteten Scheidungsverfahren hat der Gesetzgeber mit dem VersAusglG (Art. 1 VAStrRefG vom 3.4.2009, BGBl. I S. 700) den Versorgungsausgleich im Scheidungsfall neu geregelt. Der bisherige schuldrechtliche Versorgungsausgleich wird abgelöst durch den Wertausgleich bei Scheidung in Form einer internen oder externen Teilung (§§ 10, 14 VersAusglG). Die zivilrechtlichen Neuregelungen mussten steuerrechtlich begleitet werden, um nicht den vom Gesetzgeber verfolgten Gesetzeszwecks im Rahmen des Versorgungsausgleichs durch nicht erwünschte Steuerfolgen zu behindern. Die steuerrechtliche Begleitung erfolgte im Rahmen des Gesetzes zur Strukturreform des Versorgungsausgleichs durch Einführung der § 3 Nr. 55a EStG (Steuerfreiheit bei interner Teilung), § 3 Nr. 55b EStG (Steuerfreiheit bei externer Teilung) sowie § 93 Abs. 1a EStG (steuerunschädliche Übertragung einer riestergeförderten Altersvorsorge). Weitere Erläuterungen erfolgten im Rahmen des BMF-Schreibens vom 24.7.2013 in den Rz. 400–438. **1002**

aa) Steuerfreiheit nach § 3 Nr. 55a EStG bei interner Teilung (§ 10 VersAusglG)

Bei der **internen Teilung** wird die Übertragung der Anrechte auf die ausgleichsberechtigte Person zum Zeitpunkt des Versorgungsausgleichs für beide Ehegatten nach § 3 Nr. 55a EStG steuerfrei gestellt, weil auch den im Rahmen eines Versorgungsausgleichs übertragenen Anrechten auf eine Alters- und Invaliditätsversorgung das Prinzip der nachgelagerten Besteuerung eingehalten wird. Die Besteuerung erfolgt erst während der Auszahlungsphase. Die später zufließenden Leistungen gehören dabei bei beiden Ehegatten zu der gleichen Einkunftsart, da die Versorgungsanrechte innerhalb des jeweiligen Systems geteilt wurden. Lediglich die individuellen Merkmale für die Besteuerung sind bei jedem Ehegatten gesondert zu ermitteln. **1003**

bb) Steuerfrei nach § 3 Nr. 55b EStG bei externer Teilung (§ 14 VersAusglG)

Bei einer externen Teilung kann dagegen die Übertragung der Anrechte zu einer Besteuerung führen, da sie mit einem Wechsel des Versorgungsträgers **1004** und damit regelmäßig mit einem Wechsel des Versorgungssystems verbunden ist. § 3 Nr. 55b Satz 1 EStG stellt deshalb die Leistung des Ausgleichswerts in den Fällen der externen Teilung für beide Ehegatten steuerfrei soweit das Prinzip der nachgelagerten Besteuerung insgesamt eingehalten wird. Soweit die späteren Leistungen bei der ausgleichsberechtigten Person jedoch nicht der nachgelagerten Besteuerung unterliegen werden, z. B. Besteuerung nach dem Lebensversicherungsprivileg § 20 Abs. 1 Nr. 6 EStG oder mit dem Ertragsanteil nach § 22 Nr. 1 Satz 3 Buchstabe a Doppelbuchst. bb EStG, greift die Steuerbefreiung gemäß § 3 Nr. 55b Satz 2 EStG nicht, und die Leistung des Ausgleichswerts ist bereits zum Zeitpunkt der Übertragung beim ausgleichspflichtigen Ehegatten zu besteuern. Die Besteuerung der später zufließenden Leistung erfolgt bei jedem Ehegatten unabhängig davon, zu welchen Einkünften die Leistungen beim jeweils anderen Ehegatten führen und richtet sich danach, aus welchem Versorgungssystem sie jeweils geleistet werden.

cc) Steuerunschädliche Übertragung i. S. d. § 93 Abs. 1a EStG bei Vorliegen einer riestergeförderten Altersversorgung

1005 Eine steuerunschädliche Übertragung – d. h. es kommt zu keiner schädlichen Verwendung – i. S. d. § 93 Abs. 1a Satz 1 EStG liegt vor, wenn auf Grund einer Entscheidung des Familiengerichts im Wege der internen Teilung nach § 10 VersAusglG oder externen Teilung nach § 14 VersAusglG während der Ehezeit (§ 3 Abs. 1 VersAusglG) gebildetes gefördertes Altersvorsorgevermögen auf einen anderen riestergeförderten Altersvorsorgevertrag (zertifizierter Altersvorsorgevertrag gem. § 82 Abs. 1 EStG oder eine nach § 82 Abs. 2 EStG begünstigte betriebliche Altersversorgung) übertragen wird. Dies ist bei einer internen Teilung immer der Fall. Es ist unerheblich, ob die ausgleichsberechtigte Person selbst zulageberechtigt ist. Werden die bei einer internen Teilung entstehenden Kosten mit dem Altersvorsorgevermögen verrechnet (§ 13 VersAusglG), liegt insoweit keine schädliche Verwendung vor. Beruht das aus der Ehezeit entfallene aufzuteilende Altersvorsorgevermögen aus geförderten und ungeförderten Beiträgen, ist das zu übertragende Altersvermögen dem Verhältnis der hierin enthaltenen geförderten und ungeförderten Beiträge aufzuteilen und anteilig zu übertragen.

1006 Im Fall der Übertragung i. S. d. § 93 Abs. 1a EStG erfolgt die Mitteilung über die Durchführung der Kapitalübertragung nach dem Verfahren für den Anbieterwechsel gemäß § 11 AltvDV. Bei der internen Teilung entfällt der für die externe Teilung notwendige Datenaustausch zwischen den beiden Anbietern nach § 11 Abs. 1–3 AltvDV. Der Anbieter der ausgleichspflichtigen Person teilt der ZfA – unabhängig davon, ob es sich um eine interne oder externe Teilung handelt – in seiner Meldung zur Kapitalübertragung (§ 11 Abs. 4 AltvDV) neben dem Prozentsatz des geförderten Altersvorsorgekapitals, das übertragen wird auf die vom Familiengericht angegebene Ehezeit i. S. d. § 3 Abs. 1 VersAusglG mit. Erfolgt die interne Teilung und damit verbunden die Übertragung eines Anrechts im Bereich der betrieblichen Altersversorgung, erlangt die ausgleichsberechtigte Person die versorgungsrechtliche Stellung eines ausgeschiedenen Arbeitnehmers i. S. d. BetrAVG (§ 12 VersAusglG). Damit erlangt sie bei einer Pensionskasse (aber auch bei einem Pensionsfonds oder einer Direktversicherung) auch das Recht zur Fortsetzung einer betrieblichen Altersversorgung mit eigenen Beiträgen, die nach § 82 Abs. 2 Buchstabe b EStG zu den „riestergeförderten" Altersvorsorgebeiträgen gehören können, wenn ein Fortsetzungsrecht bei der ausgleichspflichtigen Person für die Versorgung bestanden hätte.

Die ZfA teilt der ausgleichspflichtigen Person den Umfang der auf die Ehezeit entfallenden steuerlichen Förderung nach § 10a EStG – Abschnitt XI EStG mit. Diese Mitteilung beinhaltet die beitragsjahrbezogene Aufstellung der ermittelten Zulagen sowie die nach § 10a EStG gesondert festgestellten Beträge, für die innerhalb der Ehezeiten liegenden Beitragsjahre. Für die Beitragsjahre, in die der Beginn oder das Ende der Ehezeit fällt, wird die Förderung monatsweise zugeordnet, in dem jeweils 1/12 der für das betreffenden Beitragsjahr gewährten Förderung den zu der Ehezeit zählenden Monaten zugerechnet wird. Die monatsweise Zuordnung erfolgt unabhängig davon, ob die für diese Beitragsjahre gezahlten Beiträge vor, nach oder während der Ehezeit auf den Altersvorsorgevertrag eingezahlt wurden. Die Mitteilung der Höhe der für den Vertrag insgesamt gewährten Förderung gilt dabei nicht als Verwaltungsakt. **1007**

Soweit das während der Ehezeit gebildete geförderte Altersvorsorgevermögen im Rahmen des § 93 Abs. 1a Satz 1 EStG übertragen wird, geht die steuerliche Förderung mit allen Rechten und Pflichten auf die ausgleichsberechtigte Person über. Dies hat zur Folge, dass im Fall einer schädlichen Verwendung des geförderten Altersvorsorgevermögens derjenige Ehegatte die Förderung zurückzahlen muss, der über das ihm zugerechnete geförderte Altersvorsorgevermögen schädlich verfügt. Leistungen aus dem geförderten Altersvorsorgevermögen sind vom Leistungsempfänger immer nachgelagert zu versteuern. **1008**

Die Feststellung der geänderten Zuordnung der steuerlichen Förderung erfolgt Beitragsjahr bezogen durch die ZfA. Sie erteilt sowohl der ausgleichspflichtigen als auch der ausgleichsberechtigten Person einen Feststellungsbescheid über die Zuordnung der nach § 10a Abs. 4 EStG gesondert festgestellten Beträge sowie der ermittelten Zulagen. Einwände gegen diese Bescheide können nur erhoben werden, soweit sie sich gegen die geänderte Zuordnung der steuerlichen Förderung richten. Nach Eintritt der Unanfechtbarkeit dieser Feststellungsbescheide werden auch die Anbieter durch einen Datensatz nach § 90 Abs. 2 Satz 6 EStG von der ZfA über die geänderte Zuordnung informiert. **1009**

Nicht systemgerecht und evtl. auch nicht gesetzeskonform wird im BMF-Schreiben vom 24.7.2013 in der Rz. 434 der Fall geregelt, bei dem die ausgleichspflichtige Person nach der Übertragung i. S. d. § 93 Abs. 1a Satz 1 EStG einen Antrag auf Altersvorsorgezulage für ein Beitragsjahr in der Ehezeit stellt. **1010**

Nach Auffassung des BMF wird die zu gewährende Zulage vollständig dem Vertrag der ausgleichspflichtigen Person gutgeschrieben. Obwohl die ausgleichsberechtigte Person keine anteilige Zulage erhält, erfolgt die Zuordnung der Steuerverstrickung sowohl auf die ausgleichspflichtige als auch auf die ausgleichsberechtigte Person, als wenn die Zulage bereits vor der Übertragung dem Vertrag gutgeschrieben worden wäre. Diese Regelung ist für die ausgleichsberechtigte Person nicht sachgerecht und wird evtl. rechtlich zu überprüfen sein. Im Rahmen einer Praxisregelung wäre es besser gewesen, dass wenn man die Zulage schon vollständig der ausgleichsverpflichtenden Person auszahlt, dieser dann auch die steuerlichen Verstrickungen zuzuweisen.

1011 Das gesetzlich normierte Verfahren, nachdem der Anbieter der ZfA nach der Entscheidung des Familiengerichtes die Übertragung i. S. d. § 93 Abs. 1a Satz 1 EStG an die ZfA per Datensatz mitteilen muss, wird edv-technisch voraussichtlich erst ab dem Jahr 2011 möglich sein. Bis dahin soll die Kapitalübertragung im Rahmen des Versorgungsausgleichs in Papierform an die ZfA gemeldet werden. Zurzeit besteht auch noch das praktische Problem, dass die ZfA nur Beiträge und Zulagen zuordnet, die Anbieter jedoch noch nicht Klarheit darüber haben, wie mit nachlaufenden Zulagen mit Zinsen und Überschüssen zu verfahren ist.

1012

Steuerliche Begleitung der gesetzlichen Neuregelung des Versorgungsausgleichs (VersAusglG)

§ 3 Nr.55a EStG	§ 3 Nr.55b EStG	§ 93 Abs.1a EStG	§ 93 Abs.1a EStG
Interne Teilung (§ 10 VersAusglG)	Externe Teilung (§ 14 VersAusglG)	Interne Teilung bei Riester-Rente	Externe Teilung bei Riester-Rente
Keine Besteuerung im Zeitpunkte der Teilung	Keine Besteuerung im Zeitpunkte der Teilung bei Übertragung auf Pensions-Kasse, Pensionsfonds, Direktversicherung, Altersvorsorgevertrag (Riester), Basisversorgung(Rürup), da insoweit das bisherige Steuerregime fortgeführt werden kann.	Die interne Teilung von betrieblichen und privaten Riester-Anwartschaften führen zu keiner schädlichen Verwendung (Rückforderung von Zulagen/Steuervorteilen)	Keine schädliche Verwendung bei Übertragung auf:
Gleiches Steuerregime beim Ausgleichsverpflichteten und Ausgleichsberechtigten			•Altersvorsorgevertrag (Riester), •Direktversicherung, •Pensionskasse, •Pensionsfonds, •Versorgungsausgleichskasse
	Datenaustausch zwischen den beiden Versorgungsträgern gemäß § 11 AltvDV.	Datenaustausch zwischen Versorgungsträger und ZfA gemäß § 93 Abs. 1a EStG und § 11 Abs.4 AltvDV.	Schädliche Verwendung bei Übertragung auf:
			•Direktzusage / U-Kasse, •GRV (evtl. Abw. durch JStG 2010) •Private Rentenversicherung •Baisversorgung (Rürup)
			Datenaustausch zwischen Versorgungsträgern und ZfA gemäß § 93 Abs.1a EStG i.v.m. § 11 AltvDV.

III. Sozialversicherungsrechtliche Rahmenbedingungen der Begünstigten

1. Sozialversicherungsrechtliche Rahmenbedingungen in der Beitragsphase

a) Beitragsfreiheit nach § 1 Abs. 1 Nr. 9 SvEV i. V. m. § 3 Nr. 63 EStG

Beiträge an Pensionskassen gehören grundsätzlich zum sozialversicherungs- **1013** pflichtigen Arbeitsentgelt, sofern nicht die Ausnahmeregelung gem. § 1 Abs. 1 Nr. 9 SvEV eingreift. Danach gilt als Höchstbetrag für die Beitragsfreiheit in Anlehnung an § 3 Nr. 63 Satz 1 und Satz 2 EStG 4 % der BBG/RV (West). Über diese Grenze hinausgehende Zuwendungen sind damit beitragspflichtig. Die Beitragsfreiheit setzt dabei die Erfüllung sämtlicher steuerrechtlicher Tatbestandsmerkmale des § 3 Nr. 63 EStG voraus. Der ab 1.1.2005 geltende Aufstockungsbetrag gem. § 3 Nr. 63 Satz 3 EStG in Höhe von 1 800 Euro wird mithin nicht im Rahmen des § 1 Abs. 1 Nr. 9 SvEV begünstigt. Zuwendungen im Rahmen des Aufstockungsbetrages in Höhe von 1 800 Euro sind damit zwar steuerfrei, jedoch beitragspflichtig. Gleiches gilt für die Vervielfältigungsregelung im Rahmen des § 3 Nr. 63 Satz 4 EStG.

b) Beitragsfreiheit bei einer Pauschalversteuerung gem. § 40b EStG nach § 1 Abs. 1 Nr. 4 SvEV

Pauschal versteuerte Beiträge an Pensionskassen gehören grundsätzlich zum **1014** sozialversicherungspflichtigen Entgelt, sofern nicht die Ausnahmeregelung des § 1 Abs. 1 Nr. 4 SvEV greift. Daher kommt es nur zu einer Beitragsfreiheit, soweit die Voraussetzungen nach § 40b EStG vorliegen und diese Vorschrift auch tatsächlich angewendet wird. Eine vom Arbeitgeber getragene Pauschalsteuer sowie die diesbezüglichen Annexsteuern (Solidaritätszuschlag und Kirchensteuer) gehören nicht zum beitragspflichtigen Arbeitsentgelt. Soweit Arbeitgeber und Arbeitnehmer vereinbaren, dass die Pauschalsteuer im Innenverhältnis vom Arbeitnehmer übernommen wird, (Abwälzung) gilt der Pauschalsteuerbetrag als beitragspflichtiges Arbeitsentgelt (Rundschreiben der Spitzenverbände der Sozialversicherungsträger vom 31.3.1999, Tz. 1.3). Da die Beiträge zusätzlich zum ohnehin geschuldeten Arbeitslohn sozialversicherungsrechtlich zu erbringen sind, können nur Einmalzahlungen (Weihnachtsgeld, Urlaubsgeld, Bonus etc.) beitragsfrei umgewandelt werden. Umwandlungen des laufenden Arbeitslohns führen nicht zur Beitragsfreiheit. Die Sozialversicherungsträger vertreten die Auffassung, dass eine Aufteilung von Einmalzahlungen auf die Kalendermonate und die Verwendung dieser Beiträge für eine monatliche Pensionskassenversicherung dazu führt, dass diese Aufwendungen beitragspflichtig sind (siehe Besprechungsergebnis der Spitzenverbände der Sozialversicherungsträger vom 26./27.5.2004). Vom Arbeitgeber und vom Arbeitnehmer finanzierte Beiträge an Pensionskassen sind im Rahmen des § 1 Abs. 1 Nr. 4 SvEV bei Nutzung der Lohnsteuerpauschalierungsmöglichkeit nach § 40b EStG beitragsfrei.

c) Sozialversicherungspflicht bei individuell versteuerten Beiträgen

1015 Individuell versteuerte Beiträge stellen beitragspflichtiges Entgelt dar, und zwar unabhängig davon, ob für diese individuell versteuerten Beiträge eine *Riester*-Förderung (§ 10a, XI. Abschnitt EStG) oder eine *Rürup*-Förderung (§ 10 Abs. 1 Nr. 2b EStG) gewährt wird.

d) Beitragsfreiheit bei steuerfreien Übernahmeleistungen gem. § 3 Nr. 55 EStG in Verbindung mit § 4 Abs. 2 und Abs. 3 BetrAVG nach § 1 Abs. 1 Nr. 1 SvEV

1016 Beitragsrechtlich ist nach Auffassung der Spitzenorganisationen der Sozialversicherungsträger im Falle der steuerfreien Übertragung des Übertragungswertes nach § 3 Nr. 55 Satz 1 EStG auch Beitragsfreiheit im Rahmen des § 1 Abs. 1 Nr. 1 SvEV gegeben, (Rundschreiben der Spitzenorganisation der Sozialversicherungsträger „Beitragsrechtliche Beurteilung von Beiträgen und Zuwendungen zum Aufbau betrieblicher Altersversorgung" vom 25.9.2008, Ziffer 9).

e) Zusammenfassung der sozialversicherungsrechtlichen Behandlung der betrieblichen Altersversorgung über eine Pensionskasse ab 1.1.2005

1017 Ansparphase (§ 1 Abs. 1 Nrn. 4, 9 SvEV)

Ausgestaltung der Beiträge[1])	Beitragspflichtiges Arbeitsentgelt
Entgeltumwandlung bis 4 % BBG/RV (§ 3 Nr. 63 Satz 1 u. 2 EStG)	Nein
Arbeitgeberfinanziert bis 4 % BBG/RV (§ 3 Nr. 63 Satz 1 u. 2 EStG)	Nein
Entgeltumwandlung im Rahmen des Aufstockungsbetrages i. H. v. 1 800 Euro (§ 3 Nr. 63 Satz 3 EStG)	Ja
Arbeitgeberfinanziert im Rahmen des Aufstockungsbetrages i. H. v. 1 800 Euro (§ 3 Nr. 63 Satz 3 EStG)	Ja
Entgeltumwandlung (Sonderzuwendungen) bis 1 752 Euro (§ 40b EStG)	Nein
Entgeltumwandlung (laufendes Entgelt) bis 1 752 Euro (§ 40b EStG)	Ja
Arbeitgeberfinanziert bis 1 752 Euro (§ 40b EStG)	Nein

Ausgestaltung der Beiträge[1])	Beitragspflichtiges Arbeitsentgelt
Individuell versteuert (mit oder ohne **Riester-/Rürup**-Förderung), arbeitgeberfinanziert oder entgeltumgewandelt	Ja
Steuerfreie Übernahmeleistungen i. R. d. Portabilität gem. § 3 Nr. 55 Satz 1 EStG	Nein

1 Nach dem Gesetz zur Förderung der zusätzlichen Altersvorsorge und zur Änderung des Dritten Buches Sozialgesetzbuch vom 10.12.2007 (BGBl. I S. 2838) ist die Beitragsfreiheit der Entgeltumwandlung auf Dauer festgeschrieben worden. Daneben wurde das gesetzliche Unverfallbarkeitsalter von 30 Jahren auf 25 Jahren abgesenkt.

2. Sozialversicherungsrechtliche Rahmenbedingungen in der Leistungsphase

a) Beitragspflicht von Rentenleistungen im Rahmen der Krankenversicherung/Pflegeversicherung der Rentner

Da Rentner kein sozialversicherungspflichtiges Arbeitsentgelt beziehen, sind diese Leistungen grundsätzlich beitragsfrei, soweit keine besondere gesetzliche Anordnung die Beitragspflicht von Versorgungsbezügen in einem Sozialversicherungszweig regelt. Im Gegensatz zur gesetzlichen Renten- und Arbeitslosenversicherung unterliegen Betriebsrenten aus allen 5 Durchführungswegen – also auch aus Pensionskassen – gem. § 229 Abs. 1 Nr. 5 SGB V und § 57 Abs. 1 SGB XI bei einer Mitgliedschaft in der gesetzlichen Kranken- und Pflegeversicherung der Beitragspflicht in diesen Sozialversicherungszweigen (Krankenversicherung der Rentner/KVdR und Pflegeversicherung der Rentner/PVdR). Die Beitragspflicht besteht bei Versicherungspflicht oder auch bei freiwilliger Mitgliedschaft. Demnach sind alle Rentenleistungen aus Pensionskassen bis zur Beitragsbemessungsgrenze für die Krankenversicherung und Pflegeversicherung im Rahmen dieser Sozialversicherungszweige versicherungspflichtig. Soweit die Betriebsrente 1/20 der monatlichen Bezugsgröße nach § 18 SGB IV (das ist für das Kalenderjahr 2010 ein Betrag von 127,75 Euro) nicht übersteigt, entsteht auch keine Beitragspflicht. Durch das GKV-Modernisierungsgesetz wurde der Beitragssatz für die Rentenbezüge ab 1.1.2004 vom bisherigen halben Beitragssatz auf den vollen allgemeinen Beitragssatz angehoben (§§ 241, 248 SGB V). Der Gesetzgeber nimmt hierbei billigend eine doppelte Verbeitragung der Beiträge bzw. der korrespondierenden Rentenleistung in Kauf. **1018**

b) Beitragspflicht von (Einmal-)Kapitalleistungen im Rahmen der Krankenversicherung/Pflegeversicherung der Rentner

Bis zum 31.12.2003 galt für (Einmal-)Kapitalleistungen die Beitragsfreiheit. Seit dem 1.1.2004 gehören im Rahmen des GKV-Modernisierungsgesetzes (Einmal-)Kapitalleistungen der betrieblichen Altersversorgung für Pflichtmitglieder und freiwillige Mitglieder der gesetzlichen Krankenversicherung zu **1019** den beitragspflichtigen Einnahmen. Die Beitragspflicht in der Kranken- und Pflegeversicherung tritt in diesen Fällen für alle Versorgungsleistungen ein, die ab dem 1.1.2004 zur Auszahlung kommen. Eine Vertrauensschutzregelung wurde nicht geschaffen. Bei (Einmal-)Kapitalleistungen gilt daher als monatlicher Zahlbetrag der Rentenleistung 1/120tel der Kapitalleistung (Verteilung auf 10 Jahre). Hierdurch wird vermieden, dass die Einmalzahlung durch Überschreiten der Beitragsbemessungsgrenze in der Kranken- bzw. Pflegeversicherung einen Großteil nicht der Beitragspflicht unterworfen wird. Die 10-Jahresfrist beginnt mit Ablauf des auf die Auszahlung der Kapitalleistung folgenden Kalendermonats. Beitragsfrei sind im Gleichklang zur monatlichen Auszahlung nur solche Kapitalleistungen, die so gering sind, dass der monatliche Zahlbetrag 1/20 der monatlichen Bezugsgröße nach § 18 SGB IV nicht übersteigt (127,75 Euro in 2010). Auch hier nimmt der Gesetzgeber billigend eine doppelte Verbeitragung in der Anspar- bzw. Auszahlungsphase in Kauf.

c) Beitragspflicht von Renten aus individuell versteuerten Beiträgen

1020 Leistungen der betrieblichen Altersversorgung unterliegen gem. § 229 Abs. 1 Nr. 5 SGB V der Beitragspflicht. Dies gilt grundsätzlich unabhängig davon, ob die individuell versteuerten Beiträge im Rahmen der sog. *Riester*-Förderung (§ 10a, XI. Abschnitt EStG) oder im Rahmen der sog. *Rürup*-Förderung (§ 10 Abs. 1 Nr. 2b EStG) gefördert wurden. Das Problem der doppelten Verbeitragung in der Anspar- und zudem in der Auszahlungsphase sowie die diesbezügliche Ungleichbehandlung zu privaten Ansparvorgängen, die in der Leistungsphase generell beitragsfrei sind, wurde bisher vom Gesetzgeber noch nicht sachgerecht bzw. zufriedenstellend gelöst. Das *BVerfG* hat jedoch in einer ersten Entscheidung am 28.11.2010 zu einer privat fortgeführten Direktversicherung festgestellt, dass die bisher vom Bundessozialgericht bei der Auslegung von § 229 Abs. 1 Nr. 5 SGB V vorgenommene Typisierung mit dem Gleichheitsgrundsatz aus Art. 3 Abs. 1 GG unvereinbar ist, soweit sie dazu führt, dass Zahlungen aus Beiträgen, die der Versicherte nach Ende seines Arbeitsverhältnisses auf einen auf ihn als Versicherungsnehmer laufenden Kapitallebensversicherungsvertrag eingezahlt hat, als betriebliche Altersversorgung zu Beiträgen zur Krankenversicherung der Rentner herangezogen werden, obwohl der Gesetzgeber Erträge aus privaten Lebensversicherungen pflichtversicherter Rentner keiner Beitragspflicht unterwirft. Auf die Einzahlungen des Bezugsberechtigten auf einen von ihm als Versicherungsnehmer fortgeführten Kapitallebensversicherungsvertrag finden nach der Entscheidung des *BVerfG* hinsichtlich der von ihm nach Vertragsübernahme eingezahlten Beiträge keine Bestimmungen des Betriebsrentenrechts mehr Anwendung, so dass eine Beitragspflicht gem. § 229 Abs. 1 Nr. 5 SGB V abzulehnen ist. Das *BSG* hat jedoch trotz dieser Entscheidung des *BVerfG* am 23.7.2014 (B 12 KR 28/12 R, s. E-BetrAV 210.2.2 Nr. 22) entschieden, dass auf Leistungen von privat fortgeführten Pensionskassenverträgen Kranken- und Pflegeversicherungsbeiträge in voller Höhe zu entrichten sind, weil Pensionskassen anders als Kapital- beziehungsweise Lebensversicherungsunternehmen in ihren Aktivitäten von vornherein auf den Zweck der Durchführung der betrieblichen Altersversorgung beschränkt seien. Für die Beitragspflicht von Leistungen aus Pensionskassenverträgen sei es demnach unerheblich, wenn Beiträge vom Arbeitnehmer aus individuell versteuerten Beträgen einbezahlt wurden. Gegen dieses Urteil wurde eine Verfassungsbeschwerde vor dem *BVerfG* eingelegt. Eine Entscheidung im Rahmen dieses Verfahrens steht zurzeit noch aus. Letztlich ist vorliegend sicherlich der Gesetzgeber gefordert, durch einheitliche Rahmenbedingungen für alle Durchführungswege der betrieblichen Altersversorgung dauerhafte, verlässliche und kalkulierbare Rahmenbedingungen zu schaffen.

1021

Sozialversicherungsfreiheit der Beiträge
- arbeitgeberfinanziert -

§ 40b EStG	§ 10a EStG § 10 Abs.1 Nr. 2b EStG	§ 3 Nr. 56 EStG § 3 Nr. 63 EStG	§ 19 Abs. 1 EStG
1.752 € (2.148 €)	keine	max. 4% der BBG zur GRV 2.976 € (2016)	unbegrenzter sozialversiche- rungsfreier Aufwand

Direktversicherung (Vertragsabschluss vor 1.1.2005)	
kapitalgedeckte Pensionskasse (Vertragsabschluss vor 1.1.2005)	
Direktversicherung, Pensionsfonds, kapitalgedeckte Pensionskasse (Vertragsabschluss nach 31.12.2004)	Direktzusage U-Kasse

1022

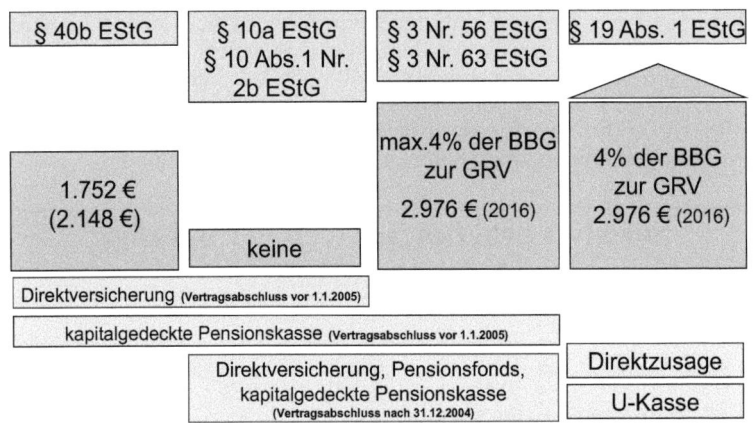

IV. Steuerrechtliche Rahmenbedingungen der Pensionskasse

1023 Pensionskassen sind als Versicherungsvereine auf Gegenseitigkeit gem. § 1 Abs. 1 Nr. 3 KStG grundsätzlich körperschaftsteuerpflichtig. Unter den Voraussetzungen des § 5 Abs. 1 Nr. 3 KStG sind sie jedoch von der Körperschaftsteuer befreit. In § 6 KStG wird die partielle Steuerpflicht der Pensionskassen geregelt. Pensionskassen in der Rechtsform der Aktiengesellschaft sind nach § 1 Abs. 1 Nr. 1 UStG körperschaftsteuerpflichtig.

1. Steuerbefreite Pensionskasse

a) Voraussetzungen für die Körperschaftsteuerfreiheit

1024 Unter den Voraussetzungen des § 5 Abs. 1 Nr. 3 Buchst. a bis c KStG, die kumulativ vorliegen müssen, ist die Pensionskasse von der Körperschaftsteuer befreit. Mit der Steuerbefreiung wird der soziale Zweck der Pensionskassen, die Leistungen der betrieblichen Altersversorgung gewähren, gefördert. Die Überschreitung des in § 5 Abs. 1 Nr. 3 Buchst. d KStG bestimmten zulässigen Kassenvermögens hat gemäß § 6 KStG eine partielle Steuerpflicht zur Folge.

aa) Leistungsempfänger

1025 Gemäß § 5 Abs. 1 Nr. 3 Buchst. a KStG i. V. m. R 12 Abs. 1 KStR 2004 bzw. R 5.3 Abs. 1 KStR 2015 müssen sich steuerbefreite Pensionskassen auf Zugehörige oder frühere Zugehörige einzelner oder mehrerer wirtschaftlicher Geschäftsbetriebe (§ 14 AO) oder der Spitzenverbände der freien Wohlfahrtspflege einschließlich deren Untergliederungen, Einrichtungen und Anstalten und sonstiger gemeinnütziger Wohlfahrtsverbände oder auf Arbeitnehmer sonstiger Körperschaften, Personenvereinigungen oder Vermögensmassen beschränken. Nach R 12 Abs. 3 KStR 2004 bzw. R 5.3 Abs. 3 KStR 2015 geht der Pensionskasse eines inländischen Unternehmens die Steuerfreiheit nicht dadurch verloren, dass zu ihren Leistungsempfängern Arbeitnehmer gehören, die das inländische Unternehmen zur Beschäftigung bei seinen ausländischen Tochtergesellschaften oder Betriebsstätten abgeordnet hat.

Auch die Mitgliedschaft anderer, auch ausländischer, Arbeitnehmer der ausländischen Tochtergesellschaften oder Betriebsstätten des inländischen Unternehmens ist für die Kasse steuerunschädlich, wenn für diese Arbeitnehmer von der ausländischen Tochtergesellschaft oder der Betriebsstätte entsprechende Zuwendungen an die Kasse des inländischen Unternehmens abgeführt werden. **1026**

Der Begriff des Zugehörigen ist weiter auszulegen als derjenige des Arbeitnehmers im Sinne von § 1 Abs. 1 LStDV, der bereits Vorstandsmitglieder und Geschäftsführer einer Kapitalgesellschaft einschließt, die lohnsteuerlich als Arbeitnehmer behandelt werden. Als Zugehörige kommen darüber hinaus in Frage: **1027**

– Personen, die zu dem Betrieb oder Verband in einem arbeitnehmerähnlichen Verhältnis stehen oder gestanden haben. Als arbeitnehmerähnliches Verhältnis ist gem. R 12 Abs. 1 Satz 5 KStR 2004 bzw. R 5.3 Abs. 1 Satz 5 KStR 2015 in der Regel ein Verhältnis von einer gewissen Dauer bei gleichzeitiger sozialer Abhängigkeit, ohne dass Lohnsteuerpflicht besteht, anzusehen. Hier handelt es sich beispielsweise um bestimmte Heimarbeiter oder Handelsvertreter.

– Personen, für die der Betrieb durch ihre soziale Abhängigkeit oder eine sonstige enge Bindung als Mittelpunkt der Berufstätigkeit anzusehen ist (z. B. Unternehmer und Gesellschafter).

Nach § 1 Nr. 1 KStDV dürfen sich die Leistungsempfänger in der Mehrzahl nicht aus dem Unternehmer oder dessen Angehörigen und bei Gesellschaften in der Mehrzahl nicht aus den Gesellschaftern oder deren Angehörigen zusammensetzen. **1028**

Frühere Angehörige müssen nach R 12 Abs. 1 Satz 3 KStR 2004 bzw. R 5.3 Abs. 1 Satz 3 KStR 2015 die Zugehörigkeit zu der Kasse durch ihre Tätigkeit in den betreffenden Betrieben oder Verbänden erworben haben. Es ist nicht notwendig, dass die Kasse schon während der Zeit der Tätigkeit des Betriebsangehörigen bestanden hat. **1029**

Zu den Zugehörigen rechnen nach dem Gesetz (§ 5 Abs. 1 Nr. 3 Buchst. a KStG) auch die Angehörigen. Das sind gem. § 15 AO Verlobte, Ehegatte, Verwandte und Verschwägerte gerader Linie (Kinder, Enkel, Urenkel, Eltern, Großeltern, Urgroßeltern), Geschwister, Kinder der Geschwister, Ehegatten **1030** der Geschwister, Geschwister der Ehegatten, Geschwister der Eltern, Pflege-eltern und Pflegekinder.

1031 Da die Satzung der Pensionskasse Bestimmungen über die Leistungsemp-fänger enthalten muss, ergibt sich dementsprechend auch die Beschränkung auf die Zugehörigen der Trägerunternehmen aus der Satzung.

1032 Da Pensionskassen grundsätzlich eine steuerlich geförderte betriebliche Altersversorgung anbieten, ist der Kreis der Leistungsempfänger in der Re-gel auf den Ehegatten und die kindergeldberechtigten Kinder beschränkt (s. Rdnrn. 880 ff.).

bb) Soziale Einrichtung

1033 Gemäß § 5 Abs. 1 Nr. 3 Buchst. b KStG sind die Pensionskassen von der Körperschaftsteuer nur befreit, wenn sichergestellt ist, dass der Betrieb der Kasse nach dem Geschäftsplan und nach Art und Höhe der Leistungen eine soziale Einrichtung darstellt. In den §§ 1 und 2 KStDV sind hierzu die folgenden steuerlichen Forderungen aufgestellt:

1034 – Die Leistungsempfänger dürfen sich in der Mehrzahl nicht aus dem Un-ternehmer oder dessen Angehörigen und bei Gesellschaften in der Mehr-zahl nicht aus den Gesellschaftern oder deren Angehörigen zusammen-setzen. Die Mehrzahl bezieht sich auf die Zahl der Personen, nicht auf eventuelle Leistungssummen (*Blomeyer/Rolfs/Otto*, BetrAVG, 6. Aufl. 2015 StR G, Rdnr. 12). Nach H 12 KStR 2004 nimmt eine einseitige Bevorzugung der Unternehmer bei der Bemessung der Leistungen der Kasse den sozialen Charakter (vgl. *BFH* vom 24.3.1970 – 1 R 73/68, BStBl. II 1970 S. 473).

– Bei einer Auflösung der Kasse darf ihr Vermögen in Höhe der Verlust-rücklage bzw. bei einer Pensionskasse in anderer Rechtsform als dem VVaG in Höhe des der Verlustrücklage entsprechenden Teiles des Ver-mögens (§ 5 Abs. 1 Nr. 3 Buchst. d KStG), nur den Leistungsempfängern oder deren Angehörigen zugutekommen oder für ausschließlich gemein-nützige oder mildtätige Zwecke verwendet werden.

1035 Die Höchstbeträge für die laufenden Leistungen bzw. das Sterbegeld dürfen die nachstehenden Beträge nach § 2 KStDV nicht überschreiten:

als Pension	25 769 Euro jährlich,
als Witwengeld	17 179 Euro jährlich,
als Waisengeld für jede Halbwaise	5 154 Euro jährlich,
für jede Vollwaise	10 308 Euro jährlich,
als Sterbegeld	7 669 Euro
als Gesamtleistung.	

Zur Gesamtleistung einer Sterbekasse gehören auch **Gewinnzuschläge,** auf die die Berechtigten einen Rechtsanspruch haben (*BFH* vom 20.11.1969 – I R 107/67, BStBl. II 1970 S. 227).

Diese Beträge dürfen nach § 2 Abs. 2 KStDV, ausgenommen das Sterbegeld, **1036** nur in 12 % aller Fälle überschritten werden bis zu folgenden Höchstbeträgen:

als Pension	38 654 Euro jährlich,
als Witwengeld	25 769 Euro jährlich,
als Waisengeld für jede Halbwaise	7 731 Euro jährlich,
für jede Vollwaise	15 461 Euro jährlich.

Für 4 % aller Fälle gibt es keine Höchstgrenze (§ 2 Abs. 2 Satz 2 KStDV). **1037** Bemessungsgrundlage für den genannten Satz von 4 % ist die Anzahl der Leistungsempfänger und der Leistungsanwärter. Leistungsanwärter sind zu berücksichtigen, sobald die Aufnahme in den Kreis der Versorgungsberechtigten nicht mehr vom freien Belieben des Trägerunternehmens abhängt (*Blomeyer/Rolfs/Otto*, BetrAVG, 6. Aufl. 2015 StR G, Rdnr. 15).

Bei der Prüfung, ob die erreichten Rechtsansprüche der Leistungsempfänger **1038** in nicht mehr als 12 % aller Fälle auf höhere als die in § 2 Abs. 1 KStDV bezeichneten Beträge gerichtet sind, ist gem. R 14 Abs. 1 KStR 2004 bzw. R 5.5 Abs. 1 KStR 2015 von den auf Grund der Satzung, des Geschäftsplans oder des Leistungsplans insgesamt bestehenden Rechtsansprüchen, also von den laufenden tatsächlich gewährten Leistungen und den Anwartschaften auszugehen. Dabei ist jede in § 2 KStDV genannte einzelne Leistungsgruppe (Pensionen, Witwengelder, Waisengelder und Sterbegelder) für sich zu betrachten. Nur bei Beschränkung auf die Höchstbeträge kann die Kasse als Sozialeinrichtung anerkannt werden.

Eine steuerbefreite Pensionskasse kann nach R 14 Abs. 3 KStR 2004 bzw. R 5.5 **1039** Abs. 3 KStR 2015 anstelle einer laufenden Rente auch eine Kapitalabfindung zahlen. Voraussetzung ist, dass die zu kapitalisierende Rente sich in den Grenzen der Höchstbeträge des § 2 KStDV hält und der Leistungsempfänger durch die Kapitalisierung nicht mehr erhält, als er insgesamt erhalten würde, wenn die laufende Rente gezahlt würde. Der Berechnung der Kapitalabfindung darf daher nur ein Zinsfuß zugrunde gelegt werden, der auf die Dauer gesehen dem durchschnittlichen Zinsfuß entspricht. Dabei ist für die Vergleichsrechnung von einem Zinssatz von 5,5 % auszugehen. Im Übrigen ist die Kapitalabfindung nach den sonst steuerlich anerkannten Rechnungsgrundlagen zu berechnen.

cc) Verwendungssicherung des Kassenvermögens

§ 5 Abs. 1 Nr. 3 Buchst. c KStG i. V. m. § 1 Nr. 2 KStDV bestimmt, dass die **1040** ausschließliche und unmittelbare Verwendung des Vermögens und der

Einkünfte der Kasse nach der Satzung und der tatsächlichen Geschäftsführung für die Zwecke der Kasse dauernd gesichert sein muss. Ausdrücklich ausgenommen von dieser Forderung ist nur das überdotierte und anteilig steuerpflichtige Vermögen gem. § 6 KStG.

dd) Beginn und Ende der Steuerbefreiung

1041 Eine Pensionskasse hat Anspruch auf Körperschaftsteuerfreiheit, wenn die Voraussetzungen des § 5 Abs. 1 Nr. 3 KStG und der §§ 1 und 2 KStDV erfüllt sind. Nur bei Überschreitung des in § 5 Abs. 1 Nr. 3 Buchst. d KStG bestimmten zulässigen Kassenvermögens tritt eine partielle Körperschaftsteuerpflicht gem. § 6 KStG ein.

1042 Im Übrigen verliert die Pensionskasse die Steuerbefreiung bereits, wenn eine der für die Steuerbefreiung geforderten Voraussetzungen nicht mehr gegeben ist. Sie wird also voll steuerpflichtig, wenn eine in Bezug auf die Leistungsempfänger, soziale Einrichtung oder Verwendungssicherung des Vermögens genannten Bedingungen nicht mehr erfüllt ist.

1043 Die volle Steuerpflicht tritt mit Beginn desjenigen Veranlagungszeitraums ein, zu dessen Ende die Voraussetzungen für eine Steuerbefreiung nicht mehr vorliegen. Grundsätzlich besteht die Steuerpflicht, solange die steuerschädlichen Tatbestände existieren.

1044 Nach § 137 AO besteht die Verpflichtung der Pensionskasse gegenüber dem zuständigen Finanzamt, steuerrelevante Vorgänge innerhalb eines Monats nach dem meldepflichtigen Ereignis mitzuteilen.

1045 Wird die satzungsmäßige Vermögensbindung einer Kasse aufgehoben, so entfällt nach H 13 KStR 2004 die Steuerfreiheit der Kasse auch mit Wirkung für die Vergangenheit (vgl. *BFH* vom 15.12.1976 – BStBl. II 1977 S. 490). Eine Kasse ist voll körperschaftsteuerpflichtig, wenn sie ihr Vermögen oder ihre Einkünfte anderen als ihren satzungsgemäßen Zwecken dienstbar macht. Steuerschädlich ist es z. B., wenn die Kasse eine gewerbliche Betätigung ausübt (vgl. *BFH* vom 29.1.1969 – I 247/65, BStBl. II S. 269). Es ist also besonders darauf zu achten, dass die Verwaltung des Vermögens nicht die Grenzlinie zum Gewerbebetrieb überschreitet.

1046 Erbringt eine steuerbefreite Pensionskasse daher Dienstleistungen außerhalb des eigentlichen Versicherungsgeschäfts und außerhalb der „bloßen" Vermögensverwaltung, erfüllt die Pensionskasse i. d. R. nicht mehr die Voraussetzungen der Steuerbefreiung für Pensionskassen nach § 5 Abs. 1 Nr. 3 KStG, da die für Pensionskassen erforderliche Vermögensbindung nicht mehr gegeben wäre. Im Ergebnis ist die Kasse dann insgesamt, also auch mit den Einkünften aus dem eigentlichen Pensionskassengeschäft, steuerpflichtig.

1047 Die Steuerbefreiungsvoraussetzung der Vermögensbindung nach § 5 Abs. 1 Nr. 3 Buchst. c KStG i. V. m. § 1 Nr. 2 KStDV differenziert nicht zwischen einer Vermögensverwendung zugunsten einer anderen Pensionskasse oder eines sonstigen Dritten. Daher können Dienstleistungen gegenüber anderen steuerbefreiten Unternehmen nur dann unschädlich für die eigene Steuerbefreiung einer Pensionskasse sein, wenn die Vermögensbindung der Kasse nicht beeinträchtigt ist.

Bei Dienstleistungen gegenüber anderen Pensionskassen kann die Vermö- **1048** gensbindung unter Beachtung gewisser Voraussetzungen eingehalten werden. Zum einen gelten für Pensionskassen i. S. v. § 232 Abs. 1 VAG grundsätzlich die gleichen Regeln wie für Lebensversicherungsunternehmen. Daher gehört gem. § 1 Abs. 2 Satz 3 VAG i. V. m. Anlage Teil 1 Nr. 24 zum VAG auch die Verwaltung von Versorgungseinrichtungen zu den zulässigen Tätigkeiten einer Pensionskasse. Zudem kann eine Pensionskasse gem. §§ 7 Nr. 2, 9 Abs. 4 Nr. 1c und § 32 VAG im Wege der Funktionsausgliederung bestimmte (Hilfs-) Geschäfte auf andere Unternehmen, d. h. auch auf andere Pensionskassen, auslagern. Somit sind grundsätzlich Dienstleistungen von Pensionskassen gegenüber anderen Pensionskassen im Wege von Funktionsausgliederungsverträgen möglich.

Sofern diese aufsichtsrechtlich zulässigen Dienstleistungen nur zu Selbst- **1049** kosten erbracht werden, also lediglich die im Rahmen der Dienstleistung entstehenden Personal- und Sachkosten weiterbelastet werden und daher keine Gewinnerzielungsabsicht anzunehmen ist, dürfte sich die (Dienst-) Leistungserbringung noch im Rahmen der Vermögensverwaltung bewegen und somit nicht die Vermögensbindung tangieren.

Im Ergebnis müsste zumindest dann, wenn eine Pensionskasse die aufsichts- **1050** rechtlich zulässige Verwaltung von Versorgungseinrichtungen ohne Gewinnerzielungsabsicht anhand eines mit dem verantwortlichen Aktuar und Abschlussprüfer abgestimmten Kostenverteilungs- bzw. Weiterbelastungsschlüssels betreibt, keine Beeinträchtigung der Körperschaft- und Gewerbesteuerbefreiung zu erwarten sein (*Viecens* BetrAV 2006 S. 541). Diese Rechtsauffassung wurde mittlerweile von der Finanzverwaltung bestätigt (BMF-Schreiben vom 9.2.2007 – IV B7-S2723/0, OFD Hannover vom 1.3.2007 – S 2723 – 34 – StO 241, DB 2007 S. 716). Danach führt nach Auffassung der obersten Finanzbehörden des Bundes und der Länder die Übernahme der Administration und Verwaltung einer anderen steuerbegünstigten Pensionskasse oder Unterstützungskasse nicht zum Verlust der Körperschaftsteuerbefreiung, wenn

– die versicherungsrechtlichen Voraussetzungen für die Übernahme der Verwaltung vorliegen;

– mit der übernommenen Tätigkeit eine Gewinnerzielungsabsicht nicht verbunden ist und

– die Übernahme der Tätigkeit nur gegen Kostenerstattung erfolgt.

b) Folgen der Steuerbefreiung

aa) Ausschluss der Anrechnung und Vergütung von Körperschaftsteuer bis 31.12.2000

1051 Bis 31.12.2000 war nach § 51 KStG die Anrechnung und Vergütung der nach § 36 Abs. 2 Nr. 3 EStG anrechenbaren Körperschaftsteuer, z. B. auf erhaltene Dividendeneinnahmen aus der Kapitalanlage ausgeschlossen, wenn bei der Pensionskasse die Einnahmen i. S. d. § 20 Abs. 1 Nr. 1 bis 3 oder Abs. 2 Nr. 2 Buchst. a EStG nicht steuerpflichtig sind.

bb) Halbeinkünfteverfahren gem. § 3 Nr. 40 EStG ab 1.1.2001

1052 Durch die Anpassung des KStG ab dem 1.1.2001 wurde das bis dahin geltende körperschaftsteuerliche Anrechnungsverfahren (vgl. Rdnr. 1051) durch eine Definitivbesteuerung der ausschüttenden Körperschaften und das Halbeinkünfteverfahren gem. § 3 Nr. 40 EStG für die Empfänger der Ausschüttungen abgelöst.

1053 Die bis einschließlich Veranlagungszeitraum 2000 vorherrschende und für steuerbefreite Pensionskassen nachteilige Situation, dass die von dem ausschüttenden Unternehmen auf den Ausschüttungsbetrag einbehaltene Körperschaftsteuer (bis 1993: 36 % danach 30 %) nicht angerechnet werden konnte, wurde durch das Halbeinkünfteverfahren aufgehoben.

cc) Anteilige Erstattung der Kapitalertragsteuer

1054 Nach § 5 Abs. 2 Nr. 1 KStG gilt die Steuerbefreiung der Pensionskasse nicht für inländische Einkünfte, die dem Steuerabzug unterliegen. Diese Steuerpflicht trifft Pensionskassen im Allgemeinen nur in Bezug auf Einkünfte aus Anteilen aus Kapitalgesellschaften. Bei Dividendeneinnahmen wird nach § 43 Abs. 1 Satz 1 Nr. 1 EStG die Einkommensteuer durch Abzug vom Kapitalertrag (Kapitalertragsteuer) erhoben.

1055 § 44a Abs. 8 Satz 1 EStG bestimmt, dass bei steuerbefreiten Pensionskassen, die dem ausschüttenden Unternehmen eine Nichtveranlagungsbescheinigung vorgelegt haben (§ 44a Abs. 2 Nr. 2 EStG), nur drei Fünftel der auf die Kapitalerträge i. S. d. § 43 Abs. 1 Satz 1 Nr. 1 EStG anfallende Kapitalertragsteuer einzubehalten und abzuführen haben (Abstandnahme von der Kapitalertragsteuer).

c) Folgen der Körperschaftsteuerfreiheit für andere Steuern

1056 Pensionskassen, soweit sie die für eine Befreiung von der Körperschaftsteuer erforderlichen Voraussetzungen erfüllen, sind nach § 3 Nr. 9 GewStG von der Gewerbesteuer befreit.

1057 Für Zuwendungen an gem. § 5 Abs. 1 Nr. 3 KStG steuerbefreite Pensionskassen, die nach § 3 KStG steuerfrei sind, fällt nach § 13 Abs. 1 Nr. 13 Satz 1

ErbStG auch keine Erbschaft- und Schenkungsteuer an. Diese Befreiung fällt aber nach Satz 2 dieser Bestimmung mit Wirkung für die Vergangenheit weg, wenn die Voraussetzungen für die Steuerbefreiung innerhalb von zehn Jahren nach der Zuwendung nicht mehr vorliegen bzw. die partielle Steuerpflicht (§ 6 KStG) eintritt.

2. Steuerpflichtige Pensionskasse

Da nach § 8 Abs. 2 VAG Pensionskassen nur in der Rechtsform des Versicherungsvereins auf Gegenseitigkeit, einer Aktiengesellschaft, einer Körperschaft bzw. Anstalt des öffentlichen Rechts betrieben werden dürfen, sind sie gemäß § 234 Abs. 2 VAG buchführungs- und bilanzierungspflichtig. Ihr steuerpflichtiges Einkommen ist als Bilanzgewinn nach den §§ 4 und 5 EStG bzw. den §§ 7 bis 22 KStG zu ermitteln. **1058**

Danach ist das steuerpflichtige Einkommen durch Vergleich des Betriebsvermögens am Schluss des Veranlagungsjahres mit demjenigen zu Ende des vorangehenden Jahres unter Beachtung der nicht abziehbaren Ausgaben bzw. der abziehbaren Einnahmen zu ermitteln. Insoweit ist die steuerpflichtige Pensionskasse wie jedes andere bilanzierungs- und steuerpflichtige Unternehmen zu behandeln. **1059**

Zu Beginn der Steuerpflicht muss die Pensionskasse eine steuerliche Eröffnungsbilanz aufstellen, in der alle Wirtschaftsgüter grundsätzlich mit dem Teilwert anzusetzen sind, damit sichergestellt wird, dass für die Zeit der Steuerpflicht nur die anteilig in dieser Zeit entstandenen Gewinne und Verluste der Besteuerung unterworfen werden. Dies bedeutet, dass zugunsten der Pensionskasse auch nur die in dieser Zeit realisierten anteiligen stillen Reserven einfließen. **1060**

Für eine in vollem Umfang steuerpflichtige Pensionskasse entfallen die für steuerfreie Pensionskassen erwähnten steuerlichen Besonderheiten in Bezug auf die anteilige Abstandnahme bzw. Erstattung der Kapitalertragsteuern (vgl. Rdnrn. 1054 ff.). Pensionskassen in der Rechtsform der Aktiengesellschaft erfüllen wegen der bestehenden Gewinnerzielungsabsicht nicht die Voraussetzungen für die Steuerfreiheit und kommen daher bislang nur als steuerpflichtige Pensionskassen vor. **1061**

3. Partiell steuerpflichtige Pensionskasse

Übersteigt am Schluss des Wirtschaftsjahres, zu dem der Wert der Deckungsrückstellung versicherungsmathematisch zu berechnen ist, das Vermögen einer Pensionskasse i. S. d § 5 Abs. 1 Nr. 3 KStG den in Buchstabe d dieser Vorschrift bezeichneten Betrag, so ist die Kasse nach § 6 Abs. 1 bis 4 KStG partiell steuerpflichtig, soweit ihr Einkommen anteilig auf das übersteigende Vermögen entfällt. **1062**

Das nach handelsrechtlichen Grundsätzen ordnungsmäßiger Buchführung unter Berücksichtigung des von der Versicherungsaufsichtsbehörde genehmigten Geschäftsplans auszuweisende Vermögen darf also nicht höher sein, **1063** als bei einem Versicherungsverein auf Gegenseitigkeit die Verlustrücklage und bei einer Kasse anderer Rechtsform der dieser Rücklage entsprechende Teil des Vermögens. Nach § 5 Abs. 1 Nr. 3 Buchst. d Satz 2 KStG ist bei der Ermittlung des Vermögens eine Rückstellung für Beitragsrückerstattung nur insoweit abziehbar, als den Leistungsempfängern ein Anspruch auf diese Überschussbeteiligung zusteht.

1064 Als zulässiges Kassenvermögen eines Versicherungsvereins auf Gegenseitigkeit (VVaG) ist dabei der Sollbetrag der Verlustrücklage anzusehen. Dies ist der in der Satzung bestimmte und i. S.d § 193 VAG von der Versicherungsaufsichtsbehörde genehmigte Mindestbetrag der Verlustrücklage (R 28 Abs. 2 Satz 4 KStR 2004 bzw. R 6 Abs. 2 Satz 4 KStR 2015).

a) Ermittlung der Überdotierung

1065 Da das Vermögen zur Ermittlung des überdotierten Vermögens nach handelsrechtlichen Grundsätzen ordnungsmäßiger Buchführung zu bewerten ist, sind Wirtschaftsgüter des Anlagevermögens höchstens mit den Anschaffungs- oder Herstellungskosten, vermindert um die erforderlichen Abschreibungen und Wertberichtigungen, und Wirtschaftsgüter des Umlaufvermögens unter Zugrundelegung des Niederstwertprinzips anzusetzen. Eine dauernde Wertminderung von Anlagegütern ist dabei zu beachten.

1066 Zu den bei der Gegenüberstellung der Aktiva und Passiva anzusetzenden aktiven Vermögenswerten gehören auch evtl. Forderungen aus ausstehenden Mitgliedsbeiträgen und Zuwendungen von Trägerunternehmen. Zu den Passiva zählen die Verbindlichkeiten, die Deckungsrückstellung und die versicherungstechnischen Rückstellungen aus Versicherungsverpflichtungen gem. § 20 KStG. Eine Rückstellung für Beitragsrückerstattung i. S. von § 21 KStG ist bei Pensionskassen nach § 5 Abs. 1 Nr. 3 Buchst. d Satz 2 KStG nur insoweit abziehbar, als den Leistungsempfängern ein Rechtsanspruch eingeräumt ist.

1067 Dabei soll erst ein erheblicher Überschuss der aktiven Vermögenswerte über die Verbindlichkeiten und Rückstellungen steuerschädlich sein. Aus diesem Grund wird eine Überdotierung erst angenommen, wenn das ermittelte Eigenkapital die Verlustrücklage überschreitet.

b) Ermittlung einzelner Bilanzposten

aa) Aktiva

1068 Für das Aktivvermögen bestehen gem. § 215 VAG strenge Anlagegrundsätze. Zudem wird der weitaus überwiegende Teil im Sicherungsvermögen nach den Grundsätzen der Anlagesicherheit und der Risikostreuung für die deckungspflichtigen Positionen gegenüber den Versicherten durch einen Treuhänder verwaltet (§ 124 ff. VAG). Diese aufsichtsrechtlichen Vorkehrungen im Interesse der Versicherten garantieren auch eine vorsichtige handelsrechtliche Bewertung der Aktiva.

bb) Passiva

(1) Deckungsrückstellung

Gewichtigster Passivposten der Pensionskassen ist die geschäftsplanmäßig **1069** zu ermittelnde Deckungsrückstellung. Sie ist für bestimmte kleinere Versicherungsvereine a. G. i. S. d. § 210 VAG je nach Größe der Kasse entweder zu jedem Bilanzstichtag oder nur alle drei Jahre zu berechnen. Versicherungstechnisch wird die Deckungsrückstellung aus der Differenz des Barwerts aller künftigen Versicherungsverpflichtungen einschließlich der Verwaltungskosten und des Barwerts aller dafür noch ausstehenden künftigen Versicherungsbeiträge, bestehend aus den Beiträgen der Versicherten und den Zuwendungen des Trägerunternehmens, ermittelt.

Aus der prospektiven versicherungstechnischen Definition der Deckungs- **1070** rückstellung ergibt sich deren Fremdkapitalcharakter. Dieser wird aber auch retrospektiv durch die verzinsliche Ansammlung der Sparbeiträge belegt.

Der Rechnungszins ist geschäftsplanmäßig festgelegt. Die Aufsichtsbehörde **1071** verlangt derzeit einen Rechnungszins von 1,25 % (§ 2 Abs. 1 DeckRV). Durch § 21a Abs. 1 KStG wird klargestellt, dass die eigentlich nach § 6 Abs. 1 Nr. 3a Buchstabe e EStG mit einem Zinssatz von 5,5 % abzuzinsende Deckungsrückstellung auch mit einem zulässigen niedrigeren Zinssatz (s. o.) abgezinst werden kann.

(2) Rückstellung für Beitragsrückerstattung

Satzungsmäßige Bindung: **1072**

Ein sich nach der Bilanz ergebender Überschuss wird, soweit er nicht nach der Satzung der Verlustrücklage oder anderen Rücklagen zuzuführen oder zur Verteilung von Vergütungen zu verwenden oder auf das nächste Geschäftsjahr zu übertragen ist, nach § 194 Abs. 1 VAG an die in der Satzung bestimmten Mitglieder verteilt. Gemäß § 194 Abs. 2 VAG hat die Satzung zu bestimmen, welcher Maßstab der Verteilung zugrunde zu legen ist und ob der Überschuss nur an die am Schluss des Geschäftsjahres vorhandenen oder auch an ausgeschiedene Mitglieder verteilt werden soll.

Ein sich satzungsgemäß ergebender Überschuss der Pensionskasse steht **1073** daher grundsätzlich den Mitgliedern zu. Daher fordern die Rechnungslegungsvorschriften, dass der Jahresüberschuss in eine Rückstellung für Beitragsrückerstattung (Überschussbeteiligung) einzustellen ist. Der Rückstellung für Beitragsrückerstattung werden deshalb versicherungstechnische und nichtversicherungstechnische Überschüsse zugeführt.

Die versicherungstechnischen Gewinne setzen sich i. d. R. zusammen aus: **1074**

– dem Zinsgewinn, d. h. den überrechnungsmäßigen Kapitalerträgen aus der Kapitalanlage der Deckungsrückstellung und der übrigen Passiva,

- dem Risikogewinn aus dem von den biometrischen Annahmen abweichenden Verlauf des Versicherungsrisikos,
- dem Verwaltungskostengewinn aus der Abweichung des tatsächlichen Kostenverlaufs von den in den Beiträgen einkalkulierten rechnungsmäßigen Annahmen und
- evtl. sonstigen Ergebnissen wie z. B. Eintritts- bzw. Austrittsgewinne oder -verluste.

In der Rückstellung für Beitragsrückerstattung sind alle Überschüsse für die Versicherten, als Gesamtverpflichtung gegenüber den Versicherten, bis zur Verwendung zugunsten der Berechtigten gebunden.

1075 **Einschränkung der steuerlichen Abzugsfähigkeit:**

Um zu verhindern, dass sich Pensionskassen der betreffenden Besteuerung dadurch entziehen können, dass sie Teile ihres Eigenkapitals längerfristig und steuerlich abzugsfähig der Rückstellung für Beitragsrückerstattung zuweisen, ohne gegenüber den Versicherten eine konkrete Verpflichtung einzugehen, wurde die steuerliche Abzugsfähigkeit der Rückstellung für Beitragsrückerstattung durch § 21 Abs. 2 Satz 2 KStG eingeschränkt. Danach ist die Rückstellung für die Beitragsrückerstattung – Kleinbeträge gem. § 21 Abs. 2 Satz 3 KStG ausgenommen – aufzulösen, soweit sie höher ist als die Summe aus:

- den Zuführungen innerhalb des am Bilanzstichtag endenden Wirtschaftsjahres und der zwei vorangegangenen Wirtschaftsjahre,
- dem Betrag, dessen Ausschüttung als Beitragsrückerstattung vom Versicherungsunternehmen vor dem Bilanzstichtag verbindlich festgelegt worden ist,
- dem Betrag in der Lebensversicherung, der für die Finanzierung der auf die aufgelaufenen Versicherungsjahre entfallenden Schlussgewinnanteile erforderlich ist.

Nach dieser Vorschrift (§ 21 Abs. 2 Nr. 1 KStG) darf also ein der Rückstellung für Beitragsrückerstattung zugeführter Jahresüberschuss nur höchstens drei Jahre in der Rückstellung verbleiben, da sie ansonsten als Eigenkapital zu behandeln ist.

1076 Gemäß § 6 Abs. 2 KStG entfällt die Steuerpflicht mit Wirkung für die Vergangenheit, soweit das übersteigende Vermögen innerhalb von 18 Monaten nach dem Schluss des Wirtschaftsjahres, für das es aufgestellt worden ist, mit Zustimmung der Versicherungsaufsichtsbehörde zur Leistungserhöhung, zur Auszahlung an das Trägerunternehmen, zur Verrechnung mit Zuwendungen des Trägerunternehmens, zur gleichmäßigen Herabsetzung künftiger Zuwendungen des Trägerunternehmens oder zur Verminderung der Beiträge der Leistungsempfänger verwendet wird. Der Pensionskasse steht also, nach Addition der beiden Fristen, eine Verwendungsfrist von 4½ Jahren zu.

Bei einer Pensionskasse können auch den Trägerunternehmen als satzungs- **1077** mäßigen Mitgliedern der Kasse Ansprüche auf Überschussbeteiligung zustehen. Für diese ist aber auch nach § 5 Abs. 1 Nr. 3 Buchst. d KStG zu beachten, dass bei der Ermittlung des Vermögens der Pensionskasse eine Rückstellung für Beitragsrückerstattung nur insoweit abziehbar ist, als den Leistungsempfängern ein Anspruch auf die Überschussbeteiligung zusteht.

Entsprechende Verpflichtungen der Pensionskasse gegenüber dem Träger- **1078** unternehmen sind, da dieses nicht zu dem Kreis der Leistungsempfänger gehört, nicht abzugsfähig, sondern dem Eigenkapital zuzurechnen.

Verwendung: **1079**

Für die steuerliche Abzugsfähigkeit der Rückstellung für Beitragsrückerstattung gehört nach dem Urteil des *BFH* vom 27.2.1970 – III 144/65 (BStBl. 1970 S. 487) eine geschäftsplanmäßige Erklärung gegenüber der Aufsichtsbehörde, dass die Rückstellung für Beitragsrückerstattung zur Erhöhung der Kassenleistungen oder zur Ermäßigung der Kassenleistungen oder für beide Zwecke zu verwenden ist, sodass die Kasse nicht mehr in anderer Weise über diese Mittel verfügen kann. Weitere Einzelheiten brauchen nicht geregelt zu sein.

Fehlt eine eindeutige Festlegung dem Grunde nach zugunsten der Leistungs- **1080** empfänger, ist die Rückstellung für Beitragsrückerstattung in vollem Umfang nicht abzugsfähig. Die Festlegung darf auch keine Vorbehalte für eine mögliche andere Verwendung, etwa zugunsten des Trägerunternehmens, enthalten und ebenfalls nicht vorbehaltlich einer anderen Beschlussfassung erfolgt sein.

Steuerunschädlich ist dagegen eine Mittelverwendung zur Verlustabdeckung **1081** für den Fall, dass die Verlustrücklage nicht zum Ausgleich des Verlustes ausreicht (RdF-Erlass vom 25.7.1936 – S 2511 – 45 III/S 3202 – 15 III, RStBl. 1936, S. 825; RFH-Urteil vom 16.3.1939 – III 16/37, RStB). 1939, S. 796; RFH-Urteil vom 27.11.1941 – III 135/40, RStBl. 1942, S. 556; *BFH*-Urteil vom 20.9.1963 – III 355/60, HFR 1964, 186).

Zur Vermeidung einer partiellen Steuerpflicht müssen Zuführungen zur **1082** Rückstellung für Beitragsrückerstattung zudem i. d. R. innerhalb der 4½-Jahres-Frist entweder zur Verminderung der Beiträge oder zur Leistungserhöhung verwendet werden.

Verwendung bedeutet, dass die Mittel für die Leistungsempfänger nach Art, **1083** Höhe und Ausmaß durch die zuständigen Organe der Kasse bzw. das geschäftsplanmäßige Gutachten des versicherungsmathematischen Sachverständigen mit Zustimmung der Aufsichtsbehörde rechtsverbindlich bestimmt sind. Nicht erforderlich ist, dass die Leistungsempfänger bereits über diese Mittel wirtschaftlich verfügen können, d. h. dass sie ihnen bereits i. S. von § 11 Abs. 1 Satz 1 EStG zugeflossen sein müssen. Es ist ebenfalls nicht notwendig, dass die aus der Rückstellung für Beitragsrückerstattung der

Deckungsrückstellung zuzuführenden Mittel dort individualisiert sein müssen. Dies ist z. B. in der Regel dann nicht der Fall, wenn die Deckungsrückstellungen geschäftsplanmäßig ohnehin nur kollektiv zu bewerten sind.

1084 Eine verbindliche Bestimmung tritt für die Pensionskasse bereits mit der Genehmigung der Aufsichtsbehörde in Kraft. Selbstverständlich sind anschließend auch die Berechtigten über die verbindliche Beitragsminderung oder Leistungserhöhung zu verständigen.

1085 **Kleinbeträge:**

Gemäß § 21 Abs. 2 Satz 3 KStG braucht eine Auflösung nicht zu erfolgen, soweit an die Versicherten Kleinbeträge auszuzahlen wären und die Auszahlung dieser Beträge mit einem unverhältnismäßig hohen Verwaltungsaufwand verbunden wäre. Nach Auffassung der Finanzverwaltung (BMF-Schreiben vom 7.3.1978 – IV B 7/S 2775 – 10/78, BStBl. I S. 160) liegen Kleinbeträge vor, wenn in dem Versicherungszweig weniger als 1 % der Bruttobeiträge für die Überschussbeteiligung zur Verfügung stehen oder wenn die Ausschüttungen im Durchschnitt weniger als 10 Euro pro begünstigten Versicherten betragen würden (Kleinbetragsverordnung vom 19.12.2000 – BGBl. I. S. 1790).

1086 Diese Kleinstbetragsregelung gilt nur für den 3-Jahres-Zeitraum. Solange eine solche Regelung nicht ausdrücklich auch für die Billigkeitsregelung des § 6 Abs. 2 KStG besteht, empfiehlt es sich, dafür zu sorgen, dass die 4 ½-Jahres-Grenze auf keinen Fall überschritten wird.

(3) Gründungsstock und Verlustrücklage

1087 Gemäß § 178 Abs. 1 VAG ist in der Satzung eines VVaG vorzusehen, dass ein Gründungsstock gebildet wird, der die Kosten der Vereinserrichtung zu decken sowie als Gewähr- und Betriebsstock zu dienen hat. Die Satzung soll die Bedingungen, unter denen der Gründungsstock dem Verein zur Verfügung steht, enthalten und besonders bestimmen, wie er zu tilgen ist, sowie ob und in welchem Umfang die Personen, die ihn zur Verfügung gestellt haben, berechtigt sein sollen, an der Vereinsverwaltung teilzunehmen.

1088 Der **Gründungsstock** darf nach § 178 Abs. 4 VAG nur aus den Vereinseinnahmen getilgt werden und nur soweit, wie die Verlustrücklage des § 193 VAG angewachsen ist. Die Tilgung muss beginnen, sobald die Errichtungs- und die Einrichtungskosten des ersten Geschäftsjahres gedeckt worden sind. Der Gründungsstock hat daher, wie die Verlustrücklage, Eigenkapitalcharakter und ist in Bezug auf die Steuerpflicht der Pensionskasse wie diese zu behandeln.

1089 Nach § 193 VAG ist in der Pensionskassensatzung zu bestimmen, dass zur Deckung eines außergewöhnlichen Verlustes aus dem Geschäftsbetrieb eine Rücklage zu bilden ist, welche Beträge jährlich zurückzulegen sind und welchen Mindestbetrag die Rücklage erreichen muss. Diese Rücklage wird als Verlustrücklage oder auch als Reservefonds bezeichnet. Zu anderen Zwecken, z. B. zu Zahlungen an das Trägerunternehmen, darf die Rücklage nach R 28 Abs. 2 Satz 6 KStR 2004 bzw. R 6 Abs. 2 Satz 6 KStR 2015 nicht verwendet werden.

Die Versicherungsaufsichtsbehörde legt i. d. R. einen Mindestbetrag der Verlustrücklage in einem Vom-Hundert-Satz der Vermögenswerte oder der Deckungsrückstellung fest. **1090**

Pensionskassen sind gemäß § 234 Abs. 1 i. V. m. § 213 VAG verpflichtet, zur Sicherstellung der dauernden Erfüllbarkeit ihrer Verträge über freie, unbelastete Eigenmittel (Solvabilität) mindestens in Höhe einer Solvabilitätsspanne zu verfügen. §§ 213, 214 VAG enthält den Katalog von Eigenmitteln, die zur Erfüllung der Solvabilität herangezogen werden können. **1091**

Diese Verpflichtung besteht für Pensionskassen seit 1994, als die Dritte Lebensversicherungsrichtlinie in deutsches Recht umgesetzt wurde. **1092**

Die Höhe der Solvabilitätsspanne ist abhängig von der versicherungsmathematisch ermittelten Deckungsrückstellung, dem Risikokapital und den Beitragseinnahmen der Kasse. Da die Solvabilitätsspanne in Relation zum Geschäftsvolumen zu ermitteln ist, kann sie sich durch Änderungen des Geschäftsbetriebes oder durch Geschäftsausweitung verändern. **1093**

Die Berechnung und die Höhe der konkreten Solvabilitätsspanne ergeben sich aus der Verordnung über die Kapitalausstattung von Versicherungsunternehmen (KapAusstV) vom 18.4.2016 (BGBl. I S. 795). Sie beträgt gemäß § 17 Abs. 1 i. V. m. § 9 Abs. 1 KapAusstV 4 % der Deckungsrückstellung zzgl. 0,3 % des Risikokapitals (vgl. auch *Bode* BetrAV 1995 S. 20). **1094**

Für Pensionskassen, deren jährliche Beiträge in den letzten drei Geschäftsjahren 500 000 Euro nicht überschritten haben, ist gemäß § 17 Abs. 2 KapAusstV die Hälfte der oben genannten Prozentsätze anzusetzen. **1095**

Ein Drittel der Solvabilitätsspanne gilt gem. § 213 Satz 2 VAG als Mindestkapitalanforderung. Diese muss gemäß § 18 Abs. 1 KapAusstV für Pensionskassen mindestens 3 Mio Euro betragen (Mindestgarantiefonds). Wird die Pensionskasse in der Rechtsform des VVaG betrieben, ermäßigt sich dieser Mindestbeitrag um 25 %, § 18 Abs. 2 KapAusstV. **1096**

Für Pensionskassen in der Rechtsform des VVaG, deren jährliche Beiträge in drei aufeinander folgenden Jahren den Betrag von 5 Millionen Euro nicht überschritten haben, entfällt gemäß § 18 Abs. 3 KapAusstV ein Mindestbeitrag für den Garantiefonds. **1097**

Die Mindestkapitalabforderung muss vollständig durch offen in der Bilanz ausgewiesene Eigenmittel, sog. explizite Eigenmittel, gedeckt sein. (VAG i.d.F. v. 21.12.2004, BaFin-Rundschreiben R 4/2005 (VA) – s. H-BetrAV, Teil II, **1098**

C. IV. 125 Nr. 4) Zu den expliziten Eigenmitteln gehören z. B. die Verlust-rücklage, der Gründungsstock oder die Rückstellung für Beitragsrücker-stattung. Implizite Eigenmittel sind beispielsweise die stillen Reserven aus einer Unterbewertung der Aktiva, nicht mehr jedoch der Wert künftiger Überschüsse.

c) Feststellung der partiellen Steuerpflicht

1099 Für die Überprüfung einer evtl. Überdotierung des Kassenvermögens einer Pensionskasse in der Rechtsform eines VVaG ist das Vermögen der Pensions-kasse dem Sollwert der Verlustrücklage gegenüberzustellen (BMF-Schreiben vom 16.3.1983 – IV B 7 – S 2723 – 5/83, DB 1983, S. 860). Solange das Eigen-kapital der Pensionskasse daher den Sollwert der Verlustrücklage noch nicht erreicht hat, kann eine partielle Steuerpflicht nicht eintreten (R 28 Abs. 2 Satz 3 KStR 2004 bzw. R 6 Abs. 2 Satz 3 KStR 2015).

1100 Bei Pensionskassen in anderer Rechtsform als die des VVaG tritt an die Stelle der Verlustrücklage nach § 5 Abs. 1 Nr. 3 Buchst. d KStG der dieser Rücklage entsprechende Teil des Vermögens, der der Verlustdeckung dient, bei der Aktiengesellschaft also die gesetzliche Rücklage (Kapitalrücklage) des § 150 AktG. Bei öffentlich-rechtlichen Pensionskassen ist gem. R 28 Abs. 2 Satz 8 KStR 2004 bzw. R 6 Abs. 2 Satz 8 KStR 2015 ein dem Zweck der Verlustrück-lage entsprechender Passivposten unbeschadet seiner Benennung anzuset-zen. Auch wenn keine Verlustrücklage in der Satzung vorgeschrieben ist, kann nach allgemeinen Auslegungsregeln aus Gleichbehandlungsgründen ein entsprechender Teil des Vermögens für die Frage der Überdotierung fiktiv als Verlustrücklage gewertet werden.

1101 Der Gesetzgeber wollte nicht, dass schon jedes geringste Eigenkapital eine partielle Steuerpflicht auslöst, sondern dass notwendige Mindestvermögens-reserven für die Verlustdeckung verbleiben (*Wichmann* BetrAV 1976 S. 102; *Wrede* DStZ A 1975 S. 107).

1102 Zum Schluss des Wirtschaftsjahres, zu dem der Wert der Deckungsrück-stellung versicherungsmathematisch zu berechnen ist, muss die Kasse aber jeweils nach § 5 Abs. 1 Nr. 3 Buchst. d KStG überprüfen, ob eine Über-dotierung des Kassenvermögens und damit eine partielle Steuerpflicht einge-treten ist.

1103 R 28 Abs. 4 Satz 4 KStR 2004 bzw. R 6 Abs. 4 Satz 4 KStR 2015 dehnt die Stichtage für die Überprüfung der Steuerpflicht auch auf diejenigen Jahre aus, für die der Wert der Deckungsrückstellung zusätzlich über den in der Regel dreijährigen Pflichtturnus hinaus freiwillig berechnet wird. Diese Verwaltungsanweisung kann jedoch für Pensionskassen keine zusätzlichen Rechtspflichten wider den klaren Gesetzeswortlaut begründen (*Ahrend/ Förster/Rößler* 5. Teil Rdnr. 717; *Wichmann* BetrAV 1982 S. 150).

1104 In kürzeren Abständen ist eine Überprüfung nur vorzunehmen, wenn die Aufsichtsbehörde die Neuberechnung der Deckungsrückstellung in diesen kürzeren Abständen fordert. Die meisten Pensionskassen nur verpflichtet, eine Neuberechnung alle drei Jahre vornehmen zu lassen.

d) Ermittlung des partiell steuerpflichtigen Einkommens

aa) Einkommensermittlung bei der Pensionskasse

Für die Einkommensermittlung bei der Pensionskasse sind die allgemeinen **1105** Gewinnermittlungsvorschriften der §§ 7 ff. KStG und die Sondervorschriften der §§ 20, 21 und 21a KStG für Versicherungsunternehmen maßgebend. Darüber hinaus bestimmt § 6 Abs. 4 KStG, dass folgende Positionen nicht abziehbar sind:

– Beitragsrückerstattungen oder sonstige Vermögensübertragungen an das Trägerunternehmen, es sei denn, es handelt sich um ein überdotiertes Vermögen i. S. von § 6 Abs. 2 KStG.

– Zuführungen zu einer Rückstellung für Beitragsrückerstattung, soweit den Leistungsempfängern ein Anspruch auf die Überschussbeteiligung nicht zusteht.

Die Nichtabzugsfähigkeit von Beitragsrückerstattungen, Zuführungen zur Rückstellung für Beitragsrückerstattung und sonstigen Vermögensübertragungen an das Trägerunternehmen soll verhindern, dass die partielle Steuerpflicht durch solche Einkommensminderungen unterlaufen werden kann.

Nicht abzugsfähig sind ferner die in § 10 Nr. 1 bis 4 KStG aufgeführten **1106** Aufwendungen. Diese Vorschrift lässt die persönlichen (privaten) Aufwendungen der steuerpflichtigen Körperschaft nicht zum Abzug zu, soweit diese der Einkommensverwendung dienen. Es ist fraglich, ob es sich bei den satzungsmäßigen Aufwendungen einer Pensionskasse um Einkommensverwendung handeln kann. Wie gegenüber der „Liebhaberei" ist der Zweck i. S. von § 10 Nr. 1 KStG auch gegenüber dem Begriff „Gegenstand des Unternehmens" abzugrenzen, also gegenüber dem Inhalt der Tätigkeit des Unternehmens (im Gegensatz zum Zweck der juristischen Person selbst).

Betriebsausgaben, insbesondere Aufwendungen zur Erzielung des Einkom- **1107** mens i. S. von § 4 Abs. 4 EStG werden nämlich von dem Abzugsverbot des § 10 Nr. 1 KStG nicht erfasst (*BFH* vom 10.5.1960, 1205/59 U, BStBl. 1960 S. 335). Wenn also die Voraussetzungen des § 10 Nr. 1 KStG und des § 4 Abs. 4 EStG gleichzeitig erfüllt sind, geht § 4 Abs. 4 EStG vor.

Bei der Pensionskasse sind daher die nach der Satzung zu erbringenden **1108** Versicherungsleistungen als Betriebsausgaben anzuerkennen. Im Gegensatz dazu bestimmt ein Erlass des Finanzministeriums Nordrhein-Westfalen vom 13.12.1963 für den vergleichbaren Fall der Unterstützungskasse immer noch, dass die satzungsmäßigen Unterstützungsleistungen als nicht abziehbare Aufwendungen im Sinne von § 10 Nr. 1 KStG zu behandeln seien (FinMin. NRW vom 13.12.1963 – S 2513 – 6 – V A 2; KSt-Kartei OFD Düsseldorf/Köln/ Münster, § 4, S 2513 G 3).

1109 In der Kommentierung wurde dieser Auffassung bereits 1964 widersprochen (*Heissmann*, BB 1964 S. 27). Der Argumentation, es handele sich bei der Unterstützungskasse um einen Gewerbebetrieb, für den die Zuwendungen des Trägerunternehmens Betriebseinnahmen und folgerichtig die Kassenleistungen Betriebsausgaben seien, die nicht unter das Abzugsverbot des § 10 Nr. 1 KStG fallen, kann jedoch nur im Ergebnis zugestimmt werden (vgl. auch *Gruss* BB 1963 S. 102).

1110 Wird eine von der Körperschaftsteuer befreite Pensionskasse steuerpflichtig und ermittelt sie ihren Gewinn durch Betriebsvermögensvergleich, so hat sie nach § 13 Abs. 2 KStG auf den Zeitpunkt, in dem die Steuerpflicht beginnt, eine Anfangsbilanz aufzustellen. In dieser Anfangsbilanz und in der Schlussbilanz i. S. von § 13 Abs. 1 KStG sind gem. § 13 Abs. 3 Satz 1 KStG die Wirtschaftsgüter vorbehaltlich des § 13 Abs. 4 KStG mit den Teilwerten anzusetzen. In der Steuerbilanz ist auch die Deckungsrückstellung einzustellen, die jedoch i. d. R. aufsichtsrechtlich nur alle drei Jahre zu ermitteln ist. Für steuerliche Zwecke genügt nach herrschender Auffassung für die Zwischenzeit eine begründete Schätzung, etwa nach Art einer Fortschreibung für das Sicherungsvermögen (*Ahrend/Förster/Rößler* 5. Teil Rdnr. 737; *Höfer*, BetrAVG, Band II, Abschnitt IV, Rdnr. 2240).

bb) Ermittlung des steuerpflichtigen Anteils

1111 Durch die Überdotierung des Kassenvermögens kann eine Pensionskasse gem. § 6 Abs. 1 KStG nur steuerpflichtig werden, soweit ihr Einkommen anteilig auf das übersteigende Vermögen entfällt. Der steuerpflichtige Anteil des Einkommens ergibt sich also aus dem Einkommen bei voller Steuerpflicht nach Maßgabe des Verhältnisses des überdotierten Anteils zu dem Gesamtvermögen.

1112 Berechnungsbeispiel:

Aktiva:	5 000 000 €
Passiva:	3 500 000 €
Vermögen der Pensionskasse:	1 500 000 €
Verlustrücklage:	500 000 €
Übersteigendes Vermögen (Überdotierung):	1 000 000 €
Einkommen bei voller Steuerpflicht:	150 000 €

Berechnung des partiell steuerpflichtigen Einkommens:

$$\frac{\text{Einkommen} \times \text{Überdotierung}}{\text{Vermögen}}$$

$$\frac{150\,000\,€ \times 1\,000\,000\,€}{1\,500\,000\,€}$$

Partiell steuerpflichtiges Einkommen:	100 000 € (zu versteuern)

Der überdotierte Anteil ist i. d. R. der den Sollwert der Verlustrücklage übersteigende Anteil.

cc) Ermittlung der zu zahlenden Körperschaftsteuer

Die letztlich zu zahlende Körperschaftsteuer ergibt sich aus dem partiell **1113** steuerpflichtigen Einkommen durch Anwendung des für die Pensionskasse geltenden Körperschaftsteuersatzes unter Berücksichtigung der anteilig zu erstattenden Kapitalertragsteuer.

e) Dauer der partiellen Steuerpflicht

Eine Pensionskasse wird mit Beginn des Veranlagungsjahres partiell steuer- **1114** pflichtig, in dem das Wirtschaftsjahr der Pensionskasse endet, für dessen Schluss das Vermögen mit der neu berechneten Deckungsrückstellung höher ist als der Sollwert der Verlustrücklage, z. B. deshalb, weil die Leistungsempfänger keinen vollen Rechtsanspruch auf den Überschuss besitzen.

Weicht bei der Pensionskasse das Wirtschaftsjahr, für das sie regelmäßige **1115** Abschlüsse macht, vom Kalenderjahr ab, so gilt der Gewinn nach § 7 Abs. 4 Satz 2 KStG aus Gewerbebetrieb als in dem Kalenderjahr bezogen, in dem das Wirtschaftsjahr endet.

Eine partielle Steuerpflicht hält so lange an, bis auf Grund einer neuen pflicht- **1116** gemäßen Rückstellungsberechnung festgestellt wird, dass eine Überdotierung nicht mehr besteht, oder bis die partielle Steuerpflicht rückwirkend beseitigt wird.

f) Rückwirkende Beseitigung der partiellen Steuerpflicht

Gemäß § 6 Abs. 2 KStG entfällt die Steuerpflicht mit Wirkung für die **1117** Vergangenheit, soweit das übersteigende Vermögen innerhalb von 18 Monaten nach dem Schluss des Wirtschaftsjahres, für das es festgestellt worden ist, mit Zustimmung der Versicherungsaufsichtsbehörde zur Leistungserhöhung, zur Auszahlung an das Trägerunternehmen, zur Verrechnung mit Zuwendungen des Trägerunternehmens, zur gleichmäßigen Herabsetzung künftiger Zuwendungen des Trägerunternehmens oder zur Verminderung der Beiträge der Leistungsempfänger verwendet wird.

Wird das überdotierte Vermögen, über das die Pensionskasse aus steuerlicher **1118** Sicht frei verfügen kann, nicht innerhalb der gesetzten Zeit gem. § 6 Abs. 2 KStG verwendet, bleibt die partielle Steuerpflicht erhalten bzw. wird aus der bis dahin bedingten eine unbedingte Steuerschuld.

g) Folgen der partiellen Körperschaftsteuerpflicht für andere Steuerarten

Aus der partiellen Körperschaftsteuerpflicht folgen entsprechend die partielle **1119** Gewerbe- und die partielle Erbschaftsteuerpflicht.

aa) Partielle Gewerbesteuer

1120 Als Gewerbebetrieb gilt nach § 2 Abs. 2 Satz 1 GewStG stets und in vollem Umfang die Tätigkeit der Versicherungsvereine auf Gegenseitigkeit. Pensionskassen unterliegen daher nach § 2 Abs. 1 Satz 1 GewStG der Gewerbesteuer. Nach § 3 Nr. 9 GewStG sind sie jedoch von der Gewerbesteuer befreit, soweit sie die für eine Befreiung von der Körperschaftsteuer erforderlichen Voraussetzungen erfüllen.

1121 Danach ist das partiell körperschaftsteuerliche Einkommen auch partiell gewerbeertragsteuerpflichtig.

bb) Partielle Erbschaft- und Schenkungsteuer

1122 Da die erbschaft- und schenkungsteuerrechtliche Behandlung von Zuwendungen an eine Pensionskasse an deren Steuerfreiheit gem. § 5 Abs. 1 Nr. 3 KStG anknüpft (§ 13 Abs. 1 Nr. 13 ErbStG), werden Zuwendungen außerhalb des Rahmens des § 4c EStG an eine partiell steuerpflichtige Pensionskasse auch partiell erbschaft- bzw. schenkungsteuerpflichtig.

1123 Kommt es im Falle der Überdotierung zur partiellen Körperschaftsteuerpflicht, sind auch die Zuwendungen in dem gleichen Verhältnis partiell erbschaftsteuerpflichtig. Dabei ist es gleichgültig, ob die Dotierung durch die Zuwendungen oder aus anderen Gründen eingetreten ist.

1124 Führt die Zuwendung durch das Trägerunternehmen zu einer Überdotierung und wird sie deshalb insoweit zurück übertragen, so unterliegt diese Rückübertragung nicht der Erbschaftsteuer, da davon ausgegangen werden kann, dass die Zuwendung insoweit von vornherein unter der auflösenden Bedingung der Rückübertragung stand.

1125 Die Erbschaftsteuerbefreiung nach § 13 Abs. 1 Nr. 13 ErbStG fällt mit Wirkung für die Vergangenheit weg, wenn die Voraussetzungen des § 5 Abs. 1 Nr. 3 KStG innerhalb von 10 Jahren nach der Zuwendung entfallen (§ 13 Abs. 1 Nr. 13 Satz 2 ErbStG). Der Gesetzgeber wollte damit Steuerumgehungen verhindern. Kommt es im Falle einer Überdotierung des Kassenvermögens zu einer partiellen Vermögensteuerpflicht innerhalb des 10-Jahres-Zeitraumes, so entfällt auch die Erbschaftsteuerfreiheit in dem entsprechenden Verhältnis mit Wirkung für die Vergangenheit (Koordinierter Ländererlass, BStBl. I 1976 S. 145).

4. Automatischer Informationsaustausch mit den Vereinigten Staaten von Amerika (FATCA), der EU (EU-Amtshilferichtlinie) und den OECD-Staaten (CRS)

1126 Die Regelungen des im Jahre 2010 durch die US-Regierung verabschiedeten FATCA (Foreign Account Tax Compliance Act) wurde in Deutschland am 15.10.2013 im BGBl. II S. 1363 veröffentlicht und ging damit in nationales Recht über. Das vorgenannte FATCA-Abkommen stellt in Anlage II Abschnitt III sowie das erläuternde BMF-Schreiben vom 3.11.2015 (IV B 6 – S 1316/11/10052:133) in den Rz. 104 bis 106 und 141 klar, dass die Durchführungswege der betrieblichen Altersversorgung – also auch die Pensionskassenversicherung – sowie auch deren private Fortführung (§ 2 Abs. 2 Satz 2 i. V. m. § 1b Abs. 5 BetrAVG) von der Meldepflicht nach den FATCA-Regelungen ausgenommen sind.

Ziel des FATCA ist es, Steuerhinterziehung von US-Steuerpflichtigen, die Investments außerhalb der USA tätigen, nachhaltig zu verhindern. Durch den FATCA werden aus US-Sicht ausländische Banken und Finanzdienstleister, zu denen auch bestimmte Versicherungsunternehmen aber auch Private Equity-Unternehmen zählen (Foreign Financial Institutions, FFIs), zu einer Registrierung bei der US-Finanzverwaltung (IRS) sowie zu einer umfassenden Weitergabe von kontenbezogenen Informationen US-steuerpflichtiger Kunden verpflichtet. **1127**

Soweit Pensionskassen z. B. von Banken zu FATCA-Selbstauskünfte aufgefordert werden bzw. W-8-Formulare angefordert werden, empfiehlt es sich auf den vorgenannten Ausnahmestatus zu verweisen bzw. im dem W8-Formular klarzustellen dass der Status eines „Exempt Product regarding to Annex II, III, A, 1" gegeben ist. **1128**

Verweigert ein aus US-Sicht ausländisches Finanzinstitut die Einhaltung der Pflichten aus dem FATCA-Abkommen, werden bestimmte wiederkehrende Zahlungen aus US-Quellen an das Finanzinstitut mit einer Strafsteuer in Höhe von 30 % belegt. Somit kann ein wesentlicher Einfluss auf die Geschäftstätigkeit von Finanzinstituten, aber auch auf Unternehmen und Konzerne, die nicht primär im Finanzsektor tätig sind, ausgeübt werden. Aus diesem Grund ist es wichtig, auf FATCA-Anforderungen im vorgenannten Sinne zu zu reagieren. **1129**

FATCA kann zudem als Startschuss für eine Entwicklung gesehen werden, an deren Ende der auch der sog. Common Reporting Standard der OECD (CRS) steht. Am 29.10.2014 unterzeichneten 51 sog. Early Adopter am Rande der steuerlichen Jahrestagung in Berlin eine multilaterale Vereinbarung über den automatischen Informationsaustausch in Steuersachen, der der CRS zugrunde liegt. CRS lehnt sich stark an die Systematik von FATCA bzw. des FATCA-Musterabkommens an. **1130**

Und auch die EU ist nicht tatenlos: Am 9.12.2014 beschloss die EU die RL 2014/107/EU. Inhaltlich geht es darum, die bereits existierende sog. EU-Amtshilferichtlinie für den automatisierten Informationsaustausch i. S.d CRS zu öffnen. **1131**

Für die betriebliche Altersversorgung wäre es erstrebenswert, dass im Gleichklang mit FATCA für alle Durchführungswege der betrieblichen Altersversorgung in allen drei Regelungen (FATCA, CRS, EU-Amtshilfe) eine möglichst gleichlautende generelle Bereichsausnahme vorgesehen wird. Derzeit gibt es eine eindeutige, rechtssichere Bereichsausnahme nur bei FATCA. **1132**

G. Kennzahlen Pensionskassen 2014

1133

R a n g	Name des VU	Bilanz-summe in Tsd. €	verdiente Brutto-Beiträge in Tsd. €	Beiträge aus der RfB in Tsd. €	versicherte Personen Anwärter Anzahl	Rentner Anzahl	Kapitalanlagen Bestand am Ende des GJ in Tsd. €	lfd. Ver-zinsung[1] in %	Reinver-zinsung[2] in %	Aufw. für den Ver-sicherungsbetrieb Abschluss-aufw. in %[3]	Verwal-tungs-aufw. in %[3]	Über-schuss[4] in %[3]
1	2	3	4	5	6	7	8	9	10	11	12	13
	Branche	143.348.319	6.715.775	437.954	7.296.769	1.234.851	139.086.258	4	4,2	1,7	2,2	10,9
1	BVV VERS. BANKGWERBES	25.720.753	603.090	15.271	350.006	104.169	25.116.746	3,7	3,8	–	1,4	10,2
2	ALLIANZ PK AG	8.846.886	743.619	22.504	881.486	11.311	8.661.679	4,1	4,2	2,8	2,3	7,7
3	BAYER-PENSIONSKASSE	8.384.053	165.519	796	47.206	55.652	8.294.458	4,8	4,5	–	1,0	–
4	HOECHST-GRUPPE PK	6.944.344	151.236	210	49.208	52.657	6.824.168	4,4	4,1	–	1,0	4,1
5	BASF PENSIONSKASSE	6.921.461	225.325	2.751	96.269	46.418	6.872.535	4,4	4,3	0,0	0,4	9,0
6	HAMB. PK VON 1905	4.852.557	229.156	89.772	639.591	43.627	4.494.631	4,4	4,2	–	1,1	38,3
7	ZVK BAU AG	4.552.956	432.720	122.330	694.885	380.859	4.280.397	5,1	4,3	0,5	6,9	22,5
8	ALLIANZ VK	4.268.852	55.700	18.632	53.673	23.951	4.229.406	2,7	4,0	–	–	30,9
9	DEGUSSA-HÜLS PK	3.856.789	165.259	–	39.716	23.824	3.739.407	3,5	3,9	0,0	0,5	4,7
10	SPARKASSEN PK AG	3.739.586	322.274	9.005	368.760	3.860	3.669.044	3,4	4,4	3,4	2,8	5,4
11	ERGO PK	3.152.714	256.072	3.204	488.082	3.884	3.047.121	4,1	4,1	2,6	1,7	3,7
12	R+V PENSIONSVERS.	2.633.883	51.718	3.550	42.824	15.420	2.561.157	4,1	4,3	0,2	1,5	6,3
13	PRO BAV PENS. AG	2.392.532	275.046	2.561	264.792	1.179	2.294.623	2,6	2,9	5,3	3,5	3,8
14	VBL 5	2.025.562	206.725	4.664	316.012	13.840	1.621.736	9,1	9,2	–	1,6	15,8
15	NEUE LEBEN PK	1.897.461	165.716	5.238	159.988	1.294	1.840.306	3,4	3,5	5,2	0,9	5,7
16	GENERALI DEUTSCHLAND	1.833.345	144.539	2.585	171.751	1.082	1.736.678	3,1	10,1	2,3	3,5	17,3
17	WACKER CHEMIE PK	1.760.209	70.337	1.426	17.075	7.690	1.746.868	4,6	4,3	–	0,7	7,2
18	BARMER ERSATZKASSE PK	1.702.126	17.166	–	5.646	5.377	1.668.065	4,4	4,2	–	1,4	45,5
19	HAMB. PENSIONSRÜCKD	1.695.411	107.068	9.011	77.513	12.486	1.627.755	4,3	4,2	–	0,9	18,0
20	R+V PENSIONSKASSE	1.675.883	156.915	2.921	158.175	1.632	1.609.753	3,6	3,7	3,0	2,0	3,6
21	IBM DEUTSCHLAND PK	1.656.173	–	37.885	23.602	2.947	1.644.579	3,8	4,4	–	–	–
22	DT. WIRTSCHAFT PK	1.646.184	69.111	1.888	71.185	16.627	1.602.349	4,5	4,5	0,8	1,3	12,6
23	VERKA PK	1.617.645	35.187	–	12.374	13.871	1.588.475	3,1	2,2	0,9	1,9	58,2
24	BEWAG PK	1.550.496	20.540	–	5.338	5.563	1.523.460	4,6	3,9	–	0,1	4,4

Rang	Name des VU	Bilanzsumme in Tsd. €	verdiente Brutto-Beiträge in Tsd. €	Beiträge aus der RfB in Tsd. €	versicherte Personen		Kapitalanlagen			Aufw. für den Versicherungsbetrieb		Überschuss[4]
					Anwärter Anzahl	Rentner Anzahl	Bestand am Ende des GJ in Tsd. €	lfd. Verzinsung[1] in %	Reinverzinsung[2] in %	Abschlussaufw. in %[3]	Verwaltungsaufw. in %[3]	in %[3]
1	2	3	4	5	6	7	8	9	10	11	12	13
25	HDI PENSIONSKASSE	1.519.431	113.020	3.749	236.536	2.114	1.424.512	3,4	3,3	2,8	2,5	3,5
26	GOTHAER PK AG	1.510.388	128.729	313	285.273	1.771	1.457.985	4,5	4,5	2,7	1,7	7,1
27	SIGNAL IDUNA PK	1.318.441	116.358	3.033	232.921	3.470	1.271.703	3,7	5,4	10,4	2,9	7,7
28	HÖCHSTER PK	1.305.688	129.647	2.885	133.543	7.701	1.249.245	4,3	3,7		0,9	7,7
29	PK RUNDFUNK	1.186.636	44.691	10	14.352	2.820	1.145.670	3,6	5,4	1,6	1,7	30,1
30	BADEN-BADENER PK	1.092.225	100.976	32	17.370	1.570	1.057.826	3,8	3,7	0,0	1,0	5,8
31	VERSORGUNGSK.ENERGIE	1.073.566	247.945	–	23.445	6.036	993.872	3,1	2,9		0,3	4,9
32	PK BEROLINA	1.011.668	12.916	8.156	13.615	17.536	1.000.040	2,6	5,0	0,1	1,5	59,8
33	AHV VVAG*	989.506	24.777	520	6.731	7.522	972.823	4,3	4,2	0,4	3,4	16,6
34	DT.STEUERBERATERVERS.	968.420	30.521	825	6.189	2.465	941.170	3,9	4,8	1,8	2,6	6,3
35	MALER-/LACKIERER ZVK	966.801	61.159	***	229.464	41.991	940.111	2,8	3,3	0,3	1,1	5,7
36	NESTLE PENSIONSKASSE	923.742	18.405	9.346	24.707	8.980	918.317	4,1	4,2	0,3	4,2	61,1
37	PHILIPS PENSIONSKASSE	855.847	13.126	200	12.130	11.199	840.262	4,0	3,4	1,4	2,0	12,4
38	HYPOVEREINSBANK PK	847.400	24.274		10.369	6.331	841.731	4,5	4,4		–	-11,6
39	DEBEKA-ZVK	814.878	28.771	2.977	13.690	2.077	800.878	4,5	4,6	0,1	1,0	18,1
40	PK DES ZDF	814.493	40.290	514	4.011	3.422	774.529	2,9	2,7	0,8	2,0	-50,4
41	ALLG.RENTENANSTALT	790.538	95.127	1.006	94.669	427	754.994	3,3	4,4	6,9	2,3	7,5
42	DEBEKA PK	704.423	62.554	1.166	61.447	534	683.070	4,4	4,4	4,2	3,1	9,6
43	PENSIONSK. WESTD. GEN	663.709	22.946	203	13.256	4.086	652.225	3,7	3,6		2,4	6,8
44	DACHDECKERHANDW. ZVK	631.352	45.879	10.808	101.804	14.386	564.871	3,0	3,9	0,1	2,2	38,8
45	DT.EISENBAHNEN PK	609.928	15.746	1.562	10.504	5.351	595.827	4,1	3,6	0,2	4,5	0,0
46	DRK PENSIONSKASSE	604.247	23.061	1.567	23.883	2.465	585.613	3,7	3,8	0,3	3,5	23,5
47	WÜRTT. PK	579.393	15.851	–	2.975	2.055	563.685	4,2	4,2		–	16,3
48	SELBSTHILFE	567.829	8.482	1.641	14.363	10.225	547.097	3,8	3,1	3,7	4,4	0,7
49	BABCOCK PENSIONSKASSE	560.631	6.540	–	9.231	8.316	552.969	4,8	4,6		20,1	96,6
50	SWISS LIFE PK	549.466	44.251	2.017	50.042	1.528	514.738	4,9	4,5	2,3	1,9	10,2
51	EDEKA ORGANISATION PK	541.921	12.964	955	27.736	4.671	516.362	3,7	3,3	3,3	–	5,6
52	VERKA PK AG	518.980	14.541	91	15.995	5.300	486.986	7,5	7,0	4,2	6,2	0,8

Rang	Name des VU	Bilanzsumme in Tsd. €	verdiente Brutto-Beiträge in Tsd. €	Beiträge aus der RfB in Tsd. €	versicherte Personen Anwärter Anzahl	versicherte Personen Rentner Anzahl	Kapitalanlagen Bestand am Ende des GJ in Tsd. €	lfd. Verzinsung[1] in %	Reinverzinsung[2] in %	Aufw. für den Versicherungsbetrieb Abschlussaufw. in %[3]	Aufw. für den Versicherungsbetrieb Verwaltungsaufw. in %[3]	Überschuss[4] in %[3]
1	2	3	4	5	6	7	8	9	10	11	12	13
53	MER-PENSIONSKASSE	515.302	15.098	–	8.432	2.830	497.955	4,3	4,0	–	1,6	5,9
54	GENO PK	515.079	10.248	–	7.742	2.737	500.809	5,0	4,3	–	1,5	20,0
55	WUPPERTALER PENSIONSK	437.999	24.984	–	11.842	729	430.588	4,3	4,1	0,4	0,5	26,7
56	DYNAMIT NOBEL PK	432.585	15.052	–	10.843	2.597	419.863	3,0	2,7	–	2,3	-13,3
57	PK GENOSSENSCHAFTS.	419.200	18.051	1.131	22.891	3.887	409.080	4,7	3,8	1,0	4,9	1,4
58	HAMB. HOCHBAHN PK	413.200	8.775	–	5.896	4.245	406.444	4,7	3,9	–	5,9	36,6
59	MÜNCHENER RÜCK VK	389.527	9.590	1.236	4.441	1.105	382.382	4,0	4,5	–	–	36,9
60	NüRNBERGER PK AG	389.296	37.341	1.485	47.491	264	373.467	3,4	4,6	4,0	2,7	8,1
61	PK BHW BAUSPARKASSE	360.274	14.744	–	3.375	3.147	350.975	3,0	2,1	–	0,0	0,0
62	PROV.PK HANNOVER AG	340.220	25.685	1.056	30.685	402	333.644	4,0	4,4	2,8	2,0	5,9
63	VOLKSFÜRSORGE VK	338.377	1.727	–	919	4.067	326.566	3,5	4,9	–	–	–
64	RHEINISCHE PK	331.810	52.611	730	33.308	1.080	325.501	3,3	3,3	–	1,4	8,7
65	VK DT. UNTERNEHMEN	329.314	7.625	–	6.354	4.168	324.384	4,4	4,5	–	6,1	7,0
66	GEA GROUP VK	324.752	179	–	1.535	7.184	317.499	3,5	3,4	–	***	***
67	GERLING VERSORGUNGSK.	318.944	3.605	675	4.848	3.151	309.155	3,3	3,3	–	4,7	9,4
68	HT TROPLAST PK	317.237	4.418	–	3.910	2.147	312.281	4,9	7,9	–	7,9	31,7
69	DRESDENER PENSIONSK.	291.990	11.488	–	14.172	4.897	282.113	4,2	3,8	1,5	2,7	3,8
70	STEINE- U. ERDEN ZVK	286.293	16.785	4.048	36.366	14.847	280.577	3,6	4,0	–	4,6	42,3
71	KöLNER PK	285.593	22.731	344	26.518	1.907	272.675	4,0	3,8	7,1	3,5	7,3
72	GOTHAER VERS.BANK VK	274.520	3.928	2.303	1.954	1.910	266.598	3,0	3,9	–	0,0	52,2
73	ALTE LEIPZIGER PK AG	259.662	22.709	775	28.494	188	240.620	3,3	4,4	4,0	2,5	9,7
74	BAYERNWERK AG VK	249.661	–	–	1.507	2.862	247.282	2,9	2,8	–	–	–
75	SCHENKER & CO GMBH PK	244.160	1.276	–	3.020	3.707	239.523	2,7	3,6	–	19,2	91,5
76	HEAG PENSIONSZUSCHUSS	235.630	5.689	2.711	1.949	1.281	229.704	3,8	3,7	–	2,7	0,8
77	ZUSATZV.F.A.I.D.L.U.F	231.502	3.733	1.426	80.093	45.604	227.456	4,2	4,2	–	50,5	31,6
78	HANNOV. ALTERS. PK	219.897	19.358	–	4.928	498	214.745	4,1	4,7	1,6	2,2	4,3
79	VERSORGUNGSAUSGL.PK	219.839	66.538	27	14.642	921	213.445	0,1	2,5	–	0,9	3,8
80	CONTINENTAL AG PK	203.317	2	–	317	3.558	200.119	3,7	3,8	–	***	–

Rang	Name des VU	Bilanz-summe in Tsd. €	verdiente Brutto-Beiträge in Tsd. €	Beiträge aus der RfB in Tsd. €	versicherte Personen Anwärter Anzahl	versicherte Personen Rentner Anzahl	Kapitalanlagen Bestand am Ende des GJ in Tsd. €	Kapitalanlagen lfd. Verzinsung[1] in %	Kapitalanlagen Reinverzinsung[2] in %	Aufw. für den Versicherungsbetrieb Abschlussaufw. in %[3]	Aufw. für den Versicherungsbetrieb Verwaltungsaufw. in %[3]	Überschuss[4] in %[3]
1	2	3	4	5	6	7	8	9	10	11	12	13
81	FRANKF. SPARKASSE PK	187.692	4.179	–	1.973	936	182.112	3,4	3,5	–	8,9	8,9
82	RENTENZ.N-ERGIE	178.083	4.255	–	1.656	980	174.033	4,0	4,1	–	2,4	-104,0
83	DT. HEROLD VK	176.608	–	820	1.155	1.162	172.898	4,3	4,5	–	–	–
84	WASSERW. VERBÄNDE PK	174.594	4.807	–	1.720	766	169.616	4,2	4,5	–	–	27,0
85	NOVARTIS PHARMA PK	169.906	3.269	–	2.159	987	167.117	3,1	2,0	–	1,7	2,6
86	NORDDT. AFFINERIE VK	167.476	1.330	–	488	656	164.143	4,9	4,0	–	–	–
87	ZVK BÄCKERHANDWERK	163.026	1	4.269	–	17.230	162.049	3,5	3,2	–	***	***
88	NESTLE RÜCKDECKUNGSK.	144.785	13.274	546	7.895	1.221	144.003	3,8	3,4	0,1	1,4	17,6
89	BREMER STRASSENBAHN	144.362	2.513	–	2.107	1.295	140.974	4,1	3,5	–	–	–
90	SIGNAL VERS. PK	142.869	1.203	–	985	918	140.593	3,9	7,1	–	–	64,3
91	DUMONT SCHAUBERG VK	135.714	2.121	–	1.173	1.340	132.885	3,7	3,6	–	3,4	0,0
92	RAIFFEISEN PK	133.921	3.460	–	2.654	1.179	131.247	4,1	4,0	–	3,0	–
93	PK VHV	129.053	3.317	–	1.488	639	123.431	4,2	4,3	–	–	–
94	STEINMETZ-/STEIN ZVK	127.128	3.935	–	17.751	3.604	123.533	2,5	4,0	–	20,7	83,0
95	LOTSENBRÜDER. ELBE PK	124.521	6.091	–	284	422	122.767	4,3	4,0	–	0,6	4,1
96	PK KONZERN VK BAYERN	115.183	5.291	1.744	3.028	499	113.036	3,5	7,2	–	–	7,9
97	MÜLLEREI-PK	113.506	3.719	–	4.309	1.620	108.567	4,5	3,6	0,7	5,3	–
98	BOGESTRA PK	112.134	2.452	–	2.343	1.826	109.030	5,1	4,0	2,0	–	208,1
99	DPK DEUTSCHE PK AG	110.249	9.816	153	10.478	46	107.595	3,1	3,9	7,1	–	–
100	HANNOVERSCHE PK	109.898	5.586	–	5.616	724	107.199	4,3	5,1	1,5	4,2	–
101	GERÜSTBAUGEWERBE ZVK	93.135	4.307	–	37.269	2.114	87.331	3,4	3,3	–	4,2	0,0
102	RADIO BREMEN VK	88.421	860	2	434	607	84.598	4,5	4,0	–	–	1,1
103	PK DES BDH	85.428	3.862	467	2.498	452	82.569	4,6	4,0	–	2,6	5,7
104	VK AACHENMÜNCHENER	73.005	152	–	297	985	68.768	3,6	3,6	–	0,4	***
105	BODELSCHWINGHSCHE A.	66.867	442	–	529	744	64.436	3,7	3,8	–	7,7	–
106	PHOENIX AG 1925 PK	61.876	77	–	51	812	59.810	4,0	4,0	–	32,0	–
107	BERLIN-KÖLN. PK	59.453	–	–	344	364	58.301	3,2	3,9	–	–	–
108	DT. BROT-U.BACKW. ZVK	58.647	4.628	–	25.399	5.662	57.720	3,3	2,3	–	6,6	36,9

Rang	Name des VU	Bilanzsumme in Tsd. €	verdiente Brutto-Beiträge in Tsd. €	Beiträge aus der RfB in Tsd. €	versicherte Personen Anwärter Anzahl	versicherte Personen Rentner Anzahl	Kapitalanlagen Bestand am Ende des GJ in Tsd. €	lfd. Verzinsung[1] in %	Reinverzinsung[2] in %	Aufw. für den Versicherungsbetrieb Abschlussaufw. in %[3]	Verwaltungsaufw. in %[3]	Überschuss[4] in %[3]
1	2	3	4	5	6	7	8	9	10	11	12	13
109	GROSSKRAFTWERK FR. VK	58.614	197	–	183	474	56.856	3,5	6,0	–	–	–
110	PK PEUGEOT DEUTSCHL.	58.350	–	–	440	844	57.132	4,2	3,3	–	–	–
111	RECHTSANW./NOTARE PK	57.182	205	55	88	422	55.884	3,9	5,5	–	1,1	–
112	GLATFELTER GERNSBACH PK	54.342	430	–	801	498	52.373	3,4	3,8	–	–	–
113	THURINGIA VERS. PK	52.266	30	308	134	799	49.686	3,9	7,1	–	2,0	***
114	FRANKONA PK	50.740	137	–	108	204	49.641	2,8	4,0	–	–	222,3
115	PK MAXHÜTTE VVAG	47.088	192	–	1.145	4.237	46.058	4,2	3,3	–	97,2	–
116	SCHENCK AG, CARL BPK	44.245	345	–	1.470	2.253	43.054	3,9	3,8	–	–	-3,6
117	FISCHER AG, GEORG PK	38.558	75	–	103	555	36.651	4,2	4,2	–	10,8	–
118	DELTA LLOYD PK AG	36.996	2.976	8	3.374	25	35.845	3,8	3,0	1,0	2,3	-3,9
119	PK CREOS UND ENOVOS	34.444	123	–	257	355	34.200	3,0	3,0	–	–	–
120	ZENTR. VERSORGUNGSW.	28.277	1.789	56	2.972	113	26.637	3,1	3,5	–	7,0	8,9
121	VERSK. BAYERN PK	26.666	3.146	84	3.202	14	25.800	3,0	4,1	4,6	2,7	11,6
122	NORDDT. LLOYD VK	22.292	0	–	6	1.054	22.167	3,8	4,3	–	–	–
123	KAISERSWERTHER PK	21.881	89	–	140	1.037	21.278	3,5	3,5	–	***	-118,6
124	ASCHAFF. ZELLSTOFF PK	21.027	–	–	–	355	20.297	2,3	2,6	–	–	–
125	HENKEL, FRITZ VK	19.725	–	–	895	773	18.811	3,4	4,2	–	–	–
126	GRÜN + BILFINGER PK	19.147	–	233	27	122	18.210	3,4	2,4	–	–	–
127	NORDDT. LLOYD RENTEN	18.804	–	1.166	7	1.117	18.781	3,1	3,3	–	–	–
128	AUDI PENSIONSKASSE	17.797	–	–	13	449	17.782	9,0	8,6	–	–	–
129	SCHÜLKE & MAYR PK	17.774	–	–	90	367	17.368	4,8	4,7	–	–	–
130	HELVETIA SCHW.VERS PK	17.365	–	178	5	278	17.018	3,3	3,3	–	–	–
131	PK D. SV SPARKASSEN	14.122	–	–	60	436	13.635	3,6	5,2	–	–	–
132	BAYER.MILCHVERSORG VK	14.075	35	–	4	199	13.600	3,2	3,7	–	–	-579,4
133	FRANKF. BANK PK	8.587	0	–	193	99	8.411	2,8	2,9	–	–	***
134	PK D.VEREIN.HAGELVER.	8.266	275	–	144	1.204	8.191	3,6	3,3	–	–	***
135	EISENHÜTTE WESTF. PK	8.128	2	–	230	866	7.589	0,5	0,3	–	–	***
136	SCHEUFELEN-VK	7.995	–	–	–	–	7.565	4,0	4,0	–	–	–

Rang	Name des VU	Bilanzsumme in Tsd. €	verdiente Brutto-Beiträge in Tsd. €	Beiträge aus der RfB in Tsd. €	versicherte Personen Anwärter Anzahl	versicherte Personen Rentner Anzahl	Kapitalanlagen Bestand am Ende des GJ in Tsd. €	Kapitalanlagen lfd. Verzinsung[1] in %	Kapitalanlagen Reinverzinsung[2] in %	Aufw. für den Versicherungsbetrieb Abschlussaufw. in %[3]	Aufw. für den Versicherungsbetrieb Verwaltungsaufw. in %[3]	Überschuss[4] in %[3]
1	2	3	4	5	6	7	8	9	10	11	12	13
137	E-WERK MITTELBADEN PK	7.940	2	145	1	96	7.431	3,4	2,0	-	***	***
138	BERG. ELEKTRIZITÄTSW.	5.667	-	-	-	183	5.429	3,2	4,0	-	-	-
139	VER. PENSIONSKASSEN	5.090	14	-	12	118	5.048	3,1	1,7	-	***	-312,6
140	GENOSSENSCHAFTSVERB.H	4.449	13.034	-	1.513	2.822	-	-	-	-	0,4	0,9
141	I.G. FARBEN WOLFEN PK	211	-	-	-	43	205	0,6	0,6	-	-	-

1 Posten I. 3. a), b) und e) des Formblatts 3 der RechVersV in Prozent des arithmetischen Mittels der Kapitalanlagen am Anfang und Ende des Berichtsjahres.

2 Posten I. 3. abzüglich Posten I 10. des Formblatts 3 der RechVersV in Prozent des arithmetischen Mittels der Kapitalanlagen am Anfang und Ende des Berichtsjahres.

3 In Prozent der verdienten Brutto-Beiträge. Diese Quoten sind nur begrenzt aussagefähig bzw. vergleichbar, insbesondere da bei einigen Pensionskassen Aufwendungen für den Versicherungsbetrieb ganz oder zum Teil von Trägerunternehmen übernommen werden.

4 Überschuss ist die Summe aus dem Brutto-Aufwendungen für Beitragsrückerstattungen und dem Jahresüberschuss/Jahresfehlbetrag. Überschüsse entstehen nur bei Pensionskassen, die ihre Deckungsrückstellung versicherungsmathematisch neu berechnet haben und deren Finanzierungsverfahren die Entstehung expliziter Überschüsse zulässt.

5 Die Angaben beziehen sich nur auf den von der BaFin beaufsichtigten Teil der freiwilligen Versicherung.

(Quelle: BaFin, Versicherungsstatistik 2014)

Schlagwortübersicht